KATHARINA NOCUN
PIA LAMBERTY
Fake Facts

Weitere Titel der Autorinnen

True Facts. Was gegen Verschwörungserzählungen wirklich hilft

Über die Autorinnen:

Katharina Nocun ist Publizistin sowie Wirtschafts- und Politik-
wissenschaftlerin. In ihrer Arbeit setzt sie sich vor allem mit
dem Spannungsfeld Digitalisierung und Demokratie auseinan-
der. Ihr Podcast Denkangebot war 2020 für den renommierten
Grimme Online Award nominiert. Sie ist regelmäßig Gast in
zahlreichen TV- und Talkshow-Formaten. Ihr erstes Buch *Die
Daten, die ich rief* (2018) behandelt das Thema Datensammlun-
gen von Staat und Konzernen.

Pia Lamberty ist Psychologin und Expertin im Bereich Verschwörungsideologien. Ihre Forschung führte sie an die Universitäten in Köln, Mainz und Beer Sheva (Israel). Lamberty ist
Geschäftsführerin bei CeMAS – Center für Monitoring, Analyse
und Strategie. Sie spricht in unterschiedlichen Medienformaten
häufig über die Ursachen und Konsequenzen von Verschwörungsideologien. Lambertys Forschung wird seit Jahren in nationalen und internationalen Fachmagazinen veröffentlicht.

KATHARINA NOCUN
PIA LAMBERTY

FACTS

WIE
VERSCHWÖRUNGSTHEORIEN
UNSER DENKEN
BESTIMMEN

QUADRIGA

Dieser Titel ist auch als Hörbuch und E-Book erschienen

Vollständige Taschenbuchausgabe
der bei Bastei Lübbe erschienenen Hardcoverausgabe

Copyright © 2021 by Bastei Lübbe AG, Köln

Umschlaggestaltung: ZERO Werbeagentur, München
Satz: hanseatenSatz-bremen, Bremen
Gesetzt aus der Arno Pro
Druck und Verarbeitung: GGP Media GmbH, Pößneck
Printed in Germany
ISBN 978-3-404-07002-2

2   4   5   3   1

Sie finden uns im Internet unter:
quadriga-verlag.de
Bitte beachten Sie auch: lesejury.de

Unseren Familien

Inhalt

Kapitel 1: Psychologische Grundlagen von Verschwörungsdenken

Haben Sie schon Pläne für den diesjährigen Jahresurlaub? Soll es vielleicht etwas Besonderes sein statt der üblichen Standardziele Sylt, Spanien oder Rom? Wie wäre es mit einer Kreuzfahrt? Sieben Tage, zu den spektakulärsten Zielen auf diesem Planeten – mit Sauna, Wellnessprogramm und großartigem Essen. Sogar für Vegetarier und Veganer geeignet. Inklusive Workshops und Seminare, Freizeitangebot und Kinderprogramm. Und das für schlappe 3.000 US-Dollar! Pro Person, versteht sich.

Was das mit Verschwörungserzählungen zu tun hat? In diesem Fall eine ganze Menge: Wir sprechen von der ConspiraSea – einer Kreuzfahrt speziell für Menschen, die die Mondlandung für eine Lüge halten oder glauben, dass die Welt von Reptilienmenschen beherrscht wird. Der Veranstalter Divine Travels verspricht den Reisenden ein »unvergessliches, überwältigendes spirituelles Erlebnis«, bei dem Verschwörungsideologen alles über den Klimawandel, HIV, die Weltbank, Korruption, die Star-Wars-Agenda oder die Fukushima-Katastrophe lernen können. Kombiniert wird das Ganze mit Yoga, ökologisch einwandfreiem Essen und UFO-Beobachtungen. Ziel der Reise ist es, die eigene »Macht von korrupten und gierigen Institutionen zurückzuerobern, wahre Selbstautorität zu erlangen und das wahre Selbst hinter den Masken zu erkennen«. Sieben Tage, an denen knapp 3.000 Menschen sich ausschließlich damit beschäftigen, wo die Regierung sie belogen hat und welche geheimen Machenschaften die Pharmaindustrie verbirgt. Sieben Tage, nach denen die knapp 3.000 Teilnehmer noch mehr davon überzeugt sein werden, dass Impfungen zu Autismus führen. Und das in Zeiten, in denen die WHO Impfgegner als globale Bedrohung bezeichnet und die Zahl der Masernerkrankungen weltweit um 30 Prozent gestiegen ist. Sieben Tage, in denen ebendiese Menschen sich in ihrer Meinung radikalisieren und ihr verschwörungsideologisches Weltbild festigen werden.[1]

Das alles klingt erst einmal ganz schön verrückt. Wer ist schon bereit, 3.000 US-Dollar zu berappen, um sich anzuhören, wer Sex mit Aliens hatte oder warum Wassermoleküle den Namen Hitler nicht mögen? Wenn man diese Dinge hört, fragt man sich unweigerlich, wer an Verschwörungserzählungen glaubt. Was sind das für Menschen? Hängt diese Tendenz mit mangelnder Bildung zusammen? Sind Aluhutträger allesamt paranoid? Welche Rolle spielen soziale Medien bei der Verbreitung von Flache-Erde-Idee & Co.? Diesen Fragen und noch viel mehr wollen wir in diesem Buch nachgehen.

Allerdings müssen wir warnen: Auch in Bezug auf Verschwörungserzählungen kursieren viele Fake News beziehungsweise Fehlmeinungen. Menschen behaupten, dass der Glaube an Verschwörungserzählungen zugenommen habe. Und dass das alles nur an den sozialen Medien liege – ohne dies belegen zu können. Oft heißt es, dass Verschwörungsideologen wahlweise dumm, paranoid oder einfach wahnsinnig seien. Wir sind davon überzeugt: Wer sich kritisch mit Verschwörungserzählungen, Fake News oder sogenannten alternativen Fakten auseinandersetzt, sollte seine Meinung auf eine wissenschaftlich fundierte Grundlage stellen. Tatsächlich gibt es mittlerweile zahlreiche wissenschaftliche Studien, die sich mit dem Phänomen Verschwörungsglauben beschäftigen. Die daraus gewonnenen Erkenntnisse haben allerdings bisher kaum Eingang in die öffentliche Debatte gefunden. Aus diesem Grund eröffnen wir dieses Buch mit einem Kapitel, in dem die wichtigsten psychologischen Hintergründe zu dem Thema anhand neuester Forschungsergebnisse vorgestellt und genauer beleuchtet werden.

Wir glauben, dass es wichtig ist, das eigene Weltbild mit der gleichen Sorgfalt zu prüfen, wie man es von anderen verlangt. Daher starten wir mit ein wenig Selbstreflexion. Mithilfe eines kurzen Tests können Sie herausfinden, wie es um Ihre eigene Verschwörungsmentalität bestellt ist.

Wie ist es um Ihre persönliche Verschwörungsmentalität bestellt?

An dieser Stelle können Sie sich einen Überblick darüber verschaffen, wie es um Ihre ganz persönliche Tendenz, an Verschwörungen zu glauben, bestellt ist. Bewerten Sie dazu die folgenden Aussagen. Anschließend geht es dann weiter zur Auswertung.

Aussage 1: Die meisten Menschen erkennen nicht, in welchem Ausmaß unser Leben durch geheim ausgeheckte Verschwörungen bestimmt wird.

❏ Stimme überhaupt nicht zu (1 Punkt)
❏ Stimme nicht zu (2 Punkte)
❏ Stimme teilweise nicht zu (3 Punkte)
❏ Teils, teils (4 Punkte)
❏ Stimme teilweise zu (5 Punkte)
❏ Stimme zu (6 Punkte)
❏ Stimme voll und ganz zu (7 Punkte)

Aussage 2: Es gibt geheime Organisationen, die großen Einfluss auf politische Entscheidungen haben.

❏ Stimme überhaupt nicht zu (1 Punkt)
❏ Stimme nicht zu (2 Punkte)
❏ Stimme teilweise nicht zu (3 Punkte)
❏ Teils, teils (4 Punkte)
❏ Stimme teilweise zu (5 Punkte)
❏ Stimme zu (6 Punkte)
❏ Stimme voll und ganz zu (7 Punkte)

Aussage 3: Die verschiedenen in den Medien zirkulierenden Verschwörungserzählungen halte ich für ausgemachten Blödsinn.

- ❑ Stimme überhaupt nicht zu (7 Punkte)
- ❑ Stimme nicht zu (6 Punkte)
- ❑ Stimme teilweise nicht zu (5 Punkte)
- ❑ Teils, teils (4 Punkte)
- ❑ Stimme teilweise zu (3 Punkte)
- ❑ Stimme zu (2 Punkte)
- ❑ Stimme voll und ganz zu (1 Punkt)

Aussage 4: Es gibt keinen vernünftigen Grund, Regierungen, Geheimdiensten oder Medien zu misstrauen.

- ❑ Stimme überhaupt nicht zu (7 Punkte)
- ❑ Stimme nicht zu (6 Punkte)
- ❑ Stimme teilweise nicht zu (5 Punkte)
- ❑ Teils, teils (4 Punkte)
- ❑ Stimme teilweise zu (3 Punkte)
- ❑ Stimme zu (2 Punkte)
- ❑ Stimme voll und ganz zu (1 Punkt)

Aussage 5: Politiker und andere Führungspersönlichkeiten sind nur Marionetten der dahinterstehenden Mächte.

- ❑ Stimme überhaupt nicht zu (1 Punkt)
- ❑ Stimme nicht zu (2 Punkte)
- ❑ Stimme teilweise nicht zu (3 Punkte)
- ❑ Teils, teils (4 Punkte)
- ❑ Stimme teilweise zu (5 Punkte)
- ❑ Stimme zu (6 Punkte)
- ❑ Stimme voll und ganz zu (7 Punkte)

Auswertung

Die Verschwörungsmentalität, also die generelle Tendenz, an Verschwörungserzählungen zu glauben, wurde ausgiebig in der psychologischen Forschung untersucht. Das erste Mal wurde sie 1987 von dem Psychologen Serge Moscovici beschrieben[2] und dann im Jahr 2014 von den Psychologen Roland Imhoff und Martin Bruder für die Forschung anwendbar gemacht.[3] Die Aussagen (oder Items, wie man in der Psychologie sagt), die Sie hier bewertet haben, wurden beispielsweise in repräsentativen Studien wie den Leipziger Mitte-Studien eingesetzt, die die Verbreitung von Vorurteilen in der deutschen Bevölkerung erfragen. Sie wurden extra für Befragungen in der deutschen Bevölkerung entwickelt und werden auch genauso für Umfragen verwendet. An dieser Stelle ist es wichtig, vorab anzumerken, dass die Skala nicht nach dem Prinzip arbeitet, eine komplette Ablehnung der Aussagen gelte als rational. Die Verschwörungsmentalität misst vielmehr ein generelles Misstrauen gegenüber »denen da oben«. Eine Person mit null Punkten vertraut mächtigen Gruppen oder Organisationen ohne Wenn und Aber, während eine Person mit der Höchstpunktzahl hinter einflussreichen Gruppen systematisch böse Machenschaften vermutet. Eine gesunde Skepsis liegt also vermutlich in der Mitte. Der Test verdeutlicht eine wichtige Erkenntnis der Wissenschaft: So gut wie jeder Mensch bringt die Veranlagung dafür mit, an Verschwörungserzählungen zu glauben. In einem gewissen Rahmen ist das absolut normal. Wie so oft macht auch hier erst die Dosis das Gift.

Nachdem Sie die fünf Fragen beantwortet haben, zählen Sie nun Ihre Punkte zusammen. Sie erfahren dann, wie stark Ihre Verschwörungsmentalität ausgeprägt ist.

0–16 Punkte:

Sie gehören zu dem Teil der Bevölkerung, der Verschwörungs-erzählungen am wenigsten zustimmt. Sie haben vermutlich ein hohes Vertrauen in den Staat und seine Institutionen, wählen wahrscheinlich eher eine der klassischen »Volksparteien« und lassen Ihr Kind vermutlich impfen. Sie gehen davon aus, dass die Geheimdienste einen guten Job machen und man ihnen deswegen auch bedingungslos vertrauen kann.

16–23 Punkte:

Sie liegen in Bezug auf Ihre Verschwörungsmentalität genau in der Mitte der Bevölkerung. Vermutlich sind Sie weder vollkom-men vertrauensselig gegenüber den staatlichen Institutionen, noch lehnen Sie diese vollkommen ab. Sie wählen tendenziell eher Parteien der Mitte der Gesellschaft, vertrauen der medizi-nischen Forschung, denken aber dennoch, dass die Pharmain-dustrie nicht nur Gutes im Schilde führt.

23–35 Punkte:

Sie gehören zu dem Teil der Bevölkerung mit der am stärksten ausgeprägten Verschwörungsmentalität. Basierend auf Ihrem Testergebnis gehen wir davon aus, dass Sie dem Staat eher skep-tisch gegenüberstehen. Wenn Sie wählen gehen, dann entweder ungültig oder eine Partei, die in Opposition zu den sogenann-ten »Volksparteien« steht. Es ist auch wahrscheinlicher, dass Sie den Medien grundsätzlich misstrauen.

Verschwörungserzählungen:
Der Versuch einer Definition

Lassen Sie uns zunächst noch einmal einen Schritt zurückgehen und bei der zentralen Frage beginnen: Was genau ist eine Verschwörungserzählung? Wer den Begriff hört, kann sich vermutlich direkt etwas darunter vorstellen: »9/11 *was an inside* job«, »Die Illuminaten beherrschen die Welt« und »Prinzessin Diana lebt«. Die genaue Definition, was eine Verschwörungserzählung ausmacht, ist aber in Wissenschaftskreisen tatsächlich umstritten – genauso wie die zu verwendenden Begriffe. Aus diesem Grund betreiben wir an dieser Stelle zunächst ein wenig Wortklauberei und betrachten die Begriffsbestimmung näher.

Eine häufig verwendete Definition besagt, dass eine Verschwörungserzählung daran zu erkennen sei, dass es einen Plan dafür gebe, Ereignisse im Geheimen zu beeinflussen. Auch wenn dies auf den ersten Blick plausibel erscheinen mag, fehlen doch wichtige Komponenten. Mit dieser Definition könnte man nämlich fast jede Geburtstags-Überraschungsfeier zur Verschwörungserzählung uminterpretieren (und hätte so schon ein super Thema für eine Mottoparty). Was hier in der Definition noch fehlt, ist die Wichtigkeit eines Ereignisses. Die Größenordnung von Geschehnissen spielt schließlich eine wichtige Rolle, wenn wir von Verschwörungserzählungen sprechen. Psychologen konnten zeigen, dass Verschwörungserzählungen eher bei Ereignissen in Erscheinung treten, die als kollektiv bedrohlich gelten. Damit lässt sich gut erklären, warum sich um den Postboten im Dorf weniger Verschwörungserzählungen ranken als um einen Putschversuch.[4] Die Psychologen Robyn LeBoeuf und Michael Norton kamen im Rahmen ihrer Forschung zu dem Ergebnis, dass ein Ereignis als groß und wirkungsvoll wahrgenommen werden muss, um zu einem bevorzugten Ziel von Verschwörungserzählungen zu werden. Gesellschaftliche Ereignisse wie Wahlen oder terroristische Anschläge und auch Epidemien werden daher eher zum Gegenstand von Verschwörungserzählungen als die Einschulung der eigenen Tochter.[5] Es lässt sich beobachten, dass quasi nach jedem größeren gesellschaftlichen Ereignis in Windeseile Verschwörungserzählungen entstehen. Am 1. Januar 2020 starben im Krefelder Zoo 30 Affen und viele weitere Tiere, weil eine sogenannte Himmelslaterne ein Feuer entfacht hatte.[6] Schon kurze Zeit nach der schrecklichen Tragödie kursierten im Internet diverse »alternative Wahrheiten« und Spekulationen über den »wahren Tathergang« – obwohl sich bereits eine Mutter mit ihren beiden Töchtern freiwillig der Polizei gestellt hatte. Auch als 2019 und 2020 in Australien großflächig Buschfeuer wüteten, tauchten alsbald diverse Verschwörungserzählungen auf, nach denen es sich um ein Komplott des Staates handeln würde.[7] Dabei läge es viel näher, einen Zusammenhang zwischen den Bränden und dem ungewöhnlich heißen Wetter aufgrund des Klimawandels zu ziehen. Nachdem im Dezember 2019 in China erstmals das Coronavirus SARS-CoV-2 auftrat, wurde auf einigen dubiosen Webseiten spekuliert, dass das chinesische Militär das Virus in Laboren hergestellt und dann verbreitet hätte. Andere waren der Meinung, dass der US-amerikanische Unternehmer Bill Gates hinter dem Virus stecken würde, oder machten 5G-Strahlen für den Ausbruch der Krankheit verantwortlich.[8] Und all das, obwohl Wissenschaftler seit Jahrzehnten davor warnen, dass Virenarten, die von Tieren auf den Menschen übergehen, Pandemien auslösen können.

Aber zurück zur Definition. Ein weiterer Aspekt, welcher in der oben vorgestellten Definition fehlt, ist die zugesprochene Niedertracht der Akteure. Verschwörungserzählungen gehen in der Regel davon aus, dass sich eine Gruppe mit der festen Absicht verschworen hat, anderen Menschen oder der Gesellschaft direkten Schaden zuzufügen, und zwar im Geheimen. Die eingangs vorgestellte Definition lässt zudem außen vor, dass den Akteuren hinter einer Verschwörung eine gewisse Macht zugesprochen werden muss, dank der sie die Verschwörung erfolgreich durchführen können. Selbst wenn das nervige Nachbarskind in perfider Weise plant, durch Wettermanipulation die Welt zu beherrschen, wäre es vermutlich nicht dazu in der Lage, einen solchen Plan erfolgreich durchzuführen. Aus diesem Grund drehen sich Verschwörungserzählungen bevorzugt um mächtige Staatsmänner und -frauen, Bankiers, Millionäre oder Geheimbünde. Wichtig ist hierbei jedoch, dass es nicht notwendigerweise zutreffen muss, dass die Gruppe tatsächlich so mächtig ist, wie Verschwörungsideologen meinen. In der Geschichte gibt es zahlreiche Beispiele für Verschwörungserzählungen, bei denen stark benachteiligte und überhaupt nicht mächtige Gruppen ins Fadenkreuz gerieten, etwa bei den antisemitischen Pogromen des Mittelalters.

Wenn wir all diese Faktoren berücksichtigen, wird klar, warum eine derart vereinfachte Definition wie die eingangs vorgestellte das Phänomen nicht richtig erfassen kann. Basierend auf diesen Erkenntnissen, würden wir eine Verschwörungserzählung daher wie folgt definieren:

> Eine Verschwörungserzählung ist eine Annahme darüber, dass als mächtig wahrgenommene Einzelpersonen oder eine Gruppe von Menschen wichtige Ereignisse in der Welt beeinflussen und damit der Bevölkerung gezielt schaden, während sie diese über ihre Ziele im Dunkeln lassen.

Allerdings bleiben auch bei dieser Definition noch Punkte offen. In der Wissenschaft wird darüber diskutiert, ob eine Verschwörungserzählung lediglich eine alternative Erklärung zu gängigen Ansichten darstellt. Während Verschwörungserzählungen um den Anschlag auf die Türme des World Trade Centers am 11. September 2001 noch als alternative Erklärungen bezeichnet werden könnten, würde diese Herangehensweise jedoch bei anderen Themen Probleme bereiten. Verschwörungserzählungen sind schließlich nicht immer die »alternative Erklärung« und nicht immer eine Minderheitenmeinung. In verschiedenen Epochen und Staaten waren und sind sie die gängige Mehrheitsmeinung. Zur Zeit der NS-Terrorherrschaft waren antisemitische Verschwörungserzählungen tief im staatlichen System verankert. Sie befeuerten den grassierenden Antisemitismus, der in dem systematisch geplanten Massenmord an Millionen von Menschen mündete. Auch heute noch finden sich Beispiele dafür, dass Verschwörungserzählungen von Regierungen verbreitet werden. Darüber hinaus drängt sich die Frage auf: Für wen oder was stellt die Verschwörungserzählung eine Alternative dar? Für die Mehrheit der Befragten? Und was ist genau eine Mehrheitsmeinung? Wenn sich mehr als 50 Prozent auf eine Erklärung einigen? Letzteres würde bedeuten: Wenn 46 Prozent der Bevölkerung glauben, dass 9/11 von der US-Regierung geplant war, dann wäre es eine Verschwörungserzählung. Wenn ein Jahr später bereits 55 Prozent daran glauben würden, dann nicht mehr. Das Beispiel verdeutlicht, dass derartige Betrachtungen wenig zielführend sind.

Selbst wenn wir annehmen, dass es darum ginge, eine Alternative zu Regierungsmeinungen zu präsentieren, bleibt ein solcher Ansatz problematisch. Dann wäre der Glaube, dass die sogenannten *Protokolle der Weisen von Zion* echt sind, in der heutigen Bundesrepublik eine Verschwörungserzählung, nicht aber im Falle von Nazi-Deutschland. Zu dieser Zeit waren die *Protokolle der Weisen von Zion* sogar Teil des offiziellen Lehrplans an deutschen Schulen. Bei dem 1903 erstmals veröffentlichten Text handelt es sich um eine antisemitische Hetzschrift, die bis heute zu den am weitesten verbreiteten und wirkungsvollsten Verschwörungserzählungen zählt. In dem Pamphlet wird behauptet, es handele sich bei dem Text um Protokolle einer geheimen Versammlung von Juden – den »Weisen von Zion« –, die planten, die Weltherrschaft zu übernehmen.[9] Bereits 1921 veröffentlichte die Londoner Tageszeitung *The Times* eine Artikelserie, in der die »Protokolle« als Fälschung entlarvt wurden.[10] Dennoch nutzen Antisemiten und Verschwörungsideologen weltweit die Texte bis heute als Propagandainstrument.[11] Die islamistische Terrororganisation Hamas bezieht sich in ihrer Gründungsurkunde auf das Pamphlet. Beispiele wie diese verdeutlichen, wie problematisch es wäre, bei Verschwörungserzählungen von alternativen Erklärungen zu sprechen.

Alternative Erklärungen und alternative Fakten sind dabei übrigens nicht das Gleiche. Eine alternative Erklärung meint eine Erklärung für ein Ereignis, die nicht dem Mainstream entspricht. Der Begriff alternative Fakten geht hingegen zurück auf Kellyanne Conway, Beraterin des US-Präsidenten Donald Trump. In einer TV-Sendung wurde sie gefragt, warum das Weiße Haus behauptet habe, dass während der Amtseinführung von Trump mehr Menschen anwesend gewesen seien als bei seinem Vorgänger Barack Obama – schließlich belegten Bilder, dass dies nicht der Wahrheit entsprach. Conways Erklärung dazu: »Sean Spicer, unser Pressesprecher, hat dazu alternative Fakten dargestellt.«[12] Der Begriff alternative Fakten hat es sogar geschafft, Unwort des Jahres 2017 zu werden, denn – so die Begründung – »mit diesem Ausdruck werden Falschbehauptungen salonfähig gemacht und mit Tatsachenbehauptungen auf eine Stufe gehoben«.[13] Man könnte also sagen: Alternative Fakten sind mindestens falsch, wenn nicht sogar gezielte Lügen, während sich der Begriff der alternativen Erklärungen auf das Verhältnis zur Mehrheitsmeinung bezieht und noch nichts über den Wahrheitswert aussagt.

Verschwörungstheorie oder Verschwörungserzählung?

Bei Debatten um Verschwörungserzählungen werden häufig verschiedene Begriffe durcheinandergeworfen: Verschwörungserzählungen, Verschwörungsmythos, Verschwörungsglauben, Verschwörungsideologie oder die Verschwörungsmentalität. Der gängige Begriff der Verschwörungstheorie ist in letzter Zeit immer mehr kritisiert worden, da man hierbei nicht von Theorien im wissenschaftlichen Sinn sprechen kann. Eine Theorie ist eine wissenschaftlich nachprüfbare Annahme über die Welt. Wenn sich diese als falsch herausstellt, wird sie auch wieder verworfen. Die Verschwörungserzählung zeichnet sich aber eben genau dadurch aus, dass sie sich der Nachprüfbarkeit entzieht. Egal wie viele Gegenbeweise es gibt, der Verschwörungsideologe beharrt auf seiner Meinung. Kritikwürdig ist außerdem, dass bei Nutzung des Theoriebegriffs jede noch so verrückte Idee als Theorie aufgewertet werden würde. Auch wir vermeiden daher den Begriff der Verschwörungstheorie in diesem Buch. Damit man versteht, wovon wir sprechen, definieren wir nun unser Begriffsverständnis ein wenig genauer.

Begriff	Definition	Beispiele
Verschwörungs-mythos	Übergeordneter Verschwörungs-mythos, abstraktes Narrativ	Jüdische Weltver-schwörung
Verschwörungs-erzählung	Konkrete Ver-schwörungser-zählung, die sich oft aus dem eher abstrakten Ver-schwörungsmy-thos speist	9/11 war eine Geheimdienstope-ration, Prinzessin Diana wurde vom Geheimdienst ermordet
Verschwörungs-ideologie/-mentalität	Individuelle Tendenz, die Welt als Ort voller Verschwörungen wahrzunehmen	Generalisiertes Misstrauen gegen-über als mächtig wahrgenommenen Personen oder Gruppen

Ein Mythos ist eine Erzählung oder Überlieferung, die häufig tief in der jeweiligen Gesellschaft verankert ist. Er beschreibt somit, wie Menschen die Welt um sich herum deuten und verstehen. Bei einem Mythos wird an den Glauben der Zuhörer appelliert, nachprüfbare Wahrheiten oder vernünftige Argumente spielen hier eher eine untergeordnete Rolle. Im Gegensatz zu einer Theorie hat der (politische) Mythos ein kollektiv identitätsstiftendes Potenzial. Das Geschehene wird weniger über empirisch nachprüfbare Fakten vermittelt als über Stereotype und emotionalisierende Darstellungen.[14]

Ein Verschwörungsmythos meint daher weniger die konkrete Annahme, dass beispielsweise Hitler auf der dunklen Seite des Mondes leben würde. Vielmehr geht es um das grundlegende Narrativ, das einzelne Verschwörungserzählungen vereint. Der (falsche) Mythos einer jüdischen Weltverschwörung wäre so ein Beispiel.

Eine Verschwörungserzählung dagegen bezeichnet die konkrete Annahme über Dinge, die in der Welt geschehen. Einige Beispiele: Angela Merkel ist nur eine Marionette von superreichen jüdischen Familien wie den Rothschilds, die im Geheimen die Fäden ziehen. Israel hat die Katastrophe in Fukushima zu verantworten. Jüdische Onkologen nutzen Chemotherapie, um Nichtjuden auszurotten. All diese sehr unterschiedlichen Verschwörungserzählungen beziehen sich im Kern auf denselben Verschwörungsmythos einer angeblichen jüdischen Weltverschwörung. Wir verwenden den Begriff des Mythos daher als eine Art Überkategorie für Verschwörungserzählungen.

Die Begriffe Verschwörungsideologie oder Verschwörungsmentalität bezeichnen dagegen die individuelle Tendenz, an Verschwörungserzählungen zu glauben – unabhängig von der konkreten Verschwörungserzählung. Es geht hierbei also nicht darum, ob ein Einzelner glaubt, dass »Elvis lebt und die Regierung das verheimlicht«, sondern darum, wie stark seine generelle Neigung ausgeprägt ist, an Verschwörungserzählungen zu glauben. Es geht darum, ob Menschen grundsätzlich überall dunkle Machenschaften am Werk sehen.[15] Psychologen verstehen dieses Weltbild als eine stabile Persönlichkeitseigenschaft, als eine Art, die Welt zu interpretieren. Das heißt, dies ist ein grundlegendes Merkmal einer Person, das sich zwar im Laufe der Zeit (beispielsweise durch einschneidende Ereignisse) ändern kann, aber grundsätzlich relativ veränderungsresistent ist. Was das bedeutet, zeigt folgendes Beispiel: Eine Person ist überhaupt nicht ordentlich, lernt aber durch verschiedene Umstände im Job, dass es wichtig ist, darauf zu achten. Dennoch wird es für diese Person vermutlich stets anstrengender sein als für andere, Ordnung zu bewahren. Ähnliches gilt auch für die Veränderungsresistenz der Verschwörungsmentalität.

Psychologische Grundlagen

Die erste Annäherung an den psychologischen Hintergrund von Verschwörungsdenken wurde 1994 von dem US-amerikanischen Soziologen Ted Goertzel veröffentlicht. Goertzel stellte in seiner Pionierarbeit eine wichtige These auf: Beim Glauben an Verschwörungserzählungen handele es sich um ein kohärentes Weltbild – die Verschwörungsmentalität. Konkret heißt das: Wer an eine Verschwörungserzählung glaubt, stimmt auch meistens weiteren Erklärungen dieser Art zu. Wenn man also auf einen Menschen trifft, der meint, dass es sich bei den Anschlägen vom 11. September 2001 um einen »Inside Job«, also um ein geheimes Komplott der US-Regierung gehandelt habe, dann ist es sehr wahrscheinlich, dass dieser Mensch ebenfalls davon überzeugt ist, dass das Attentat auf John F. Kennedy nicht das Werk eines Einzeltäters, sondern die Folge einer Verschwörung der US-Regierung war. Diese Annahme trifft sogar auf Verschwörungserzählungen zu, die sich gegenseitig logisch ausschließen. Ein Forschungsteam aus Großbritannien konnte 2012 zeigen: Wer glaubt, Prinzessin Diana sei vom britischen Geheimdienst umgebracht worden, geht paradoxerweise auch eher davon aus, dass sie noch lebt. Hier zeigt sich ein wichtiges Glaubenssystem von Verschwörungsideologen: Man glaubt zwar zu wissen, dass die »offizielle Version« falsch ist, was genau in Wirklichkeit passiert ist, kann man aber auch nicht sagen.[16]

Verschwörungserzählungen sind verbreiteter, als viele Menschen intuitiv erwarten würden. Viele denken erst einmal an skurrile Phänomene wie den verschrobenen Aluhutträger oder kleine eingeschworene Zirkel, die sich in skurrilen Facebook-Gruppen konspirativ zu UFO-Sichtungen verabreden. In Deutschland glaubt laut einer repräsentativen Umfrage der Friedrich-Ebert-Stiftung aus dem Jahr 2019 aber mehr als ein Drittel der Bevölkerung, dass »Politiker und andere Führungspersönlichkeiten nur Marionetten der dahinterstehenden Mächte« seien.[17] Zahlen wie diese machen deutlich: Für Millionen Menschen sind Verschwörungserzählungen entscheidend dafür, wie sie die Welt sehen. Natürlich gibt es auch Verschwörungserzählungen, bei denen die Zustimmung geringer ist: »Nur« 7 Prozent der Deutschen sind davon überzeugt, dass Ebola kein natürliches Virus sei, sondern das Resultat eines US-Biowaffenprojekts. 6 Prozent, also fast fünf Millionen Deutsche, glauben, dass der Anschlag auf das französische Satiremagazin Charlie Hebdo im Jahr 2015 eine Geheimoperation des französischen Geheimdienstes gewesen sei.[18]

Der Glaube an Verschwörungserzählungen ist in vielen Ländern verbreitet: In Mexiko gingen laut einer Studie aus dem Jahr 2008 rund 30 Prozent der Bevölkerung davon aus, dass die US-Regierung hinter den Anschlägen auf das World Trade Center stecken würde, und in Ägypten hielten 11 Prozent Israel für den heimlichen Drahtzieher.[19] Eine repräsentative Umfrage in Frankreich zeigte, dass acht von zehn der befragten Personen an eine der großen Verschwörungserzählungen glaubten, wie etwa eine Fälschung der Mondlandung durch die USA oder Gerüchte zu den »wahren« Umständen des Todes von Prinzessin Diana. Zu den Verschwörungserzählungen mit der meisten Zustimmung zählte eine besonders steile Behauptung: Das französische Ministerium für Gesundheit habe sich angeblich mit pharmazeutischen Firmen verschworen, um die angeblichen gesundheitlichen Risiken von Impfungen zu verschleiern.[20] Sogar fast jeder zweite US-Amerikaner stimmt mindestens einer Verschwörungserzählung zu.[21] Studien zeigen jedoch, dass sich die Zustimmung zu den einzelnen Erzählungen innerhalb der politischen Orientierung unterscheidet. Das wird bei der Debatte um den Klimawandel besonders deutlich: Rund 60 Prozent der Befragten mit einer republikanischen Einstellung hielten laut einer Studie aus dem Jahr 2013 die Debatte um den Klimawandel für eine Verschwörung, wohingegen 80 Prozent der eher den Demokraten zugeneigten Studienteilnehmer dieser Aussage widersprachen.[22]

Auch wenn es im Zuge medialer Berichterstattung manchmal so erscheint: Verschwörungserzählungen sind an sich nichts Neues. Die Grundannahme, dass Geschichte nicht zufällig geschieht, sondern gelenkt wird, war schon immer weit verbreitet. Im achtzehnten Jahrhundert kursierte das Gerücht, dass der Komponist Wolfgang Amadeus Mozart angeblich von Freimaurern ermordet worden sei. Und im neunzehnten Jahrhundert glaubten Menschen, dass es sich bei den geheimnisvollen Bewohnern des Schlosses Eishausen um die Tochter des hingerichteten französischen Königs Ludwig XVI. handeln müsse. Mitte des neunzehnten Jahrhunderts wurde dann in den USA eine Verschwörungserzählung populär, der zufolge der Papst eine päpstliche Armee in Amerika installieren wolle, um in der amerikanischen Stadt Cincinnati einen neuen Vatikan zu gründen. Hierzu muss man wissen: Zu dieser Zeit grassierten in den USA starke Vorurteile gegen katholische Einwanderer. Verbreitet wurde das Gerücht unter anderem von der sogenannten Know-Nothing-Bewegung, die sogar mit einer eigenen Partei zur Wahl antrat.

Zu Beginn des zwanzigsten Jahrhunderts kam es dann in Deutschland und anderen europäischen Ländern zu einem rasanten Anstieg der Verbreitung von insbesondere antisemitischen Verschwörungserzählungen, die letztendlich den Holocaust erst möglich machten. Aber auch nach Ende der na-

tionalsozialistischen Terrorherrschaft waren Verschwörungserzählungen weiterhin weit verbreitet. Und zwar weltweit. In
zahlreichen Onlineforen und YouTube-Videos werden allerhand heftige Thesen verbreitet: Teilnehmer der Bilderberg-
Konferenz planen angeblich eine Weltdiktatur, und das US-For-
schungsprojekt *HAARP (High Frequency Active Auroral Research
Program)* solle für Gedankenmanipulation und zur künstlichen
Herbeiführung von Naturkatastrophen eingesetzt werden (dabei wurde dort nur physikalische Grundlagenforschung betrieben). Angeblich soll HIV von US-Behörden entwickelt und verbreitet worden sein, um die Bevölkerung Afrikas zu dezimieren.
Andere Verschwörungserzählungen handeln davon, dass die
United States Air Force und das US-Verteidigungsministerium
das Sperrgebiet Area 51 dazu nutzen würden, um mit außerirdischen Lebensformen zu kommunizieren. Der Vatikan soll außerdem angeblich im Besitz einer Zeitmaschine sein.

Welche Bedeutung spielen also Verschwörungserzählungen
für unsere Gesellschaft heute? Warum neigen manche Menschen eher dazu, überall Verschwörungen zu wittern? Welche
Faktoren sind entscheidend dafür, dass Menschen an Verschwörungserzählungen glauben?

Wagen wir ein kleines Gedankenexperiment. Stellen Sie
sich vor, Sie nehmen an einer Studie in einem psychologischen Institut teil. Sie sitzen im Labor und werden im Rahmen
eines Experiments darum gebeten, ein Spiel zu spielen. Die
erste Runde beginnt. Sie geben sich redlich Mühe, aber egal,
wie sehr Sie sich auch anstrengen – Sie haben das Gefühl, dass
Sie keinen Einfluss darauf haben, ob Sie gewinnen oder verlieren werden. Alles scheint zufällig. Sie merken, dass Sie sich
mehr und mehr gestresst fühlen, weil Sie nicht genau wissen,
was Sie tun sollen.

Nachdem Sie mit dem Spiel fertig sind, bittet Sie der Experimentleiter darum, noch kurz dazubleiben und einige Fragen zu beantworten. Sie sollen sich nun vorstellen, einer der Top-IT-Administratoren in einer Firma zu sein:

> Neben verschiedenen anderen Aufgaben sind Sie auch für die Zeiterfassung der Mitarbeiter sowie für die Überwachung der E-Mail- und Internetnutzung verantwortlich. Außerdem steht bei Ihnen bald eine Beförderung an. Am Tag vor dem geplanten Treffen mit Ihrem Vorgesetzten stellen Sie plötzlich fest, dass die Anzahl an E-Mails, die zwischen Ihrem Chef und dem Kollegen (der neben Ihnen sitzt) versendet wurden, sprunghaft angestiegen ist. Beim entscheidenden Treffen mit Ihrem Vorgesetzten teilt dieser Ihnen dann aus heiterem Himmel mit, dass Sie doch keine Beförderung erhalten werden. Glauben Sie daran, dass Ihr Kollege etwas damit zu tun hat?[23]

Dieses Experiment wurde 2008 von den Psychologen Jennifer Whitson und Adam Galinsky so durchgeführt. Das eingangs beschriebene Spiel sollte dazu dienen, bei den Versuchsteilnehmern ein Gefühl der Unsicherheit und Machtlosigkeit heraufzubeschwören. Diese Gefühle werden in der Psychologie unter dem Begriff Kontrollverlust zusammengefasst. Eine der beiden Gruppen spielte das Spiel im Rahmen des Experiments und bekam völlig zufällig Rückmeldung zu ihren Spielergebnissen. Die Versuchspersonen hatten keine Ahnung, wann sie etwas richtig machten und wann nicht. Das sollte wie erwähnt ein Gefühl von Kontrollverlust hervorrufen. Die sogenannte Kontrollgruppe spielte das gleiche Spiel, ohne irgendwelche Informationen zum Ergebnis zu bekommen. Anschließend wurde beobachtet, ob Menschen angesichts eines gefühlten Kontrollverlusts eher dazu neigen, eine Verschwörung gegen sie zu wittern. Laut den Ergebnissen der Studie scheint dies tatsächlich der Fall zu sein.

Der Begriff Kontrollverlust klingt auf den ersten Blick vielleicht ein wenig abstrakt, tatsächlich hat er aber viel mit unserem Alltag zu tun. Das grundsätzliche Gefühl, die Kontrolle über eine Situation zu haben, spielt eine wichtige Rolle für das menschliche Wohlbefinden. Es hat sich sogar gezeigt, dass Menschen bei Elektroschocks weniger Schmerz empfinden, wenn sie das Gefühl haben, die Kontrolle über die Situation zu haben. Kontrollverlust erlebt man in verschiedensten Situationen: Wenn man plötzlich seine Arbeit verliert, der Partner einen ohne Vorwarnung verlässt, man im Flugzeug sitzt oder es einen Terroranschlag gibt, dem man sich hilflos ausgeliefert fühlt. In solchen Situationen versuchen Menschen unterbewusst, als Ausgleich für den empfundenen Kontrollverlust ein Gefühl der Kontrolle durch psychologische Mechanismen herzustellen. Der Glaube an Verschwörungserzählungen stellt genau so einen Mechanismus dar. Mitglieder aus dem rechtsextremen Reichsbürgerspektrum berichten beispielsweise immer wieder, dass einschneidende Lebensereignisse, in denen sie einen Kontrollverlust verspürt hätten, Auslöser dafür gewesen seien, sich mit Verschwörungserzählungen zu befassen.[24] Das bedeutet natürlich nicht, dass jeder Mensch, der den Arbeitsplatz verliert oder von seinem Partner verlassen wird, automatisch glaubt, dass Deutschland insgeheim eine Firma sei, die von dunklen Mächten gelenkt werde, wie es Reichsbürger tun. Erfahrungsberichte wie diese machen jedoch deutlich, dass der Glaube an Verschwörungserzählungen dem Einzelnen durchaus Rückhalt nach Rückschlägen geben kann, weil derartige Geschichten eine wahrgenommene Ordnung in eine vermeintlich chaotische Welt bringen.

Der Ansatz, dass der Glaube an Verschwörungserzählungen durch Kontrollverlust begünstigt werde, ist aber nur eine mögliche Erklärung. Eine andere wissenschaftliche These beschreibt den Glauben an Verschwörungserzählungen mehr als Mittel zum Zweck. Dadurch, dass ein Mensch an etwas glaubt, das gängigen Erklärungsmustern widerspricht, kann er auch sein Bedürfnis danach befriedigen, sich einzigartig zu fühlen und sich von der Masse abzuheben. Zwei internationale Forschungsteams sind unabhängig voneinander zu dem Ergebnis gekommen, dass der Glaube an Verschwörungserzählungen mit dem tief verankerten Wunsch nach Einzigartigkeit zusammenhängt.[25] Dies zeigt sich auch in verschiedenen Internetforen: Einige Verschwörungsideologen meinen, dass entweder die Behörden, die Illuminaten oder große Konzerne durch versteckte Düsen an Flugzeugen giftige Chemikalien wie Aluminium- und Bariumverbindungen über dem Land versprühen. Dies soll wahlweise dazu dienen, die Menschen unfruchtbar, gewalttätig oder besonders gefügig zu machen oder das Wetter zu beeinflussen. Menschen, die nicht an eine derartige Wettermanipulation durch sogenannte Chemtrails glauben, werden online gerne als Schlafschafe diffamiert. Das antifeministische Hetzportal WikiMANNia beschreibt ein Schlafschaf als »dumm, aber glücklich«. Sie seien nur »dumme Bürger, die aber glücklich mit ihrer Situation und der gesellschaftlich-politischen Lage« seien. Außerdem hätte das »politische Schlagwort Schlafschaf (hat) eine gewisse Nähe zu duldsames Opfer [sic!] und Duckmäuser.«

Im Rahmen einer Studie aus den USA, die den Zusammenhang von Einzigartigkeitsgefühlen und Verschwörungsglauben beleuchtete, wurde den Teilnehmenden eine fiktive Verschwörungserzählung präsentiert. Diese besagte, dass überall in Deutschland Rauchmelder installiert worden seien, die Schallwellen abgeben und dadurch Übelkeit, Magenbeschwerden und Depressionen hervorrufen würden. All das habe angeblich ein pensionierter Ingenieur aufgedeckt. Die deutsche Regierung würde hingegen einen Zusammenhang zwischen den Beschwerden und dem Vorhandensein von Rauchmeldern leugnen. Der einen Hälfte der Studienteilnehmer wurde ein Text vorgelegt, der besagte, dass 81 Prozent der Deutschen an die Theorie des Ingenieurs glaubten. Dem Rest wurde ein Text zu lesen gegeben, laut dem 81 Prozent der Deutschen die Theorie anzweifelten.[26] Das Ergebnis der Studie war äußerst aufschlussreich. Menschen mit ausgeprägter Verschwörungsmentalität glaubten die Erzählung eher, wenn sie als unpopulär dargestellt wurde. Das ist insofern überraschend, da Menschen generell eher die Tendenz haben, intuitiv der Mehrheitsmeinung zu vertrauen.

Es lässt sich also sagen, dass es zwei Hauptgründe gibt, warum Menschen an Verschwörungserzählungen glauben: Sie kompensieren so einen erlebten Kontrollverlust, beispielsweise, wenn sie den Job verlieren oder das Gefühl haben, politisch unsichere Zeiten zu erleben. Darüber hinaus können Verschwörungserzählungen aber auch Mittel zum Zweck sein. Für Menschen, die sich gerne besonders und einzigartig fühlen wollen und auch bewusst »gegen den Strom schwimmen« möchten, sind solche Ideen besonders attraktiv. Allerdings gibt es natürlich noch viele weitere Faktoren, die hier eine Rolle spielen können. Studien haben gezeigt, dass Langeweile ein weiterer möglicher Grund dafür sein kann, warum Menschen an Verschwörungserzählungen glauben.[27] Wer zu Hause nur vor dem Fernseher sitzt und nicht so recht weiß, was er mit sich anfangen soll, kann abstrusen Verschwörungserzählungen mehr abgewinnen, da sie ein wenig Farbe in den tristen Alltag bringen. Auch gibt es erste Hinweise darauf, dass frühkindliche Bindungserfahrungen eine Rolle spielen können. Wer eine unsichere Bindung zu seinen Eltern hatte, glaubt später eher an Verschwörungen. Während Studien auf einen Zusammenhang zwischen Verschwörungsglauben und Narzissmus[28] hindeuten, ließ sich allerdings kein solcher Zusammenhang bei Persönlichkeitseigenschaften wie etwa Verträglichkeit, Gewissenhaftigkeit oder Neurotizismus feststellen. Auch Alter, Bildung und Geschlecht spielen kaum eine Rolle. Den typischen Verschwörungsideologen gibt es also nicht. Wir alle tragen in uns Eigenschaften, die den Glauben an Verschwörungserzählungen begünstigen – auch wenn wir dies oft nicht wahrhaben wollen.

Kapitel 2: Faktencheck: Der Glaube an Verschwörungserzählungen

Debunking, zu Deutsch »entlarven«, ist eine Methode, bei der falschen Informationen Fakten entgegengesetzt werden, um diese zu entkräften. Sie wird im Umgang mit Verschwörungsideologien relativ häufig eingesetzt. In diesem Abschnitt nutzen wir Debunking einmal andersherum: Es existieren viele Mythen über Verschwörungserzählungen und Verschwörungsideologen, die immer wieder verbreitet werden. Darunter finden sich auch zahlreiche Behauptungen, für die es keine Belege gibt oder die sogar schlichtweg falsch sind.

Wir glauben: Wer gegen Falschinformationen vorgehen möchte, muss gut vorbereitet sein. Aus diesem Grund haben wir im Folgenden die gängigsten dieser Mythen aufgegriffen und ihren Wahrheitsgehalt überprüft.

Faktencheck 1: Menschen, die an Verschwörungserzählungen glauben, sind verrückt und paranoid

Verschwörungserzählungen sind kein reines Randphänomen. Es ist keineswegs so, dass nur eine kleine Gruppe aus »wirren Internetspinnern« oder »verrückten US-Amerikanern« an sie glaubt. Aus diesem Grund wäre es auch schon rein logisch falsch, anzunehmen, dass alle, die denken, 9/11 sei ein »Inside Job« gewesen oder die Regierung puste mittels Chemtrails giftige Chemikalien in den Himmel, verrückt und paranoid sind. Dennoch hält sich diese Überzeugung erstaunlich hartnäckig – selbst in der Forschung. Der US-amerikanische Historiker Richard Hofstadter wurde unter anderem durch seinen 1964 veröffentlichten Essay *The Paranoid Style in American Politics* bekannt, in dem er den psychologischen Begriff »Paranoia« nutzte, um einen politischen Persönlichkeitstypus zu beschreiben. Dieser zeichnet sich ihm zufolge vor allem durch hitzige Übertreibung, Verdächtigungen und Verschwörungserzählungen aus. Durch die Wahl von Donald Trump zum US-Präsidenten erlangten Hofstadters Thesen neue Popularität. Nicht wenige Autoren, die Trump einen Hang zur Paranoia unterstellen, berufen sich auf ebendiesen wissenschaftlichen Artikel.

Auch wenn Verschwörungsideologen oft als krank abgetan werden, ist diese Perspektive nicht immer richtig. Sie sind nicht unbedingt paranoid. Der Glaube an Verschwörungserzählungen sei kein Produkt einer gestörten Psyche, so argumentiert beispielsweise der Psychologe Péter Krekó.[1] Dieser Meinung schließen sich auch andere Wissenschaftler an. Roland Imhoff, Professor für Sozial- und Rechtspsychologie an der Universität Mainz, sagte dazu gegenüber dem in Fachkreisen anerkannten psychologischen Online-Journal *PsyPost*: »Ich forsche seit fast zehn Jahren zum Glauben an Verschwörungserzählungen, und obwohl es fantastische wissenschaftliche Arbeiten gibt, hat es mich immer etwas geärgert, wie Wissenschaftler über Verschwörungsgläubige sprechen. Zu oft gibt es einen leicht pathologisierenden Ton und eine gewisse Arroganz gegenüber den ›verrückten‹ Verschwörungsgläubigen.«[2]

Eine große Metaanalyse, also eine Zusammenfassung von verschiedensten Studienergebnissen, mit insgesamt über 2.000 Teilnehmern ergab zwar, dass es einen signifikanten Zusammenhang zwischen Verschwörungsglauben und Paranoia gibt. Es zeigt sich allerdings auch, dass Paranoia und der Glaube an Verschwörungserzählungen sich in zentralen Punkten unterscheiden. Die beiden Phänomene Paranoia und Verschwörungserzählungen überschneiden sich zwar teilweise, sie sind aber in ihrem Umfang sowohl in Bezug auf die wahrgenommene Bedrohung als auch auf das »Ziel« deutlich zu unterscheiden.

Um es ganz einfach auszudrücken: Während paranoide Menschen glauben, dass praktisch jeder hinter ihnen her ist, denken Verschwörungsideologen, dass ein paar mächtige Menschen hinter fast jedem her sind. Gesellschaftliche Verschwörungserzählungen sind also von paranoiden Wahnvorstellungen klar unterscheidbar: Die wahrgenommene Handlung richtet sich gegen ein Kollektiv als Nation, Gruppe oder Kultur, während ein paranoider Mensch Angst vor Verschwörungen gegen die eigene Person hat und dabei sogar die eigene Familie als Bedrohung ansehen kann. Paranoide Menschen misstrauen anderen grundsätzlich, während Verschwörungsideologen eher »dem System« insgesamt argwöhnisch gegenüberstehen.[3]

Faktencheck 2: Verschwörungsideologen sind dumm und glauben alles!

Obwohl viele Verschwörungserzählungen kaum realistisch sind, halten viele Menschen trotzdem an ihnen fest. Aus diesem Grund gingen auch viele Wissenschaftler lange davon aus, dass Verschwörungsideologen dümmer sein müssten als der Rest der Bevölkerung. Aber was ist dran an dieser Hypothese?

2015 sorgte ein Forschungsartikel für ein großes Medienecho.[4] Darin wurde die Frage erörtert, inwiefern Menschen, die Verschwörungserzählungen anhängen, eher dazu neigen, »Bullshit« zu glauben. Im Rahmen eines Versuchs haben die Forscher aus verschiedenen »Bullshit«-Sätzen eine Skala gebildet. Hier zwei Beispiele: »Versteckte Bedeutung verkörpert unvergleichliche abstrakte Schönheit«, und »Aufmerksamkeit und Absicht sind die Mechanismen der Manifestation«. Die Studie hat gezeigt, dass Menschen, die an Verschwörungserzählungen glauben, solchen sinnentleerten Aussagen eher Bedeutung beimessen als eine Vergleichsgruppe. Lässt sich daraus schließen, dass die Hypothese stimmt und Verschwörungsideologen schlichtweg dümmer sind als der Rest der Bevölkerung?

Lassen wir den Wahrheitswert von Informationen erst einmal außer Acht und stellen uns zunächst die Frage, ob eine Verschwörungserzählung eine vereinfachte Darstellung der Realität ist. Das wird ja gerne behauptet. Wer allerdings schon einmal mit einem Menschen diskutiert hat, der die »offizielle Version« von den Anschlägen auf das World Trade Center anzweifelt, wird schnell ins Schwimmen geraten sein. Da geht es dann plötzlich um die Temperaturen, bei denen Stahl schmilzt, komplizierte Fragen der Statik und Flugwinkel. Wer nicht gerade zufällig Mitglied einer Kommission zu dem Thema war, wird vermutlich auf die meisten der vorgebrachten »Argumente« keine Antwort wissen, während der 9/11-Zweifler felsenfest von der Richtigkeit seiner Belege überzeugt ist. Andererseits glauben Verschwörungsideologen oft auch an Dinge, die schon vielfach wissenschaftlich widerlegt worden sind. Eine angebliche Klimamanipulation durch die Regierung – die bereits erwähnten Chemtrails – wären ein Beispiel dafür. Diese Verschwörungserzählung ist relativ weit verbreitet. Der Popstar Prince gab in einem Interview an, zu glauben, dass mittels Chemtrails Chemikalien über armen Gegenden versprüht werden würden, in denen vor allem schwarze US-Amerikaner leben. Als Reaktion auf die immense Popularität dieser Verschwörungserzählung wurde sogar ein Forschungsteam eingesetzt, das der Existenz von Chemtrails auf den Grund gehen sollte. Ein Wissenschaftler von der University of California legte dazu einer Gruppe aus 77 Atmosphärenforschern Fotos und Luftproben vor, die diese unabhängig voneinander analysieren sollten. Das eindeutige Ergebnis: Die Sache mit den Chemtrails ist Unsinn.[5] Dennoch glaubt laut einer Untersuchung von Forschern der Universität Mainz aus dem Jahr 2016 nach wie vor jeder fünfte Deutsche daran, dass Flugzeuge Chemikalien versprühen, um das Klima zu beeinflussen.[6]

Sind Verschwörungsgläubige also irrational? Auch wenn es auf den ersten Blick so scheint, als würden Verschwörungsideologen alles glauben, ist die empirische Evidenz dazu eher uneindeutig. Zwar existiert ein messbarer Zusammenhang zwischen Verschwörungsglaube und Intelligenz, in dem Sinne, dass niedrigere Intelligenz mit dem Glauben an Verschwörungserzählungen einhergeht. Dieser Zusammenhang ist aber verschwindend gering und erklärt, wenn überhaupt, nur einen Bruchteil der Faktoren, warum Menschen an Verschwörungserzählungen glauben.[7]

Faktencheck 3: Verschwörungserzählungen sind erst durch das Internet groß geworden

Wenn Medien über Verschwörungserzählungen berichten, liest man häufig Dinge im Stil von »Erst das Internet hat Verschwörungserzählungen populär gemacht!«, oder »Verschwörungserzählungen dank Digitalisierung auf dem Vormarsch!«. Aber stimmt das überhaupt?

Dass der Glaube an Verschwörungen ein bedeutend älteres Phänomen ist, belegt die im Jahr 1981 veröffentlichte SINUS-Studie zum Rechtsextremismus in Deutschland, in der auch die Zustimmung zu zahlreichen Verschwörungserzählungen abgefragt wurde. Bereits damals glaubten fast 40 Prozent an das Narrativ der »Lügenpresse«. Etwas mehr als 20 Prozent meinten, dass die »Bundesregierung [...] eine Marionettenregierung von Amerikas Gnaden« sei, und ein Viertel der Befragten sagte, dass der »Einfluss von Juden und Freimaurern auf unser Land auch heute noch zu groß« sei.[8] In Deutschland untersuchte in den letzten Jahren unter anderem die Leipziger Arbeitsgruppe um die Wissenschaftler Elmar Brähler und Oliver Decker im Rahmen regelmäßiger Umfragen die Verbreitung rechtsextremer Einstellungen in der deutschen Bevölkerung.[9] Die Autoren befassen sich dabei auch mit der Ausprägung der Verschwörungsmentalität in der Bevölkerung. Es geht beispielsweise darum, wie sehr Menschen Aussagen wie »Politiker und andere Führungspersönlichkeiten sind nur Marionetten der dahinterstehenden Mächte« zustimmen. Die Daten der Forscher zeigen, dass gut ein Drittel der Bevölkerung verschwörungsideologischen Aussagen zustimmt. Sie konnten außerdem zeigen, dass der Wert von knapp 21 Prozent im Jahr 2012 vier Jahre später auf knapp 32 Prozent angestiegen ist. Bemerkenswert finden die Autoren allerdings den starken Rückgang von Verschwörungsglauben in Ostdeutschland. Während 2016 noch fast 41 Prozent der Befragten hohe Werte in der Verschwörungsmentalität aufwiesen, waren es zwei Jahre später nur noch 34 Prozent. In Westdeutschland gab es dagegen kaum Unterschiede zwischen 2016 und 2018. Die These, dass der Glaube an Verschwörungserzählungen in den vergangenen Jahren stets zugenommen habe, etwa durch die Verbreitung neuer Medien, lässt sich also zumindest für Deutschland wissenschaftlich nicht eindeutig belegen.[10]

Allerdings kann es durchaus sein, dass bestimmte konkrete Verschwörungserzählungen durch das Internet leichter verbreitet werden können. Wer früher der Überzeugung war, dass der Bürgermeister die für den Transport hinderlichen Pflastersteine nur in der Dorfstraße verlegen ließ, um den verhassten Kontrahenten zu verärgern, erzählte das vielleicht seinen Nachbarn. Wer aber heute davon überzeugt ist, dass der rote Punkt auf dem Personalausweis eigentlich dafür da ist, das sensible »Hals-Chakra« zu stören, kann diese Meinung auf Facebook oder Instagram verbreiten und auf einen Schlag sehr viele Menschen erreichen. Ein Forscherteam aus den USA hat sich mit Anhängern der Flache-Erde-Verschwörung beschäftigt und für eine Studie rund 30 Leute interviewt, die meinten, dass die Erde eine Scheibe sei. Von den 30 Befragten sagten alle bis auf einen, dass sie durch Videos auf YouTube auf das Thema gestoßen wären und dadurch zu dem Schluss gekommen seien, dass die Erde nicht rund sein könnte.[11]

Viele Fakes und Verschwörungserzählungen erreichen erst durch das Internet ein Millionenpublikum. Die Schuld für die Verbreitung allein den neuen Medien zuzuschieben wäre jedoch zu kurz gegriffen. Bereits im Jahr 1835 bescherte eine sechsteilige Serie über angebliche Entdeckungen von Leben auf dem Mond der *New York The Sun* eine Rekordauflage.[12] Die ersten in großem Stil verbreiteten Spekulationen über eine Verschwörung rund um die Ermordung von John F. Kennedy wurden in namhaften europäischen Zeitungen abgedruckt. Trotzdem hat sich insbesondere durch das Aufkommen der großen Internetplattformen wie Google, YouTube und Facebook in den letzten Jahren einiges verändert. Positiv ist, dass Faktenchecks und Richtigstellungen von Mythen über diese Kanäle ein viel größeres Publikum erreichen können. Während man früher umständlich in die Bibliothek gehen musste, um Recherche zu betreiben, kann man heute mit wenigen Klicks die wichtigsten Studien zu einem beliebigen Thema aufrufen. Doch natürlich nutzen auch Verschwörungsideologen das Netz, um ihre Behauptungen zu verbreiten. Die neuen Onlineplattformen bieten – gerade in

Kombination mit sozialen Netzwerken und den damit einhergehenden Abschottungseffekten einzelner Communitys – ihren Lesern nicht weniger als eine alternative Realität. Auch wenn Verschwörungserzählungen in der breiten Öffentlichkeit nach wie vor keinen guten Ruf genießen, ist die Akzeptanz in der Nische gewachsen. Der Amerikanist Michael Butter sieht diese Entwicklung mit Sorge und sagt: »Es gibt aber mittlerweile auch andere Öffentlichkeiten, in denen Verschwörungstheorien wieder den Status erlangt haben, den sie vor einigen Jahrzehnten hatten. Hier werden Verschwörungstheorien vielleicht nicht immer von allen geglaubt, aber letztlich doch als legitimes Wissen anerkannt.«[13]

Faktencheck 4: Verschwörungserzählungen sind harmlos und echt witzig

Hinter der sogenannten Bielefeld-Verschwörung, wonach es die deutsche Stadt eigentlich gar nicht gibt, steckt der deutsche Informatiker Achim Held. Am 16. Mai 1994 veröffentlichte er seine Erzählung um die angebliche Nichtexistenz von Bielefeld in der Usenet-Newsgroup *de.talk.bizarre* – paradoxerweise, um gängige Verschwörungserzählungen ins Lächerliche zu ziehen. Der Mythos hält sich bis heute hartnäckig und wird mittlerweile sogar von der Stadtverwaltung Bielefelds für Marketingzwecke genutzt. Im August 2019 lobte die Stadt sogar eine Million Euro als Belohnung für denjenigen aus, der es schafft nachzuweisen, dass es die Stadt gar nicht gibt. 2.000 Leute versuchten ihr Glück, am Ende konnte niemand den Nachweis erbringen.[14] Wenn man von Verschwörungserzählungen liest, kann man manchmal das Gefühl bekommen, in einem guten bis absurden Witzebuch zu schmökern. Spätestens wenn es heißt, dass Verfechter der Flache-Erde-Szene angeblich im Internet posten, dass ihre Bewegung Anhänger »rund um den Globus« habe, muss man mehr als nur schmunzeln.

In der Realität sind Verschwörungserzählungen allerdings deutlich weniger erheiternd. Wer glaubt, dass die Mächtigen machen, was sie wollen, greift im Krankheitsfall eher zu vermeintlichen Wundermitteln, statt Wissenschaft und Ärzten zu vertrauen. Verschwörungserzählungen können außerdem ein Katalysator für Gewalt sein. Bei zahlreichen rechtsextrem motivierten Attentaten der letzten Jahre beriefen sich die Täter auf antisemitische und rassistische Verschwörungsmythen.[15] Der rechtsextreme Terrorist, der im Februar 2020 im hessischen Hanau zwei Shisha-Bars stürmte und insgesamt zehn Menschen ermordete, verbreitete in seinen Texten und Videos eine Vielzahl von Verschwörungserzählungen.[16]

Wissenschaftliche Studien kommen zu dem Ergebnis, dass die individuelle Tendenz, an Verschwörungserzählungen zu glauben, mit einer erhöhten Wahrscheinlichkeit einhergeht, Gewalt zu befürworten oder sogar selbst gewalttätig zu werden. Man kann sie deshalb auch als Radikalisierungsbeschleuniger bezeichnen.[17] Verschwörungserzählungen können dazu dienen, Gewalt gegen andere zu legitimieren, und sie schirmen gleichzeitig die eigene Gruppe vor Kritik ab. Wer davon überzeugt ist, dass die Regierung wirklich so weit geht, die Bevölkerung durch ein geheimes Komplott in Gefahr zu bringen, der sieht es auch eher als gerechtfertigt an, Gewalt gegen den Staat und seine Repräsentanten anzuwenden. Aus diesem Grund ist es nicht verwunderlich, dass beinahe alle terroristischen oder extremistischen Gruppierungen Verschwörungserzählungen nutzen, um ihre Mitglieder zu mobilisieren.

Faktencheck 5: »Verschwörungstheorie« ist ein Kampfbegriff – es ist unmöglich, so etwas wissenschaftlich zu untersuchen!

Oft wird in entsprechenden Kreisen behauptet, der Begriff Verschwörungstheorie stamme ursprünglich aus einem CIA-Dokument für psychologische Kriegsführung aus dem Jahr 1967. Diese Bezeichnung sei gezielt erfunden worden, um Zweifel an der »offiziellen« Geschichte zum Mord am US-Präsidenten John F. Kennedy in ein schlechtes Licht zu rücken. Das Problem an dieser Geschichte ist allerdings: Sie ist komplett erfunden. Die Verwendung des englischsprachigen Begriffs *conspiracy theory* lässt sich bis ins neunzehnte Jahrhundert zurückverfolgen. Der Philosoph Karl Popper verwendete die Formulierung bereits 1945 in seinem Buch *Die offene Gesellschaft und ihre Feinde.*[18] Schon damals war der Begriff alles andere als positiv besetzt, schließlich befasste sich Popper mit der Rolle von antisemitischen Verschwörungserzählungen im Nationalsozialismus.

Wie geht man als Forscher damit um, wenn man ein derart komplexes Phänomen wie den Glauben an Verschwörungen untersucht? Ist das überhaupt möglich? Im Mai 1973 führten die Wissenschaftler Thomas Wright und Jack Arbuthnot eine Studie zum Glauben an Verschwörungserzählungen rund um den Watergate-Skandal durch.[19] Ein Jahr vor Studienbeginn waren im Sommer 1972 fünf Einbrecher beim Versuch ertappt worden, im Hauptquartier der Demokraten im Watergate-Gebäudekomplex in Washington D. C. zu spionieren. In den darauffolgenden Monaten entspann sich eine rege öffentliche Debatte. Der damalige US-Präsident Richard Nixon stritt zunächst jegliche Verwicklung ab. Zum Zeitpunkt der Studie war noch nicht wirklich klar, wie es tatsächlich abgelaufen war. Die Forscher wollten herausfinden, welche Faktoren bei der Entscheidung, an eine Verschwörung zu glauben, eine Rolle spielten. Die Untersuchung zeigte, dass Anhänger der Demokraten viel eher dazu neigten, an eine Verschwörung der (damals republikanischen) Regierung zu glauben, als Republikaner. Für alle Teilnehmer galt: Je misstrauischer sie grundsätzlich anderen Menschen gegenüber eingestellt waren, desto eher hielten sie die These einer Verschwörung für wahr. Wenige Monate später stellte sich heraus: Die Nixon-Regierung hatte die Opposition gezielt ausspioniert. Präsident Richard Nixon musste abdanken, und der Rest ist Geschichte. Dass einige Verschwörungshypothesen sich am Ende als wahr herausgestellt haben, ist in der Wissenschaft unbestritten. Bei der Erforschung des Phänomens geht es jedoch in erster Linie darum, zu erkennen, welche Zusammenhänge in unserer Psyche unsere Entscheidungen beeinflussen, derartigen These Glauben zu schenken – oder sie zu verwerfen.

Faktencheck 6: Aber es gibt doch wahre Verschwörungen!

Wer sagt denn, dass sich die eine oder andere Verschwörungserzählung nicht am Ende doch als vollkommen richtig herausstellt? Der Whistleblower Edward Snowden konnte nachweisen, dass der US-Geheimdienst NSA weite Teile der Online-Kommunikation überwacht. In den Achtzigern sorgte die sogenannte Iran-Contra-Affäre für Wirbel: US-Behörden hatten damals trotz eines Waffenembargos heimlich Waffen an den Iran verkauft, um mit dem Gewinn wiederum die Contra-Rebellen in Nicaragua finanziell zu unterstützen – alles am US-Kongress vorbei. Auf dem Höhepunkt des Kalten Krieges wurden im Rahmen des Forschungsprogramms MK-Ultra zahlreiche Geheimprojekte finanziert, darunter etwa Studien, die LSD und Mescalin als Wahrheitsserum erproben sollten, und Experimente zur

Gedankenkontrolle. Es gab sogar ein CIA-Projekt, bei dem versucht wurde, lebende Katzen mittels einoperierter Mikrofone in Abhörvorrichtungen zu verwandeln.[20] Mit Verweis auf ähnliche Programme Russlands wurde damals offensichtlich allerhand Unsinn gefördert.

Auch im Bereich Gesundheit finden sich Geschichten real existierender Verschwörungen. Im Rahmen der Tuskegee-Syphilis-Studie wurde im US-Bundesstaat Alabama zwischen 1932 und 1972 der Verlauf von Syphilis-Infektionen erforscht. Dabei wurde 399 bereits infizierten schwarzen US-Amerikanern verschwiegen, dass sie erkrankt waren, denn die Wissenschaftler wollten beobachten, wie die Krankheit unbehandelt verläuft. Die Forscher hatten in Kauf genommen, dass die Patienten unwissentlich Partner und Kinder mit Syphilis infizierten. Als der Fall 1972 publik wurde, waren bereits zahlreiche Teilnehmer verstorben.

Auch in der Wirtschaft wurden immer wieder echte Verschwörungen aufgedeckt. Bei der VW-Diesel-Affäre wurden Kunden und Behörden mit manipulierten Abgastests hinters Licht geführt. Und in den USA kam es zu mehreren Verfahren gegen Medikamentehersteller, Großhändler und Apothekenketten. Ihnen wurde vorgeworfen, sie hätten bewusst in Kauf genommen, dass Zehntausende Patienten abhängig von Opiaten wurden.

Wo verläuft also die Trennlinie zwischen gesundem Misstrauen und einer handfesten Verschwörungsideologie? Jan Rathje, Leiter des Projekts No World Order, welches bei der Amadeu Antonio Stiftung angesiedelt ist, drückt dies in einem Hintergrundgespräch zu diesem Buch so aus: »Verschwörungsideologie bedeutet, dass die Verschwörung nicht mehr das zu beweisende, sondern die Grundvoraussetzung weiterer Überlegungen ist.« Problematisch wird es für ihn vor allem, wenn die eigenen Annahmen nicht länger hinterfragt werden, wenn rationale Argumente nicht mehr durchdringen: »Wir reden hier also über ideologisch verformte Weltbetrachtungsweisen, die letztlich dann auch zu einem gesamten Welterklärungssystem über die Geschichte hinweg zusammenfließen können.« Menschen, die ein gesundes Misstrauen gegen Machtstrukturen haben, pauschal in eine Verschwörungsecke zu stellen, wäre falsch. In Ländern ohne Pressefreiheit ist es plausibel, einige Medien als verlängerten Arm der Regierungspartei zu betrachten. Eine kritische Haltung zu Regierungshandeln ist auch in einer Demokratie per se nichts Schlechtes. Demokratien fußen aus gutem Grund nicht ausschließlich auf Vertrauen, sondern haben durch die Gewaltenteilung Kontrollmechanismen etabliert, um das Risiko von Machtmissbrauch zu minimieren. Das Aufstellen von Mutmaßungen über mögliche Verschwörungen und unplausible »offizielle« Erklärungen ist Teil politischer Debatten. Derartige Diskussionen können auch positive Effekte auslösen, etwa die Forderung nach mehr Transparenz bei politischen Verfahren und Institutionen wie Geheimdiensten.

Gleichwohl wird spätestens an dem Punkt eine Schwelle überschritten, wenn es nicht länger darum geht, Hypothesen und Wahrscheinlichkeiten zu diskutieren – in dem Wissen, dass es eben (noch) an Belegen mangelt –, sondern wenn aus dem Zweifel ein Glaube, eine Ideologie wird. Wenn das Misstrauen so weit reicht, dass den Kontrollinstanzen auch dann kein Vertrauen mehr geschenkt wird, wenn es keine objektiven Gründe dafür gibt. Wenn Menschen Verschwörungen sehen, wo keine sind. Und wenn sie selbst dann weiterhin daran festhalten wollen, wenn alle Fakten dagegensprechen.

Kapitel 3: »Haben die alle den Verstand verloren?« – Warum Verschwörungsgläubige uns ähnlicher sind, als wir denken

Am 17. Dezember 1954 hatte sich eine kleine Gruppe von Menschen in einem Haus in Oak Park, einem Vorort von Chicago, versammelt. Um vier Uhr nachmittags sollte »es« endlich passieren. Die Stimmung war angespannt. Sie waren alle bereit. Draußen auf der Straße vor dem Haus wartete ein Kamerateam. Immer wieder zerriss das schrille Klingeln des Telefons die andächtige Stille. Alle Anwesenden waren davon überzeugt: Heute wird sich in diesem Haus etwas ereignen, das die Welt noch nicht gesehen hat und danach auch nie wiedersehen würde. Sie glaubten nämlich daran, dass eine große Flutkatastrophe unmittelbar bevorstehe und nur sie allein von Außerirdischen gerettet werden sollten. Einige der Anwesenden hatten in Vorbereitung auf diesen Tag ihre Jobs gekündigt, andere hatten den Ehepartner verlassen. Wie angewiesen entfernten die Mitglieder der Gruppe sorgsam alle metallischen Gegenstände von ihrem Körper – Reißverschlüsse, BH-Träger und andere Gegenstände wurden eilig beiseitegeschafft. Um Punkt vier Uhr nachmittags versammelten sich die »Auserwählten« schließlich sichtlich nervös mit Mänteln bekleidet in der Küche des Wohnhauses. Dorothy Martin, eine ältere Dame um die fünfzig, die Anführerin der Gruppe, war in euphorischer Stimmung. Immer wieder ließ sie die Augen suchend über den Himmel wandern, und es dauerte nicht lange, bis die anderen es ihr gleichtaten. Doch der Himmel blieb leer. Der sehnlichst erwartete Termin verstrich, ohne dass sich etwas ereignete.

Als man wenig später gemeinsam zu Abend aß, war die Stimmung gedrückt. Alle fragten sich, warum die versprochenen Raumschiffe nicht gekommen waren. Hatten die vielen Menschen im Haus die Außerirdischen abgeschreckt? Oder war dies nur ein Test gewesen, um den Glauben der Gruppe zu prüfen? Was aber, wenn die ersehnte Rettung durch höhere Wesen gänzlich ausblieb? Um Mitternacht herum verkündete Dorothy Martin schließlich, sie habe eine neue übersinnliche Botschaft erhalten. Ein Wesen namens »Sananda vom Planeten Clarion« habe ihr mitgeteilt, dass die angekündigte Abholung mit fliegenden Untertassen nach wie vor planmäßig stattfinden werde – nur habe sich eben die Uhrzeit geändert. Eine Welle der Erleichterung ging durch die Gruppe. Sie würden überleben! Wenn die amerikanische Westküste wie angekündigt bald von einer historischen Flutkatastrophe heimgesucht werden würde, würden sie in der Sicherheit des Weltraums an Bord eines Raumschiffs sein! Zu später Stunde versammelte sich die Gruppe im Garten. Es war kalt, Schnee fiel auf sie herab. Alle starrten angestrengt in den Himmel. Doch wieder passierte – nichts. Nach mehreren Stunden vergeblichen Wartens gaben sie schließlich auf und gingen schlafen.

Der darauffolgende Tag war geprägt von Diskussionen. Erste Zweifel kamen auf. Konnte ihre Anführerin Dorothy Martin wirklich Botschaften aus dem All empfangen? Warum waren sie dann nicht abgeholt worden? Einige Anhänger wendeten sich ernüchtert von der Gruppe ab. Ein harter Kern von Gläubigen beschloss jedoch, weiterhin im Haus auszuharren. Am Morgen des 20. Dezembers wurde schließlich ein neuer Termin ausgegeben. Dorothy Martin verkündete, ein Unbekannter werde um

Mitternacht kommen und sie zu den besagten Raumschiffen bringen. Dies sei die letzte Chance zur Rettung – schließlich werde wenig später die Flutkatastrophe über die Stadt hereinbrechen.

Die neue Prophezeiung überzeugte bei Weitem nicht jeden der Anwesenden. Dorothy Martins Ehemann entschied sich dafür, das Ende der Welt lieber im Bett abzuwarten – er legte sich im oberen Stockwerk des Hauses schlafen. Als es so weit war, versammelten sich die verbliebenen Anhänger stillschweigend in der Küche. Doch auch der neue Termin verstrich, ohne dass etwas passierte. Schon bald sackte die Stimmung auf einen Tiefpunkt ab. In den frühen Morgenstunden verkündete Dorothy Martin schließlich, sie habe eine neue »prophetische« Nachricht erhalten: Gott habe entschieden, die Erde dieses Mal zu verschonen. Laut der ihr überbrachten Botschaft sei dies allein der positiven Energie der Anhänger der UFO-Sekte zu verdanken, die sich in ihrem Glauben nicht hatten beirren lassen. Die Gruppe nahm diese Worte zunächst mit betretenem Schweigen auf. Es war wahrlich nicht die Botschaft, die sie erwartet hatten. Einige waren den Tränen nahe. All das, woran sie geglaubt hatten, all ihre Hoffnungen, waren mit einem Mal dahin. Statt durch höhere Wesen gerettet zu werden, saßen sie in der Küche eines Hauses in einem Vorort von Chicago und kämpften mit ihren Gefühlen. Für die Gruppe war es die Zerreißprobe schlechthin.

Der Zustand, wenn Anspruch und Wirklichkeit im Widerspruch zueinander stehen, wird in der Psychologie als *kognitive Dissonanz* bezeichnet. Dissonanz kommt aus dem Lateinischen und bedeutet Missklang oder Unstimmigkeit, »*kognitiv*« bezieht sich auf unsere Denkprozesse und die Informationsverarbeitung. Kognitive Dissonanz meint also so etwas wie »widersprüchliche Empfindungen«. Wenn Menschen merken, dass sie sich in solch einer Situation befinden, führt das zu Stress und Unbehagen. Diese Gefühle können wiederum massive Auswirkungen darauf haben, wie wir reagieren.

Das Prinzip der kognitiven Dissonanz wurde erstmals 1957 durch den Sozialpsychologen Leon Festinger beschrieben. Im Rahmen seiner Forschung an der University of Minnesota wollte er gemeinsam mit seinen Kollegen Henry Riecken und Stanley Schachter der Frage nachgehen, wie Menschen darauf reagieren, wenn sie mit starken Widersprüchen zu ihren eigenen Überzeugungen konfrontiert werden. Zu diesem Zweck bediente er sich einer aus heutiger Sicht moralisch fragwürdigen Methode. Dank eines Zeitungsberichts waren Festinger und seine Kollegen damals auf die UFO-Sekte von Dorothy Martin aufmerksam geworden. Die Forscher beschlossen kurzerhand, Beobachter in die Gruppe einzuschleusen, die alle Vorkommnisse im Dienste der Wissenschaft festhalten sollten.[1] Während also die Anhänger von Dorothy Martin in der Nacht vom 20. auf den 21. Dezember 1954 mit wachsender Verzweiflung den Himmel nach UFOs absuchten, waren die Augen einiger Anwesender nicht etwa auf den Himmel, sondern auf die Gruppe selbst gerichtet. Und so kam es, dass die Mitglieder der UFO-Sekte aus einem Vorort von Chicago – ohne es zu ahnen – für die bedeutendste Studie zur Erforschung des Phänomens der kognitiven Dissonanz eingespannt worden waren.

Wie gehen Menschen damit um, wenn eine als sicher angesehene Vorhersage nicht eintritt? Viele würden vermuten, dass infolge der mehrfachen Fehlprognose durch Dorothy Martin unweigerlich ein Auflösungsprozess innerhalb der Gruppe einsetzen würde, da die Anhänger zusehends den Glauben verlieren müssten. In den Stunden und Tagen nach der missglückten UFO-Abholung beobachteten die Forscher jedoch etwas ganz Erstaunliches. Während einige Mitglieder sich in der Tat enttäuscht von der Gruppe abwandten, reagierte der engere Kreis der Gläubigen hingegen geradezu euphorisch auf die Nachricht, sie allein hätten die Katastrophe verhindert. Als die Anführerin der Gruppe wenig später auch noch verkündete, dass es am selben Tag ein Erdbeben gegeben habe, interpretierten ihre Anhänger das als eindeutigen Beleg für die Richtigkeit ihrer Prophezeihung. Gruppenmitglieder, die zuvor sehr zurückhaltend gegenüber der Presse aufgetreten waren, schlugen daraufhin sogar vor, Presseagenturen und Reporter anzurufen, um die frohe Botschaft zu verkünden, die da lautete: Sie allein hatten durch ihren unerschütterlichen Glauben großes Unheil von der Menschheit abgewendet. Nicht nur schien es so, als hätte das UFO-Desaster ihrem Glauben nichts anhaben können. Mehr noch, die verbliebenen Anwesenden waren nun umso mehr davon überzeugt, »auserwählt« zu sein. Wie kann das sein?

Laut dem Sozialpsychologen Leon Festinger gibt es verschiedene Bedingungen, die dazu führen können, dass gescheiterte Vorhersagen zu einer Stärkung des Glaubens führen. Zum einen muss der Glaube bereits tief in der Person verankert sein und auch die Handlungen dieser Person beeinflussen. Der Betreffende muss also seinen Glauben sichtbar »leben«. Festinger ging außerdem davon aus, dass es einen Unterschied macht, ob Anhänger soziale Unterstützung aus ihrer Gruppe erfahren. Wenn ein Mensch als Einziger in seinem Umfeld an den Weltuntergang glaubt, wird es ihm leichter fallen, sich von einem falschen Propheten zu distanzieren, als jemandem, der eng in eine Glaubensgemeinschaft eingebunden ist. Die Beobachtungen der Wissenschaftler nach der gescheiterten UFO-Abholung bestätigten diese Annahmen. Zunächst zogen sich vor allem diejenigen Anhänger zurück, die nur eine oberflächliche Bindung zur Gruppe hatten. Wer allerdings bereits vorher durch eine starke Überzeugung aufgefallen war und seinen Glauben sichtlich »lebte«, blieb hingegen eher auch nach dem Misserfolg der Prophezeiung dabei.

Von zentraler Bedeutung ist außerdem die Frage, ob eine Person bereits viel in den jeweiligen Glauben investiert hat. Die Schilderungen der Gespräche in der UFO-Sekte am schicksalhaften Abend verdeutlichen, unter welchem immensen Druck einige Anhänger standen. Eine Frau brach in Tränen aus. Sie und auch ihr Sohn hatten ihre Jobs im Glauben an die nahende Katastrophe aufgegeben. Da sie nur über geringe finanzielle Rücklagen verfügten, steckten sie nun in ernsten Schwierigkeiten. Andere hatten sich durch ihre Missionierungstätigkeit im privaten und beruflichen Umfeld zum Gespött der Leute gemacht. Die Vorstellung, nun zu ihrem alten Leben zurückkehren zu müssen, schien vor diesem Hintergrund unerträglich. Hier bestätigte sich eine weitere These der Forscher: Wer sein Leben bereits danach ausgerichtet hat, dass eine bestimmte Vorhersage auf jeden Fall eintreffen wird, für den dürfte es umso schwerer werden, sich einen Fehler einzugestehen. Einer der Anhänger der UFO-Sekte schilderte seine Situation wie folgt: »Ich habe alles aufgegeben. Ich habe jede Verbindung gekappt. Ich habe jede Brücke hinter mir niedergebrannt. Ich habe der Welt den Rücken gekehrt. Ich kann es mir nicht leisten zu zweifeln. Ich muss glauben.«

Es wäre einfach, die Mitglieder der UFO-Sekte allesamt als verrückt abzustempeln. Schiebt man diesen ersten Impuls allerdings beiseite, bleibt eine wichtige Einsicht: Die Prozesse, welche in der Nacht der gescheiterten Prophezeiung im Haus von Dorothy Martin durch die Forscher beobachtet werden konnten, sind zutiefst menschlich. Wir alle tragen die Veranlagung in uns, nicht rational zu reagieren, wenn wir mit kognitiver Dissonanz konfrontiert werden. Wir alle neigen dazu, unbequeme Wahrheiten lieber weit von uns zu schieben, wenn sie unser

Weltbild ins Wanken bringen. Natürlich unterscheiden sich Menschen darin, wie stark derartige Tendenzen ausgeprägt sind. Die Annahme aber, dass wir stets vollkommen rational agieren würden, ist nicht mehr als ein Wunschtraum.

Das Phänomen der kognitiven Dissonanz und der Umgang damit spielen bei Verschwörungsgläubigen eine wichtige Rolle. Verschwörungsideologen, die gegenüber ihren Anhängern verkünden, die Welt werde infolge der Machenschaften dunkler Mächte alsbald im Chaos versinken, stehen regelmäßig vor einem ähnlichen Problem wie die Anführerin der UFO-Sekte Dorothy Martin: Was ist, wenn die Vorhersage nicht eintritt? Wenn die nächste Naturkatastrophe doch nicht vor der Tür steht? Wenn der angekündigte Bürgerkrieg ausbleibt? Erkenntnisse aus der Untersuchung von Leon Festinger und seinen Kollegen lassen sich auf derartige Fälle übertragen. Wenn etwa Verschwörungsgläubige in Vorbereitung auf den angeblich drohenden Dritten Weltkrieg den Job aufgeben und extra aufs Land ziehen, um dort im Ernstfall Selbstversorger zu werden, bedeutet dies, sie haben bereits viel in ihren »Glauben« investiert. Kommt dann noch ein soziales Element hinzu, etwa durch eine Gruppe Gleichgesinnter, in der man sich gegenseitig bestärkt, spricht viel dafür, dass die Betroffenen ihrem Glauben selbst bei einer offensichtlich falschen Vorhersage weiterhin treu bleiben werden. Schließlich wären die Konsequenzen immens, wenn jemand sich entscheiden würde, ein zentrales Element des eigenen Lebens von heute auf morgen über Bord zu werfen. Insbesondere der Kontakt zu Gleichgesinnten kann fehlendes positives Feedback, zum Beispiel aus dem Kreise der Familie, abfedern. Je stärker ein Mensch in derartige Gruppenstrukturen eingebunden ist, desto schwerer wird ihm aller Wahrscheinlichkeit nach ein Ausstieg fallen.

Ein verbreiteter Slogan aus dem Umfeld der UFO-Szene lautet: *I want to believe.* Dieser Satz bringt eine wichtige Erkenntnis auf den Punkt: Viele Verschwörungsgläubige *wollen* auch dann weiterhin an ihrer Version der Realität festhalten, wenn alle Fakten dagegensprechen. Schließlich begreifen sie den Glauben nicht selten als Kernaspekt ihrer Identität. In der 2018 erschienenen Dokumentation *Behind the Curve*, die sich mit der Flat-Earth-Community befasst, wird das sehr deutlich. Als ein akribisch geplanter Versuch zur Erbringung des Beweises dafür, dass die Erde angeblich eine Scheibe sei, nicht das gewünschte Ergebnis liefert, ändern die Teilnehmer keineswegs ihre Meinung, sondern bleiben bei ihrer Überzeugung. Warum ist das so? Verschwörungsgläubige empfinden das Gefühl, als einige der wenigen »den Durchblick zu haben«, oft als erhebend. Sich einzugestehen, dass man sich geirrt hat, würde damit zugleich einen Angriff auf das eigene Selbstwertgefühl bedeuten. Endzeitszenarien bieten Anhängern zudem die Möglichkeit, ihre Alltagssorgen ein Stück weit auszublenden. Wozu sich noch mit Ärger in der Familie abplagen, wenn im Geheimen bereits der Dritte Weltkrieg vorbereitet wird? Warum die Schulden beim Finanzamt abbezahlen, wenn Deutschland insgeheim eine GmbH ist? Was bringt es, Karriere zu machen, wenn wir kurz vor einem Bürgerkrieg stehen? Neben einer am Horizont drohenden großen Verschwörung wirken die Probleme des Alltags plötzlich klein und unbedeutend. In gewisser Hinsicht kann ein derartiger Glaube sogar eine entlastende Funktion erfüllen.

Verschwörungsideologien, so absurd sie auch auf Außenstehende wirken mögen, bieten für ihre Anhänger ein allumfassendes Erklärungsmuster, das Orientierung und Halt verspricht. Sie erläutern, warum die Welt so und nicht anders ist – und wie alles miteinander verbunden ist. Das bedeutet allerdings nicht, dass die Welt durch die Brille einer Verschwörungsideologie stets rosarot erscheinen muss – tatsächlich wird häufig ein äußerst negatives Weltbild konstruiert. Vielmehr bleibt weniger dem Zufall überlassen, und wo vorher Chaos herrschte, erscheint nun eine Struktur. Während Verschwörungserzählungen in ihren Erklärungen oft deutlich komplizierter sind als der tatsächliche Ablauf eines Ereignisses, reduzieren diese Erzählungen zugleich die Komplexität auf der Ebene der Verantwortlichen beziehungsweise der Gründe, warum etwas so und nicht anders passiert ist. Anstatt sich mit einer Vielzahl komplexer möglicher Risiken und Gefahren auseinandersetzen zu müssen oder aber sich zufälligen Schicksalsschlägen ausgeliefert zu fühlen, wird eine kleine Gruppe von Verschwörern als Wurzel allen Übels identifiziert. Eine derartige Vereinfachung komplexer Zusammenhänge erzeugt schnell die Illusion, die Welt eher zu »durchschauen« und ergo auch mehr Kontrolle über das eigene Leben zu haben. Ganz nebenbei ist es so möglich, die Schuld an eigenen Schicksalsschlägen einer klar benennbaren Gruppe zuzuschieben, was den Umgang damit erleichtern kann. Manchmal geht es auch nur darum, die eigene Wut angesichts beobachteter Missstände gegen ein klares Ziel richten zu können.

Wie kann es passieren, dass ein Mensch sich derart radikalisiert und in eine Fantasiewelt flüchtet? Auch wenn die wissenschaftliche Forschung hier noch vor vielen Fragen steht, lässt sich mit Sicherheit sagen, dass die individuellen Lebensumstände des Betroffenen eine große Rolle spielen. Der Psychologe Daniel Sullivan hat gemeinsam mit seinen Kollegen Mark Landau und Zachary Rothschild von der University of Kansas im Jahr 2008 im Rahmen eines Versuchs erforscht, inwiefern äußere Umstände dazu beitragen können, dass Menschen an Verschwörungserzählungen glauben.[2] Hierzu fragte er am Tag vor der US-Präsidentschaftswahl im Jahr 2008 eine Gruppe von Versuchsteilnehmern, für wie wahrscheinlich sie eine Manipulation der Wahlergebnisse hielten. Ohne es zu merken, wurden die Versuchsteilnehmer dabei allerdings zwei

Gruppen zugeordnet. Während die erste Gruppe vorab mit einem Fragebogen konfrontiert wurde, auf dem die Befragten ankreuzen sollten, inwiefern sie verschiedenen Aussagen zustimmten, wie etwa »Ich entscheide, was für Musik ich höre«, wurden der zweiten Gruppe Fragen vorgelegt, die vor allem um Situationen kreisten, in denen sich Menschen in der Regel hilflos und ausgeliefert fühlen – etwa Naturkatastrophen oder Erkrankungen. Die Forscher beabsichtigten damit, bei der ersten Gruppe das Kontrollgefühl nicht zu bedrohen, während die zweite Gruppe konsequent an ihre Machtlosigkeit erinnert werden sollte.

Anschließend wurden den Teilnehmern unterschiedliche Thesen zu einer möglichen Manipulation der Wahl vorgelegt, bei denen sie jeweils angeben sollten, für wie wahrscheinlich sie diese hielten. Darunter war etwa die Frage, ob der politische Gegner durch Wahlmaschinen-Manipulation die Ergebnisse der Wahl verändern werde. Die Resultate waren eindeutig: Teilnehmer, die zuvor mit Statements konfrontiert worden waren, die ein Gefühl des Kontrollverlustes wachriefen, neigten eher dazu, eine Verschwörung des politischen Gegners zu wittern. Interessant war hierbei vor allem, dass es eine deutliche Präferenz zu Theorien gab, die ein möglichst klares Feindbild zeichneten. Man könnte daher vermuten, dass Feindbilder in gewisser Hinsicht eine Art unbewusste Bewältigungsstrategie darstellen, um mit Situationen von Unsicherheit umzugehen.

Es wurde oft diskutiert, ob Menschen, die an Verschwörungen glauben, Informationen anders verarbeiten und mehr kognitive Verzerrungen aufweisen. In der Psychologie beschreibt der Begriff kognitive Verzerrung, wenn Menschen Informationen in eine gewisse Richtung wahrnehmen oder interpretieren. Das kann zum Beispiel der Fall sein, wenn man Fakten, die der eigenen Meinung entsprechen, als glaubwürdiger wahrnimmt als Informationen, die sich nicht im Einklang mit der eigenen Position befinden. Es hat sich allerdings gezeigt, dass Verschwörungsideologen nicht unbedingt mehr kognitive Verzerrungen haben als andere Menschen, sondern unter bestimmten Umständen sogar eher weniger. Unter normalen Umständen haben die meisten Menschen etwas, das sich *Expertenbias* nennt. Das bedeutet: Wenn wir denken, dass ein Mensch Experte in einem bestimmten Thema ist, nehmen wir dessen Aussagen als glaubwürdiger wahr. Wenn ich beispielsweise etwas über einen Erkrankung wissen will, frage ich eher einen Virologen als meinen Friseur. In einer Studienreihe konnte allerdings gezeigt werden, dass Menschen mit ausgeprägter Verschwörungsmentalität eben genau diese Verzerrung nicht aufweisen. Sie halten qualitativ sehr unterschiedliche Quellen häufig für gleich glaubwürdig. Zugespitzt bedeutet das: Verschwörungsideologen denken, YouTube eigne sich genauso gut dafür, Wissen anzuhäufen, wie ein mehrjähriges Studium. Insbesondere in der Coronakrise hat sich gezeigt, wie gefährlich so etwas sein kann. Das Beispiel verdeutlicht, dass nicht jede kognitive Verzerrung per se etwas Schlechtes ist. Es kommt immer auf den jeweiligen Effekt und die Situation an.[3]

Darüber hinaus gibt es allerdings spezielle kognitive Verzerrungen, die mit dem Glauben an Verschwörungserzählungen zusammenhängen. In der Psychologie wurde die sogenannte Unsicherheitstoleranz ausgiebig erforscht. Dieses Bedürfnis beschreibt den menschlichen Wunsch, eine klare Antwort auf alle Fragen zu erhalten. Dieses Bedürfnis ist nicht bei allen Menschen gleich ausgeprägt, denn Personen können unterschiedlich gut mit Unsicherheiten umgehen. Forscher konnten einen direkten Zusammenhang zwischen der Toleranz von Unsicherheiten und dem Glauben an Verschwörungserzählungen identifizieren. Menschen mit ausgeprägter Verschwörungsmentalität haben eine stärkere Präferenz für Ordnung und Struktur und fühlen Unbehagen bei Doppeldeutigkeit. Das kann unter Umständen zu einer sehr engstirnigen Sicht auf die Welt führen.[4]

Menschen unterscheiden sich stark darin, wie sie mit Informationen umgehen. In der Persönlichkeitspsychologie bezeichnet man das als Erkenntnisbedürfnis *(Need for Cognition)*. Menschen vom Typ »kognitive Vermeider« sind eher der Meinung, dass es ihnen genügt, einfache Antworten zu kennen, ohne die Gründe eines Problems zu verstehen. Auf der anderen Seite stehen Menschen mit einem hohen Erkenntnisbedürfnis, denen es Freude bereitet, über Probleme und Lösungswege nachzudenken. Im Rahmen von Studien konnte belegt werden, dass Menschen mit einem hohen Erkenntnisbedürfnis in der Regel auch eher zu einer systematischen, zentralen Verarbeitung von Argumenten neigen – sie fokussieren sich also eher auf die Fakten und lassen sich weniger von Nebensächlichkeiten wie etwa dem Aussehen eines Redners ablenken.[5] Außerdem konnte ein Zusammenhang zwischen einem hohen Erkenntnisbedürfnis und einem eher konstruktiven Umgang mit Kritik festgestellt werden.[6] Diese Menschen neigen auch weniger dazu, ängstlich zu reagieren,[7] und komplexe Probleme bereiten ihnen weniger Sorgen.[8] Unsere grundlegende Veranlagung dazu, wie wir komplexe Informationen verarbeiten, kann also mit erklären, warum einige Menschen sich mit bestimmten Problemstellungen systematisch überfordert fühlen, während andere in derselben Situation regelrecht aufblühen.

Zusammenfassend lässt sich sagen, dass das Erkenntnisbedürfnis eine zentrale Rolle bei der Frage spielt, wie Informationen und Argumente bewertet werden. Auch wenn wir alle erst einmal Verzerrungen im Denken unterliegen, unterscheiden wir uns darin, wie sich das auf unsere Wahrnehmung und auch auf unser Handeln auswirkt.

Um wirklich zu verstehen, warum es so schwierig ist, Betroffene dazu zu bewegen, ihre jeweiligen Glaubenssätze zu hinterfragen, ist es wichtig, sich zunächst einmal eines klarzumachen: Wir alle neigen dazu, nicht immer so rational zu handeln, wie wir es uns selbst gerne glauben machen wollen. Auch wenn niemand so etwas über sich hören mag – irrationale Glaubenssätze begleiten uns auf Schritt und Tritt. Der Nobelpreisträger und Psychologe Daniel Kahneman stellte bereits zu Beginn seiner wissenschaftlichen Karriere fest: »Einige unserer stärksten Überzeugungen können sich als völlig wertlos erweisen.«[9]

Unser Gehirn funktioniert eben nicht wie eine Art Computer, der alle eingehenden Informationen gewissenhaft verarbeitet. Dazu fehlt es uns schlichtweg an Rechenkapazität. Unser Gehirn wäre hemmungslos überfordert, würde es nicht auf unbewusste Mechanismen zurückgreifen, um die täglich auf uns einprasselnden Sinneseindrücke nach vorgefertigten Rastern zu ordnen. Man könnte vereinfacht sagen, unser Gehirn arbeitet oft nach vorab definierten Routinen. Viele Dinge machen wir, weil wir »sie schon immer so getan haben« oder weil »das Bauchgefühl stimmt«. Einige Probleme erscheinen uns außerdem schlichtweg nicht wichtig genug, um viel Zeit darin zu investieren, eine möglichst exakte Lösung zu finden. In gewisser Hinsicht ist solch ein Vorgehen absolut rational. Indem unser Gehirn in einigen Bereichen quasi auf Autopilot schaltet, werden Kapazitäten frei, um sich mit anderen Dingen zu beschäftigen. Gerade wenn wir müde oder gestresst sind oder es darum geht, schnelle Entscheidungen zu treffen, greift unser Gehirn häufig auf Heuristiken zurück. Heuristiken kann man auch als Hilfskonstrukte beschreiben, die uns dabei helfen sollen, mit Komplexität umzugehen, etwa wenn wir nur sehr wenig Informationen über einen bestimmten Sachverhalt haben. Sie können in vielen Fällen äußerst hilfreich sein, um schnelle Entscheidungen zu treffen – ob diese allerdings immer die besten sind, steht auf einem anderen Blatt.

Wie sich Heuristiken im Alltag auswirken können, zeigt ein einfaches Beispiel. Besuchern eines naturwissenschaftlichen Museums in San Francisco wurde im Rahmen einer wissenschaftlichen Studie die Frage gestellt, wie viel Geld sie spenden würden, um Vögel vor einer Ölpest zu retten.[10] Die Forscher wollten herausfinden, inwiefern sich zusätzliche Informationen in der Spendenbitte auf die Höhe des Betrags auswirken. Die erste Gruppe bekam die Frage gestellt: »Wären Sie bereit, fünf US-Dollar zu geben?« Bei der zweiten Gruppe wurde hingegen gleich nach einer Spende in Höhe von 400 US-Dollar gefragt. Das Ergebnis war mehr als erstaunlich. Während die Teilnehmer der ersten Gruppe durchschnittlich 20 US-Dollar spenden wollten, waren es bei der zweiten Gruppe im Schnitt 143 US-Dollar. Die Wissenschaftler – einer davon war der spätere Nobelpreisträger Daniel Kahneman – konnten damit eindrucksvoll zeigen, wie einfach Menschen durch Vorgaben in eine bestimmte Richtung gelenkt werden können. In der Psychologie wird ein derartiger Mechanismus als Ankerheuristik bezeichnet. Unser Gehirn macht sich bei Entscheidungen nämlich immer zuerst auf die Suche nach Bezugspunkten (»Ankern«) – lassen sich diese nicht auffinden, kann auch eine zufällig an die Frage geknüpfte Information, wie etwa ein Zahlenwert, als Anker dienen. Der Effekt spielt übrigens auch bei Gehaltsverhandlungen eine große Rolle. Wenn Bewerber als Einstiegsgehalt eine hohe Summe fordern, können sie den Effekt zu ihren Gunsten nutzen, da das erste – möglichst hohe – Gebot sozusagen einen Anker im Gehirn des Gegenübers setzt.

Die Ankerheuristik wirkt sich im Kontext von Verschwörungsideologien vor allem darauf aus, wie wir Informationen aufnehmen, die uns in einer bestimmten Reihenfolge präsentiert werden. Informationen, die nichts mit der eigentlichen Frage zu tun haben, können so unbewusst zu Ankern werden. Diese Anker führen dann dazu, dass wir bestimmte Zusammenhänge für plausibler halten.

Wir alle sind für derartige Wahrnehmungsverzerrungen empfänglich. Die Psychologen Dan Ariely, George Loewenstein und Drazen Prelec gingen in einer Studie der Frage nach, ob zufällig gewählte Ankerzahlen sich auch auf die Zahlungsbereitschaft beim Kauf von Produkten auswirken können.[11] Im Rahmen eines Experiments zeigten sie 55 Studenten sechs Produkte. Dabei verschwiegen sie den jeweiligen Marktpreis. Anschließend fragten sie die Versuchsteilnehmer, ob sie für das jeweilige Produkt einen Preis zu zahlen bereit wären, der den letzten zwei Ziffern der jeweiligen Sozialversicherungsnummer entsprach. In einem nächsten Schritt wurde dann die individuelle Zahlungsbereitschaft abgefragt, also wie hoch der Betrag sei, den man maximal zu zahlen bereit wäre. Das Resultat dieses Versuchs war erstaunlich: Die Teilnehmer, deren letzte zwei Ziffern der Sozialversicherungsnummer einen überdurchschnittlich hohen Betrag ergaben, waren bereit, bis zu 107 Prozent mehr zu bezahlen. Das Prinzip der Ankerheuristik sorgte in diesem Fall also dafür, dass Menschen deutlich höhere Preise als legitim erachteten, als sie es normalerweise tun würden – und das, obwohl es keinen rationalen Grund gibt, warum man den Preis für ein Produkt von den letzten beiden Ziffern der Sozialversicherungsnummer abhängig machen sollte. Eine Vielzahl von derartigen Urteilsheuristiken entscheidet – ob wir es wollen oder nicht – darüber, wie wir die Welt um uns herum wahrnehmen und wie wir Entscheidungen treffen. Die Wissenschaft hat in den letzten Jahrzehnten zahlreiche solcher auf den ersten Blick irrationalen Verhaltensmuster ausgiebig untersucht.

Eine beliebte Annahme bei Diskussionen mit Verschwörungsgläubigen aus dem eigenen Umfeld lautet: »Dann schicke ich eben später ein paar Links zu aktuellen Studien, und damit sollte das Problem schnell erledigt sein.« Leider ist dies aber oft ein Trugschluss. Denn meist ist es keine erfolgversprechende Strategie, sein Gegenüber mit einer größtmöglichen Menge von Fakten zu bombardieren. Bei uns allen sorgt nämlich der sogenannte *Confirmation Bias* (zu Deutsch »Bestätigungsfehler«) dafür, dass wir insbesondere jene Informationen als hochwertiger einstufen, die uns in unserer Meinung bestärken. Gesprächspartner, die unsere Meinung vertreten, nehmen wir nicht selten als kompetenter wahr als Menschen, die uns widersprechen. Das gilt vor allem für Themen, bei denen wir uns bereits eine starke Meinung gebildet haben, sowie Fragen, die für uns hochemotional sind. Der *Confirmation Bias* spielt beispielsweise eine wichtige Rolle, wenn Menschen online nach Stichworten wie »Impfen, gefährlich« suchen und dann aus einer Vielzahl von Ergebnissen akribisch genau die Handvoll Links herauspicken, die sie in ihrer Meinung bestätigen – während sie die restlichen Ergebnisse als irrelevant abtun.

Unterschiedliche Adressaten bewerten Informationen zudem stets durch die jeweilige Brille ihrer Einstellungen und Erfahrungen. Wenn ein Mensch etwa davon überzeugt ist, die Regierung würde im Rahmen einer Verschwörung einen schleichenden »Bevölkerungsaustausch« vorantreiben, werden Nachrichten, die in dieses Erwartungsraster passen, systematisch als qualitativ hochwertiger eingeschätzt und mit geringerer Wahrscheinlichkeit hinterfragt. Hinzu kommt, dass häufig bei einer Diskussion die jeweils zugrunde liegenden Annahmen der Gesprächspartner stark auseinandergehen können. Das trifft insbesondere bei Verschwörungserzählungen zum Thema Migration zu. Im Rahmen einer Studie hat das renommierte Umfrageinstitut Ipsos MORI in

37 Ländern untersucht, wie hoch die Teilnehmer den Anteil von Muslimen an der Gesamtbevölkerung im jeweiligen Land schätzen.[12] In Frankreich lagen die Schätzungen im Schnitt bei 28 Prozent, tatsächlich waren es lediglich 9 Prozent. In Belgien lag der Durchschnitt der Schätzung bei 27 Prozent, in Wahrheit waren es nur 5 Prozent. Und auch in Deutschland war die Differenz zwischen Schätzung (21 Prozent) und tatsächlichem Wert (4 Prozent) immens. Ergebnisse wie diese verdeutlichen, wie wichtig es ist, bei Diskussionen zunächst das Grundgerüst der Annahmen des Gegenübers abzuklopfen. Wird dies versäumt, läuft man Gefahr, aneinander vorbeizureden.

Der Sozialpsychologe Tobias Greitemeyer von der Universität Innsbruck konnte im Rahmen seiner Forschung zudem zeigen, dass es oftmals nicht reicht, falsche Behauptungen einfach zu widerlegen.[13] Menschen wollen häufig schlichtweg weiter an ihre Version der »Wahrheit« glauben, auch wenn es irrational ist. Im Rahmen eines Experiments legte er Probanden Informationen über eine wissenschaftliche Studie vor und informierte sie später darüber, dass die zugrunde liegenden Daten vollkommen ausgedacht waren. Überraschenderweise hielt trotzdem ein nicht unerheblicher Teil der Versuchsteilnehmer weiter an den »Erkenntnissen« der nachweislich fehlerhaften Studie fest. Der Versuch zeigte: Das Widerlegen von Hypothesen allein reicht nicht immer aus, um jemanden zum Umdenken zu bewegen.

Systematische Verzerrungen in unserem Denken beeinflussen, wie wir politische Debatten wahrnehmen. Das gilt auch für die Diskussion um den Klimawandel. Im Rahmen einer globalen Studie hat das renommierte Pew Research Center im Jahr 2015 Menschen aus verschiedensten Regionen der Welt nach ihrer Einschätzung zum Klimawandel befragt.[14] Zwar gaben 54 Prozent der befragten Europäer dabei an, den Klimawandel für ein ernsthaftes Problem zu halten, jedoch nur 27 Prozent glaubten, dass sie dadurch persönlich Schaden nehmen würden. Psychologisch lässt sich dieses widersprüchliche Ergebnis unter anderem mit dem *Optimismus Bias* erklären. Wir neigen in vielen Situationen eben dazu, unser eigenes Risiko systematisch geringer einzuschätzen als das von Fremden. Das liegt vor allem daran, dass wir unsere eigene Fähigkeit, mit Risiken umzugehen, gerne überschätzen. Der *Optimismus Bias* wirkt zudem stärker, wenn wir die Vergleichsgruppe als »fremd« oder anders wahrnehmen. Wenn etwa Meldungen über die Folgen der Erderwärmung häufig mit Bildern von Dürren in entfernten Regionen illustriert werden, fällt es leichter, dies als für einen selbst irrelevant abzutun.

Das sind nur einige der vielen Beispiele für die vielen psychologischen Effekte, die uns Tag für Tag beeinflussen. Aber sie genügen, um zu verdeutlichen: Wir alle tragen tief in uns die Veranlagung für Wahrnehmungsverzerrungen. In bestimmten Konstellationen kann sich das darauf auswirken, dass wir Informationen falsch bewerten, Fake News gedankenlos als Wahrheit akzeptieren oder gar Verschwörungserzählungen auf den Leim gehen. Wir denken nicht nur manchmal verzerrt, sondern fast immer – verzerrtes Denken ist der Standardmodus unserer Informationsverarbeitung! Es lohnt sich, diese zentrale Erkenntnis niemals aus den Augen zu verlieren – insbesondere im Umgang mit Verschwörungsgläubigen aus dem eigenen Umfeld.

Kapitel 4: Verschwörungsglaube und Politik: Von der Wahlverschwörung bis zur »Lügenpresse«

Arbeitslosigkeit, Bruttoinlandsprodukt, Wirtschaftswachstum – wie wir auf die Amtszeit eines Staatschefs zurückblicken, hängt oftmals von Zahlen wie diesen ab. Seit Neuestem ist zumindest in den USA eine weitere Kennzahl hinzugekommen. In den ersten drei Jahren von Donald Trumps Amtszeit zählte die *Washington Post* mehr als 16.000 falsche oder irreführende Behauptungen des Präsidenten. Darunter fanden sich auch zahlreiche Anspielungen auf Verschwörungserzählungen. Als Donald Trump etwa 2018 gefragt wurde, ob er der Ansicht sei, dass jemand Migranten dafür bezahlen würde, sich aus Südamerika auf den Weg in die USA zu machen, entgegnete der US-Präsident, Derartiges würde ihn jedenfalls nicht erstaunen. Auf die Rückfrage hin, ob er meine, der jüdische Milliardär und Philanthrop George Soros habe eine solche Verschwörung finanziert, sagte Trump, zumindest eine ganze Menge Leute würden dies denken.

Das Verbreiten von Verschwörungserzählungen und wilden Spekulationen über politische Konkurrenten war von Beginn an Bestandteil von Trumps Wahlkampfauftritten. Mithilfe solcher Geschichten lassen sich eben auch hervorragend Feindbilder schaffen. Donald Trump knüpfte, noch bevor er selbst den Schritt in die Politik wagte, im Jahr 2011 an das Gerücht an, Barack Obama habe seine Geburtsurkunde gefälscht, und forderte das Vorzeigen der Dokumente. Der Hintergrund war konspirativer Natur: Eine Verschwörungserzählung besagt, dass Obama in Kenia geboren worden sei und deshalb aus formellen Gründen nicht Präsident werden könne. Wie stark diese Verschwörungserzählung in der US-Bevölkerung zwischenzeitlich verfangen hatte, belegt eine Umfrage von *CNN* aus dem Jahr 2010, laut der rund ein Viertel der Befragten infolge der Debatte daran zweifelten, dass Barack Obama in den USA geboren worden sei.[1] Die ehemalige First Lady Michelle Obama sagte noch Jahre später, dass sie Trump diese Aussage »nie vergeben« werde.

Dies ist bei Weitem nicht das einzige Beispiel dafür, wie der spätere US-Präsident Verschwörungserzählungen gezielt einsetzte, um politische Mitbewerber in Misskredit zu bringen. Im US-Vorwahlkampf hatte Trump 2016 Andeutungen über seinen republikanischen Konkurrenten Ted Cruz fallen gelassen, die nahelegten, der Vater von Cruz sei in die Ermordung von John F. Kennedy verwickelt gewesen. Im Rennen um das höchste politische Amt der USA ging Trump auf der Zielgeraden sogar so weit anzudeuten, eine Clique aus Bankern und Clinton-Unterstützern habe sich gegen die amerikanischen Bürger verschworen. Auffällig ist hierbei, dass Trump nur selten klare Anschuldigungen macht und es meist bei Andeutungen belässt. Häufig wählt er vage Formulierungen wie »Viele Menschen sagen …« oder »Jemand hat mir erzählt …«. Juristisch ist das nicht zu beanstanden. Trotzdem verfehlen entsprechende Anschuldigungen bei seinen Unterstützern nicht ihre Wirkung. Bei Wahlkampfveranstaltungen ließ man die Trump-Fans 2016 regelmäßig »Lock her up!« (»Sperrt sie ein!«) skandieren. Gemeint war damit natürlich die Gegenkandidatin der Demokraten, Hillary Clinton. Im Vorfeld der Wahlen war eine beachtliche Menge von Verschwörungserzählungen über sie im Umlauf. Darunter auch das Gerücht, die demokratische Kandidatin sei heimlich durch eine Doppelgängerin ersetzt worden. Im Vergleich zu viel drastischeren Behauptungen erscheint Derartiges allerdings geradezu als harmlose Spinnerei.

Am 4. Dezember 2016 stürmte ein mit einem Sturmgewehr des Typs AR-15 bewaffneter 28-jähriger Mann eine Pizzeria in Washington D.C. Er war der Überzeugung, dass sich im Keller des Restaurants das Zentrum eines pädophilen Netzwerks befinde, an dem auch Hillary Clinton beteiligt sein sollte. Entstanden war diese Verschwörungserzählung in einer Online-Community, deren Mitglieder ihre Zeit damit verbringen, kryptische Hinweise eines geheimnisumwobenen Nutzers namens Q zu deuten. Die von Q online verbreiteten »Hinweise« – von seinen Anhängern, den *QAnons*, auch *bread crumbs*, Brotkrumen, genannt – kommen oft in Form von Gedichten oder vermeintlich zusammenhanglosen Sätzen daher. Die Pizzeria geriet schlichtweg deshalb ins Fadenkreuz der Gruppe, weil der Name des Inhabers in geleakten E-Mails aus dem Umfeld von Hillary Clinton aufgetaucht war. In der *QAnon*-Community war man daraufhin zu dem Ergebnis gekommen, dass das Wort Pizza ein Codewort für Kindesmissbrauch und Menschenhandel sein müsse. Diese absurde These hatte für den Inhaber und die Mitarbeiter der Pizzeria schlimme Folgen. »Dieser Ort sollte bis auf die Grundmauern niedergebrannt werden«, war der Wortlaut einer der vielen hasserfüllten Nachrichten, mit denen die Pizzeria bombardiert wurde.[2] Aus der zunächst harmlos wirkenden Spinnerei wurde spätestens dann bitterer Ernst, als die Mitarbeiter sich schließlich an jenem Sonntag im Dezember 2016 mit einem aufgestachelten und bewaffneten Mann konfrontiert sahen. Zuvor war dieser sechs Stunden lang in einem Kleinwagen quer durchs Land gefahren, angetrieben von dem Glauben daran, gequälte Kinder aus den Fängen von Pädophilen zu befreien. Am Ende wurde er nicht als Held gefeiert, vielmehr wurde der Fall zum weltweit diskutierten Beispiel für die fatalen Auswirkungen von Verschwörungserzählungen. Donald Trump hat den bewaffneten Überfall zwar später verurteilt. Zu kritisieren wäre allerdings, dass er seinen Einfluss auf das eigene Unterstützerumfeld zuvor nicht genutzt hatte, um die Gerüchte frühzeitig zu stoppen. Später wurde bekannt, dass der Täter ein Anhänger des bekannten amerikanischen Verschwörungsideologen Alex Jones gewesen war. Jones hatte die Verschwörungserzählung in seinen Sendungen mehrfach aufgegriffen. Noch im Dezember 2015 war Trump als Gast in der Radiosendung von Jones und lobte dort dessen »Arbeit«.[3]

Eine 2018 veröffentlichte, groß angelegte internationale Studie zum Glauben an Verschwörungserzählungen zeigte, dass viele von Trumps Anhängern deutlich häufiger an Verschwörungen glauben.[4] Fast die Hälfte der Trump-Wähler dachte, dass die Regierung ihnen »die Wahrheit über Migration« verschweigt. Rund 41 Prozent derjenigen, die Trump ihre Stimme gaben, waren von einer großen Verschwörung zum angeblichen »Austausch« der Bevölkerung durch muslimische Migranten überzeugt. Zum Vergleich: In der Gruppe der Clinton-Wähler waren es lediglich 3 Prozent. Trump-Wähler neigten außerdem stärker dazu, den Klimawandel zu leugnen, und hielten Impfungen eher für gefährlich. Das Tragische daran ist: Viele dieser Verschwörungserzählungen wurden vom US-Präsidenten selbst aktiv befeuert. So hatte dieser etwa lange vor der Bekanntgabe seiner Präsidentschaftskandidatur in Tweets immer wieder einen Zusammenhang zwischen Autismus und Impfungen hergestellt.[5]

Viele Politikwissenschaftler beschreiben den Amtsantritt von Donald Trump als Paradigmenwechsel. Im US-Wahljahr 2016 hat die Gesellschaft für deutsche Sprache (GfdS) das Adjektiv »postfaktisch« zum Wort des Jahres gewählt. In der Begründung der Jury heißt es: »Immer größere Bevölkerungsschichten sind in ihrem Widerwillen gegen >die da oben< bereit, Tatsachen zu ignorieren und sogar offensichtliche Lügen bereitwillig zu akzeptieren. Nicht der Anspruch auf Wahrheit, sondern das Aussprechen der >gefühlten Wahrheit< führt im >postfaktischen Zeitalter< zum Erfolg.« Wer allerdings meint, dass wir es hier mit einem komplett neuen Phänomen zu tun hätten, der irrt. Der deutsche Amerikanist Michael Butter sagte im Interview mit dem *Deutschlandfunk*: »Jeder amerikanische Präsident, von George Washington bis Dwight D. Eisenhower, war Verschwörungstheoretiker.«[6] Erst nach dem Zweiten Weltkrieg setzte sich laut Butter – auch infolge der Rolle antisemitischer Verschwörungsmythen für den Holocaust – in vielen westlichen Ländern eine kritischere Haltung durch.

Den größten Einfluss auf die Politik entfalten zweifellos Verschwörungserzählungen, die nicht auf den ersten Blick als solche erkennbar sind. Das einfache Schema vom Kampf Gut gegen Böse hat ein enormes politisches Mobilisierungspotenzial – gerade bei militärischen Konflikten. Der niederländische Psychologe Jan-Willem van Prooijen schreibt, dass die meisten, wenn nicht gar alle Kriege in der Geschichte der Menschheit aus Sicht zahlreicher Historiker von Verschwörungserzählungen begleitet worden seien.[7] Die von der Bush-Administration ausgegebene Information, der Irak produziere heimlich Massenvernichtungswaffen, entsprach ebenso wenig der Wahrheit wie die Annahme, Saddam Hussein stehe mit den Attentätern von 9/11 in direkter Verbindung. Laut van Prooijen erfüllte die offizielle Regierungskommunikation der USA zum Kriegseintritt mit dem Irak im Jahr 2003 rückblickend alle Kriterien für eine klassische Verschwörungserzählung. Wenn Regierungen die Unwahrheit als Wahrheit ausgeben, kann das verheerende Folgen haben. Nicht zuletzt beschädigt dies nachhaltig das Vertrauen in staatliche Institutionen. Bei vielen neueren Verschwörungserzählungen gehört der Verweis auf die Falschaussage der US-Behörden zu den angeblichen Massenvernichtungswaffen im Irak mittlerweile zum festen Repertoire der Argumentation. Frei nach dem Motto »Wer einmal lügt, dem glaubt man nicht« wird der Fall als pauschaler Beleg für die mangelnde Glaubwürdigkeit von Regierungen und staatlichen Institutionen im Allgemeinen angeführt.

Das Verbreiten von Fake News und Verschwörungsmythen ist in der Politik kein neues Phänomen. Während viele Verschwörungserzählungen nur hinter vorgehaltener Hand Verbreitung fanden, waren einige sogar Teil einer offiziellen Regierungs-PR. Zu Zeiten des Kalten Krieges wurde etwa in den USA im Zuge der (nach einem US-amerikanischen republikanischen Senator benannten) McCarthy-Ära zu einer wahren Hexenjagd gegen linke Gruppen und Gewerkschaften aufgerufen. Begründet wurde diese »Red Scare« mit einer angeblichen gigantischen sowjetisch-kommunistischen Verschwörung auf amerikanischem Boden. Vor allem republikanische Hardliner brachten damals immer wieder entsprechende Vorwürfe vor, wenn es darum ging, politische Gegner öffentlich zu diskreditieren. Die Bilanz der tatsächlich aufgedeckten russischen Einflussnahme fiel am Ende allerdings äußerst bescheiden aus. Der Kollateralschaden dieser Hexenjagd war trotzdem enorm. Menschen verloren aufgrund falscher Verdächtigungen ihren Job oder wanderten gar ins Gefängnis. Gewerkschaften sahen sich plötzlich dem Generalverdacht ausgesetzt, ihre Befehle aus dem Kreml zu erhalten. Rückblickend lässt sich natürlich schwer sagen, inwiefern all diejenigen, die während der McCarthy-Ära derartige Anschuldigungen vorbrachten, tatsächlich vollends vom Wahrheitsgehalt überzeugt waren. Unbestritten ist allerdings, dass sich die Mutmaßung, jemand sei »ferngesteuert« oder »von ausländischen Mächten kontrolliert«, hervorragend dazu eignet, um einen politischen Konkurrenten in ein schlechtes Licht zu rücken.

Eine politische Instrumentalisierung ähnlich aufgebauter Verschwörungserzählungen lässt sich in vielen Ländern beobachten. In Russland war es in den vergangenen Jahren keine Seltenheit, dass die Regierung Kritik an der Politik von Wladimir Putin durch die Opposition pauschal als vom Westen gelenkte Propaganda zu diskreditieren versuchte.

Auch in EU-Mitgliedstaaten finden sich Beispiele für politische Debatten, die maßgeblich von Verschwörungserzählungen geprägt sind. Um mehr darüber zu erfahren, verabreden wir uns mit einem Ehepaar zum Gespräch, das im Freundeskreis immer wieder mit einer ganz bestimmten Verschwörungserzählung zu tun hatte. Maria und Anton Kwiatkowski (Namen zum Schutz der Betroffenen geändert) empfangen uns in der gemütlich eingerichteten Küche ihrer Wohnung. Es gibt Schwarztee mit Zitrone und viel Zucker, dazu Weihnachtsgebäck. Die beiden kommen ursprünglich aus Polen, leben aber schon seit etlichen Jahren in Deutschland. Viele ihrer Freunde sind ebenfalls in den 1990er-Jahren nach Deutschland übergesiedelt. Maria Kwiatkowski streicht sich die Haare aus dem Gesicht und beginnt zu erzählen: »Wir hatten gute Bekannte, die schon immer mehr als andere für Verschwörungstheorien empfänglich waren. Nach dem Flugzeugunglück im russischen Smolensk im April 2010, bei dem der polnische Staatspräsident Lech Kaczyński, seine Frau und fast die komplette polnische Regierung ums Leben gekommen sind, ist das allerdings extrem geworden.«

In Polen gab es über Jahre hinweg große Diskussionen darüber, wie es zu dem Flugzeugabsturz hatte kommen können. Die Delegation um Staatspräsident Lech Kaczyński befand sich am Tag des Unglücks auf dem Weg zu einer Kranzniederlegung in Katyn, einem kleinen Ort an der Grenze zu Weißrussland, 25 Kilometer westlich von Smolensk. Hierzu muss man wissen, dass der Ort für Polen eine besondere geschichtliche Bedeutung hat.

Im Frühjahr 1940 wurden in Katyn mehrere Tausend polnische Soldaten ermordet. Viele von ihnen waren Offiziere. Die Sowjetregierung hatte lange Zeit behauptet, die Deutschen seien für diese Massenhinrichtung verantwortlich gewesen. Tatsächlich aber hatte Stalin den Befehl dazu gegeben. Anton Kwiatkowski erinnert sich daran, wie in seiner Jugend über den Vorfall gesprochen wurde: »In Polen dachten viele bereits zu Sowjetzeiten, dass etwas an der Geschichte um Katyn faul ist. Viele hatten Zweifel, dass es sich so zugetragen hatte, wie die Regierung behauptete.« Erst 1990 gab Michail Gorbatschow öffentlich zu, dass der Befehl für das Massaker aus dem Kreml gekommen war. Dieser geschichtliche Hintergrund ist eine Erklärung dafür, warum nach dem Flugzeugunglück von Smolensk im Jahr 2010 derart schnell zahlreiche Spekulationen aufkamen. Dass ausgerechnet zum siebzigsten Jahrestag des Massakers von Katyn prominente polnische Politiker an ebendiesem geschichtsträchtigen Ort starben, weckte Zweifel – auch bei den Bekannten von Anton und Maria Kwiatkowski. »Fast jedes Mal, wenn wir uns gesehen haben, wollten sie uns davon überzeugen, dass es sich bei dem Flugzeugabsturz insgeheim um ein verstecktes Attentat gehandelt habe, eingefädelt von Russland und der heutigen Opposition«, erzählt Maria Kwiatkowski. »Die Diskussionen waren ermüdend, mit Argumenten oder Fakten konnte man nicht mehr durchdringen.«

Mehrere Untersuchungskommissionen sind nach Auswertung der Flugschreiber zu dem Ergebnis gekommen, dass Fremdverschulden ausgeschlossen werden kann. Am Tag des Absturzes lag dichter Nebel über der Landebahn in Smolensk. Keine idealen Bedingungen, um auf einem kleinen Militärflughafen zu landen. Die russischen Fluglotsen rieten von einer Landung ab, doch ihre Bedenken wurden ignoriert.[8] Die Tupolew streifte beim Anflug eine Birke und zerschellte am Boden. Alle 96 Insassen kamen dabei ums Leben. Trotz der Untersuchungsergebnisse glauben viele Polen aber weiterhin an eine große russisch-polnische Verschwörung. Anton Kwiatkowski berichtet: »Kurz nach dem Unfall haben zahlreiche Zeitungen in Polen ein Foto von einem Treffen des damaligen Ministerpräsidenten Donald Tusk und Wladimir Putin veröffentlicht. Darauf ist zu sehen, wie sich beide anlächeln. Dieses Detail wurde dann von vielen Menschen in Polen als ›Beweis‹ dafür angeführt, dass die beiden auf jeden Fall hinter dem Flugzeugabsturz stecken müssen.« Er seufzt resigniert. »Auf uns wirkte die ganze Debatte einfach nur absurd.«

Anton und Maria Kwiatkowski sagen, dass sie das Ganze sehr belastet hat. »Im Laufe der Jahre haben sich unsere Bekannten immer weiter radikalisiert und später dann auch Fake News zu anderen Themen gepostet, teilweise mit extrem drastischer Sprache«, sagt Maria Kwiatkowski. »Man hat richtig gemerkt, dass sie da in eine neue Filterblase gerutscht sind und sich politisch radikalisieren. Irgendwann haben wir den Kontakt abgebrochen. Es ging einfach nicht mehr. Jedes Mal, wenn wir uns gesehen haben, wurden Verschwörungstheorien ausgepackt, und dann wurde es immer anstrengend.«

Das, was Anton und Maria Kwiatkowski in ihrem Freundeskreis erlebt haben, ist kein Einzelfall. In Polen ist der Flugzeugabsturz von Smolensk nach wie vor ein großes Thema. Kurz nach dem Unfall war es nur jeder Zehnte, ein paar Jahre später schon jeder Fünfte, der an eine Verschwörung rund um den Flugzeugabsturz glaubte.[9] Jarosław Kaczyński, ehemaliger Ministerpräsident Polens und Zwillingsbruder des in Smolensk verunglückten Lech Kaczyński, befeuerte die Gerüchte um ein angebliches Komplott.[10] Anton Kwiatkowski sagt: »Seit zehn Jahren beeinflusst diese Verschwörungstheorie die Wahlentscheidung von wirklich vielen Leuten in Polen – zu Gunsten der jetzt regierenden PiS-Partei. So gesehen war Jarosław Kaczyński ein Vorreiter. Er hat dieses Mittel schon lange vor Trump strategisch eingesetzt. Wir würden dem gerne etwas entgegensetzen, aber bereits mit der Veränderung unserer Bekannten waren wir total überfordert.« Maria Kwiatkowski schaut nachdenklich auf die Tasse mit dampfendem Tee in ihrer Hand. Dann blickt sie uns fragend an und sagt: »War es feige, einfach aufzugeben?« Als wir uns wenig später verabschieden, machen beide einen niedergeschlagenen Eindruck.

Eine mögliche Erklärung dafür, warum insbesondere Verschwörungserzählungen über Todesfälle prominenter Politiker derart populär sind, ist wenig schmeichelhaft. Studien zeigen, dass wir dazu neigen, anzunehmen, dass »große Dinge« stets auch »große Ursachen« haben müssen. Das bedeutet: Wenn uns als mögliche Erklärung für ein dramatisches Ereignis zwei Alternativen präsentiert werden, von denen eine trivial und die andere spektakulär ist, bevorzugen wir Letztere. Dieser psychologische Mechanismus des sogenannten *Proportionality Bias* erklärt, warum sich besonders viele Verschwörungserzählungen um vermeintlich alltägliche Todesursachen von Prominenten ranken. Dass eine bedeutende Figur der Weltgeschichte bei einem Unfall zu Tode gekommen ist, passt für viele Menschen einfach nicht zusammen, da sie intuitiv eine der Wichtigkeit der Person angemessene große Ursache erwarten. Nach dieser Logik fällt es auch so manchem Anhänger der FPÖ eben schwer zu glauben, dass der tödliche Autounfall des Kärntner Landeshauptmanns Jörg Haider am 11. Oktober 2008 tatsächlich durch seinen Alkoholkonsum (1,8 Promille) verursacht wurde – und nicht durch eine große Verschwörung. Im Netz kursieren bis heute allerhand wilde Behauptungen, laut denen wahlweise der israelische Geheimdienst, die CIA, Freimaurer oder sogar Außerirdische für Haiders Tod verantwortlich sein sollen. Noch im Jahr 2019 empörte sich der ehemalige österreichische Vizekanzler Hans-Christian Strache darüber, dass die Blut- und Gewebeproben Haiders vernichtet worden seien.[11] Sollte hier womöglich etwas vertuscht werden? Tatsächlich war es so, dass Haiders Familie die Blutproben erst im Oktober 2018 von den Behörden angefordert hatte – da war die standardmäßig auf zwei Jahre begrenzte Aufbewahrungsfrist eben bereits verstrichen.[12]

Der Mechanismus, laut dem wir für große Ereignisse eine große Erklärung erwarten, befeuert das Entstehen von Verschwörungserzählungen nach einem überraschenden Tod von Politikern besonders dann, wenn der Vorfall politische Verwerfungen nach sich zog. In einer Studie konnte gezeigt werden, dass Versuchsteilnehmer eher der Meinung waren, dass der Tod eines fiktiven Staatsführers durch einen politisch motivierten Anschlag verursacht worden sei, wenn infolge des Todes ein Krieg ausgebrochen war.[13] Bei einer Vergleichsgruppe, bei der der Todesfall keine dramatischen Umwälzungen zur Folge hatte, glaubten hingegen mehr Teilnehmer an eine natürliche Todesursache. Die Wissenschaftler Jan-Willem van Prooijen und Eric van Dijk kamen bei einer darauf aufbauenden Untersuchung außerdem zu dem Ergebnis, dass Versuchsteilnehmer eher dazu neigten, an ein Attentatskomplott zu glauben, wenn sie zuvor dazu aufgefordert worden waren, sich möglichst gut in die Lage der Bürger des jeweiligen Landes zu versetzen. Derartige Forschungsergebnisse deuten darauf hin, dass unsere gefühlte Gruppenzugehörigkeit eine Rolle spielt.[14] Fühlen wir uns selbst durch ein Ereignis direkt betroffen, sind wir auch offener für Spekulationen.

Die Geschichte des Flugzeugunglücks von Smolensk verdeutlicht zudem, dass Verschwörungsideologien auch heute noch in großen Parteien und in der Mitte der Bevölkerung verfangen können. Man kann zwar nicht sagen, dass politische

Verschwörungserzählungen sich allein auf ein bestimmtes politisches Spektrum beschränken würden. Bei einigen Gruppen und Parteien sind sie gleichwohl deutlich häufiger anzutreffen als bei anderen – etwa bei Kandidaten und Parteien, die explizit auf »Protestwähler« und starke Vereinfachungen setzen. Das liegt auch daran, dass die Zutaten der jeweiligen Kommunikationsstrategien starke Parallelen aufweisen. Durch die Brille einer Verschwörungsideologie wirkt die Welt schnell schwarz-weiß. In dieser überzeichneten Parallelwelt gibt es »die Guten«, die den Schwindel erkennen, und »die Bösen«, die sich heimlich verabreden, um der Welt zu schaden. Für politische Gruppen, die eine packende Heldengeschichte vom Kampf gegen die »Systemparteien« erzählen wollen, passen derartige Erzählmuster gut ins Repertoire. Wer gerne mit Extremen polarisiert und vereinfachte Weltbilder bevorzugt, bekommt von seinen Anhängern eher Zustimmung für Verschwörungserzählungen signalisiert. Insbesondere diejenigen Menschen, die sich sowieso schon von der Politik entfremdet fühlen, haben zudem ein erhöhtes Risiko, einen Hang zu Verschwörungsglauben zu entwickeln.[15, 16]

Häufig werden Falschmeldungen und Verschwörungserzählungen in einen Topf geworfen, obwohl es um grundsätzlich verschiedene Dinge geht. Die Grenze zu Fake News erscheint manchmal fließend, da irreführende Meldungen oft wiederum als Belege genommen werden, um vermeintliche Verschwörungen zu beweisen. Grundsätzlich handelt es sich allerdings um unterschiedliche Phänomene. Die Gruppe derjenigen, die Entsprechendes verbreiten, weist allerdings häufig Überschneidungen auf. Im März 2019 war der US-Präsident außer sich vor Wut. »Die Fake-Medien haben Bilder von Melania mit Photoshop bearbeitet und Verschwörungstheorien verbreitet, dass nicht sie an meiner Seite in Alabama und anderen Orten gewesen

wäre«, twitterte er erbost. »Mit der Zeit werden sie immer ver-
rückter.«[17] Nun ist es nicht ungewöhnlich, dass Donald Trump
wütende Tweets absetzt. Besonders war aber, dass er in diesem
Fall auf eine im Netz über seine Frau kursierende Doppelgän-
ger-Verschwörungserzählung mit einer weiteren Verschwörungserzählung reagierte. Natürlich waren – wie so oft – die
Medien schuld. Dabei war die Verschwörungserzählung über
eine angebliche Doppelgängerin von Melania Trump zunächst
maßgeblich von Social-Media-Accounts verbreitet worden.
Hierzu muss man anmerken, dass nicht wenige US-Präsidenten
ein schwieriges Verhältnis zur Presse hatten. Donald Trump
geht allerdings einen Schritt weiter. Er verbreitet mit Vorliebe
Verschwörungsmythen über die Presselandschaft als solche. Da
heißt es dann etwa, Medien, die kritische Berichte verbreiten,
seien wahlweise »Feinde des Volkes« oder »Fake News«.[18] Im
Sommer 2018 verurteilten rund 350 US-Zeitungen in einem öffentlichen Aufruf derartige Äußerungen Trumps aufs Schärfste
und warnten vor den Folgen für die Pressefreiheit.[19]

Mutmaßungen über eine angebliche große Medienverschwörung können politischen Kampagnen gerade im Wahlkampf einen gefährlichen Spin geben. Wenn etwa Trump-Unterstützer
der Meinung sind, die *Washington Post* sei Teil einer groß angelegten Verschwörung der Demokraten, werden sie infolgedes-
sen wohl kaum noch den dort veröffentlichten Faktenchecks zu
Trumps Aussagen Glauben schenken. Der Vorwurf der großen
Medienverschwörung kann somit als eine Art Teflon-Strategie
gegen Kritik fungieren. Negative Berichte über den Kandidaten
werden bei den mit der Verschwörungserzählung »imprägnier-
ten« Unterstützern einfach abperlen. Ähnliche Mythen über
die Presse sind auch in Europa keine Seltenheit. Bei vielen Publikationen von Autoren der Neuen Rechten gehören Schlag-
worte wie »Systemmedien« zum festen Repertoire. Der Begriff

der »Lügenpresse« ist heute vor allem im rechtsextremen Milieu sehr gängig. Während des Nationalsozialismus versuchte die NSDAP mit diesem Label kritische Presse zu diskreditieren. Der Mythos einer großen Medienverschwörung ist jedoch kein rein rechtsextremes Phänomen. In den 1970er-Jahren wurde der Begriff der »Lügenpresse« auch teilweise von linken Gruppen verwendet.

Kandidaten, die gerne pauschalisierend über »die Presse« schimpfen, machen häufig keinen Hehl daraus, dass es einige wenige Presseerzeugnisse gibt, denen sie wohlgesonnen sind – die eben nicht »Teil des Systems« sind. Solange die Reichweite und die Tonalität des Berichts stimmen, kümmert es manch einen Kandidaten wenig, in welches Umfeld er sich dabei begibt. Plattformen, die Verschwörungserzählungen und Fake News verbreiten, sind ein internationales Phänomen. Viele der während des US-Wahlkampfs 2016 verbreiteten Meldungen mit hohem Verschwörungsanteil wurden nicht etwa in den USA, sondern im mazedonischen Veles, einer unscheinbaren Kleinstadt, verfasst. Der britische *Guardian* ist im Rahmen einer Recherche auf ein beachtliches Netzwerk aus rund 150 Webseiten mit Namen wie DonaldTrumpNews.com oder USADailyPolitics.com gestoßen.[20] Unter den über diese Plattformen verbreiteten Beiträgen waren auch zahlreiche Falschmeldungen, wie etwa »Die Queen will Trump empfangen«, aber auch handfeste Verschwörungserzählungen. Den Betreibern ging es laut eigener Darstellung vor allem um die Werbeeinnahmen zu den millionenfach geklickten Artikeln. Flankiert durch die Unterstützung reichweitenstarker Facebook-Seiten, hatten derartige Berichte in der heißen Wahlkampfphase nicht selten hunderttausende Leser zu verzeichnen. Man darf hierbei auch nicht vergessen, welch einen dramatischen Wandel das Aufkommen von sozialen Medien für die politische Kommunikation ausgelöst hat. Während

Parteien und Politiker einst auf die Presse angewiesen waren, um ein größeres Publikum zu erreichen, können sie heute über ihre eigenen Online-Kanäle unmittelbar zu ihren Unterstützern sprechen. Medien, die mit Vorliebe wohlwollende Beiträge verfassen, können von der enormen Reichweite prominenter Politiker profitieren. Denn positive Berichterstattung wird vom Unterstützerumfeld mit hohen Klickzahlen belohnt. Und viele Klicks lassen bekanntlich die Werbeeinnahmen sprudeln. Diese zentrale Veränderung der Spielregeln trug dazu bei, dass 2016 eine erstaunliche symbiotische Beziehung zwischen einer mazedonischen Kleinstadt und der Kampagne von Donald Trump entstand – von der am Ende wohl beide profitiert haben dürften.

In jedem gut sortierten Bahnhofszeitschriftenhandel finden sich mittlerweile zahlreiche Magazine und Zeitschriften, in denen Verschwörungsmythen verbreitet werden. Hinter *Compact* steht der bekannte »Star« der Verschwörungsszene Jürgen Elsässer. Neben dem gedruckten Magazin gibt es auch eine Online-Ausgabe und eigene Videoformate. Hier stößt man auf ein sehr breites inhaltliches Spektrum, bestehend aus Verschwörungserzählungen zu 9/11 oder der Ermordung John F. Kennedys bis hin zu Mutmaßungen darüber, dass die Mondlandung ein Fake sei. Auf der Internetpräsenz von *Compact* finden sich unter anderem Spekulationen über eine Verschwörung rund um das Attentat am Berliner Breitscheidplatz im Jahr 2016 sowie Berichte über einen Lungenarzt der bei der globalen COVID-19-Pandemie eine Verschwörung wittert. »Mut zur Wahrheit« – so lautet ein Slogan von *Compact*. Interessanterweise war das auch lange Zeit ein bekannter Slogan der rechtsradikalen AfD. In den vergangenen Jahren hat sich bei *Compact* eine starke Annäherung zur AfD vollzogen, die durch Interviews mit Spitzenkandidaten und Live-Schaltungen zu Parteiveranstaltungen deutlich wurde. Während andere Parteien wahlweise als »Blockparteien« oder »Systemparteien« abgewertet werden, wurde die ehemalige AfD-Partei-chefin Frauke Petry auf der Magazin-Titelseite als »die bessere Kanzlerin« vorgestellt. Tino Chrupalla, 2019 als Nachfolger von Alexander Gauland in das Amt des Sprechers der Bundespartei gewählt, hat *Compact* ebenso bereitwillig ein Interview gegeben wie vor ihm bereits viele seiner Parteikollegen. Dabei wäre nicht jeder Politiker glücklich darüber, sich in einem solchen Umfeld zu präsentieren. Auch Martin Sellner, Frontmann der rechtsextremen Identitären Bewegung Österreich, darf bei *Compact* zu Wort kommen. Sellner schrieb in einem Beitrag: »Indem Du COMPACT liest, beweist Du, dass Du dazugehörst!« *Compact-TV* interviewte außerdem den rechtsextremen Rapper Chris Ares, der in seinen Liedern unter anderem Verschwörungserzählungen von einem angeblichen »großen Austausch« der Bevölkerung verbreitet. In der Vergangenheit hat *Compact* sogar versucht, ein Geschäft mit Leserreisen aufzuziehen. Eine sechstägige Tour mit Gleichgesinnten durch Polen und die Ukraine kostete um die 1.200 Euro. Als Reiseleiter wurde der »Festungsexperte« Dipl.-Phil. Peter Feist aufgeführt. Laut Recherchen der *taz* hat Feist 2014 im Rahmen einer »Montagsmahnwache« unter anderem einen »Nationalen Sozialismus« und »Knast für Journalisten« gefordert.[21] Die Nähe von *Compact* zu rechtsextremen Ideologien macht sich an vielen Stellen bemerkbar. Nach dem Mord an dem Kasseler Regierungspräsidenten Walter Lübcke im Juni 2019 wurden hierzu zahlreiche wilde Spekulationen verbreitet. In einem *Compact*-Beitrag hieß es beispielsweise, Lübcke könne genauso gut einem Auftragskiller zum Opfer gefallen sein. Aufgrund seiner Tätigkeit im Beirat des Flughafens Kassel sowie als Gesellschafter einer Firma, die Windkraftanlagen produziert, sei es denkbar, dass sich Lübcke Feinde in Wirtschaftskreisen gemacht haben könnte. Der später verhaftete mutmaßliche Täter war indes ein polizeibekannter Rechtsextremist. Vor diesem Hintergrund wundert es nicht, dass der Verfassungsschutz das *Compact*-Magazin im Jahr 2020 schließlich als Verdachtsfall eingestuft hat.

Bei Anhängern von Verschwörungsmythen über die Medien lässt sich ein beängstigender Effekt beobachten. Diejenigen, die klassisch ausgebildeten Journalisten unterstellen, sie würden Wahrheit zensieren und Fakten verdrehen, schenken ihr Vertrauen als Reaktion darauf häufig plötzlich Medien, die alles andere als neutral sind. Interessant ist hierbei, dass sich der russische Staatssender *Russia Today* (RT) unter Medienskeptikern in Deutschland zunehmend großer Beliebtheit erfreut. Vor allem auf YouTube und in sozialen Netzwerken erreichen die Sendungen ein großes Publikum. Dabei handelt es sich bei RT tatsächlich um einen echten »Staatssender« im wahrsten Sinne des Wortes. Von der Besetzung der Krim bis hin zum Syrien-Krieg ist die Berichterstattung stets auf einer Linie mit der Position im Kreml. Prominente Stars der Verschwörungsszene wie *Compact*-Chef Jürgen Elsässer sind hier gern gesehene Gäste. Kritische Nachfragen muss er bei RT nicht fürchten. Mit TV-Formaten wie *Der fehlende Part* wird systematisch die Botschaft vermittelt, andere Medien würden ihren Zuschauern essenzielle Informationen über politische Ereignisse verschweigen. Wer die Nachrichten von RT verfolgt, kann schnell zu der Überzeugung gelangen, Europa stehe kurz vor dem Bürgerkrieg, und die AfD sei die wichtigste Partei im Deutschen Bundestag. Kritische Berichte über die russische Regierung sucht man hingegen vergeblich. Lea Frings, ehemals Redakteurin bei RT Deutsch, zog nach ihrem Ausstieg beim Sender gegenüber dem Medienmagazin *ZAPP* eine bezeichnende Bilanz: »Geschickte Propaganda wird immer sehr subtil gemacht. Man zeigt nicht das ganze Bild.«[22] Beim Staatssender RT ist offensichtlich, dass für die russische Regierung unliebsame Perspektiven systematisch ausgeblendet werden.

Ein Dauerbrenner in der Politik sind Verschwörungserzählungen, die sich um die Ergebnisse von vermeintlichen »Schicksalswahlen« ranken. Noch bevor das Ergebnis der amerikanischen Präsidentschaftswahl 2016 überhaupt klar war, warnte Donald Trump bereits davor, die Ergebnisse könnten gefälscht worden sein.[23] Obwohl die Präsidentschaft dann doch entgegen allen Prognosen an Trump ging, blieb er nach seiner Vereidigung bei dieser Behauptung.[24] Das mag auch an den Details der Auszählung liegen. Zwar ging die Mehrheit der für die Präsidentschaft entscheidenden Wahlmänner-Stimmen an Trump, die Mehrheit der Bevölkerung *(popular vote)* hatte laut Wahlergebnis jedoch für Hillary Clinton gestimmt. Dass gerade bei umstrittenen Abstimmungen und als große Veränderung wahrgenommenen Wahlen bereits im Vorfeld über die Rechtmäßigkeit des Ergebnisses spekuliert wird, ist ein internationales Phänomen. Rund 64 Prozent der UKIP-Unterstützer waren laut einer Umfrage von YouGov vor dem Brexit-Referendum im Juni 2016 der Meinung, die Wahl solle manipuliert werden, um den Brexit zu verhindern.[25] 30 Prozent waren sogar der Ansicht, der britische Geheimdienst MI5 würde heimlich gegen den Brexit arbeiten. Am Ende gewannen die Brexit-Befürworter die Abstimmung. Man dürfte meinen, dass so mancher »Skeptiker« nun seine Meinung anpassen würde. Doch wie viele hinterfragten ihre Annahmen tatsächlich? Eine wenige Monate später durchgeführte Umfrage von YouGov zeigte, dass auch nach der Abstimmung immer noch rund 39 Prozent der UKIP-Mitglieder es für plausibel hielten, dass systematisch Wahlbetrug durch das Ausradieren unerwünschter Ergebnisse auf den Wahlzetteln betrieben werde.[26]

Der *Proportionality Bias*, dem zufolge wir bei »großen Ereignissen« eher dazu neigen, eine »große Ursache« zu vermuten, spielt auch bei Debatten um angebliche Wahlmanipulation eine

Rolle. Statt beispielsweise zu glauben, für den historischen Einzug ins Parlament hätten schlichtweg einige wenige Stimmen gefehlt, ist es verlockender, eine den gewichtigen Umständen als »angemessen« empfundene Ursache anzunehmen. Als die AfD 2013 den Einzug in den Deutschen Bundestag nur knapp verpasste, verbreiteten zahlreiche Mitglieder Informationen über einen angeblich stattgefundenen Wahlbetrug. Zwischen 18 Uhr am Wahltag und 10 Uhr am Folgetag wurden laut dem *Handelsblatt* allein auf der offiziellen Facebook-Seite der Partei mehr als 300 Kommentare verfasst, in denen über gefälschte Ergebnisse spekuliert wurde.[27]

Warum werden solche Nachrichten verbreitet? Und das womöglich von Akteuren, die selbst noch nicht einmal von deren Wahrheitsgehalt überzeugt sind, weil sie es eigentlich besser wissen müssten? Hierfür gibt es unterschiedliche Erklärungen. Die Warnung vor einem äußeren Feind, der die eigene politische Arbeit sabotiert, kann Gruppen zusammenschweißen und das Risiko für das Ausbrechen interner Konflikte reduzieren. Es ist schließlich leichter, die Schuld bei Dritten zu suchen, als die eigene Wahlkampfstrategie kritisch zu hinterfragen. Das gilt sowohl für die Unterstützer an der Parteibasis als auch für die Parteispitze, welche sich nach einer Wahlniederlage stets auch die Frage nach »personellen Konsequenzen« sowie eine ausführliche Manöverkritik gefallen lassen muss. Wer behauptet, die Ergebnisse seien sowieso gefälscht, kann sich leichter vor solchen unbequemen Debatten drücken. Wer an eine große Wahlverschwörung glaubt, kann sich außerdem in der Sicherheit wiegen, dass die Zahl der Unterstützer viel größer sein dürfte, als das wenig befriedigende Wahlergebnis hergibt. Im Extremfall reicht so eine Fehlwahrnehmung sogar bis hin zur Überzeugung, als Kleinstpartei nicht weniger als die »schweigende Mehrheit« zu vertreten. Es ist daher rational nachvollziehbar, dass sich einige

Akteure handfeste Vorteile durch die Verbreitung von derartigen Falschinformationen versprechen. Gleichwohl kann man jedoch davon ausgehen, dass der große Teil derjenigen, die solche Nachrichten streuen, aufrichtig vom Wahrheitsgehalt überzeugt ist.

Vor wichtigen Abstimmungen und Wahlen werden in sozialen Netzwerken häufig falsche Anschuldigungen über eine angebliche Manipulation verbreitet. Doch wer Kritik am Ablauf von Wahlen pauschal als Verschwörungserzählung abkanzelt, tut vielen Menschen unrecht. Natürlich gab und gibt es immer wieder Wahlen, bei denen Manipulationen nachweislich stattgefunden haben. In den USA gehört das sogenannte *gerrymandering*, also die strategische Umorganisierung von Wahlkreisen, zu der Palette vollkommen legaler Methoden, um die Chancen einer Partei auf den Wahlsieg zu erhöhen. Die Organisation Associated Press geht davon aus, dass die Republikaner bei den Kongresswahlen 2016 allein dank dieser Methode bis zu 22 zusätzliche Sitze erringen konnten.[28] Ebenso ist es vollkommen legitim, darüber zu diskutieren, ob Systeme der Wählerregistrierung (wie in den USA üblich) sowie die Öffnungszeiten und Verteilung von Wahllokalen sich auf die Wahlbeteiligung bestimmter Gruppen auswirken. Auch über die zahlreichen Manipulationsmöglichkeiten von Online-Wahlen und Wahlcomputern wurde aus gutem Grund viel diskutiert. Nicht zuletzt gibt es natürlich auch Länder, in denen kaum Kontrollinstanzen existieren und in denen Organisationen wie beispielsweise Amnesty International vor Wahlbetrug warnen. Bei Verschwörungserzählungen geht es aber nicht um eine derartige fundierte Kritik, basierend auf beobachtbaren Missständen. Stattdessen werden – ohne handfeste Belege zu nennen – Behauptungen in den politischen Raum gestellt, die mit gravierenden Anschuldigungen verbunden sind.

Es ist von zentraler Bedeutung, sich zu vergegenwärtigen, dass sich die Verbreitung von Verschwörungserzählungen über politische Fragen nicht nur auf diejenigen auswirkt, die daran glauben. Es macht etwas mit einem, wenn man ständig – sei es nun über klassische Medien oder soziale Netzwerke – mit Geschichten über eine mutmaßliche Verschwörung konfrontiert ist. Derartige Nachrichten können auch bei denjenigen Zweifel säen, die den Gerüchten eigentlich keinen Glauben schenken wollen. Wenn etwa der Name eines Politikers häufig mit bestimmten Anschuldigungen verknüpft wird, wirkt sich das darauf aus, wie wir diese Person beurteilen. Besonders im politischen Kontext kann Sprache eine ungeheure Macht entfalten. Der Ausspruch *What fires together, wires together* geht auf eine Theorie des Psychologen Donald Olding Hebb zurück. Gemeint ist damit Folgendes: Wenn Begriffe stets zusammen genannt werden, entsteht hierdurch eine Verknüpfung in unserem Gehirn. Vor diesem Hintergrund erklärt sich auch, warum Donald Trump während des Wahlkampfs seine Anschuldigungen gegen Hillary Clinton oder Spekulationen über einen Wahlbetrug quasi gebetsmühlenartig bei seinen Auftritten wiederholte. Diese Methode hat sich schlichtweg bewährt.

Es wäre daher ein Fehler, Gerüchte um möglichen Wahlbetrug als harmlose Spinnerei abzutun. Denn die Konsequenzen sind keineswegs trivial. Wer aufgrund solcher Nachrichten glaubt, das Ergebnis einer Wahl sei nicht rechtens, verliert das Vertrauen in das Fundament der Demokratie. Die Überzeugung, dass eine Wahl gefälscht wurde, wirkt sich auf die Betrachtung aller politischen Debatten aus. Die im Parlament abgebildeten Mehrheitsverhältnisse und danach getroffenen Entscheidungen werden als nicht legitim erachtet, Politiker als »Marionetten« verspottet. Letztendlich hat dies zur Folge, dass Verschwörungsgläubige sich nicht nur permanent mit einer vermeintlichen

»Herrschaft des Unrechts« konfrontiert sehen. Derartige Gerüchte können auch ausschlaggebend dafür sein, dass Menschen irgendwann beschließen, Wahlen grundsätzlich fernzubleiben. Das Misstrauen gegen die Institutionen macht sie zynisch. Im Extremfall kann der fehlende Glaube an jedwede Möglichkeit der Veränderung innerhalb des politischen Systems sogar dazu führen, dass Anhänger Gewalt als letzten verbliebenen Ausweg zur Durchsetzung ihrer politischen Interessen sehen. Die Konsequenzen daraus können verheerend sein.

Kapitel 5: Wenn Klimamythen die Zukunft der Welt bedrohen

Die Absurdität der Klimadebatte, wie sie in den USA geführt wird, verdichtete sich am 23. Februar 2015 auf einen Schneeball. Im US-Senat ging es um die Auswirkungen des Klimawandels, und als Redner war der republikanische Senator James Inhofe vorgesehen. Inhofe, ein hochgeschossener Mann von 80 Jahren, gilt unter Leugnern des menschengemachten Klimawandels als Star, seit er ein Buch mit dem Titel *The Greatest Hoax* veröffentlicht hat. Der Untertitel lautet: »Wie die globale Erwärmungsverschwörung eure Zukunft gefährdet«.[1] Und auch an diesem kalten Februartag im Jahr 2015 wollte Inhofe seinen Anhängern etwas bieten. Als der alte Mann ans Rednerpult schritt, hatte er sich seinen Plan für die heutige Rede bereits zurechtgelegt. Im Hintergrund war auf einer großen Leinwand das Bild eines Iglus mit einer davor posierenden glücklichen Familie aufgebaut. Vor ihm auf dem Rednerpult aus dunklem Holz lag der Schneeball, geschützt von einer Plastiktüte. Inhofe zog den Schneeball hervor, hielt ihn in die Höhe, zeigte ihn wie ein Beweisstück in alle Richtungen – und warf ihn einem Zuhörer zu. So lange es im Winter noch schneien würde, erklärte er triumphierend, könne es um das Klima doch so schlimm nicht stehen. Dass das vorangegangene Jahr das wärmste gewesen war, seit die USA Wetterdaten aufzeichnen, war in diesem Moment vergessen. Die Appelle der anderen Redner aus den Reihen der Demokraten, den Klimawandel nicht länger zu leugnen, ebenfalls. Doch der

Medienprofi Inhofe hatte noch viel mehr geschafft. Nicht nur die Zuschauer des Parlamentsfernsehens, ein überschaubarer Kreis aus Journalisten und Politikwissenschaftlern, kennen ihn nun. Sondern auch 700.000 Leser des britischen *Guardian*, Millionen Leser der *New York Times* und ein in seiner Größe nur zu erahnendes Publikum bei YouTube erfuhren von Inhofe und seinem Schneeballwurf. Wenn es noch eines Beweises bedurft hätte, dass bei der Debatte um den Klimawandel nach Jahren der Desinformation das Spektakel mehr gilt als das Argument, dass die Lüge binnen Sekunden über die Wahrheit siegen kann: Inhofe hat ihn am 23. Februar 2015 erbracht.

Bei Klimawandelleugnern stoßen derartige Inszenierungen auf Zustimmung. Der US-Senator weiß genau, dass er mit solchen Aktionen bei seiner Wählerschaft punkten kann. Denn Verschwörungserzählungen, die wissenschaftliche Fakten zur Erderwärmung in Zweifel ziehen, sind in den USA weit verbreitet. Climate Change Communication, ein Programm der renommierten US-Universität Yale, hat 2019 im Rahmen einer Studie die Einstellungen der Menschen in den USA zum Klimawandel untersucht. Laut den Forschern glaubten 16 Prozent der US-Amerikaner nicht an die Existenz des Klimawandels. Rund 33 Prozent waren der Meinung, die globale Erwärmung werde nicht vom Menschen verursacht. Und jeder vierte US-Amerikaner denkt, es gäbe in der Wissenschaft große Kontroversen beim Thema Klimawandel.[2] Tatsächlich gelten sowohl die Existenz des Klimawandels als auch der Einfluss des Menschen auf diesen unter Wissenschaftlern als erwiesen.

Im US-Senat konnte Inhofe auf den Applaus von Gleichgesinnten zählen. Zahlreiche prominente Gesichter der republikanischen Partei vertreten ähnliche Positionen. Während noch in den 1980er- und 1990er-Jahren die Bekämpfung des Klimawandels einen festen Platz im Programm vieler US-Konservativer hatte – selbst eine moderate CO_2-Steuer fand zwischenzeitlich Unterstützer –, gibt es bei den Republikanern heute nur noch eine Minderheit, die sich öffentlich zum Klimaschutz bekennt. Die Entscheidung des US-Präsidenten Donald Trump, das Pariser Klimaabkommen aufzukündigen, sowie seine Kritik an den 2018 publizierten Ergebnissen des National Climate Assessment stießen in den eigenen Reihen auf breite Zustimmung.[3] In dem Bericht, den rund 300 Wissenschaftler und 13 US-Bundesbehörden gemeinsam erarbeitet hatten, wird vor den Auswirkungen des Klimawandels auf die USA gewarnt. Mit William Happer durfte sogar ein Star der Klimawandelleugner-Szene die im Februar 2019 von Trump einberufene große Klimakonferenz leiten. Der emeritierte Stanford-Professor wirft Klimaschützern vor, sie seien »eine Art Sekte«[4]. Die »Dämonisierung« des CO_2-Ausstoßes verglich er sogar mit der Verfolgung der Juden in Nazideutschland. Dass William Happer mit am Tisch sitzt, wenn über Maßnahmen zur Verhinderung einer globalen Klimakatastrophe diskutiert werden soll, lässt tief blicken.

Auch in Europa konnten Verschwörungsmythen zum Klimawandel erfolgreich Fuß fassen. Im Rahmen der Studie European Perceptions of Climate Change wurde 2016 mittels repräsentativer Umfragen die Einstellung der Bevölkerung in Frankreich, Großbritannien, Deutschland und Norwegen zum Thema Klimawandel ausführlich untersucht.[5] Während in Norwegen 4 Prozent und in Frankreich 6 Prozent der Befragten angaben, nicht davon überzeugt zu sein, dass sich das Klima verändere, waren es in Großbritannien 12 und in Deutschland sogar 16 Prozent. Die Studie zeigte außerdem, dass in den untersuchten Ländern zwischen 28 bis 31 Prozent der Befragten der Meinung waren, höchstens die Hälfte der Klimaforscher sei sich darin einig, dass der Klimawandel vor allem durch den Menschen verursacht wird. Wie verzerrt eine derartige Sicht der Dinge ist, zeigen die Ergebnisse einer groß angelegten Untersuchung aus dem Jahr 2013. Dabei wurden fast 12.000 wissenschaftliche Arbeiten zum Thema Klima ausgewertet.[6] Bei denjenigen Veröffentlichungen, die zur Frage des Klimawandels klar Position bezogen, wurde in rund 97 Prozent der Fälle davon ausgegangen, dass die Erwärmung der Erde hauptsächlich vom Menschen verursacht wird. Eine Untersuchung aus dem Jahr 2016, bei der 54.195 wissenschaftliche Artikel aus den Jahren 1991 bis 2015 untersucht worden waren, kommt sogar auf einen Zustimmungswert von 99,94 Prozent.[7] Derartige Zahlen verdeutlichen: Obwohl die Leugner eines menschengemachten Klimawandels keinerlei wissenschaftliche Relevanz haben, prägen ihre Behauptungen unser Denken über eine zentrale Frage unserer Zeit. Wie konnte es so weit kommen?

Im Netz finden sich zahlreiche Inhalte, in denen wissenschaftliche Erkenntnisse bestritten werden. YouTube ist voll von Videos selbst ernannter Experten, die Klimaforscher der Lüge bezichtigen. Da ist dann etwa von »satanischen Techniken der Manipulation« die Rede, oder es werden Verbindungen zwischen den Klimaprotesten Fridays for Future und einer angeblichen jüdischen Weltverschwörung gezogen. Manch einer spekuliert sogar, dass Maßnahmen zum Klimaschutz nur Teil eines großen geheimen Plans zur Umsetzung einer »Neuen Welt Ordnung (NWO)« seien, die zum Ziel habe, die Menschheit durch eine Weltregierung zu versklaven. Bei Facebook, Twitter und Instagram sieht es nicht viel besser aus. Die AfD Worms verbreitete im Jahr 2018 über Facebook: »Klimawandel durch Windräder! Windräder ändern den Jetstream!«[8] Mit Jetstream sind die Luftströmungen in rund zehn Kilometern Höhe gemeint, die auch großen Einfluss auf das Klima haben. Dass allerdings Windräder diese Strömungen beeinflussen können, kann ausgeschlossen werden. Im Netz finden sich allerhand absurde Aussagen zum Klimawandel, die so offensichtlich falsch sind, dass sie wohl kaum bei einer breiteren Öffentlichkeit auf Resonanz stoßen dürften. Einige Beiträge versuchen jedoch den Anschein von Wissenschaftlichkeit zu erwecken, um Zweifel zu säen. Damit werden auch Zuschauer erreicht, bei denen offensichtliche Verschwörungserzählungen nicht verfangen.

Neben verwackelten Wohnzimmervorträgen von Laien finden sich auf YouTube viele hochprofessionell produzierte Videos, in denen seriös wirkende »Experten« die Existenz des Klimawandels vehement bestreiten. Die Non-Profit-Organisation Avaaz hat im Januar 2020 einen Report veröffentlicht, wonach bei dem Suchbegriff »*global warming*« (Klimawandel) der YouTube-Algorithmus unter den Top-100-Videos zu rund 16 Prozent Videos präsentierte, die falsche oder irreführende Aussagen zum Klimawandel enthielten.[9] Pikant dabei war insbesondere, dass bei einigen der Videos Anzeigen von großen Marken und NGOs wie Greenpeace ausgespielt wurden. Werbekunden hatten also, ohne es zu ahnen, Geld in die Kassen von Kanalbetreibern gespült, die den Klimawandel leugnen.

Es wäre allerdings ein Trugschluss, die Verbreitung von Mythen rund um eine angebliche Klimaverschwörung als reines Internet-Phänomen abzutun. Bücher, in denen wissenschaftliche Erkenntnisse zum Klimawandel als »Propaganda« bezeichnet werden und eine große Verschwörung skizziert wird, schaffen es immer wieder auf die Bestsellerlisten. Prominente Klimawandelleugner wurden bis vor nicht allzu langer Zeit ganz selbstverständlich in Talkshows eingeladen und durften dort vor großem Publikum ihre Thesen ausbreiten. Sie wussten sich zu präsentieren, waren eloquent und behaupteten auf Sachlichkeit zu setzen, während Klimaschützer als »hysterisch« hingestellt wurden.

Die internationale Szene der Klimawandelleugner ist dabei allerdings keineswegs homogen. Und nicht alle glauben an eine große Verschwörung. Während die einen sagen, eine Erderwärmung finde nicht statt, räumen andere zwar einen Temperaturanstieg ein, bestreiten aber jeglichen Einfluss des Menschen darauf. Und dann gibt es schließlich noch eine dritte Gruppe, die von einem menschlichen Einfluss auf die Erderwärmung ausgeht, aber daran nichts auszusetzen hat.[10] Die Auswirkungen für die Menschheit, so heißt es aus dieser Ecke, seien wahlweise marginal oder durchgehend positiv – etwa durch »besseres« Wetter im Sommer oder stärkeres Pflanzenwachstum. Politische Maßnahmen zur Reduktion von Treibhausgasen werden als unnötig oder gar schädlich abgetan. Einige Gruppen rufen sogar als Zeichen des Protests zu vermehrtem CO_2-Ausstoß auf. Dass eine erdrückende Mehrheit der globalen Wissenschaftsgemeinschaft solchen Sichtweisen widerspricht, wird dabei häufig – mal mehr, mal weniger offen – mit der Existenz einer großen Verschwörung erklärt. Die Argumentation lässt sich in der Regel in drei aufeinanderfolgende, logisch zusammenhängende Schritte unterteilen. Erstens: Die Erkenntnisse der Forschung werden als nicht gesichert oder sogar falsch dargestellt. Daraus folgt zweitens: Wissenschaftler und Forschungsinstitute werden der systematischen Verbreitung von Falschinformationen bezichtigt. Als Drittes wird häufig eine Erklärung nachgeschoben: Seriöse Klimaexperten werden wahlweise als gekauft oder parteiisch dargestellt. Je nach Ausprägung können auch Verschwörungsmythen – etwa zu einer heimlichen »Weltregierung« oder einer von bösen Kräften gesteuerten Presselandschaft – bequem angedockt werden. Die »große Klimaverschwörung« ist somit kompatibel mit einer ganzen Reihe von Ausprägungen eines umfassenden Verschwörungsglaubens.

Laut der Mitte-Studie der Friedrich-Ebert-Stiftung aus dem Jahr 2019 ist jeder zehnte Deutsche der Meinung, Studien, die einen Klimawandel belegen, seien meist gefälscht.[11] Aber warum misstrauen Menschen den Ergebnissen wissenschaftlicher Forschung oder gehen gar davon aus, absichtlich belogen zu werden? Zunächst einmal stellt der Klimawandel für viele Menschen eben eine äußerst unbequeme Wahrheit dar. Es ist einfacher, denjenigen zu glauben, die predigen, man müsse nichts ändern und könne so weiterleben wie bisher. Gerade *weil* der Klimawandel derart beunruhigend ist, erscheint die Lüge umso verlockender.

Ein weiterer zentraler Faktor, der hierbei eine Rolle spielt, ist die immense Komplexität des Themas. Viele Anhänger entsprechender Verschwörungserzählungen wähnen die Wissenschaft auf ihrer Seite. Häufig führen Anhänger von Verschwörungserzählungen sogar Studien an. Auf fachfremde Zuschauer wirkt dies auf den ersten Blick erst einmal unverdächtig. Problematisch ist aber, dass die zitierten Studien meist unter Klimaforschern als veraltet oder unseriös gelten. Eine besonders populäre These besagt etwa, dass Veränderungen der Sonnenintensität und nicht etwa erhöhte CO_2-Werte ausschlaggebend für die Klimaveränderungen seien. Die dazu beigefügten Statistiken scheinen dies zu bestätigen. Bei genauerer Betrachtung wird jedoch schnell klar, warum Klimawandelleugner sich bei den Zahlen meist nur auf ein sehr spezifisches Zeitfenster beschränken. Während zu Beginn des zwanzigsten Jahrhunderts tatsächlich eine starke Korrelation zwischen Erderwärmung und Sonnenintensität beobachtet wurde, kann der Faktor Sonne allein aber die starke Erwärmung ab 1980 nicht mehr plausibel erklären.[12] Die These, dass CO_2 im Vergleich zur Sonne nur eine geringe Rolle beim rasanten Anstieg der Temperaturen spiele, gilt daher als wissenschaftlich überholt. Das Magazin *Spektrum der Wissenschaft* zitierte einen britischen Sonnenforscher mit folgenden Worten: »Die Wirkung der vom Menschen verursachten Treibhausgase auf den Klimawandel der letzten Jahrzehnte ist um ein Vielfaches größer als der Effekt von solaren Schwankungen.«[13] Ein ähnlicher Taschenspielertrick wird häufig angewendet, um die Zunahme der durchschnittlichen Temperatur als Irrglauben abzutun. In einschlägigen Onlineforen kursieren Klimatabellen, die eine Abkühlung der Erde belegen sollen. Hierbei wird aber ebenfalls wieder nur ein winziger zeitlicher Ausschnitt einer einzelnen Messreihe bemüht. Betrachtet man jedoch die Entwicklung von allen relevanten Messungen über Jahrzehnte hinweg, lässt sich eine erhebliche Erwärmung eindeutig belegen. Aus der Sicht derjenigen, die an eine große Klimaverschwörung glauben, steht also meist Aussage gegen Aussage. Dass die Studien, auf die sie sich dabei berufen, von Wissenschaftlern als unglaubwürdig abgetan werden, wird von Verschwörungsgläubigen häufig sogar als Beleg dafür angesehen, dass dann »erst recht etwas dran« sein muss.

In der Öffentlichkeitsarbeit haben Klimawandelleugner einen entscheidenden Vorteil gegenüber der Wissenschaft. Während viele Klimaforscher betonen, dass ihre Prognosen eben nur zu einer bestimmten Wahrscheinlichkeit exakt zutreffen und Abweichungen möglich sind, wählen Nicht-Experten meist eine viel klarere Sprache und treten sehr selbstbewusst auf. Auf Laien wirkt eine derart vorgebrachte Position, welche mit einer vermeintlichen hundertprozentigen Eindeutigkeit verkauft wird, oft überzeugender. Prominente Klimawandelleugner haben diese Strategie perfektioniert.

Ein »Star« der Klimawandelleugner-Szene ist Fred Singer. Der amerikanische Physiker, Jahrgang 1924, vertritt Thesen wie: »Politiker, die den Klimawandel aufhalten wollen, sind gefährlicher als der Klimawandel selbst.«[14] Singer war lange Zeit ein gefragter Interviewpartner. Er war in den vergangenen Jahrzehnten nicht nur beim Thema Klimawandel umtriebig. In der Vergangenheit hat er sich bereits gegen die Regulierung von Tabakkonzernen ausgesprochen, indem er Studien zu Gesundheitsschäden infrage stellte. Außerdem bezweifelte er, dass es einen Zusammenhang zwischen industriellen Abgasen und saurem Regen gebe. Eine Verbindung zwischen dem (mittlerweile global verbotenen) Stoff FCKW und dem Ozonloch hielt er ebenfalls für fragwürdig. Jeder seriöse Reporter müsste sich bei einer solchen Vita doch eigentlich fragen: Wie gerechtfertigt ist es, jemanden, der sich in der Vergangenheit derart häufig geirrt hat, ausgerechnet als Experten für Klimafragen zu interviewen? Aber vielleicht wurde Fred Singer auch deshalb angefragt, weil er stets die gewünschte Prise Kontroverse lieferte. Medial funktionierte er fabelhaft.

Die These, dass die mediale Berichterstattung lange Zeit zugunsten von Klimawandelleugnern verzerrt war, lässt sich wissenschaftlich untermauern. Ein Forscherteam von der University of California analysierte 2019 im Rahmen einer Studie 100.000 Zeitungsartikel, die zwischen 2000 und 2016 publiziert wurden.[15] Die Wissenschaftler untersuchten, wie oft darin jeweils 386 bekannte Klimawandelleugner und 386 renommierte Klimawissenschaftler erwähnt wurden. Das Ergebnis: Klimawandelleugner waren im untersuchten Zeitraum selbst in seriösen Medien, wie etwa dem britischen *Guardian*, teilweise häufiger genannt worden als weltweit renommierte Klimaexperten.[16]

Das Wissenschaftlerteam Maxwell und Jules Boykoff von der University of California untersuchte im Rahmen einer 2004 publizierten Studie 636 Artikel über den Klimawandel, die zwischen 1988 und 2002 in großen US-Tageszeitungen veröffentlicht wurden.[17] Dabei stellten sie fest, dass in 53 Prozent der Zeitungsberichte etwa gleich viel über den wissenschaftlichen Konsens und die Positionen von Klimawandelleugnern geschrieben worden war. Bei rund 35 Prozent der Berichte stand zwar der wissenschaftliche Konsens im Zentrum des Beitrags, allerdings wurden auch Gegenthesen prominent erwähnt. Die Studie trägt den Titel *Balance as bias* (zu Deutsch »Ausgewogenheit als Verzerrung«), und sie entlarvte eine folgenschwere Schieflage in der Berichterstattung. Die Linie vieler Redaktionen, zum Thema Klimawandel »beide Seiten« zu Wort kommen zu lassen, um eine »ausgewogene Debatte« zu ermöglichen, erzeugte als Ergebnis ein verzerrtes Bild der Wirklichkeit. »Die Wahrheit liegt in der Mitte«, so denken eben viele Menschen, wenn sie mit gegensätzlichen Positionen konfrontiert werden, und innerhalb politischer Diskussionen mag diese Annahme so manchem Diskurs helfen, ihn vielleicht sogar erst ermöglichen. Eine derartige Sichtweise ist aber gefährlich, wenn sie auf wissenschaftliche Fragen angewendet wird. Der Klimaforscher Professor Hans Joachim Schellnhuber brachte das Problem wie folgt auf den Punkt: »Stellen Sie sich vor, Einstein müsste bei Maybrit Illner (Anm.: eine deutsche Talk-Sendung) die Relativitätstheorie verteidigen. Er hätte nicht den Schimmer einer Chance.«[18]

Mittlerweile ist bei einigen international renommierten Medien ein Umdenken zu beobachten. Im Mai 2019 sorgte der britische *Guardian* mit einer Ankündigung in eigener Sache selbst für Schlagzeilen.[19] In Zukunft werde man statt »Klimawandel« lieber Begriffe wie »Klimakrise« nutzen, hieß es. Die Redaktion will so sicherstellen, dass das Problem in Bezug auf seine Dringlichkeit angemessen beschrieben wird. Ebenso werde man zukünftig von »Klimawissenschaftsleugnern« statt »Klimaskeptikern« schreiben. Noch im selben Monat verkündete außerdem die britische Rundfunkanstalt *BBC*, man wolle in Zukunft nicht mehr aus »falscher Fairness« heraus Klimawandelleugner zu Wort kommen lassen.

Bei vielen Klimaaktivisten stoßen solche Pläne auf Zustimmung. Weltweit haben sich Hunderttausende dem Klimastreik der schwedischen Aktivistin Greta Thunberg angeschlossen. Auch in der deutschen Hauptstadt demonstriert regelmäßig das lokale Bündnis Fridays for Future Berlin. Auf einer der Demos an einem sonnigen Freitag im Mai 2019 trifft man vor allem auf junge Menschen. Nur vereinzelt sind Eltern und Erwachsene zu sehen. Leonel wohnt in Berlin-Zehlendorf und Teltow und paukt gerade für sein Abitur. Er sagt, dass ein Großteil seiner Mitschüler die Ziele der Bewegung unterstützt. Er selbst will weitermachen, bis sich etwas ändert. Aussagen mancher Politiker nach dem Motto »Die wollen doch nur die Schule schwänzen« ärgern ihn hingegen immens. Auf die Frage, ob er die Proteste auch unterstützen würde, wenn dies für ihn persönlich mit Nachteilen verbunden wäre, hat er eine überraschende Antwort. Er lacht: »Vielleicht hat es das ja sogar.« Dann wird er wieder ernst und sagt: »Ja, ich würde das auf jeden Fall machen. Weil ich glaube, dass das extrem wichtig ist. Ob mein Abi-Schnitt sich um eine Nachkommastelle ändert oder zwei, hat nicht so großen Einfluss wie der Klimawandel auf unsere Welt.«

Als 2019 Schüler auf der ganzen Welt nach dem Vorbild der 16-jährigen Klimaaktivistin Greta Thunberg in den Klimastreik traten, sorgte das bei Klimawandelleugnern für heftige Reaktionen. Thunberg wurde aufgrund ihres Engagements für die einen zum Symbol einer jungen, vor allem weiblichen Protestbewegung. Für die anderen ist die schwedische Schülerin ein verhasstes Feindbild. Nicht nur im Internet toben seither Hetzkampagnen gegen die junge Aktivistin, auch Prominente wie der US-Rocksänger Meat Loaf schürten Verschwörungserzählungen, nach denen Greta Thunberg sich angeblich »einer Gehirnwäsche« unterzogen habe.[20] Eduardo Bolsonaro, ein Sohn des brasilianischen Präsidenten, verbreitete online einen Artikel, in dem es hieß, Greta Thunberg werde von der deutschen Fridays-for-Future-Aktivistin Luisa Neubauer gesteuert, die wiederum eine Marionette des jüdischen Milliardärs George Soros sei.[21] Andere sahen Greta Thunberg als Handlangerin der Rothschilds oder glaubten sogar, es handele sich bei der schwedischen Klimaaktivistin um eine Zeitreisende. Grund für diese Annahme war ein rund 120 Jahre altes Bild, welches aus dem Archiv der University of Washington stammte – ein darauf abgebildetes Mädchen sieht Greta Thunberg zum Verwechseln ähnlich.[22] Der *Bayerische Rundfunk* hat zahlreiche Verschwörungserzählungen analysiert, die sich um die Klimaaktivistin ranken. In einem Beitrag dazu heißt es: »Dass die Klimaaktivistin eine Wolke von Verschwörungstheorien umgibt, ist dabei wenig überraschend. Der rasante Aufstieg des Mädchens zum internationalen Superstar ist in der Tat so außergewöhnlich und unwahrscheinlich, dass Menschen dazu neigen, sich das Phänomen irgendwie erklären zu wollen – und das trägt zu Mythenbildung bei.«[23]

Die Wissenschaftsjournalistin Lena Puttfarcken hat im Rahmen einer Recherche Kommentare unter Facebook-Posts deutscher Leitmedien über die Fridays-for-Future-Bewegung untersucht.[24] Über die Ergebnisse schreibt sie auf der Internetplattform *Krautreporter:* »Was mich überrascht hat, ist, dass es sehr viele Menschen gibt, die verschwörungstheoretische Inhalte verbreiten. [...] Die Menge solcher Kommentare hat mich schockiert.« Sie nennt dabei zahlreiche Beispiele. Ein empörter User schreibt: »Seit über 10 Jahren weiß ich, dass es bei der ganzen Aufregung um den angeblichen ›Klimawandel‹ [...] nur darum geht, eine Steuer einzuführen.« Ein anderer mutmaßt: »die mehrkosten die jetzt durch diese themen für den bürger entstehen, ist im grunde die finanzierung für refugees welcome.« Obwohl in Deutschland nur eine Minderheit bezweifelt, dass der Klimawandel tatsächlich existiert und vom Menschen verursacht wird, scheint es in manch einer Kommentarspalte, als stellten Klimaleugner die Mehrheit. Wie passt das zusammen? Bei ihrer Recherche fielen Lena Puttfarcken zahlreiche Accounts auf, die außergewöhnlich viele Kommentare beisteuerten. Dies deutet darauf hin, dass ein kleiner Teil von Accounts für einen Großteil der einschlägigen Posts verantwortlich war. Online können selbst kleine Gruppen es schaffen, ein Gefühl zu erzeugen, als würde ihre Meinung von der Mehrheit der Bevölkerung geteilt werden.

Immer wieder stößt man in der Klimawandelleugner-Szene auf Mutmaßungen über eine globale Intrige. Am 6. November 2012 – lange vor seiner Wahl ins Weiße Haus – mutmaßte Donald Trump in einem Tweet, das Konzept des Klimawandels sei von China erfunden worden, um US-Unternehmen weniger wettbewerbsfähig zu machen. Einige Verschwörungsideologen wittern sogar eine kommunistische Weltverschwörung. Anhänger dieser Spielart der »großen Klimaverschwörung« sind davon überzeugt, unabhängige Institutionen wie das Intergovernmental Panel on Climate Change (IPCC) würden insgeheim auf die Etablierung einer sozialistischen Weltregierung hinarbeiten. In einer aktuellen Stunde des Landtags von Mecklenburg-Vorpommern verkündete der AfD-Landtagsabgeordnete Ralf Borschke: »Die Ausgangslage für die größte Umverteilungsmaßnahme von Wohlstand seit dem Zweiten Weltkrieg bildet schlicht eine Fiktion. [...] Es handelt sich (also) um eine weltweite sozialistische Umverteilungsaktion, an der sich die bundesdeutschen sozialistischen Blockparteien von den Linken über die Grünen bis hin zur Merkel-CDU beteiligen und nebenbei auch noch massiv profitieren.«[25] Max-Stefan Koslik, stellvertretender Chefredakteur bei der *Schweriner Tageszeitung*, kommentierte den Vorfall wie folgt: »In den letzten 26 Jahren hat das hohe Haus sicher schon manche krude Debatte erlebt – und überlebt. Das hält ein pluralistisches Parlament aus. Aber eine Rede voller Verschwörungstheorie, das gab es noch nie.«[26]

Auf den ersten Blick erscheint das Schreckgespenst einer großen sozialistischen Klimaverschwörung absurd. Tatsächlich aber gehört diese Erzählung zu den ältesten Mythen über den Klimawandel überhaupt. Naomi Oreskes ist Professorin für Wissenschaftsgeschichte an der Harvard University. Gemeinsam mit Erik M. Conway hat sie in ihrem Buch *Merchants of Doubt* die Entstehungsgeschichte der US-amerikanischen Klimawandelleugner-Szene nachgezeichnet.[27] Die beiden Autoren fanden heraus, dass zur Zeit des Kalten Krieges eine überschaubare Gruppe von vornehmlich Physikern aus den USA damit begann, wissenschaftliche Erkenntnisse systematisch zu diskreditieren. Diese Gruppe argumentierte dabei stets ähnlich: Die Wissenschaft sei einfach noch nicht so weit, und es sei daher verfrüht, wenn der Staat regulatorisch eingreifen würde. Sie schalteten sich vor allem bei Umweltfragen ein, etwa in der Debatte um die Bekämpfung von saurem Regen. Gleichzeitig verteufelten sie darüber hinaus Maßnahmen zum Verbraucherschutz. So wurde behauptet, es gebe keine Belege dafür, dass Rauchen gesundheitsschädlich sei. Wohl wissend, dass bereits eine ganze Reihe von wissenschaftlichen Studien zu einem gegenteiligen Ergebnis gekommen war. Später wurde von denselben Kreisen die Lüge verbreitet, es gebe keine Belege für einen menschlichen Einfluss auf die Klimaerwärmung. Die Autoren Naomi Oreskes und Erik M. Conway gehen davon aus, dass die ersten organisierten Klimawandelleugner nicht ausschließlich des Geldes wegen, sondern vielmehr aus einer politischen Überzeugung heraus gehandelt haben. Um das zu verstehen, muss man sich klarmachen, welchen Einfluss der Kalte Krieg damals auf das Denken der Menschen hatte. In den USA fand im Rahmen der Red Scare eine wahre Hexenjagd auf Sozialisten statt. Bis weit in die 1980er-Jahre hinein war für viele Menschen die Angst vor einer sozialistischen »Unterwanderung« durch die lange Hand Moskaus realer als das abstrakte Konzept einer Umweltkatastrophe in ferner Zukunft. Damals wurden Umweltschützer in den USA nicht selten als »Wassermelonen« beschimpft. Frei nach dem Motto: »Von außen grün, von innen rot!« – wobei die Farbe Rot für den Sozialismus stand. Ein Nachhall dieser Haltung lässt sich auch heute noch beobachten – beispielsweise in politischen Debatten über angeblich »sozialistische« Forderungen wie einer flächendeckenden Krankenversicherung für alle US-Bürger. Wirtschaftsnahe Thinktanks, die später Mythen zum Klimawandel verbreiteten, verband vor allem die Überzeugung, dass staatliche Interventionen, beispielsweise bei Umwelt- und Verbraucherschutz, unweigerlich zu einem Sozialismus durch die Hintertür führen würden. Da aus ihrer Sicht freie Marktwirtschaft und Demokratie untrennbar miteinander verknüpft waren, ging es für sie bei der Klimadebatte um nicht weniger als die Zukunft der freien Welt. Denn mit freier Marktwirtschaft meinten sie vor allem möglichst unregulierte Märkte. Ganze Industrien profitieren zudem davon, dass die Mutmaßungen um eine »große Klimaverschwörung« bis heute nicht abgeebbt sind. Zahlreiche Organisationen, die sich heute im Milieu der Klimawandelleugner bewegen, weisen enge finanzielle oder personelle Beziehungen zu Unternehmen auf, die Einbußen durch strikte Umweltauflagen fürchten. Oreskes und Erik M. Conway deckten eine über Jahrzehnte betriebene, millionenschwere Desinformationskampagne auf, welche Öffentlichkeit und Politik beeinflusst hat, um Unternehmen zu erlauben, möglichst lange weiter Öl, Kohle und Gas verkaufen zu können.

Interne Dokumente belegen, dass der US-Konzern Exxon Mobil bereits 1982 Berechnungen zum Ausmaß des menschengemachten Klimawandels anfertigen ließ. Die firmeneigene Studie stellte nicht nur einen eindeutigen Zusammenhang zwischen CO_2-Ausstoß und der Erderwärmung her, sondern warnte auch vor einem Abschmelzen der Polarkappen. Trotz dieses Wissens finanzierte Exxon über Jahre Kampagnen, die Zweifel am Einfluss des Menschen auf den Klimawandel säen sollten. Als Journalisten im Jahr 2019 die Prognosen dieser alten Exxon-Studie mit dem tatsächlichen Anstieg der Temperatur verglichen, erlebten sie eine Überraschung. Die Vorhersagen der Exxon-Forscher aus dem Jahr 1982 waren bis auf ein Detail eingetroffen: Der erst für das Jahr 2019 prognostizierte Temperaturanstieg um 0,9 Grad Celsius war tatsächlich bereits 2017 erreicht worden.[28]

Zahlreiche Unternehmen haben massiv Geld in die Verbreitung von Mythen zum Klimawandel investiert. Der US-Sozialwissenschaftler Robert Brulle hat sich intensiv mit den Finanzströmen von dem befasst, was er als Climate Change Counter-Movement bezeichnet. Brulle identifizierte 91 US-amerikanische Organisationen, deren Arbeit sich hauptsächlich (oder zumindest in Teilen) um die Verbreitung von Zweifeln an wissenschaftlichen Erkenntnissen zum Treibhauseffekt dreht. Er geht davon aus, dass in den Jahren 2003 bis 2010 rund sieben Milliarden US-Dollar an Organisationen mit einem eindeutigen Bezug zur Leugnung des Klimawandels geflossen sind.[29] Das Geld kam dabei meist nicht direkt aus der Wirtschaft, sondern vor allem von Stiftungen, deren Gelder sich wiederum zumeist aus industrienahen Kreisen speisen. In den letzten Jahren haben sich die Finanzströme allerdings zugunsten von großen »Donor Trusts« verschoben, welche unter anderem zur Umgehung der Transparenzpflichten als Mittelsmann zwischengeschaltet werden. Die Herkunft der Gelder kann so verschleiert werden.

Viele der Organisationen, die Mythen über den Klimawandel verbreiten, arbeiten dank großzügiger Finanzierung hochprofessionell. Mit der Veranstaltung von Kongressen, zu denen auch Politiker eingeladen werden, ist man offline präsent. Mittels eigener Video-, Online-, Print- und Podcast-Formate erreichen die einschlägigen Organisationen ein Millionenpublikum. Und so kommt es, dass Klimawandelleugner, die wissenschaftlichen Instituten ihre Unabhängigkeit absprechen, als Beweis nicht selten Quellen von Organisationen anführen, bei denen Verbindungen zur Industrie kein Geheimnis sind. Ähnliche verdeckte Einflussnahmen aus der Wissenschaft lassen sich auch in anderen Themenfeldern, wie etwa Ernährung und Medizin, beobachten. Häufig geht es dabei vor allem um die Verhinderung staatlicher Regulierung, die sich nachteilig auf den Unternehmensgewinn auswirken könnte.

Neben dem lange von der Exxon Mobil Foundation finanziell unterstützten Commitee for a Constructive Tomorrow (CFACT) ist das Heartland Institute heute eine der wichtigsten Lobbyorganisationen in den USA. Laut der *Washington Times* ist es der führende Thinktank, wenn es um die Verbreitung von Zweifeln am menschengemachten Klimawandel geht – eine Aussage, die auf der Internetseite des Heartland Institute quasi als Qualitätsmerkmal aufgeführt wird. »Klimaexperten« des Instituts sind häufig zu Gast in konservativen US-Medien, wie etwa dem Fernsehsender *Fox News*. Regelmäßig werden Studien und Artikel publiziert, die den menschlichen Einfluss auf den Klimawandel in Zweifel ziehen und sich an eine breite Öffentlichkeit richten. Dass die Veröffentlichungen es in der Regel nicht in wissenschaftlich renommierte Peer-Review-Zeitschriften schaffen, ist für diejenigen, die sowieso an eine große Verschwörung glauben, kein Grund, an ihnen zu zweifeln – im Gegenteil.

Unter den Spendern von CFACT und dem Heartland Institute fanden sich in der Vergangenheit auch die US-Industriellenfamilie Koch und der rechtskonservative US-Milliardär und Trump-Unterstützer Robert Mercer. Vor allem die in den USA ansässigen Organisationen verfügen über ein Millionen-Budget und verstehen es, sich medial als seriöse Gesprächspartner zu verkaufen. Neben klassischer PR sind dabei immer wieder Diffamierungskampagnen gegen einzelne Klimaforscher zu beobachten. Geht es nach dem Willen des Heartland Institute, sollen Kinder das korrekte »Wissen« über den Klimawandel bereits in der Schule vermittelt bekommen. 2017 verschickte das Heartland Institute mehr als 25.000 Exemplare eines Buchs mit dem Titel *Warum sich Wissenschaftler über globale Erwärmung uneinig sind* an Lehrer in den USA. Fragwürdige Gegenstimmen werden darin künstlich zu gleichwertigen Gegenpositionen zu Klimaforschern aufgebauscht. In manchen Regionen fallen solche Publikationen auf fruchtbaren Boden. 2017 beschloss die Regierung des US-Bundesstaates Idaho, das Thema Klimawandel vom Lehrplan zu streichen.[30]

In Europa kooperiert das Heartland Institute mit dem Europäischen Institut für Klima & Energie *(EIKE)*. Der als gemeinnützig anerkannte Verein mit Sitz im deutschen Jena gibt sich nach außen hin unabhängig, allerdings deuten Presseberichte auf eine Nähe zum europäischen Ableger der US-Lobbygruppe CFACT hin. Ziel des Vereins ist neben der »Aufklärung« über die »wahren« Zusammenhänge des Klimawandels vor allem das politische Lobbying im Sinne von Klimawandelleugnern. Neben weniger prominenten Politikern aus den Reihen von CDU und FDP sind es in Deutschland vor allem AfD-Politiker, die die Inhalte von EIKE in die politische Arena tragen. Auf Einladung der AfD konnte Horst Lüdecke, Pressesprecher von EIKE, seine Thesen 2019 im Umweltausschuss des Deutschen

Bundestags vortragen. Jörg Meuthen, Mitglied des Bundesvorstands der AfD, bezeichnete die Teilnehmer der Fridays-for-Future-Proteste 2019 in einer Rede als »ökopolitisch korrekte Kindersoldaten«. Die vor allem von Jugendlichen getragene Protestinitiative sei »politischer Kindesmissbrauch«. Im 2016 verabschiedeten Grundsatzprogramm der Partei heißt es: »IPCC und deutsche Regierung unterschlagen die positive Wirkung des CO_2 auf das Pflanzenwachstum und damit auf die Welternährung. Je mehr es davon in der Atmosphäre gibt, umso kräftiger fällt das Pflanzenwachstum aus.« Laut dem *Tagesspiegel* soll der Vizepräsident von EIKE, Michael Limburg, am Programm der AfD mitgearbeitet haben.[31]

Eine 2015 veröffentlichte Studie des Psychologen Jan-Willem van Prooijen kam zu dem Ergebnis, dass Verschwörungserzählungen zum Thema Klimawandel zumindest in den USA insbesondere bei Menschen mit rechter und konservativer politischer Einstellung auf Zuspruch zu stoßen scheinen.[32] In der Tat sind Klimawandelleugner in vielen europäischen Parteien des rechtspopulistischen Spektrums besonders stark vertreten. Im Januar 2019 verkündete die SVP-Politikerin Nicole Müller-Boder aus der Schweiz auf Twitter: »Wenn die Kinder den Film Ice Age kennen und sehen, dass es eine Eiszeit gab, und in einem weiteren Teil gezeigt wird, wie die wieder verschwand, und sehen, dass es da noch keine Autos gab oder Industrie, werden sie auch sehen, dass es immer schon einen Klimawandel gab.«[33] Sowohl bei der vom niederländischen Rechtspopulisten Geert Wilders geführten Partij voor de Vrijheid als auch bei der britischen UKIP vertreten prominente Politiker ähnliche Positionen. So behauptete John Stuart Agnew, EU-Abgeordneter der UKIP und Berichterstatter des Landwirtschaftskomitees, kosmische Strahlung sei für die Erderwärmung verantwortlich. Laut Agnew gibt es »für die EU-Kommission kein Problem zu lösen«, und das einzige potenzielle Risiko für ein größeres CO_2-Ereignis in Europa sei ein Vulkanausbruch.[34]

Kaum ein Politiker würde wohl mit derartigen Äußerungen an die Öffentlichkeit gehen, wenn er nicht wüsste, dass ein Teil der Wähler dies begrüßt. Die Leugnung des Klimawandels passt perfekt zu einer auf gezielte Tabubrüche ausgerichteten PR-Strategie. Insbesondere kleine Parteien können durch polarisierende Äußerungen mit geringem Aufwand große Aufmerksamkeit auf sich lenken. Die Präsenz von derartigen Aussagen in der Parteienlandschaft kann die Haltung von Menschen zum Klimaschutz beeinflussen. Die Sozialpsychologen Daniel Jolley und Karen Douglas haben 2014 untersucht, inwiefern der bloße Kontakt zu Verschwörungserzählungen zum Thema Klimawandel sich auf die Bereitschaft auswirkt, den eigenen CO_2-Fußabdruck zu reduzieren. Ergebnis: Auch wenn solche Aussagen nicht geglaubt werden, wird durch sie doch Zweifel gesät. Menschen, die mit derartigen Statements konfrontiert werden, sind der Studie zufolge weniger geneigt, Maßnahmen zu ergreifen, um den eigenen CO_2-Ausstoß zu senken. Die Versuchsteilnehmer zeigten außerdem eine generell geringere Bereitschaft, sich politisch zu engagieren.[35]

Insbesondere beim Thema Klimawandel ist es daher wichtig, Verschwörungsmythen nicht unwidersprochen stehen zu lassen. Der Autor Jan Skudlarek hat eine klare Meinung dazu, wie man mit Politikern umgehen sollte, die öffentlich die Klimakatastrophe leugnen. In seinem Buch *Wahrheit und Verschwörung* schreibt er: »Man sollte daher z. B. Politiker nicht fragen, ob er oder sie an den Klimawandel glaubt wie an das Jenseits – wir sollten Politiker fragen, ob sie den Klimawandel verstehen. Klimawandel, Evolutionstheorie oder Digitalisierung – diese Sachverhalte mögen meinetwegen komplex sein. Das macht sie dennoch keineswegs zur Ansichtssache.«[36]

Kapitel 6: Freimaurer, Illuminaten und Spionageadler: Warum Juden und Israel so oft im Fokus stehen

Nach dem Anschlag auf das World Trade Center im Jahr 2001 kamen bereits wenig später Mutmaßungen auf, dass angeblich der israelische Geheimdienst involviert gewesen sei und versucht haben soll, so die USA gegen die islamische Welt aufzubringen. Außerdem wurde das Gerücht verbreitet, dass bei den Anschlägen angeblich keine Juden umgekommen seien, weil sie vorab gewarnt worden wären. Dieses Gerücht hält sich bis heute hartnäckig – und zwar insbesondere bei Menschen, die anzweifeln, dass es bei dem Terroranschlag wirklich so zugegangen ist, wie öffentlich verlautbart wird. Da heißt es etwa, angeblich wären 4.000 Juden am 11. September 2001 nicht zur Arbeit im World Trade Center erschienen. Menschen, die Derartiges verbreiten, glauben anscheinend, dass alle Juden ein internes Warnsystem hätten – wie auch immer dieses aussehen soll. Die Wahrheit? Laut dem *Wall Street Journal* war mindestens jedes zehnte Opfer der Anschläge jüdisch. Fakten wie diese halten Menschen allerdings nicht davon ab, weiterhin solche Behauptungen aufzustellen.[1] Beispiele wie dieses machen eines deutlich: Auch wenn nicht jeder konkreten Verschwörungserzählung antisemitische Motive zugrunde liegen – der Schritt zu einer antisemitischen Welterklärung ist oft erschreckend schnell gemacht.

Bei vielen Verschwörungserzählungen, die sich um gesellschaftliche Tragödien ranken, spielt Israel eine ganz besondere

Rolle. Sogar für die Nuklearkatastrophe im japanischen Atom-
kraftwerk Fukushima soll, Verschwörungsideologen zufolge, das
kleine Land im Nahen Osten verantwortlich sein. Laut Jim Stone,
der sich selbst als früherer Analyst der National Security Agency
bezeichnet, handelte es sich hier keinesfalls um ein Unglück. Er
war überzeugt, Israel habe den Tsunami durch nukleare Spren-
gungen ausgelöst – aus seiner Sicht ein eindeutig kriegerischer
Akt.[2] Yoichi Shimatsu, ein ehemaliger Redakteur der *Japan Times
Weekly* meinte, in Fukushima hätte es ein geheimes Atomwaffen-
programm gegeben und Israel hätte deshalb das Werk mit einem
speziellen Computervirus angegriffen. Und wer steckte hinter
dem Tsunami? Nutzer der US-amerikanischen Verschwörungs-
plattform *Above Top Secret* kennen die Antwort: »Die Katastrophe geschah aufgrund der pro-palästinensischen Haltung Japans
und um zu verhindern, dass das neueste angereicherte waffen-
fähige Plutonium für die Atomsprengköpfe von ballistischen
Raketen gegen Israel in den Iran transferiert wurde.« Zwar ist
richtig, dass eine israelische Firma für die Sicherheit am Reaktor
verantwortlich war. Der Schritt zum großen Komplott erscheint
dann aber doch abenteuerlich.

Laut einiger Verschwörungserzählungen führt Israel zudem
bizarre Wettermanipulationen durch. Im Sommer 2018 bezich-
tigte ein iranischer General bei einer Pressekonferenz den jüdischen Staat, iranische Wolken zu stehlen, um eine Dürre im Iran
zu verursachen. Der Brigadegeneral Gholam Reza Jalali, Leiter
der iranischen Civil Defense Organization, war überzeugt: »Gemeinsame Teams aus Israel und einem der Nachbarländer machen es unmöglich, dass Wolken den Iran erreichen. Außerdem
sind wir mit Fällen von Wolken- und Schneediebstahl konfrontiert.«[3]

Israel ist das einzige Land, das in der Wikipedia einen eigenen Artikel über tierbezogene Verschwörungsmythen er-

halten hat. Darin geht es um Geier, Adler, Schweine, Hyänen, Ratten oder Reptilien.[4] Im Mai 2012 war beispielsweise ein toter Vogel in der Nähe einer türkischen Stadt von Dorfbewohnern gefunden worden. Der Vogel trug eine Markierung von israelischen Naturforschern. Die Dorfbewohner befürchteten, dass der Ring, der mit einem Mikrochip ausgestattet war, vom israelischen Geheimdienst genutzt werden könnte, um die Türkei auszuspionieren.[5] Wenige Monate später, im Dezember 2012, wurde laut Zeitungsberichten ein Geier von sudanesischen Behörden »festgenommen«, da man davon ausging, dass es sich um einen israelischen Spion handele. Im iranischen Fernsehen hieß es später sogar, es habe sich um einen Adler mit Ortungs- und Überwachungsgeräten des israelischen Geheimdienstes Mossad gehandelt. Tatsächlich war es ein ganz gewöhnlicher Geier, der mit 100 anderen Jungvögeln mit einem GPS-Chip ausgestattet worden war, weil Wissenschaftler die Route der Tiere verfolgen wollten. Zu den Spionagevorwürfen äußerte sich der israelische Vogelforscher Ohad Hazofe in einem Interview mit *CNN* mit folgenden Worten: »Ich bin kein Geheimdienstexperte, aber was würde man daraus lernen, wenn man eine Kamera auf einen Geier richtet? Du kannst ihn nicht kontrollieren. Es ist keine Drohne, die man schicken kann, wohin man will. Was wäre der Vorteil, wenn man zusehen würde, wie ein Geier das Innere eines toten Kamels frisst?«[6]

Doch warum steht ausgerechnet Israel im Zentrum derart unterschiedlicher Verschwörungserzählungen? Dass ausgerechnet iranische Generäle Israel als Drahtzieher hinter einer Dürre vermuten oder Vögel zu Mossad-Agenten erklärt werden, könnte auch an dem politischen Konflikt zwischen beiden Ländern liegen. Israel ist schließlich ein wichtiger politischer Akteur in einer Region, die von Konflikten, wider-

streitenden politischen Interessen und komplizierten Macht-
konstellationen geprägt ist. Aber Israels Sonderstellung in der
Welt der Verschwörungserzählungen lässt sich nicht allein mit
dem Nahostkonflikt erklären. Hinzu kommt, dass es sich bei
Israel um einen jüdischen Staat handelt. Und Fakt ist, dass Juden und als jüdisch wahrgenommene Menschen besonders
häufig unfreiwillig zu Protagonisten von Verschwörungserzählungen erklärt werden.

Diese Erfahrung musste auch der jüdische Investor und
Philanthrop George Soros machen. Der US-Milliardär hat an
der Börse viel Geld durch Spekulation verdient. Soros hatte als
Kind die NS-Zeit im besetzten Budapest nur überlebt, weil sein
Vater der Familie falsche Dokumente besorgen konnte. Als er
siebzehn war, emigrierte seine Familie nach England, wo Soros
studierte – er war unter anderem ein Schüler des bekannten
Philosophen Karl Popper. Später spendete er über Jahre hinweg
immer wieder große Summen für wohltätige Zwecke. Zuletzt
machte er 2017 Schlagzeilen, als bekannt wurde, dass Soros seiner Stiftung Open Society Foundations mit rund 18 Milliarden
US-Dollar einen Großteil seines Vermögens übertragen hatte.
Schwerpunkt der Arbeit seiner Stiftung sind vor allem Projekte,
die sich mit Fragen einer offenen Gesellschaft auseinandersetzen: Bürgerrechte, Demokratie, Antirassismus und Gleichbe-
rechtigung.[7] Das hat ihn für einige politische Milieus zu einer
populären Hassfigur gemacht – und zwar international. Im
Oktober 2018 behauptete US-Präsident Donald Trump, »Demokraten und Soros« hätten bezahlte Demonstranten zu Veranstaltungen geschickt. Belege lieferte er keine, was aber viele
Medien nicht daran hinderte, seine Behauptungen eifrig zu verbreiten. Trumps Öffentlichkeitsteam dürfte sich sehr wohl darüber im Klaren sein, an welchen Sumpf der US-Präsident mit
seinen Auslassungen gegen George Soros anknüpft. Rechtsex-

treme Webseiten wie *The Daily Stormer* griffen Trumps Aussagen dankbar auf. 1992 bezeichnete der nationalistische ungarische Politiker István Csurka Soros als eine »Marionette« Jerusalems. In einer Rede im ungarischen Parlament hieß es 2017 sogar, es sei eine »christliche Pflicht«, »gegen den Satan/ Soros-Plan zu kämpfen«.[8] Jörg Meuthen, Mitglied im Bundesvorstand der AfD, veröffentliche einen Facebook-Post, auf dem zu lesen war: »Teuer finanzierte Stimmungsmache – Sozis und Soros vereint im Kampf gegen unsere Bürgerpartei.«[9] Und der Vorsitzende der AfD-Fraktion im Thüringer Landtag, Björn Höcke, warf der Europäischen Union in einer Rede in München vor, »den volkszerstörerischen und als pervers zu bezeichnenden Ungeist eines George Soros zu exekutieren«.[10] Bei den meisten prominenten Philanthropen vermutet kaum einer einen geheimen Plan zur Übernahme der Weltherrschaft hinter dem sozialen Engagement. Bei Soros ist es anders. Ein Grund dafür mag sein, dass er sich inhaltlich vor allem bei den Themen engagiert, die für Rechtsextreme und Nationalisten ein rotes Tuch sind. Ein anderer Grund liegt auf der Hand: George Soros ist Jude.

Verschwörungserzählungen, in denen Juden als böse Verschwörer dargestellt werden, haben leider eine lange Tradition. Juden mussten immer wieder als Sündenböcke für alle möglichen Katastrophen herhalten: von Unruhen über Revolutionen und Hungersnöte bis hin zu Kriegen. Während der Pestepidemie Mitte des vierzehnten Jahrhunderts wurde Juden vorgeworfen, Schuld an dem Ausbruch der tödlichen Krankheit zu tragen. Es wurde behauptet, sie träufelten Gift in Brunnen und Quellen. Diese Verschwörungserzählung mündete in zahlreichen Pogromen. Zu Beginn des zwanzigsten Jahrhunderts entstanden in Russland die *Protokolle der Weisen von Zion*. In diesem etwa 80 Seiten umfassenden Text wird eine fiktive jüdische Weltverschwörung skizziert. Bereits 1924 hat Hitlers Propagandaminister Joseph Goebbels seinem Tagebuch anvertraut, er halte den Text für eine Fälschung.[11] Das hielt ihn aber nicht davon ab, das Pamphlet für die NS-Propaganda zu instrumentalisieren.

Zu dieser Zeit wurden außerdem Geschichten populär, die sich um angebliche Pläne einer jüdischen Weltverschwörung ranken. Juden wurde vorgeworfen, mittels einer kommunistischen Verschwörung von Russland aus die Weltherrschaft an sich reißen zu wollen. Zugleich hieß es zwar, sie seien ruchlose Kapitalisten, die versuchen würden, die Kontrolle über die Wirtschaft zu erlangen. Doch im Europa des neunzehnten und zwanzigsten Jahrhunderts konnten diese beiden Narrative, die sich eigentlich gegenseitig ausschließen, gleichzeitig nebeneinander existieren. Nach dem Ersten Weltkrieg wurde in Deutschland durch konservative und nationalistische Politiker im Rahmen der »Dolchstoßlegende« das Gerücht verbreitet, allein die Sozialdemokraten seien gemeinsam mit dem »bolschewistischen Judentum« für die militärische Niederlage verantwortlich gewesen. Diese Propagandageschichte wurde später auch von Hitler und der NSDAP aufgegriffen. Gleichzeitig kursierten während des großen Börsencrashs von 1929 und der Weltwirtschaftskrise zahlreiche Verschwörungserzählungen, in denen Juden als ruchlose Kapitalisten dargestellt wurden.

Noch heute trifft man auf Echos aus dieser Zeit. Die *Protokolle der Weisen von Zion* werden beispielsweise auch nach all den Jahren noch von Rechtsextremen und der Neuen Rechten als vermeintlicher Beleg für eine große Weltverschwörung herangezogen. Der baden-württembergische Landtagsabgeordnete Wolfgang Gedeon (AfD) provozierte 2016 einen Skandal, als bekannt wurde, dass er die Protokolle als »die Mitschrift einer Geheimtagung« bezeichnet hatte.[12] Eine Woche nach dem antisemitisch motivierten Anschlag auf eine Synagoge in Halle im Jahr 2019 ließ sich Gedeons Homepage entnehmen, dass der »Antisemitismus in Deutschland [...] durch ein Heer staatlich bezahlter ›Antisemitismus-Beauftragter‹ und ihrer medialen Handlanger gewaltig aufgebauscht« würde.[13] Die Protokolle werden auch heute noch in zahlreiche neue Verschwörungserzählungen eingewebt. Selbst Verschwörungserzählungen, die sich um UFOs ranken, beziehen sich auf das Pamphlet. David Icke, der sich in seinen Büchern vor allem mit einer angeblichen Unterwanderung der Menschheit durch außerirdische Echsenmenschen befasst, zitierte die antisemitische Propagandaschrift gleich mehrfach.[14]

Antisemitisch konnotierte Verschwörungserzählungen finden sich nicht nur in rechtsextremen und rechtsradikalen Kreisen. Es handelt sich um ein gesamtgesellschaftliches Phänomen, das vom Stammtisch über Popkultur bis hin zu als links wahrgenommenen Gruppen reicht. Das hat auch damit zu tun, dass dem modernen Antisemitismus oftmals ein verkürztes Verständnis von ökonomischen Zusammenhängen zugrunde liegt. »Die gedankliche Verbindung von Juden mit Geld und Handel ist eine feste Komponente des modernen Antisemitismus«, schreibt Malte Holler, Mitbegründer von *Anders Denken*, einer Onlineplattform für Antisemitismuskritik und Bildungsarbeit.[15] In Polen gibt es bis heute ein weitverbreitetes Sprichwort, in dem es heißt: »Wer einen Juden im Flur hat, hat Geld in der Tasche.« In polnischen Souvenirshops kann man dazu passend als Glücksbringer »jüdische Geldmännchen« kaufen und sich ins Haus stellen.[16] Ähnliche Klischees finden sich in vielen Ländern. Eine solche Assoziation von jüdischem Glauben mit Geld birgt ein großes Risiko, denn Kritik am Kapitalismus wurde und wird aufgrund ebendieses Vorurteils mit Vorliebe auf Juden projiziert. Diese werden so zum Sündenbock für allerhand Probleme der modernen Welt. Dem »guten Arbeiter« wird der

»böse Kapitalist« gegenübergestellt. »Dies zeigte sich schon in der Sprache der Nationalsozialisten, die das ›raffende‹ (jüdische) dem ›schaffenden‹ (deutschen) Kapital gegenübersetzten«, so Malte Holler.[17] Dieses antisemitische Weltbild füttert bis heute Verschwörungserzählungen über das Bankwesen, die Medien und eine angebliche jüdische Geheimregierung. Sogar hinter Hollywood wird ein jüdisches Komplott vermutet. US-amerikanische christliche Fundamentalisten meinen bis heute, dass der »jüdische Einfluss« in der Filmindustrie zu groß sei und Juden gezielt christliche Familienwerte zerstören würden. Louis Farrakhan, Anführer der separatistischen Nation of Islam, predigte gar, dass »Pädophilie und sexuelle Perversion, die in Hollywood institutionalisiert sind", auf das Judentum an sich und satanischen Einfluss im Namen der Juden zurückgeführt werden könnten.«.[18]

Häufig begegnet uns Antisemitismus in codierter Form, über eine sogenannte Umwegkommunikation. Der Rechtsextremismusexperte Matthias Quent erklärte in einem Gespräch mit *Zeit Online,* was damit gemeint ist: »„Heute wird nicht mehr von ›den Juden‹ direkt gesprochen. Man weicht auf Chiffren aus. (…) Aufgrund des Holocausts nimmt man Umwegkommunikationen. (…) Diese Chiffren sind strukturell identisch mit alten antisemitischen Beleidigungen, aber sie haben sich verbal dem Zeitgeist angepasst.«[19]

Ein klassisches Beispiel für antisemitische Zuschreibungen sind Verschwörungserzählungen, die sich um Freimaurer und Illuminaten drehen. Sowohl den Freimaurerlogen als auch den Illuminatenorden wird immer wieder nachgesagt, dass sie im Geheimen die Geschicke der Welt lenken würden. Bei diesen Organisationen handelte es sich um Vereinigungen, die Menschen mit einem fortschrittlichen, der Aufklärung verpflichteten Weltbild zusammenbrachten. Im achtzehnten Jahrhundert sahen insbesondere Konservative und Katholiken diese Gruppierungen als Bedrohung – vor allem im Hinblick auf die politische Ordnung. Sie befürchteten eine »Verwirrung von Religion und guten Sitten«. Die bayerische Regierung verbot schließlich den Illuminatenorden.[20] Als Begründung hieß es, die Logen seien das Zentrum verdächtiger Aktivitäten gewesen. Über die Jahrzehnte und Jahrhunderte erwuchs aus dem Mythos Freimaurer und Illuminaten schließlich die Vorstellung einer umfassenden Weltverschwörung. In einigen Varianten heißt es, dass Juden und Illuminaten gemeinsam die Weltherrschaft erlangen wollten. Laut dem Historiker Wolfgang Wippermann konnte »von einem wie auch immer gearteten ›jüdischen Charakter‹ der Freimaurer [allerdings] nicht die Rede sein. Die Verbindung von Freimaurern und Juden wurde ganz einfach erfunden, und zwar schlicht mit der Antwort auf die Cui-bono-Frage – wem nützt das? –, wonach die Juden die Nutznießer der von den Freimaurern vorbereiteten und durchgeführten Revolution gewesen seien.«[21] Wie stark derartige Verschwörungserzählungen noch heute in einigen Ländern verbreitet sind, wird am Beispiel der »Gelbwesten«-Proteste deutlich. Im November 2018 sind in Frankreich zahlreiche Menschen aufgrund einer Erhöhung der Benzinpreise auf die Straße gegangen, und die Demonstrationen hielten Monate an. Eine repräsentative Studie zeigte, dass fast 73 Prozent der an den Straßenaktionen teilnehmenden Menschen davon überzeugt waren, es gebe eine zionistische Verschwörung auf globaler Ebene. Rund 63 Prozent meinten, die Geheimorganisation der Illuminaten versuche, die Bevölkerung zu manipulieren.

Es ist eine reichlich unbequeme Wahrheit, dass antisemitische Verschwörungserzählungen in der Mitte der Gesellschaft anschlussfähiger sind, als manch einer erwarten würde. Über 100.000 Mal soll das Buch *Geheimgesellschaften und ihre Macht im 20. Jahrhundert* Mitte der 1990er-Jahre über die Ladentheke gegangen sein. Das Buch wurde unter Gymnasiasten verliehen und stand bei Hausfrauen im Buchregal. Später folgte ein zweiter Band. Sowohl in Deutschland als auch in der Schweiz wurden die Bücher später verboten,[22] denn der Inhalt war hochgradig antisemitisch. Autor des Buches ist ein gewisser Jan van Helsing. Dahinter verbirgt sich der rechtsextreme Esoteriker Jan Udo Holey. »Das Pseudonym Jan van Helsing«, hieß es 1998 in der *Zeit*, habe Holey sich »bei der Hauptfigur aus Bram Stokers ›Dracula‹-Roman geborgt, um in einer Mixtur aus Hitlers ›Mein Kampf‹, wilder Science-Fiction und Schwarzer Magie ungestraft vor einer ›jüdischen Weltverschwörung‹ warnen und den Holocaust leugnen zu können«.[23] Laut Holey ging Hitler »gegen die Juden« vor, weil deren Ziel die »Zerstörung der Erde, der Natur, der Menschen« gewesen sei. Juden seien nur dazu da, »die Hölle auf Erden zu stiften«, und damit »die Ursache, warum die Welt immer und immer wieder in Kriege und Zwiespalt verwickelt« sei. Die UNO ist laut ihm »die von den Illuminati erschaffene Institution, die größte Freimaurerloge der Welt«, in der sich alle Nationen der Welt vereinen sollen, und man würde das daran erkennen, dass das »UNO-Emblem ein eindeutiges Freimaurersymbol« sei. Holey behauptet außerdem, die Illuminaten hätten sowohl die Neonazi- und Skinheadszene als auch »das kommunistische systemkontrollierte Stasi-Netzwerk, das sich bis in die Antifa- und Linksextremenszene ausweitet«, unterwandert. Im Jahr 1173 wurde ihm zufolge »in einem Haus in der Judenstraße in Frankfurt«, dem Haus der Familie Rothschild, geplant, »durch drei Weltkriege den Weg für ihre ›Eine-Welt-Regierung‹ bis zum Jahr 2000 zu ebnen«. Der Zweite Weltkrieg und damit auch der Holocaust sind seinem Weltbild zufolge Teil eines geheimen Plans von Juden, um eine Neue Weltordnung zu errichten. Die Rockefellers sollen darüber hinaus das »Aids-Virus« entwickelt haben, »um das große Rassensanierungsprogramm für die Weltregierung der Elite einzuleiten«. Wer so etwas liest, fragt sich unweigerlich: Wie kann es sein, dass derart offensichtlich antisemitische Hetze zehntausendfach verkauft wurde?

Die Anti-Defamation League (ADL) führt seit 1964 Studien zur Untersuchung der weltweiten Verbreitung von Antisemitismus durch.[24] Bei der Erhebung 2019 wurden hierzu insgesamt 9.056 Menschen in 18 Ländern befragt. Der Aussage, dass Juden zu viel Einfluss in der Geschäftswelt hätten, stimmten im Durchschnitt weltweit 35 Prozent zu. In Osteuropa hielten diese Aussage sogar 53 Prozent für wahr. In Deutschland waren 27 Prozent davon überzeugt, in Österreich 37 Prozent, in der Türkei sogar 78 Prozent. Auf teils noch stärkere Zustimmung stieß die Aussage, dass Juden zu viel Einfluss im internationalen Finanzwesen hätten. Hier stimmten 27 Prozent der Deutschen, 42 Prozent der Österreicher und 36 Prozent der Schweizer zu. Der Jüdische Weltkongress hat im Herbst 2019 eine repräsentative Erhebung in Auftrag gegeben, bei der 1.300 Menschen in Deutschland befragt wurden.[25] Unter den Befragten waren auch 300 Menschen, die die Studienautoren als »Führungselite« bezeichneten, also Hochschulabsolventen mit einem Jahreseinkommen von mindestens 100.000 Euro. Fast ein Drittel, nämlich 28 Prozent, davon gaben an, Juden hätten zu viel Macht in der Wirtschaft. 26 Prozent meinten, Juden hätten »zu viel Macht in der Weltpolitik«. Die Umfrage verdeutlicht, dass antisemitische Mythen auch bei gebildeten Menschen und in hohen Einkommensschichten Fuß fassen.

Im Oktober 2019 entschied das Oberlandesgericht Nürnberg in zweiter Instanz, dass es nicht zulässig sei, den Popsänger Xavier Naidoo einen Antisemiten zu nennen, da dies seine

Persönlichkeitsrechte einschränken würde.[26] Laut dem Oberlandesgericht wäre der Vorwurf geeignet, »den Kläger in der Öffentlichkeit in ein negatives Licht zu rücken«. Außerdem werde die »Bezeichnung als »Antisemit« [...] angesichts des historischen Bedeutungsgehalts einer solchen Qualifizierung als negativ und diskreditierend verstanden.«[27]

Die Gegenseite hatte argumentiert, Songs von Naidoo würden antisemitische Codes und Chiffres enthalten. In einem seiner Lieder singt er über »Marionetten« und »Puppenspieler«, für die die Bevölkerung nur »Sachverwalter« und »Steigbügelhalter« seien. Der Mainzer Sozialpsychologe Roland Imhoff kommentierte die Liedtexte wie folgt: »Typisch für Verschwörungstheorien ist, dass behauptet wird, es gebe eine vordergründige Wirklichkeit, die aber nur dazu dient, zu verschleiern, dass hinter den Kulissen in Wirklichkeit Ungeheuerliches geschieht. Dunkle Mächte agieren im Hintergrund und ziehen die Fäden, so wie hier die Puppenspieler.«[28] 2009 veröffentlichte der gebürtige Mannheimer Naidoo einen Song mit dem Titel *Raus aus dem Reichstag*. Darin heißt es, ein gewisser »Baron Totschild« würde insgeheim den Ton angeben. Der *Zeit-Online*-Blog *Störungsmelder* ordnet die Bildsprache wie folgt ein: »Mit ›Baron Totschild‹ spielen unter anderem Neonazis auf die jüdische Bankiers-Familie Rothschild an, denen schon die Nazis unterstellten [...], hinter dem Banken- und Zinssystem zu stehen, dem in verschwörungsideologischer Manier die Schuld an allen sozialen Missständen [...] gegeben wird«.[29] Hierzu muss man wissen: Bereits 2014 stand Xavier Naidoo in der öffentlichen Kritik, weil er eine Rede auf einer von rechtsextremen Reichsbürgern besuchten Demonstration gehalten hatte.[30]

Antisemitische Erzählmuster sind derart stark in die Alltagssprache übergegangen, dass sie einigen gar nicht einmal mehr ins Auge fallen. Insbesondere bei linken und globalisierungskritischen Bewegungen wird häufig das Bild eines die Welt umspannenden Kraken genutzt, um eine Bedrohung durch große Konzerne zu visualisieren. Das war sowohl bei den ACTA-Protesten im Jahr 2012 zu beobachten, als auch bei der großen Blockupy-Demonstration vor der Europäischen Zentralbank im Jahr 2015[31] sowie 2019 bei Demonstrationen der Klimaschutz-Protestgruppe Extinction Rebellion. Ebenso wird in der medialen Berichterstattung beim Thema Datenschutz häufig von »Datenkraken« gesprochen. Die *Süddeutsche Zeitung* veröffentlichte 2014 sogar eine Karikatur, auf der Facebook-Chef Mark Zuckerberg als Datenkrake mit Hakennase abgebildet war,[32] nach Protesten entschuldigte sich der Zeichner in einer Stellungnahme.[33] Das Motiv des Kraken hat nämlich eine äußerst problematische Geschichte. Zu Zeiten des Nationalsozialismus wurde mit derartigen Karikaturen antisemitische Hetze betrieben, etwa im NS-Propagandablatt *Der Stürmer*. Die Anti-Defamation League meint daher: »Die Darstellung von Juden als Krake, die sich auf dem ganzen Globus findet, ist ein klassisches antisemitisches Bild. Protestiere gegen Facebook oder wen immer du willst, aber suche dir ein anderes Motiv aus.«[34]

Antisemitische Verschwörungserzählungen finden sich in zahlreichen Ausprägungen. Trotz aller Unterschiede fallen aber Gemeinsamkeiten ins Auge. Der Glaube an Verschwörungen geht stets einher mit Stereotypen gegenüber gesellschaftlichen Gruppen. Die US-amerikanische Historikerin Deborah Lipstadt sagt, Antisemiten würden denken, »alle Juden seien wohlhabend, auf eine gefährliche Art klug und über die Maßen mächtig. Es sind tiefsitzende, irrationale Stereotype.«[35] »Antisemiten«, so formulieren es die Antisemitismusforscher Samuel Salzborn und Alexandra Kurth, »erklären sich ihr gesamtes Weltbild durch antisemitische Projektionen und Verschwörungsmythen, in denen Jüdinnen und Juden für alles verantwortlich gemacht werden, was sie selbst nicht verstehen können oder wollen – und dabei zugleich als unglaublich mächtig, wie unglaublich machtlos phantasiert werden.«[36]

Wieso trifft die Zuschreibung als Verschwörer nun ausgerechnet so häufig Juden? Um diese Frage aus empirischer Sicht zu beantworten, werfen wir zunächst einen Blick auf das *Stereotype Content Model*, ein wissenschaftliches Modell, das sich mit Stereotypen beschäftigt. Es wurde im Jahr 2002 von der Psychologin Susan Fiske und Kollegen vorgestellt.[37] Eine zentrale Frage dabei lautet: Wie nehmen wir soziale Gruppen wahr? Das Modell basiert auf der Annahme, dass Menschen dazu veranlagt sind, andere danach zu beurteilen, ob diese ihnen schaden wollen oder nicht – und ob sie ihnen auch die Kompetenzen zutrauen, die notwendig sind, um dies umsetzen zu können. Innerhalb des Modells werden hierbei zwei zentrale Dimensionen zur Bewertung dieser Fragen herangezogen: wahrgenommene Wärme und wahrgenommene Kompetenz.

Wärme meint hier, wie wohlwollend eine Gruppe beschrieben wird. Es geht insbesondere darum, inwiefern man annimmt, dass die Mitglieder einer Gruppe in direkter Konkurrenz zur eigenen Gruppe stehen. Bei der Kompetenz-Dimension wird geschaut, ob Menschen denken, dass die andere Gruppe einen höheren oder niedrigeren Status als die eigene Gruppe hat. Soziale Gruppen, die beispielsweise um Ressourcen konkurrieren (wie etwa Studienplätze, frisches Brunnenwasser ...), werden mit Verachtung betrachtet, während Gruppen, die einen hohen Status haben und scheinbar nicht in Konkurrenz zu ihnen selbst stehen, bewundert werden. Wichtig ist, dass es hierbei nicht um den tatsächlichen Status der Gruppe geht, sondern nur darum, was andere Menschen denken. Es geht eben um Stereotype – dass diese oft nicht der Wahrheit entsprechen, ist unbestritten.

		Kompetenz	
		Niedrig	Hoch
Wärme	Hoch	Paternalistische Stereotype (z. B. Hausfrauen, alte Menschen)	Bewundernde Stereotype (z. B. Eigengruppe, nahe Verbündete)
	Niedrig	Verächtliche Stereotype (z. B. Sozialhilfeempfänger, arme Menschen)	Neidvolle Stereotype (z. B. Asiaten, Juden, reiche Menschen)

In dem Modell werden nun die beiden Dimensionen Wärme und Kompetenz kombiniert. Soziale Gruppen, denen gleichzeitig eine große Kompetenz und eine geringe Wärme zugeschrieben werden, sind dabei genau die Gruppen, bei denen Verschwörungsideologen die größten Ressentiments zeigen. Sie werden als berechnend genug wahrgenommen, um eine Verschwörung anzuzetteln, und als kompetent genug, diese dann auch durchzuführen.[38] Im Rahmen einer Studie wurde die verwendete Sprache in Beiträgen der faschistischen Zeitschrift *La Difesa della Razza* untersucht, die zwischen 1938 und 1943 regelmäßig erschien.[39] Die Ergebnisse sprechen dafür, dass das Stereotype Content Model zutreffend ist. Während Juden als kalt (»geizig«, »missgünstig«), aber mächtig (»Verschwörer«, »Übernahme der Weltherrschaft«) beschrieben wurden, wurden Schwarze als kalt und inkompetent (»dumm«, »leidend«) dargestellt.

Derartige Modelle können helfen zu verstehen, warum sich derart viele Verschwörungserzählungen um Juden und Israel drehen. Nicht alle Verschwörungserzählungen sind automatisch antisemitisch. Aber stark vereinfachte Beschreibungen der Realität, eine Unterscheidung in »die da oben« und »wir hier unten« machen Erzählungen oft anschlussfähig für antisemitische Welterklärungsmodelle. Es ist dabei wichtig, nicht nur auf die Anhänger von Verschwörungserzählungen und damit die potenziellen Täter zu blicken, sondern auch die Betroffenen nicht aus den Augen zu verlieren. Denn antisemitische Verschwörungserzählungen befeuern nach wie vor Hass, Gewalt und Diskriminierung gegen Juden auf der ganzen Welt. 2018 erfasste die Recherche- und Informationsstelle Antisemitismus Berlin allein für die deutsche Hauptstadt 62 antisemitische Vorfälle, die klar dem verschwörungsideologischen Spektrum zuordenbar waren.[40]

Welche Folgen die Verbreitung des antisemitischen Verschwörungsmythos einer jüdischen Weltverschwörung hat, wurde einmal mehr beim Attentat auf die Tree-of-Life-Synagoge in Pittsburgh am 27. 10. 2018 deutlich. Ein rechtsextremer Attentäter erschoss an diesem Tag elf Menschen. Zuvor hatte er Juden als »Feinde des weißen Volkes« verunglimpft und gemeint, der jüdische Philanthrop George Soros würde zusammen mit anderen die »Invasion der Migranten« finanzieren.[41] Angesichts solcher Taten wäre es fatal, Antisemitismus zu verharmlosen und Verschwörungserzählungen, die das Narrativ einer angeblichen jüdischen Weltverschwörung weitertragen, als bloße Spinnereien abzutun. Antisemitische Verschwörungserzählungen haben das Potenzial, Menschen zu radikalisieren.

Sie schüren Gewalt und spalten die Gesellschaft. Ähnliche Mechanismen, die bereits im vierzehnten Jahrhundert zu Pogromen führten, wirken eben auch noch in unserer Zeit. Ein Grund mehr, sich dem entschieden entgegenzustellen.

Kapitel 7: Flache Erde und Echsenmenschen auf YouTube & Co. – Spaßfaktor oder Radikalisierungsbeschleuniger?

»Google das doch einfach!« – so gut wie jeder hat einen Satz wie diesen vermutlich schon einmal zu hören bekommen. In Bezug auf Verschwörungserzählungen kann ein solcher Tipp allerdings fatal sein. Das zeigte ein Versuch, den wir im Herbst 2019 durchgeführt haben. Wir haben uns gefragt, wie eine unbedarfte Google-Recherche ablaufen könnte, wenn sich jemand unsicher ist, ob das eigene Kind geimpft werden soll. Dabei haben wir eine unerfreuliche Überraschung erlebt. Wer bei der deutschsprachigen Google-Suche 2019 »Impfen ist« eingab, bekam prompt allerhand skurrile Vervollständigungen des Satzes vorgeschlagen. Auf Platz eins stand da etwa »Impfen ist die beste Art der Bevölkerungsreduktion«, gefolgt von »Impfen ist gefährlich« und »Impfen ist Körperverletzung«. Auf Platz fünf kam immerhin der Satz »Impfen ist Liebe«, davon abgesehen sah sich der interessierte Suchende aber vor allem mit Negativ-Botschaften wie »Impfen ist Gift«, »Impfen ist Gotteslästerung« und »Impfen ist Hauptursache für Krebs« konfrontiert. Kein Zweifel: Wer beim Versuch, die Wahrheit über die Risiken des Impfens zu erfahren, Google konsultiert, könnte dank derartiger Vorschläge schnell das Gefühl bekommen, Impfen sei ein höchst umstrittenes Thema. Glücklicherweise werden Nutzer bei den meisten dieser vorgeschlagenen Suchanfragen zwar vor allem zu Faktenchecks der jeweiligen Statements dirigiert, trotzdem dürfte sich der eine oder andere Google-Nutzer anhand solcher Vorschläge vermutlich fragen: »Wenn an solchen Aussagen wirklich nichts dran ist, warum werden sie mir dann derart prominent angezeigt? Gibt es da etwas, das uns verheimlicht wird?« Mit wenigen Klicks ist man, ausgehend von einer simplen Suchanfrage, plötzlich ganz tief im Kaninchenbau handfester Verschwörungsideologien aus dem Gesundheitsbereich gelandet. Wie kann so etwas passieren?

Ein Feature, das lediglich als Hilfe für tippfaule Nutzer gedacht war, entwickelt dank der Popularität von Verschwörungsmythen ein hässliches Eigenleben. Die Vorschlagsfunktion der Google-Suche orientiert sich vor allem an den vergangenen Suchanfragen anderer Nutzer. Wenn besonders viele Menschen Statements wie »Impfen ist Hauptursache für Krebs« in die Suchmaske eingeben, dann geht der Algorithmus eben davon aus, dass das auch für andere Nutzer eine relevante Vervollständigung sein könnte. Nicht nur Verschwörungserzählungen, sondern auch Vorurteile und Klischees werden so reproduziert. Der deutsche gemeinnützige Verein Goliathwatch kritisierte im Sommer 2018, dass die Autovervollständigungen von Google menschenverachtende Statements beinhalteten, wenn es um Suchanfragen zum Thema Geflüchtete oder Menschen mit Behinderung ging.[1] Im Rahmen ihrer Recherche stießen die Aktivisten sowohl auf Rassismus als auch auf handfeste Verschwörungserzählungen. Die Top-Vervollständigung bei der Anfrage »Klimawandel ist« lautete laut Goliathwatch etwa damals »eine Erfindung der Chinesen«. Wer nach »Hitler war« suchte, bekam »ein britischer Agent« vorgeschlagen. Nachdem viele deutsche Medien über die Recherche des Vereins berichtet hatten, hat Google zwar bei besonders problematischen Anfragen nachgebessert. Wer heute etwa »Juden sind« in die deutschsprachige Suchmaske eingibt, bekommt schlichtweg gar keine Vorschläge mehr zu sehen, bei »Jude ist« folgten allerdings 2019 nach wie vor hässliche Vorschläge. Immerhin werden Faktenchecks und Aufklärungsseiten bei einschlägigen Suchanfragen nun deutlich prominenter vorgeschlagen. Trotzdem haben die bisher ergriffenen Maßnahmen keineswegs dazu geführt, dass Verschwörungserzählungen nicht mehr sichtbar wären, wie unser kleines Experiment mit der Autovervollständigung zeigte. Gänzlich abschalten will Google die Autovervollständigung nicht, und so kommt es, dass weiterhin tagtäglich Millionen von Nutzern höchst problematische Statements präsentiert werden. Häufig findet sich ein Bezug zu Verschwörungsmythen. Wer sich, von Zweifeln angetrieben, auf die Suche macht, stößt schnell auf entsprechende Inhalte. Das ist ein großes Problem. Suchmaschinen-Betreiber, die wie Google in vielen Ländern einen bedeutenden Marktanteil haben, fungieren schließlich heutzutage als eine Art Gatekeeper für Recherchen. Sie sind für viele Menschen der erste Anlaufpunkt.

Bereits minimalste Änderungen beim Suchalgorithmus können einen immensen Einfluss darauf haben, mit welchen Informationen Millionen von Menschen in Berührung kommen. Ähnliches lässt sich auf soziale Netzwerke übertragen. Die Regeln, nach denen Konzerne wie Facebook oder Google operieren, wirken sich – selbst wenn dies gar nicht von den Betreibern beabsichtigt wurde – auch auf die Verbreitung von Verschwörungserzählungen aus. Aus der immensen Gestaltungsmacht einiger weniger Digitalkonzerne erwächst die Frage, inwiefern die Plattformen nicht die Verantwortung für die Inhalte übernehmen sollten, die über ihre Infrastruktur verbreitet werden. Während die einen Google und Facebook dafür kritisieren, dass sie in Bezug auf Verschwörungsideologien und Fake News lange Zeit kaum Handlungsbedarf sahen, argumentieren allerdings andere, dass Forderungen nach inhaltlicher Regulierung brandgefährlich seien, da sie langfristig inhaltliche Eingriffe der Konzerne in gesellschaftliche Debatten legitimieren könnten. Im Kern steht die Frage: Wer entscheidet eigentlich auf Basis welcher Kriterien darüber, was relevant oder gar wahr ist? Eine einfache Antwort darauf gibt es nicht. Obwohl es unbestreitbar ist, dass Verschwörungsideologien und Fake News politische Debatten beeinflussen, ist gesellschaftlich nach wie vor höchst umstritten, wie eine angemessene Reaktion auf diese Bedrohung aussehen sollte.

Bevor wir im Folgenden das Phänomen »Verschwörungserzählungen im Netz« näher beleuchten werden, ist es uns sehr wichtig, ein paar Worte vorwegzustellen. Es erscheint zweifellos verlockend, die Verbreitung von Verschwörungsideologien allein auf neue Technologien zu schieben, aber ganz so einfach ist es eben nicht. Der Soziologe Ted Goertzel hat 1992 eine Studie durchgeführt, bei der 348 zufällig ausgewählte Einwohner des US-Bundesstaats New Jersey zu ihrem Glauben an Verschwörungsmythen befragt wurden.[2] Rund 41 Prozent der Befragten waren demnach der Überzeugung, die US Air Force würde Hinweise zu fliegenden Untertassen verheimlichen. Bereits bevor es Plattformen wie YouTube oder Facebook gab, hatten entsprechende Geschichten eine große Anziehungskraft und wurden auch von den »klassischen« Medien in Form von Unterhaltungsformaten verbreitet. Verschwörungen bieten zudem oft die spannendere Geschichte in Form einer vermeintlich harmlosen »alternativen Erklärung« für historische Ereignisse, was sich auch in der Popularität von Romanen wie *The Da Vinci Code* von Dan Brown und Blockbustern wie dem Film *JFK* von Regisseur Oliver Stone zeigt. Untersuchungen deuten darauf hin, dass die Trennlinie zwischen Fiktion und Realität für manch einen Fan dabei verschwimmt.[3] Im Rahmen einer repräsentativen

Umfrage in Großbritannien wurden Menschen gefragt, für wie glaubhaft sie die in dem Buch *The Da Vinci Code* dargelegte Verschwörungserzählung hielten, nach der die katholische Kirche vertuschen wollte, dass Jesus mit Maria Magdalena Nachkommen gehabt habe. Unter den Lesern des Buchs gaben 64 Prozent an, sie könnten der Idee, dass Jesus heimlich Kinder gezeugt haben soll, etwas abgewinnen – unter den Nicht-Lesern waren es hingegen nur 30 Prozent.

Das Internet allein trägt nicht die Schuld für die Verbreitung von Verschwörungsmythen. Trotzdem ist es wichtig festzuhalten, dass das Internet einige grundlegende Parameter verändert hat. Heute sind Verschwörungsideologen nicht mehr primär auf klassische Medien angewiesen, wenn sie ein Massenpublikum erreichen wollen. Neben eigenen Plattformen nutzen sie vor allem populäre Dienste wie Facebook, Twitter, Instagram und YouTube. Nicht selten sind diese Plattformen auch der Ort, an dem spätere Anhänger das erste Mal mit entsprechenden Inhalten in Kontakt kommen. Innerhalb der populären Online-Plattformen haben sich in den vergangenen Jahren geradezu eigene Informationsökosysteme gebildet. In Social-Media-Gruppen wird Kontakt zu Gleichgesinnten vermittelt, die sich gegenseitig in ihrem jeweiligen Glauben bestärken. Insbesondere YouTube beherbergt eine Vielzahl von Parallelwelten, in denen es etwa heißt, die Erde sei eine Scheibe, Chemtrails vergifteten die Menschen, und Hitler lebe auf einem geheimen Stützpunkt in der Antarktis.

Aber wie sieht es in solchen Facebook-Gruppen aus, in denen Verschwörungsmythen verbreitet werden? Im Rahmen unserer Recherche erstellen wir einen Fake-Account bei Facebook, um Einblick in einige dieser Parallelwelten zu bekommen. Unter falschem Namen treten wir innerhalb kürzester Zeit zahlreichen einschlägigen geschlossenen Gruppen bei, in denen sich gleichgesinnte »Wahrheitssucher« tummeln. Der Facebook-Algorithmus kommt uns dabei entgegen: Nachdem wir einer UFO-Gruppe beigetreten sind, wird uns prompt die nächste vorgeschlagen. Zusätzlich beginnen wir damit, fleißig Likes auf Facebook-Seiten zu verteilen, die sich mit Verschwörungen aller Art befassen – von Nazi-Flugscheiben in der Antarktis über geheime Druidenorden bis hin zu Aliens. Innerhalb kürzester Zeit füllt sich so unser Newsfeed mit Nachrichten wie aus einer anderen Welt.

Soziale Netzwerke können zunächst einmal ein sehr nützliches Werkzeug sein, um anhand der persönlichen Interessen und der Kompetenzen des eigenen Umfelds Nachrichten vorzufiltern. Wer sich etwa besonders für Klimapolitik interessiert, kann NGOs oder Politikern folgen, die in diesem Thema aktiv sind. Das dahinterstehende Prinzip, nach dem Menschen sich bevorzugt bei Medien und Personen informieren, die eine ähnliche Haltung vertreten, ist dabei keineswegs neu. »Filterblasen« und »Echokammern« gab es schon zu Zeiten des analogen Stammtisches. Viele Menschen treffen sich privat regelmäßig mit einem überschaubaren Kreis von Leuten, die ähnliche politische Einstellungen aufweisen. Bereits vor dem Aufkommen sozialer Netzwerke galt: Informationen, die uns nahestehende Personen zutragen, stehen wir aufgeschlossener gegenüber als gleichlautenden Botschaften von Fremden. Neu ist allerdings, dass Plattformbetreiber durch das bevorzugte Ausspielen von Inhalten im jeweiligen Newsfeed diesen Effekt zusätzlich verstärken können. Um Nutzer länger auf der Plattform zu halten, wird die Anzeige der relevanten Nachrichten bei den meisten sozialen Netzwerken individuell vorsortiert – Beiträge, die laut Datenprofil wahrscheinlich das Interesse eines Nutzers wecken könnten, rutschen dadurch in der Ansicht regelmäßig auf einen vorderen Platz. Dadurch können positive Rückkopplungen entstehen – ein Post, der bevorzugt angezeigt wird, bekommt mehr Kommentare und Likes und kann dadurch noch mehr Reichweite erlangen. Gleichzeitig ziehen Beiträge, die häufig geteilt wurden, das Interesse weiterer neuer Leser auf sich und wirken auch aufgrund der angezeigten Likes und Kommentare auf manch einen umso glaubwürdiger. Frei nach dem Motto: »So viele Menschen werden sich schon nicht irren.«

Zwar ist durchaus umstritten, wie stark der Feed-Algorithmus von sozialen Netzwerken tatsächlich die Haltung von Nutzern zu einem politischen Thema beeinflussen kann. Klar ist aber, dass Beiträge mit einer Top-Platzierung im Facebook-Newsfeed laut einer Untersuchung aus dem Jahr 2015 eine um 15 bis 20 Prozent höhere Klickrate aufweisen.[4] Soziale Netzwerke können durch ihre auf die Maximierung der Werbeeinnahmen optimierten Newsfeed-Algorithmen somit den Effekt sozial bedingter Echokammern verstärken. Problematisch ist hierbei insbesondere, dass eine solche Vorsortierung meist voreingestellt ist und Nutzer kaum nachvollziehen können, warum ihnen bestimmte Inhalte prominenter angezeigt werden. Die österreichische Autorin und Digitalexpertin Ingrid Brodnig schreibt in ihrem Buch *Hass im Netz*: »In den sozialen Medien lässt sich permanent ein Scheitern des menschlichen Diskutierens beobachten – ein Scheitern, das dadurch vereinfacht wird, dass diese Gruppen sich so leicht abspalten und radikalisieren können. Denn Echokammern erleichtern Radikalpositionen. Je seltener ich auf Andersdenkende treffe, umso weniger muss ich meine eigenen Argumente hinterfragen.«[5] Medienpsychologen gehen heute davon aus, dass die Normen und Werte, die von dem jeweiligen Umfeld geteilt werden, einen großen Einfluss auf Menschen ausüben. Wenn soziales Engagement als positiv wahrgenommen wird und dies auch viele Menschen vorleben, beeinflusst das andere in ihrer Entscheidungsfindung, sich ebenfalls zu engagieren. Wenn aber das Umfeld sich regelmäßig über solche »Gutmenschen« empört und Engagement verunglimpft wird, dann kann dies einen negativen Einfluss haben.

Diese Tendenz entfaltet insbesondere in solchen Communitys toxisches Potenzial, in denen man es mit der Wahrheit nicht ganz so genau nimmt. Der Journalist Sebastian Hermann bringt das Problem in seinem Buch *Gefühlte Wahrheit* sehr gut auf den Punkt, wenn er schreibt: »Dummerweise handelt es sich bei Lügen häufig um die besseren Geschichten. Sie lassen die Emotionen des Publikums stärker vibrieren, deshalb werden sie in den sozialen Netzwerken zum Beispiel mit höherer Wahrscheinlichkeit verbreitet.«[6] Und so wundert es kaum, dass laut einer Untersuchung des Online-Magazins *BuzzFeed* im Vorfeld der US-Wahlen im Jahr 2016 die 20 erfolgreichsten Fake-Storys zur Wahl mehr Likes, Kommentare und Shares auf sich versammeln konnten als die populärsten 20 Beiträge von seriösen US-Nachrichtenseiten.[7] Darunter waren Falschmeldungen, die besagten, dass Hillary Clinton Waffen an den IS verkauft habe oder dass der Papst Donald Trump unterstützen würde. Im Juli 2017 untersuchte *BuzzFeed* Postings über Angela Merkel, die auf Facebook die meisten Interaktionen erreichten. Ergebnis: Bei sieben der zehn Top-Meldungen handelte es sich um Fake News. Darunter waren folgende Beiträge: »Manipulation: Merkel verhängt Zensur über ARD-Tagesschau« *(Deutsche Wirtschafts Nachrichten)*, »Merkel möchte allen Flüchtlingen schnellstmöglich Wahlrecht geben« *(eine-zeitung.net)* und »Merkel ist wahnsinnig – Kanadisches Fernsehen liefert Beweise« (YouTube).[8]

Infolge heftiger öffentlicher Debatten über die Rolle von Fake News und Verschwörungserzählungen im US-Wahlkampf hat Facebook ab 2016 ein neues Feature vorgestellt, das bereits in zahlreichen Ländern ausgerollt wurde. Zunächst wurden bei ausgewählten Postings Warnhinweise eingeblendet, wenn deren Wahrheitsgehalt in Zweifel gezogen wird. Später trat anstelle der Warnhinweise die prominente Einblendung von Faktenchecks unter dem jeweiligen Beitrag. Nutzer, die die als Falschmeldung markierten Beiträge teilen wollen, bekommen vorher einen Warnhinweis eingeblendet. Hierzu arbeitet der Konzern mit Institutionen in den jeweiligen Ländern zusammen, die vom International Fact Checking Network (IFCN) zertifiziert worden sind. Zu den als vertrauenswürdig eingestuften Organisationen gehören beispielsweise der *Washington Post Fact Checker* und der *dpa-Faktencheck.* Zusätzlich soll die Reichweite bei den als Falschmeldungen identifizierten Postings laut Facebook um bis zu 80 Prozent reduziert worden sein.[9] Zuvor gab es in vielen Ländern eine hitzige Debatte darüber, wie Facebook mit dem Problem Fake News am besten umgehen soll.

Vor allem in den USA haben Bürgerrechtsorganisationen mit Verweis auf die Meinungsfreiheit davor gewarnt, Facebook die alleinige Entscheidung darüber zu überlassen, was als Fake News oder Verschwörungserzählung eingeordnet wird und was nicht – und auch Facebook selbst wollte sich nicht in eine solche Position begeben.[10] Der Rückgriff auf etablierte Faktencheck-Experten erscheint vor diesem Hintergrund als pragmatischer Kompromiss. Denkbar ist, dass der Konzern damit vor allem Überlegungen von staatlichen Akteuren bezüglich einer gesetzlichen Regulierung zuvorkommen wollte. Rechtlich ist die Situation komplex, da gerade in nichtdemokratischen Ländern Behörden »Fake News« vollkommen anders definieren.

Doch wie sehr machen sich die neuen Maßnahmen in der Praxis bemerkbar? Bei unserem Versuch stoßen wir in der Tat auf einige derartige Hinweise unter Beiträgen. Interessant war hierbei allerdings die Reaktion der Nutzer in den einschlägigen Gruppen. Die Hinweise werden häufig ignoriert, schließlich könnte auch dies ja Teil einer Verschwörung zur Unterdrückung der »Wahrheit« sein. Zumindest bei eingefleischten Verschwörungsideologen scheint die Maßnahme nur begrenzt Wirkung zu entfalten. Während außerhalb solcher Kreise viele Menschen doch davor zurückschrecken, Nachrichten zu teilen, die mit entsprechenden Hinweisen versehen sind, sieht es in diesen Communitys anders aus. Bei unserem Versuch mussten wir außerdem feststellen, dass lediglich ein kleiner Teil der irreführenden Inhalte in unserem Newsfeed entsprechend gekennzeichnet war. Insbesondere Beiträge, die wenig geteilt wurden und sich nur an eine kleine Zielgruppe richteten, wiesen so gut wie nie einen Faktencheck auf. Aufgrund der begrenzten Kapazitäten müssen sich die Faktenchecker schließlich vor allem auf reichweitenstarke Postings konzentrieren. Das Biotop aus zahlreichen Nischenseiten von Verschwörungsfans ist zu umfangreich, als dass man die Inhalte im Rahmen der derzeitigen Strategie allesamt überprüfen könnte. Für jede Falschnachricht, die identifiziert wird, tauchen wenig später mindestens zwei neue auf.

Durch unseren Fake-Account bekommen wir Einblicke in eine uns völlig fremde Lebensrealität, in der sich Tausende Überzeugungstäter tummeln. Der konstante Strom aus Gefahrenmeldungen bis hin zu Bürgerkriegsfantasien in unserem Newsfeed zeichnet ein bedrückendes, gar apokalyptisches Bild von der Welt. In vielen der Gruppen, denen wir beigetreten sind, ist Kritik an den jeweiligen Verschwörungserzählungen äußerst selten, wenn nicht gar explizit unerwünscht. Wir sehen eine einfache Erkenntnis bestätigt, die bereits Psychologen in den 1970ern im Rahmen von Gruppenbeobachtungen gewinnen konnten: Geschlossene Gruppen, bestehend aus Gleichgesinnten, haben eine inhärente Tendenz, sich inhaltlich zu radikalisieren.[11] Unser Versuch gibt uns eine Ahnung davon, wie es sich anfühlen muss, als Nutzer in einer derartigen sozialen Echokammer gefangen zu sein, in der man konstant in seinen Ängsten bestärkt wird. Nach einigen Wochen sind wir schließlich sehr froh, das Experiment endlich beenden zu können.

Facebook ist natürlich nur eine von vielen Onlineplattformen, die für die Verbreitung von Verschwörungsmythen genutzt werden. In der amerikanischen Stadt Raleigh in North Carolina kamen 2017 bei der International Flat Earth Conference mehrere Hundert Menschen zusammen. Sie alle eint die Überzeugung, dass die Erde eine Scheibe sei und Wissenschaft und Politik die Bevölkerung gezielt belügen würden. Die US-Wissenschaftlerin Asheley R. Landrum hat im Rahmen einer Untersuchung zahlreiche Teilnehmer interviewt und sie nach ihren Beweggründen für den Besuch der Konferenz befragt.[12] Die Gesprächsprotokolle der Forscherin zeichnen ein sehr bedrückendes Bild von der Gedankenwelt der dort versammelten Flat-Earth-Theory-Anhänger. Viele gaben an, davon überzeugt zu sein, die Menschen würden von der NASA und anderen Organisationen gezielt belogen werden. Populär ist außerdem die Ansicht, die Mondlandung habe niemals stattgefunden. Viele der Teilnehmer äußerten zudem Sympathie für zahlreiche weitere Verschwörungserzählungen. Etwa: 9/11 sei eine Geheimdienstoperation, die Menschheit werde mit Chemtrails vergiftet, Impfstoffe seien gefährlich, und der Klimawandel werde nicht durch den Menschen verursacht. Interessanterweise geht das grundlegende Misstrauen einiger Teilnehmer sogar so weit, dass sie nicht einmal ausschließen wollen, die Flat Earth Society selbst würde ebenfalls insgeheim von der NASA gesteuert werden. Auffällig war vor allem, dass die Mehrheit der Befragten angab, über YouTube auf den Verschwörungsmythos Flat Earth aufmerksam geworden zu sein. »Ich schaue keine Mainstream-Medien mehr«, sagte ein Besucher. Viele berichten, über die

Vorschlagsfunktion von YouTube von der Verschwörungserzählung der flachen Erde erfahren zu haben. Landrum gab an, im Rahmen ihrer Studie auf der Konferenz nur mit einer einzigen Person gesprochen zu haben, die nicht über YouTube auf das Thema aufmerksam geworden war – und diese Frau war mit ihrer Tochter und ihrem Schwiegersohn angereist, die das Ganze wiederum bei YouTube aufgeschnappt hatten. Die Videoplattform hat sich für die Community längst zu einem zentralen Medium für die Verbreitung ihrer Behauptungen entwickelt.

Rund zwei Jahre später, im Jahr 2019, machte sich die deutsche Wissenschaftsjournalistin Marlene Weiß auf den Weg, um eine Zusammenkunft der europäischen Flat-Earth-Community in Amsterdam zu erkunden. Ihr Bericht weist viele Parallelen zu der Untersuchung der Psychologin Asheley R. Landrum auf. Teilnehmer des Amsterdamer Treffens gaben etwa an, zahlreiche weitere Verschwörungserzählungen (zum Beispiel zum Thema Impfen und »Gedankenkontrolle durch elektronische Musik«) für wahr zu halten. Über das Treffen der Verschwörungsanhänger in den Räumen der Amsterdamer Oba-Bibliothek schrieb Marlene Weiß später in der *Süddeutschen Zeitung*: »Die Sprecher an diesem Abend betreiben alle YouTube-Kanäle – mit denen man übrigens viel Geld verdienen kann – und verweisen gerne respektvoll auf ›die Arbeit‹ ihrer Kollegen einen Klick weiter.«[13]

Sowohl bei der US-Konferenz als auch beim Amsterdamer Pendant ließ sich unter den Teilnehmern eine klar wissenschaftsfeindliche Haltung beobachten. Bei der US-Konferenz wurden die Teilnehmer etwa gefragt, unter welchen Voraussetzungen sie bereit wären, die These der flachen Erde aufzugeben. »Was mich überzeugen würde, wäre, wenn sie normalen Leuten erlauben würden, die Internationale Raumstation zu besuchen [...]«, lautete etwa die Entgegnung eines Besuchers. Ebenso wurde bemängelt, es sei für normale Menschen unmöglich, in die Arktis zu reisen – eine Region, in der Anhänger der flachen Erde das »Ende der Welt« vermuten. Dass beide Forderungen allein in Bezug auf die notwendigen Ressourcen und körperlichen Voraussetzungen für derartige Expeditionen unmöglich für jeden Menschen auf diesem Planeten realistisch eingefordert werden können, liegt auf der Hand. Statements wie diese verdeutlichen, wie tief das Misstrauen gegenüber jeglichen Informationen von Dritten verwurzelt ist. Das erklärt auch, warum Faktenchecks von seriösen Medien und aus der Wissenschaft bei diesen Menschen nur noch selten durchdringen können. Paradoxerweise gilt die Skepsis allerdings nur selten für Inhalte, die über szenebekannte YouTube-Kanäle bezogen werden. Nicht nur bei den Flat Earthlern, sondern auch bei anderen Communitys spielt YouTube als Verbreitungsweg eine zunehmend wichtige Rolle. Das ist wenig verwunderlich, schließlich tun sich viele Menschen deutlich schwerer mit dem Lesen langer Texte als mit dem Konsumieren kurzweiliger Videoformate. Aus psychologischer Sicht ist die Wahl des Verbreitungskanals nicht unerheblich. Zahlreiche wissenschaftliche Studien konnten belegen, dass Menschen sich in der Regel besser an Bilder erinnern.[14, 15] Texte geben dem Leser außerdem eher die Möglichkeit, Informationen in einem eigenen Tempo aufzunehmen, einzelne Annahmen zu hinterfragen und Belege zu recherchieren.

Viele der Flache-Erde-Anhänger gaben an, bei YouTube zufällig auf einschlägige Videos gestoßen zu sein. Kann so etwas auch bei anderen Verschwörungserzählungen passieren? Wir wagen einen erneuten Test und beschließen, auf YouTube nach Informationen zum neuen Mobilfunkstandard 5G zu suchen. Das Thema Mobilfunkausbau ist immer wieder Gegenstand von Verschwörungserzählungen. Die in der Schweiz bekannte

Esoterikerin Christina von Dreien behauptet etwa, 5G würde Emotionen beeinflussen.[16] Kaum haben wir »5G« in das Fenster eingegeben, werden uns – wie zuvor bei der Google-Suche – prompt allerhand Vervollständigungen angezeigt. Der Vorschlag »5G Apocalypse« weckt unsere Neugier, und wir wählen ihn daher aus. Danach schauen wir uns das erste gelistete Video bei diesem Suchbegriff an. Es folgt ein eineinhalbstündiger Ritt durch eine ganze Reihe von miteinander verwobenen Verschwörungsmythen, wobei die 5G-Technologie als ultimatives Zerstörungswerkzeug, als »existenzielle Bedrohung«, gar als »Killer« verteufelt wird. Selbst ernannte Experten erklären mit ernster Miene, die Regierung würde Funkwellen als Waffe gegen unliebsame Demonstranten und politische Gruppen einsetzen. Belege dafür gibt es keine. Darüber hinaus soll LED-Straßenbeleuchtung zu Nasenbluten und anderen Beschwerden führen. Ein Interviewpartner pöbelt: »Jeder, der WLAN in Schulen installiert, sollte bis an sein Lebensende ins Gefängnis gesteckt werden!« Die Technologie 5G soll natürlich Teil einer großen Verschwörung sein, die von geheimen Mächten in Politik und Wirtschaft gesteuert wird. Für den Ersteller des Clips ist klar: *5G is the endgame!* – und aus seiner Sicht steht nicht weniger als ein groß angelegter Genozid bevor. All diese Aussagen werden untermalt von dramatischer Musik und schnellen Schnitten, und wie es scheint, kommt das beim Zuschauer gut an. Der Zähler des Videos steht bei rund einer halben Million Aufrufen. Mehr als 10.000 haben ein »Daumen hoch« dagelassen, 2.700 haben kommentiert.

Wir fragen uns: Was sind das für Menschen, die sich bereitwillig eineinhalb Stunden lang mit Angst machenden Videos dieser Art berieseln lassen? Aufschluss darüber gibt ein Blick in die Kommentarspalte. Ein Nutzer schreibt hier: »Das sieht nach einer Entvölkerungs-Agenda aus.« Ein weiterer Kommentator wittert gar einen größeren Plan: »Das ist der Grund, warum die Elite plant, unterirdisch zu leben [...] Viele Tunnel überall in den USA, gefüllt mit Vorräten und bezugsfertig. Wir müssen der Wahrheit ins Auge sehen, wir sind am Arsch [...] Gott segne uns alle.« Ein Nutzer mutmaßt, woran der ehemalige Präsident von Venezuela verstorben sein könnte: »Ich denke, sie haben Hugo Chavez mit Mikrowellen bestrahlt.« Andere rufen dazu auf, zu handeln, und schreiben Dinge wie etwa: »Ich werde diese Masten niederbrennen.« Die Mehrheit der Kommentare unter dem Video sind in diesem Stil gehalten, rationale Stimmen sind in der Minderheit.

Egal wie abwegig eine These auch sein mag – von Flat Earth bis zu Gedankenkontrolle durch LED-Lampen – im Internet ist die Wahrscheinlichkeit groß, auf Gleichgesinnte zu stoßen. Ein nicht unerheblicher Anteil der Nutzer, die sich Videos zu Verschwörungserzählungen auf YouTube anschauen, dürfte zufällig über derartige Inhalte gestolpert sein. In unserem Experiment versuchen wir einen solchen Prozess nachzuvollziehen. Auf der rechten Seitenleiste neben dem Video zur sogenannten 5G-Apokalypse wird uns eine ganze Reihe von Vorschlägen präsentiert. Wenig überraschend scheint YouTube davon auszugehen, dass sich Zuschauer eines solchen Videos auch für weitere Verschwörungserzählungen interessieren könnten. Einige Empfehlungen fallen uns dabei besonders ins Auge, und wir beschließen, uns diese genauer anzusehen.

Bei dem ersten Video handelt es sich um eine zunächst seriös wirkende Talksendung. Vor der Kulisse eines künstlichen Kaminfeuers erklärt ein Pastor, dass ein Dämon namens Baal (oder auch Satan) die US-Regierung unterwandert habe. Seine Beweisführung wirkt auf uns wie Satire, die im Video eingeblendeten Zuhörer nicken allerdings betont ernst, während sie den Ausführungen des Predigers lauschen. Da wird etwa erzählt, im Rahmen einer archäologischen Wanderausstellung sei ein Nachbau eines antiken (durch den IS zerstörten) syrischen Tempels in London, New York und Dubai gezeigt worden.[17] Für den Prediger liegt es auf der Hand, dass dieser Tempel der Anbetung Satans durch Eliten aller Art dienen müsse – ein klares Zeichen für das baldige Erscheinen des Antichristen und das Ende der Welt. Das Video kommt auf fast zwei Millionen Aufrufe. Derartige biblisch aufgeladene Verschwörungsmythen, die Szenarien eines drohenden Weltendes an die Wand malen, sind besonders im Umfeld radikaler evangelikaler Gruppen in den USA populär. Die Folgen sind alles andere als harmlos. Im Extremfall führt der Glaube an derartige Endzeitszenarien dazu, dass Anhänger jegliche Zukunftsplanung aufgeben: Finanzen, Rente und Gesundheitsvorsorge werden vernachlässigt. Alltägliche Vorfälle werden zu vermeintlichen Vorboten der Apokalypse umgedeutet. Das Resultat ist ein Leben in ständiger Angst. Diese Menschen klinken sich aus der Gesellschaft aus.

Nachdem wir dieses Video angeschaut haben, blicken wir auch hier wieder auf die in der rechten Leiste präsentierten Videovorschläge und stoßen auf viele weitere Verschwörungserzählungen. In einem Video heißt es etwa, die Vereinten Nationen planten unter dem Deckmantel eines Nachhaltigkeitsplans einen »faschistischen globalen Coup«, der zu der Errichtung von »Konzentrationslagern« in den USA führen werde. Das Ganze schließt mit Aufnahmen von Flugzeugkondensstreifen – eine unmissverständliche Anspielung auf die Chemtrails-Verschwörungserzählung. Der Clip kommt trotz des offensichtlich absurden Inhalts auf mehr als eine halbe Million Aufrufe. Ein anderer Videovorschlag führt uns wiederum zu einer Predigt, in der es heißt, Ronald Reagans Präsidentschaft sei Gottes Wille gewesen, und auch Donald Trump sei Teil eines »prophetischen Kreises«, der laut dem Prediger Wohlstand bringen werde. Das

Video kommt auf eine halbe Million Aufrufe. Außerdem stoßen wir auf einen Clip, in dem es heißt, Dämonen würden Skype-Gespräche dazu nutzen, um Portale in unsere Welt zu öffnen und Besitz von Menschen zu ergreifen – 300.000 Aufrufe. Nach nur wenigen Klicks sind wir offensichtlich in einer Parallelwelt religiös geprägter Verschwörungserzählungen gelandet.

Ausgehend von dem Video über 5 G, wäre allerdings auch ein weiterer Pfad möglich gewesen, der in einen ganz anderen Kaninchenbau führt. In der Empfehlungsliste der 5G-Verschwörungsdoku fand sich auch ein Interview mit David Icke. Icke arbeitete einst als Sportjournalist, bestreitet seinen Lebensunterhalt heute allerdings mit Büchern und Vorträgen rund um Verschwörungsideologien. In seinen Publikationen behauptet er allerdings heute, die Welt werde seit geraumer Zeit durch außerirdische Echsenmenschen unterwandert, deren Ziel es sei, die Menschheit zu versklaven. Icke-Anhänger überbieten sich online darin, auf Fotos und Videos von Prominenten Hinweise auf eine vermeintliche Alien-Abstammung zu finden. Verdächtige Pupillen oder schuppige Hautstellen werden in diesem Umfeld schnell als unwiderlegbare Belege dafür herangezogen, dass sich ein Alien hinter der menschlichen Fassade verbergen müsse. Zu den Opfern der Icke-Anhänger zählen nicht nur Teenie-Star Justin Bieber und der ehemalige US-Präsident Barack Obama. Auch Menschen, die sich kritisch mit diesem Verschwörungsmythos und seinen Anhängern auseinandersetzen – darunter auch eine der Autorinnen dieses Buches –, geraten regelmäßig ins Visier der Reptiloid-Fanatiker. In dem YouTube-Interview, das wir uns zu Gemüte führen, spekuliert Icke, »die Medien« und IT-Konzerne dieser Welt hätten sich im Rahmen eines geheimen Plans gegen die Menschen verschworen. Umweltproteste wie Extinction Rebellion bezeichnet er als großes Ablenkungsmanöver, um die »wahren Probleme« zu verschleiern – schließlich ist Klimapolitik aus seiner Sicht nur ein Vorwand, um eine marxistische Diktatur zu errichten. Den Bürgern Großbritanniens empfiehlt er außerdem, einen möglichst radikalen Brexit zu vollziehen. In der rechten Leiste neben dem Video erwarten uns zahlreiche Vorschläge, die uns noch tiefer in die Gedankenwelt von David Icke führen. In einem Video wird in den Kommentaren spekuliert, die britische Queen sei ein Reptiloid (300.000 Aufrufe). Darüber hinaus wird ein neunstündiger aufgezeichneter Vortrag von Icke verlinkt, in dem er seine wirren Thesen in epischer Tiefe vorstellt (250.000 Aufrufe).

Unser kleines Experiment zeigt: Ausgehend von einer vermeintlich harmlosen YouTube-Recherche zum Mobilfunkstandard 5G, sind wir dank der Autovervollständigung der Suchbegriffe und Empfehlungen wenige Klicks später in der Gedankenwelt handfester Verschwörungsideologen angekommen. Wie kann das sein? Die Techniksoziologin Zeynep Tufekci hat die Eigendynamik des Vorschlagsalgorithmus von YouTube bereits 2016 kritisiert.[18] Als sie im Zuge einer Recherche zu den US-Wahlen 2016 Reden von Donald Trump auf YouTube recherchierte, fiel ihr auf, dass sich ihre Empfehlungen nach einiger Zeit radikal veränderten. Per Autoplay-Funktion lotste YouTube sie immer häufiger zu Videos von Rassisten und Holocaustleugnern, und das, obwohl derartige Inhalte ganz sicher nicht ihrem sonstigen Nutzungsprofil entsprachen. Diese Beobachtung weckte ihr Interesse, und sie fragte sich, ob dahinter nicht ein strukturelles Problem stecken könnte: Empfiehlt YouTube seinen Nutzern gezielt immer radikalere Inhalte?

Sie beschloss, ihre Hypothese mit ein paar Experimenten zu testen, bei denen sie sich jeweils neue Accounts anlegte. Und tatsächlich: Nach Videos von Reden der Kandidaten der Demokraten Bernie Sanders und Hillary Clinton flimmerten irgendwann

Spekulationen über die Anschläge auf das World Trade Center über ihren Bildschirm. Suchte sie nach Videos über Vegetarier, landete sie innerhalb kürzester Zeit beim Thema Veganismus. Informierte sie sich über Jogging, wurde sie zu Videos über einen Ultramarathon gelotst. 2018 veröffentlichte Tufekci in der *New York Times* einen Artikel über diese Erfahrungen, der Titel ihrer Analyse lautete: »YouTube, der große Radikalisierer«. Darin äußerte sie die Sorge, dass ein werbebasiertes Geschäftsmodell für den Betreiber einer Plattform den Anreiz schafft, die Nutzer möglichst lange auf der Plattform zu halten. Je mehr Zeit Nutzer auf YouTube verbringen, desto mehr Werbung kann ausgespielt werden – und das bedeutet natürlich vor allem mehr Werbeeinnahmen für den Konzern. Die Beobachtungen der Techniksoziologin deuten darauf hin, dass der YouTube-Algorithmus davon ausgeht, dass Nutzer eben häufiger dranbleiben, wenn das nachfolgende Video immer ein Stückchen extremer ist. Angesichts der Tatsache, dass YouTube laut eigenen Angaben 2019 rund 1,9 Milliarden registrierte Nutzer verzeichnete, die sich mindestens einmal im Monat einloggen, ist das äußerst bedenklich. Darüber hinaus war YouTube 2019 laut dem Branchendienst Alexa.com die zweitmeistbesuchte Webseite weltweit.

Zeynep Tufekci steht mit dieser Einschätzung keineswegs alleine da. Der französische IT-Experte Guillaume Chaslot hat von 2010 bis 2013 für Google gearbeitet, zuletzt war er dort mit dem Vorschlagsalgorithmus von YouTube befasst. Er spricht sich heute öffentlich für die Notwendigkeit einer Regulierung von Konzernen aus, die auf künstlicher Intelligenz basierende Empfehlungssysteme nutzen. Mit Algotransparency hat er vor einigen Jahren eine Initiative gestartet, die mittels Software automatisiert die Vorschläge auf YouTube analysiert, um das Problem sichtbar zu machen.

Um mehr über das Innenleben von YouTube zu erfahren,

beschließen wir, mit Guillaume Chaslot zu sprechen und ihn insbesondere nach dem Effekt dieser Eigendynamik für die Verbreitung von Verschwörungsmythen zu befragen. Chaslot ist ein Mensch, der seine Worte mit Bedacht wählt, was aber nichts an der Deutlichkeit seiner Aussagen ändert. Nach dem Ausmaß des Problems gefragt, entgegnet er: »Die Zahl der Empfehlungen, die Verschwörungsvideos bekommen, geht in die Dutzenden Milliarden.« Seinen Berechnungen zufolge wurde etwa der Kanal des US-amerikanischen Verschwörungsideologen Alex Jones *(Info-Wars)* mindestens 15 Milliarden Mal empfohlen, bis YouTube den Kanal im Sommer 2018 sperrte. »Verschwörungen eignen sich ausgezeichnet dazu, die Zuschauer zum Weiterschauen zu bewegen«, so Chaslot. »Naturgemäß wird ein Algorithmus, der darauf ausgelegt ist, die Menschen zu möglichst langer Verweildauer zu animieren, Verschwörungsvideos empfehlen.« Darüber hinaus birgt ein allein auf Maximierung der Nutzungsdauer getrimmter Algorithmus laut dem Ex-YouTube-Mitarbeiter die Gefahr, dass bevorzugt Inhalte empfohlen werden, die eine ablehnende Haltung gegenüber Medien und Journalismus befördern. Ein Nutzer, der denkt, dass die Medien lügen, wird weniger Zeit auf anderen Plattformen verbringen, da er denkt, dass nur Facebook und YouTube ihm ›die Wahrheit‹ präsentieren. Guillaume Chaslot sagt: »So wird ein Teufelskreis geschaffen: Wer mehr Zeit bei YouTube verbringt, wird mehr Empfehlungen bekommen – und noch mehr Zeit dort verbringen.« Laut seinen Recherchen waren die während des französischen Präsidentschaftswahlkampfes im Jahr 2017 am meisten auf YouTube empfohlenen Kandidaten gleichzeitig diejenigen, die am stärksten gegen die Presse austeilten.[19]

Plattformen wie YouTube tragen für Chaslot dazu bei, Echokammern zu schaffen, in denen Einzelne radikalisiert werden. Das gelte sowohl für frauenfeindliche Hetze und Rassismus als auch für radikale Verschwörungsideologien. Unwahrheiten, die nur oft genug wiederholt werden, haben eben auch eine größere Wahrscheinlichkeit, bei den Zuschauern zu verfangen. Eine derartige Dynamik hat aus Sicht von Chaslot sogar das Potenzial, den Ausgang von Wahlen zu verändern: »Bezogen auf die Politik bedeutet ein solches Design, dass Kandidaten, die Verschwörungen verbreiten, bevorzugt werden.«

Anfang 2019, zwei Jahre, nachdem Guillaume Chaslot mit seiner Kritik am YouTube-Empfehlungsalgorithmus an die Öffentlichkeit gegangen war, gab der Konzern bekannt, dass man nachbessern werde, um die Verbreitung von Verschwörungsmythen einzuschränken. Im Fokus stehen laut Chaslot vor allem Inhalte wie Flat Earth, Bürgerkriegsszenarien und Verschwörungserzählungen zum Thema Impfen. Empfehlungen in diesen Bereichen sollen laut Ankündigung des Konzerns um 50 Prozent reduziert werden. Doch für Guillaume Chaslot ist das, was der Konzern bisher unternommen hat, bei Weitem nicht ausreichend. »Das ist besser als nichts, aber es ist eben nicht genug, da weiterhin viele Verschwörungstheorien durch den Algorithmus verbreitet werden.« Doch wie kann eine Lösung dieses Problems aussehen? Auch wenn er laut eigenen Angaben kein Freund des werbegetriebenen Geschäftsmodells ist, bezweifelt Guillaume Chaslot, dass ein Verbot personalisierter Werbung das Problem komplett beseitigen würde. Schließlich bestünde auch bei einem Bezahl-Abo-Modell weiterhin ein Anreiz, die Nutzer möglichst stark an die Plattform zu binden.

Die durch Chaslot und andere Aktivisten angestoßene Debatte trägt allerdings erste Früchte. YouTube geht nun deutlich stärker gegen Videos vor, die gegen die Gemeinschaftsstandards verstoßen oder sogar illegal sind – etwa aufgrund von Aufrufen zu Gewalt. Zusätzlich soll laut YouTube die Verbreitung von sogenannten grenzwertigen Inhalten dank Anpassungen bei der Empfehlungsfunktion zumindest bei den US-amerikanischen Nutzern um bis zu 70 Prozent reduziert worden sein. Im Zuge der Corona-Pandemie hat YouTube große Anstrengungen unternommen um die Verbreitung von Verschwörungserzählungen zu COVID-19 zu unterbinden. Seit einiger Zeit blendet YouTube außerdem bei ausgewählten Videos Links zu thematisch passenden Wikipedia-Artikeln ein. Unter einigen Klimawandelleugner-Videos wird jetzt etwa der Wikipedia-Beitrag zum Klimawandel verlinkt. Doch reicht so eine Maßnahme aus? Chaslot vergleicht die Methode mit Warnhinweisen auf Zigarettenpackungen und ergänzt: »Ich denke nicht, dass das sehr effizient ist. Denn das bedeutet, dass ein sehr überzeugend wirkendes Video mit einem langweiligen sachlichen Artikel konkurrieren muss. Die meisten Menschen werden sich den Artikel noch nicht einmal anschauen.« Guillaume Chaslot will sich mit den erreichten Änderungen nicht zufriedengeben. Gegenwärtig arbeitet er an einer Software, die Nutzer auf Manipulationen durch KI-Systeme auf großen Plattformen aufmerksam machen soll. Seine Hoffnung ist, so eine kritische Debatte über die Notwendigkeit guter Standards und Kontrollen für derartige Systeme anzustoßen. Er ist der Überzeugung, dass sich die großen Tech-Konzerne nicht länger ihrer Verantwortung entziehen dürfen. Und dass wir als Gesellschaft hier auch Mitsprache einfordern müssen, wenn es um die Frage geht, wie bessere technische Strukturen geschaffen werden können.

Nach diesem Gespräch beschließen wir, erneut einen Blick auf die YouTube-Videos aus unserem kleinen Selbstexperiment zu werfen. Die große Mehrheit der von uns als Verschwörungs-Content identifizierten Videos weist keinen Warnhinweis mit Wikipedia-Link auf. Aber selbst da, wo der Hinweis eingeblendet wird, überzeugt uns diese Maßnahme nicht, schließlich sind Wikipedia-Artikel allein in Bezug auf Sprache und Aufbau nicht vergleichbar mit einem gezielt auf die jeweilige Fragestellung hin entwickelten Faktencheck. Studien konnten zudem belegen, dass reichhaltigere Medien wie etwa Videoformate als vertrauenswürdiger wahrgenommen werden als rein textbasierte Informationen.[20] Allein vor diesem Hintergrund scheint die Maßnahme zu kurz gegriffen. Auch in unseren Augen hat es sich YouTube sehr leicht gemacht – wirklich überzeugend wirkt die Strategie auf uns nicht.

Wir fragen uns außerdem, wie man das Ganze eigentlich bei der Wikipedia sieht. Kurzerhand beschließen wir, ein Gespräch mit Vertretern von Wikimedia Deutschland zu vereinbaren. Viele Nutzer denken, die hauptamtlichen Mitarbeiter des Vereins hinter der Wikipedia würden die umfangreichen Texte in der Online-Enzyklopädie verfassen. Doch das ist falsch. Tatsächlich gilt eine strikte Trennung zwischen Verein und Community. Die Texte in der Wikipedia stammen ausschließlich von ehrenamtlichen Helfern. Die Community selbst ist demokratisch organisiert und wählt sich ihre eigenen Gremien, etwa ein Schiedsgericht zur Klärung von Streitfällen. Der Verein Wikimedia kümmert sich vor allem um die technische Infrastruktur, politisches Lobbying und Bildungsprojekte. Hier arbeiten Menschen, die das weltweit größte Projekt des freien Zugangs zu Wissen über Jahre hinweg verfolgt haben.

Es ist ein kühler Herbstnachmittag, und erstes Laub bedeckt das Ufer des Landwehrkanals in Berlin-Kreuzberg, als wir daran entlanglaufen. Wir klingeln bei einer unscheinbaren Bürotür und warten dann kurz in einem hellen Foyer, an dessen Wand ein hohes Bücherregal mit allerhand Enzyklopädien steht. In einem der modern und hell eingerichteten Büros von Wikimedia Deutschland erwartet uns Abraham Taherivand, der geschäftsführende Vorstand des Vereins. Zu dem Gespräch stößt außerdem Paul, er ist seit vielen Jahren ehrenamtlich in der Wikipedia-Community aktiv. Bei der Frage nach ihrer Sicht der Dinge bezüglich der Verlinkungen auf Wikipedia-Artikel bei problematischen YouTube-Videos fällt die Antwort eindeutig aus. »Das war definitiv nicht abgesprochen. Weder mit den Trägerorganisationen noch mit den Freiwilligen«, kritisiert Abraham Taherivand. »Auch das Support-Team war sehr überrascht«, ergänzt Paul. »Wenig später kamen schon die ersten Anschuldigungen rein, nach dem Motto: Das ist der Beweis dafür, dass die Wikipedia unterwandert ist! Jetzt arbeiten die großen Konzerne mit ihnen zusammen!« Beide wirken sichtlich verärgert.

Die Verlinkung kann schließlich einen toxischen Nebeneffekt befördern, nämlich, dass Verschwörungsideologen die Wikipedia selbst zunehmend ins Visier nehmen. Hierzu muss man wissen, dass die Wikipedia-Community in der Vergangenheit bereits einige Erfahrungen mit der Verschwörungsszene machen musste. Die Wikipedia ist für viele Menschen bei der Online-Recherche eine der ersten Anlaufstellen. Es überrascht daher nicht, dass es immer wieder vereinzelte Versuche gab, Artikel in eine bestimmte Richtung zu manipulieren. Beim Artikel über die Verschwörungserzählung zum »großen Austausch« wurde etwa von einem Nutzer versucht, einen Passus einzufügen, der lautete: »Von Linken, etwa der Wikipedia, wird behauptet, dass es eine Verschwörungstheorie unter der Annahme sei, es gebe den geheimen Plan, die weiße Bevölkerung Europas gegen muslimische oder anti-europäische Einwanderer auszutauschen.« Derart offensichtlich platte Manipulationsversuche sind zwar selten, trotzdem ist so etwas für die Community natürlich ärgerlich. Paul berichtet außerdem, dass wiederholt versucht wurde, bestimmte Artikel im Sinne von Verschwörungsideologen zu verändern. Bei dem Text über die Anschläge auf das World Trade Center wurde etwa versucht, die Formulierung einer »offiziellen Version« in Bezug auf die geschilderte Darstellung einzufügen. Das klingt auf den ersten Blick neutral, ist es aber mitnichten, schließlich impliziert diese in der »Truther-Szene« verwendete Formulierung, es gäbe abseits davon eine inoffizielle Version – die aus Sicht der Verschwörungsfans eben die »Wahrheit« ist.

Im Vergleich zu der Gesamtzahl der Beiträge ist der Anteil von einschlägigen Editierungsversuchen zwar äußerst gering, doch die entsprechenden Nutzer fallen in der Community aufgrund ihres rabiaten Vorgehens immer wieder negativ auf. Umso wichtiger ist es laut dem Community-Mitglied Paul, dass die zuständigen Administratoren das Problem auf dem Schirm hätten. Leser würden derartige Änderungsversuche allerdings in der Regel niemals zu Gesicht bekommen, weil sie es meist nicht durch die Prüfsysteme der Community schaffen und so quasi nie »live« geschaltet werden. »Die Kontrollmechanismen und Prozesse der ehrenamtlichen Community funktionieren sehr gut«, sagt Abraham Taherivand. Die Struktur der Plattform kommt diesem Anliegen entgegen, denn jede Änderung in einem Wikipedia-Artikel wird grundsätzlich protokolliert und ist öffentlich für jeden einsehbar. Bei besonders umkämpften Artikeln, etwa zum Klimawandel, gibt es in der Regel eine große Gruppe Ehrenamtlicher, die Änderungsversuche vorab prüfen. Unter jedem Beitrag findet sich außerdem eine lange Liste mit Belegen für weitere Recherchen. Aussagen, die nicht mit seriösen Quellen belegt werden können, werden in der Regel nicht freigeschaltet. Der Geschäftsführer von Wikimedia Deutschland sagt: »Die Gesellschaft kann vom Wikipedia-Prinzip in Bezug auf die kritische Auseinandersetzung lernen. Es gilt, auf die Quellen zu schauen.«

Die Wikipedia-Community hat sich dazu entschlossen, Verbreiter von Verschwörungsmythen in den jeweiligen Artikeln über die Person als solche klar zu benennen. Das kommt nicht bei allen gut an. In Büchern und YouTube-Videos werden allerhand Verschwörungserzählungen über die Wikipedia verbreitet, und als vermeintlicher Beweis für mangelnde Objektivität wird dabei häufig herangezogen, dass es eben nicht gelungen sei, die jeweilige Verschwörungserzählung unterzubringen. »Wenn man auf der einen Plattform kein Gehör findet, sucht man sich eine andere. Und YouTube ist nun einmal ein Medium, mit dem man Aufmerksamkeit generieren kann und dabei gleichzeitig in seiner eigenen Blase bleibt«, sagt Paul. Sorgen macht ihm vor allem, dass sich der Hass der Verschwörungsideologen mittlerweile auch gegen einzelne ehrenamtliche Autoren der Wikipedia richtet. Das geht bis hin zur Veröffentlichung der Privatanschrift im Internet – mit üblen Folgen für die Betroffenen. Zu Online-Drohungen gesellt sich dann die Sorge, dass eines Tages Anhänger eines Verschwörungsideologen einem vor der eigenen Haustür auflauern. Das ist ein Grund, warum er in diesem Gespräch nur als »Paul« genannt werden will – eigentlich heißt er anders. In den letzten Jahren kam es zudem bei öffentlichen Veranstaltungen des Vereins immer wieder zu unangenehmen Begegnungen mit Verschwörungsanhängern. Schilderungen wie diese machen deutlich, wie unwahrscheinlich es ist, dass eingefleischte Verschwörungsideologen sich von einem Wikipedia-Link unter einem YouTube-Video überzeugen lassen.

So viel ist sicher: Im Vergleich zu YouTube geht die Wikipedia-Community ganz anders mit dem Problem der Verbreitung von Verschwörungsideologien um. Das liegt allerdings auch daran, dass eine Enzyklopädie natürlich einen ganz anderen Anspruch und auch eine andere Funktion für die Nutzer hat. Trotzdem fallen uns einige Unterschiede bei den grundlegenden technischen Prinzipien sofort ins Auge. Während Nutzer bei YouTube nicht nachvollziehen können, warum ihnen bestimmte Inhalte vorgeschlagen werden, ist bei der Wikipedia jede Änderung in jedem Beitrag für alle Welt nachprüfbar. »Offenheit und Transparenz sind die Prinzipien, die wir für eine offene Gesellschaft und eine Wissensgesellschaft in Zukunft benötigen werden«, sagt Wikimedia-Geschäftsführer Abraham Taherivand. Diskussionsbedarf sieht er vor allem bei den großen Plattformen: »Selbst wenn ich mir in Zukunft etwas von Algorithmen vorschlagen lassen möchte, ist es trotzdem wichtig, dass Entscheidungen nachvollziehbar sind. Ich muss wissen: Woher kommen die Informationen, und wie funktioniert das Grundprinzip, das dahintersteht.« An diese abschließenden Worte müssen wir noch lange denken, als wir später durch das herbstliche Berlin in Richtung U-Bahn laufen.

Das Gespräch bei Wikimedia Deutschland hat uns eines deutlich vor Augen geführt. Das Verhältnis zwischen Internetplattformen wie YouTube und Facebook und der Verbreitung von Verschwörungsmythen ist komplex. Vor allem in der politischen Debatte hat das Thema in den letzten Jahren immer mehr Aufmerksamkeit bekommen. Denn natürlich beeinflussen die auf diesen Kanälen verbreiteten Botschaften auch die politische Haltung der Wählerinnen und Wähler. Man sollte allerdings nicht den Fehler machen, den Erfolg von Kandidaten, die mit Vorliebe Verschwörungserzählungen verbreiten, allein dem YouTube-Algorithmus in die Schuhe zu schieben. Polarisierende Statements haben schon lange vor dem Internet für Quote gesorgt. Zur Wahrheit gehört eben auch, dass beim Vorwahlkampf der Republikaner im Vorfeld der US-Wahlen 2016 Donald Trump laut Recherchen der *New York Times* insgesamt doppelt so viel Sendezeit in den klassischen Medien für sich beanspruchen konnte wie all seine Konkurrenten für die Präsidentschaftskandidatur zusammen.[21] Trotzdem ist nicht zu leugnen, dass Online-Plattformen einen immer größer werdenden Einfluss darauf haben, mit welchen Informationen Menschen in Berührung kommen. Es ist daher wichtig, uns als Gesellschaft darüber zu verständigen, wie Internetplattformen mit dem Phänomen Verschwörungsideologien und Fake News umgehen sollen. Auch wenn diese Diskussion wohl keine einfache ist. Der Status quo ist in jedem Fall ein Problem. Die österreichische Autorin und Digitalexpertin Ingrid Brodnig schreibt in ihrem Buch *Lügen im Netz*: »Gerade bei der Debatte über Fake News fällt häufig das Argument: Facebook und Google sollen nicht entscheiden, was ›wahr‹ ist. Nur blendet diese Argumentation vollkommen aus, dass Facebook, Google & Co. schon jetzt jeden Tag für uns entscheiden, was eine vermeintlich ›relevante‹ Information ist.«[22]

Die Debatte darüber, wie Online-Plattformen und insbesondere soziale Netzwerke aussehen könnten, die klug mit unseren kognitiven Stärken und Schwächen umgehen, ist noch lange nicht vorbei – sie hat gerade erst begonnen. In Bezug auf Falschaussagen und Verschwörungserzählungen, die im Zuge von Wahlkampagnen verbreitet werden, hat der Kurznachrichtendienst Twitter im Oktober 2019 eine weitgehende Änderung verkündet und damit einen ganz eigenen Weg beschritten. Demnach wolle man zukünftig keine politischen Werbeanzeigen auf der Plattform mehr erlauben. »Wir glauben, dass Reichweite für politische Botschaften verdient werden muss, statt erkauft zu werden«, schrieb Twitter-Chef Jack Dorsey dazu in einem Tweet.[23] Wie die Umsetzung konkret aussieht und wie einfach diese Vorgaben umgangen werden können, wird sich allerdings noch zeigen müssen.

Auch die Einführung von Faktenchecks auf Facebook ist ein wichtiger erster Schritt, sich darauf auszuruhen wäre jedoch fatal. Die britische Organisation Full Fact kritisierte 2019 nach einer Auswertung der bisherigen Kooperation mit Facebook, der Konzern würde nicht genug Informationen zum Umgang mit den jeweiligen Meldungen teilen. Insbesondere wisse niemand, wie genau die Einschränkung der Reichweite für problematische Posts umgesetzt werde. Eine unabhängige Überprüfung der Unternehmensangaben sei so kaum möglich. Das derzeitige Programm reiche außerdem angesichts des begrenzten Umfangs und der zur Verfügung stehenden Ressourcen bei Weitem nicht aus, um dem Problem gerecht zu werden.[24] Facebook gibt zwar an, die Reichweite von als Falschmeldung identifizierten Postings um bis zu 80 Prozent reduziert zu haben. Doch in der Praxis werden solche Meldungen oft erst nach mehreren Tagen erkannt und haben zu dem Zeitpunkt bereits viele Menschen erreicht. Immerhin gab der Konzern im Sommer 2019 bekannt, die Faktenchecks auch auf die zum Konzern gehörende Plattform Instagram ausweiten zu wollen, und hat damit wenige Monate später begonnen.[25] Bei einigen Suchanfragen zu populären Hashtags von Impfgegnern werden nun Warnhinweise mit Link auf eine Informationsseite der Weltgesundheitsorganisation vorgeschaltet.[26]

Wie wirkungsvoll solche Maßnahmen sind, muss sich noch zeigen. Hier kann vor allem die wissenschaftliche Forschung einen wichtigen Beitrag leisten. Wünschenswert wäre insbesondere, dass YouTube sich als reichweitenstärkste Videoplattform der Welt dazu durchringen würde, umfassende und vor allem leicht verständliche Faktenchecks zu besonders problematischen Verschwörungsinhalten anzuzeigen. Ein einfacher Verweis auf die Wikipedia ist bei Weitem nicht ausreichend, um auf das Problem von insbesondere antisemitisch und rassistisch konnotierten Verschwörungserzählungen angemessen zu reagieren. Internetplattformen müssen sich damit auseinandersetzen, dass ihre Empfehlungsalgorithmen Radikalisierungsspiralen schaffen. Mehr Transparenz wäre hier ein erster Schritt. Denn erst wenn wir als Gesellschaft nachvollziehen können, wie so etwas passiert, ist eine echte gesellschaftliche Debatte über die notwendige Regulierung überhaupt möglich. Insbesondere braucht es unabhängige Akteure aus der Wissenschaft und Zivilgesellschaft, die Maßnahmen kritisch begleiten.

Das Internet als alleinige Ursache für die Popularität von Verschwörungsideologien zu betrachten verfehlt den Kern des Problems. Fakt ist aber, dass Internetplattformen – auch ohne es zu beabsichtigen – zu Verstärkern für die Verbreitung werden können. Wenn nach einem Amoklauf im US-Bundesstaat Florida ein Video auf Platz eins der YouTube-Trends landet, in dem es heißt, Überlebende seien bezahlte Schauspieler, dann müssen wir das ernst nehmen. Wenn Verschwörungsideologen nach einem Amoklauf an einer Schule das Gerücht verbreiten, bei dem Ganzen handele es sich um eine geheime Verschwörung der Regierung, um das Waffenrecht einzuschränken, hat das auf die Betroffenen immense negative Auswirkungen. Denn einige der Menschen, die solche Videos sehen, gehen anschließend dazu über, die Familien der Opfer systematisch zu belästigen und zu bedrohen.

Wenn Menschen nach dem Konsum einschlägiger Videos aus der Reichsbürgerszene meinen, Behördenmitarbeiter seien der verlängerte Arm einer geheimen Weltregierung, und es sei daher legitim, ihnen gegenüber Gewalt anzuwenden, dann ist das brandgefährlich. Nicht zuletzt beeinflusst der Glaube an Verschwörungserzählungen auch die politische Haltung. Und so einfach es wäre, sich über das YouTube-Video der Band Vitavision mit dem Titel »Chemtrails« lustig zu machen – in dem die Hobbymusiker singen: »Wieder blick' ich auf in die Wolken hinein. Und jeder Streifen macht alles noch schlimmer. Unsere Erde hüllt sich in Nebel ein. Und alles Leben verschwindet für immer« –, so wichtig bleibt es doch, sich vor Augen zu halten, dass Menschen, die an diese Verschwörungserzählung glauben, immensen psychischen Belastungen ausgesetzt sind. Ganze Familien können daran zerbrechen, wenn irrationale Ängste immer größere Teile des Alltags dominieren. Im Extremfall trauen sich Menschen am Ende kaum noch, das eigene Haus zu verlassen. Es ist einfach, sich über die zahlreichen Facebook-Gruppen und YouTube-Channels von Verschwörungsfans zu amüsieren. Doch für die Betroffenen und deren Familien sind die Folgen eben alles andere als lustig.

Kapitel 8: Zwischen Holocaust-Leugnung, Weltuntergangsfantasien und Größenwahn: Verschwörungsideologien in der extremen Rechten

Im August 2016 wurde ein Polizist schwer verletzt, als das Sondereinsatzkommando der Polizei eine Zwangsräumung in Sachsen-Anhalt durchführte.[1] Der Täter lieferte sich auf seinem Hof eine Schießerei mit den Beamten. Bei dem Schützen handelte es sich nicht um irgendwen, sondern um den früheren Mister Germany und Reichsbürger Adrian Ursache. 2019 wurde Ursache wegen versuchten Mordes zu sieben Jahren Haft verurteilt.[2] Der Fall des ehemaligen Models ist aber nicht das einzige Beispiel für das Gewaltpotenzial der rechtsextremistischen Reichsbürgerszene. Zwei Monate später, am 19. Oktober 2016, wurde im bayerischen Georgensgmünd ein Polizist erschossen, drei weitere wurden verletzt. Die Beamten wollten im Rahmen eines Einsatzes die Waffen eines Reichsbürgers beschlagnahmen, da diesem die Waffenbesitzkarte entzogen worden war. Der 52-jährige ehemalige Vermögensberater und Kampfsporttrainer wurde später zu einer lebenslangen Haftstrafe verurteilt.[3] Dass Reichsbürger in Konflikt mit dem Gesetz kommen, ist keine Seltenheit. Insgesamt geht das Bundeskriminalamt laut einem Lagebericht vom April 2018 davon aus, dass im Zeitraum von 2015 bis 2017 mehr als 10.500 Straftaten von Reichsbürgern begangen wurden.[4]

Auf den ersten Blick wirken Reichsbürger sicher wie eines der skurrilsten Phänomene des modernen Rechtsextremismus. Diese Menschen glauben felsenfest daran, dass der Staat Deutschland eigentlich nicht existiert, und behaupten häufig, das Deutsche Reich sei nie untergegangen. Die Bundesrepublik Deutschland ist aus Sicht vieler Reichsbürger eine GmbH. Als Indiz wird dabei gerne angeführt, dass die Bürger schließlich mit einem PERSONALausweis ausgestattet werden. Das wird als Beleg dafür gewertet, dass wir alle nur Angestellte einer Firma seien. Manche Reichsbürger bilden eigene Fantasiestaaten oder Königreiche, andere sehen sich selbst als staatenlose Aussteiger (sogenannte Selbstverwalter). Typisch für Reichsbürger ist ihre Obsession mit Behörden und Verwaltungsvorgängen. Dies äußert sich in der Erstellung von Fantasiedokumenten oder der Beantragung von sogenannten Staatsangehörigkeitsausweisen. Während Reichsbürger den deutschen Staat ablehnen, bauen sie beinahe exzessiv eigene Behördenstrukturen auf. Auch die Übernahme von Pseudoämtern ist in der Szene geläufig. Dabei werden sich dann in Eigenregie abstruse Titel und Posten verliehen. In den Fantasiestaaten gibt es teils Reichsministerien, Reichspostministerien oder sogar Rechnungshöfe. Wer sich auf die Posten bewerben möchte, kann das übrigens einfach per »ePost« tun.

Im Internet findet man unzählige Angebote für Menschen aus dem Reichsbürgerspektrum. Viele stammen von sogenannten Milieumanagern, die teilweise für horrende Summen Fantasieausweise, Pseudo-Führerscheine und andere Reichsbürger-Devotionalien anbieten. Längst hat sich hier ein undurchsichtiges Geflecht aus verschiedenen Gruppierungen, einzelnen Akteuren und Organisationen gebildet, die für Außenstehende nur schwer zu überblicken sind. Aktuell existieren erst wenige Studien, die sich mit den Gründen beschäftigten, warum Menschen in die

Reichsbürgerszene abdriften. Auch über die Zusammensetzung des Milieus liegen nur begrenzt Informationen vor. Basierend auf einer Analyse von 224 in Brandenburg polizeilich bekannten Reichsbürgerfällen bis Ende 2016 lässt sich feststellen, dass der Altersdurchschnitt bei den erfassten Reichsbürgern bei 50 Jahren lag, rund zwei Drittel waren zwischen 32 und 63 Jahre alt. Der Frauenanteil lag bei den Reichsbürgern, die in Brandenburg polizeilich auffällig wurden, bei nur 21 Prozent. Normalerweise geht man in der Rechtspsychologie davon aus, dass es zwei Merkmale gibt, die Straffälligkeit am besten vorhersagen: Alter und Geschlecht. Fast 74 Prozent der Tatverdächtigen waren laut der Statistik für „Politisch motivierte Kriminalität" (PMK) für das Jahr 2018 männlich. Junge Männer bis 25 Jahre machten fast ein Viertel aller Gesamttatverdächtigen aus, sie werden mehr als dreimal häufiger kriminell als gleichaltrige Frauen. Dies gilt umso mehr für politisch motivierte Kriminalität. Laut des Zweiten Periodischen Sicherheitsberichts des Bundesministeriums des Inneren sowie des Bundesministeriums der Justiz von 2006 sind die Täter hier zu 90 Prozent männlich und prinzipiell jünger.[5] Im Vergleich zu diesen Zahlen fällt daher ins Auge, dass es sich bei straffälligen Reichsbürgern meist um Männer mittleren Alters handelt, und die meisten Delikte wurden außerdem von Einzelpersonen begangen. Hinzu kommt, dass 70 Prozent der Reichsbürger zuvor überhaupt nicht strafrechtlich in Erscheinung getreten waren. In Deutschland existieren laut Schätzungen des Verfassungsschutzes mit Stand 2018 18.000 Menschen, die der Reichsbürgerszene zuzuordnen sind.

Verschwörungserzählungen und Gewaltaffinität spielen in diesem Milieu eine zentrale Rolle. Der Staat wird als Feind angesehen, der die Bevölkerung belügt und ihr schaden will. Reichsbürger sind oftmals im Besitz eines Waffenscheins, immer wieder finden sich legale und illegal beschaffte Waffen bei ihnen zu Hause. Einige Bundesländer sind daher dazu übergegangen, bekannten Reichsbürgern den Waffenschein zu entziehen. Reichsbürger sind nicht nur tendenziell gewaltbereit, sondern machen auch Mitarbeitern in Behörden, Ämtern und Gerichten das Leben schwer. Sie verweigern Steuerzahlungen, wollen endlos diskutieren, legen Fantasiedokumente vor oder fahren ohne Führerschein. Verschiedene Behörden haben mittlerweile für ihre Mitarbeiter extra Handreichungen für den Umgang mit Menschen aus dem Reichsbürgerspektrum herausgegeben. Weil dieser sich häufig sehr schwierig gestaltet, hat das Land Brandenburg im Jahr 2016 sogar ein spezielles Notrufsystem in Finanzämtern getestet.[6]

Eine Methode, die gerne von Reichsbürgern gegen den Staat eingesetzt wurde, ist die sogenannte Malta-Masche. Dabei wurde eine fiktive Forderung im Register des Uniform Commercial Code des US-Bundesstaates Washington eingetragen und dann an ein maltesisches Inkassounternehmen abgetreten. Dieses versuchte anschließend auf Basis der Regelungen zu europäischen Mahnverfahren, einen europäischen Zahlungsbefehl zu erwirken. Nach maltesischem Recht konnte eine Forderung durch ein reguläres Gerichtsverfahren festgestellt werden, wenn der Schuldner nicht binnen 30 Tagen in Malta vor einem Gericht erschien. Reichsbürger wendeten diese Masche in der Vergangenheit bereits gegen die Bundeskanzlerin Angela Merkel, den ehemaligen deutschen Bundespräsidenten Joachim Gauck und sogar einfache Angestellte in lokalen Verwaltungen an. Dabei wurden teilweise absurde Summen gefordert – bis zu 500 Billionen US-Dollar. Eine Kleine Anfrage der Linksfraktion im Bundestag brachte 2016 zwar ans Licht, dass der Trick noch nie funktioniert hat, dennoch verursacht ein derartiger Vorgang bei den Betroffenen häufig immensen psychischen Stress – insbesondere wenn es sich um einfache Behördenmitarbeiter handelt.[7] Seit 2016 gibt es allerdings eine Kooperation mit den maltesischen Behörden, dank der derartige Versuche direkt dem Auswärtigen Amt gemeldet und dann strafrechtlich verfolgt werden können.

Neben der Malta-Masche kursieren in der Reichsbürger-Szene noch weitere Gerüchte darüber, wie man Behörden angeblich »austricksen« kann. Teilweise versuchen Reichsbürger auch den »gelben Schein« zu bekommen. Der gelbe Schein ist ein Staatsangehörigkeitsausweis, der nur in seltenen Fällen ausgestellt wird. Unter Reichsbürgern glaubt man allerdings, dass der Staatsangehörigkeitsausweis noch auf dem Reichsgesetz von 1913 basiert. Oft wollen sie dann, dass auf dem gelben Dokument noch zusätzlich RuStAG (Reichs- und Staatsangehörigkeitsgesetz) steht. Das RuStAG wurde noch im Kaiserreich erlassen und gilt daher in der Szene als »Ausweg« aus der verhassten BRD. Das ist allerdings Quatsch. Das Reichs- und Staatsangehörigkeitsgesetz wurde nämlich 2000 umgeändert und heißt jetzt Staatsangehörigkeitsgesetz. Der »gelbe Schein« wird ihnen also auch nicht helfen.

Bei all den absonderlichen Forderungen, die Reichsbürger immer wieder an Ämter und staatliche Institutionen herantragen, stellt sich schnell die Frage nach der psychischen Verfasstheit der Täter. Allzu leicht lassen sich diese Menschen als psychisch krank, beispielsweise als narzisstisch oder paranoid »abstempeln«. Wir möchten an dieser Stelle allerdings eine Warnung aussprechen. Kein seriöser Psychologe würde sich dazu bereit erklären, einfach so eine Ferndiagnose zu stellen, insbesondere nicht für eine ganze Szene. In der Wochenzeitung *Die Zeit* wurde das Thema Ferndiagnosen in der Politik 2016 ausgiebig im Zuge der Wahl von Donald Trump diskutiert: »Armchair psychology nennen Fachleute die Ferndiagnose von Personen des öffentlichen Lebens, eine Lehnstuhl-Psychologie, die jeder empirischen Grundlage entbehrt. Sie gilt als unethisch und kann in den USA zum Ausschluss aus den Standesverbänden führen.«[8]

Menschen haben schnell das Bedürfnis, politischen Gegnern psychische Krankheiten zu diagnostizieren. Wir finden dieses Phänomen auch bei Terroristen oder Attentätern, die als psychisch krank bezeichnet werden. Allerdings ist das oftmals nicht nur problematisch für die betreffende Person, sondern führt auch am Kern der Sache vorbei und stigmatisiert im schlimmsten Fall Menschen mit psychischen Erkrankungen. Politische Taten werden durch eine Psychologisierung des Attentäters im schlimmsten Fall entkontextualisiert und somit eine gesellschaftliche Analyse unmöglich gemacht.

Auch beim rechtsextremen Anschlag im hessischen Hanau im Februar 2020, bei dem zehn Menschen ermordet wurden, fokussierte sich die mediale und gesellschaftliche Debatte vor allem auf die psychische Verfasstheit des Täters. Es wurde viel darüber gesprochen, dass er paranoid gewesen sei und Wahnvorstellungen gehabt habe. Die Grundlage für diese Einschätzung stellten sein 24-seitiges »Skript« sowie wenige andere vom Attentäter selbst verfasste Quellen dar, die er gezielt nutzen wollte, um seine Botschaften zu verbreiten. Der Täter schrieb explizit davon, dass er »die notwendige Aufmerksamkeit« erlangen wolle. Diese Texte und Videos sind also als politische Propaganda zu bewerten. Wer versucht, rein auf Grundlage dieser Inhalte ein psychologisches Profil zu erstellen, muss das immer mitdenken. Diese Texte verfolgen ein Ziel, und man erfährt hier nur, was man erfahren soll. Eine psychologische Analyse, die auf so wenig Material basiert, kann nicht mehr als Spekulation sein. Was allerdings keine Spekulation ist, sind die Motive hinter dem Anschlag. Ein eindeutig rassistisches Weltbild traf hier auf Verschwörungsdenken und Sexismus. Eine Analyse, die dies ausblendet, verharmlost den gesellschaftlichen Kontext, in dem die Radikalisierung stattfand. Der Täter hat keineswegs wahllos gehandelt, sondern war ideologisch motiviert.

Sicherlich kann es trotzdem sein, dass gewisse psychische Störungen bei Reichsbürgern öfter vorkommen als in der Gesamtbevölkerung.[9] Auch gibt es Hinweise darauf, dass Menschen aus der Reichsbürgerszene oftmals einen Schicksalsschlag erlitten haben. Der Politologe und Reichsbürgerexperte Jan Rathje sagte in einem Interview mit dem *Deutschlandfunk:* »Wenn sie dieser Verschwörungserzählung folgen, dann haben sie eine Entlastung für ihr eigenes Versagen oder eine Erklärung für diesen Bruch in der individuellen Biografie und können dann bestimmte Widersprüche auf ein Gegenüber projizieren, also das von sich und der Gesellschaft abspalten, und dafür dann Schuldige suchen und die dann zur Verantwortung ziehen wollen.«[10] Dennoch sollten hier keine voreiligen Schlüsse gezogen werden. Denn nicht jeder, der einen Schicksalsschlag oder eine Psychose erleidet, glaubt danach, die BRD sei eine Firma und wir ihr Personal. Auch bei Reichsbürgern sollte man sich daher mehr auf die Ideologie als auf ihre psychische Verfasstheit konzentrieren, da sich Letztere von außen sowieso nicht beurteilen lässt.

Reichsbürger sind allerdings nur eine der vielen Ausprägungen von Verschwörungsideologien in der rechtsextremen Szene. Auch bei rechtsextremen und rechtspopulistischen Parteien spielen Verschwörungsmythen eine wichtige Rolle. Der NPD-Abgeordnete Stefan Köster stellte 2010 in Mecklenburg-Vorpommern eine Kleine Anfrage im Landtag, in der er Aufklärung zu angeblicher Wettermanipulation durch Chemtrails forderte.[11] Als es im Frühjahr 2019 in der Pariser Kathedrale Notre-Dame brannte, poppten im Internet direkt diverse Verschwörungserzählungen auf. Die AfD Solingen sowie die Seite »Mut zur Wahrheit – Mut zu Deutschland – Mut zur AfD«

posteten auf Facebook, dass es »wohl niemanden verwundern [würde], wenn es ein Anschlag mit islamistischem Hintergrund wäre. [...] Die Attacken auf christliche Hoheitsabzeichen werden in den nächsten Jahren massiv zunehmen, und wir alle wissen warum! #NoIslam.« Der ehemalige Vorsitzende der AfD Sachsen-Anhalt, André Poggenburg, mutmaßte direkt, ob dies »nicht eine Art bizarre Symbolik für die Folgen der Islamisierung in Europa« sei, während der Fraktionsvorsitzende der AfD im Thüringer Landtag, Björn Höcke, von einer »apokalyptische[n] Zeit« sprach.[12] Thomas Laschyk, Geschäftsführer bei dem auf Aufdeckung von Falschmeldungen spezialisierten Internetportal Volksverpetzer, fasste die Strategie der AfD wie folgt zusammen: »Die führenden AfD-Politiker*innen gehen dabei sehr subtil vor. Um sich vor dem Vorwurf schützen zu können, sie würden eine direkte Verbindung ziehen, reicht es aus, nur Andeutungen zu machen. In Kombination mit vergangener Hetze und in Tandem mit den zahlreichen Kommentaren und Screenshots, mit welchen ihre Anhängerschaft bombardiert wird, genügt das, um das gewünschte Bild zu erzeugen.«[13] Diese Strategie geht auf. Im Netz finden sich unzählige Kommentare, die davon sprechen, dass der Brand eigentlich inszeniert gewesen sei und Europa sich auf dem direkten Weg nach »Eurabien« befinde. Unter einem Facebook-Post zu Notre-Dame der Seite »Mut zur Wahrheit – Mut zu Deutschland – Mut zur AfD« heißt es, dass wir alle doch wüssten, »welche Politiker und Parteien dafür verantwortlich sind[,] und es wird noch schlimmer werden«, und dass die »wirkliche Brandursache [...] NIEMALS offengelegt« werden würde. Davon ist auch eine Facebook-Nutzerin »zu 100 % überzeugt«. Außerdem würden, so echauffierte sich ein weiterer AfD-Fan, »ISLAMISTEN VOR DER KIRCHE LACHEN UND GRÖLLEN«. Schließlich sei klar: »DAS WAR

KEIN NORMALER BRAND! MACRON DU VOLKSVERÄ-TER!!«. Auch auf der Facebook-Seite des FPÖ-Chefs und ehemaligen österreichischen Vizekanzlers Heinz-Christian Strache finden sich unzählige ähnliche Kommentare. Manche können sich »gut vorstellen, wer dieses Gotteshaus weghaben will«. Andere schreiben: »Da gerade Ostern ist, wurde das Feuer zu 1.000 Prozent gelegt. So was nennt man Terrorismus!«[14]

All diese Beispiele verdeutlichen, dass Verschwörungsmythen und -erzählungen im rechtsextremen und rechtspopulistischen Milieu eine wichtige Funktion erfüllen und hier tief verwurzelt sind. Es gibt dabei verschiedene Erzählungen, die in diversen Gruppen immer wieder auftauchen. Um das rechtsterroristische Neonazi-Netzwerk »Nationalsozialistischer Untergrund« ranken sich in rechtsextremen Kreisen diverse Verschwörungserzählungen. Das verschwörungsideologische *Compact*-Magazin hatte dem Thema gleich zwei Sonderhefte gewidmet. Der »Nationalsozialistische Untergrund« wird dort laut dem antifaschistischen pressearchiv und bildungszentrum berlin e.v. (apabiz) als reine Erfindung deutscher Geheimdienste bezeichnet und damit jede Verantwortung der rechtsextremen Täter ausgeklammert. Rechtsextreme und neonazistische Gewalt wird zudem als »als künstlich geschaffenes Instrument« bagatellisiert.[15]

Derartige Verschwörungserzählungen haben in der rechtsextremen Szene Tradition. Der Tod des NS-Kriegsverbrechers und Hitler-Stellvertreters Rudolf Heß wird in rechtsextremen Kreisen auch aktuell immer wieder verschwörungsideologisch uminterpretiert. Teilweise wird sein Suizid als gezielter Mord durch (britische) Geheimdienste umgedeutet, andere wiederum behaupten, dass im Spandauer Gefängnis 1987 nicht er, sondern sein Doppelgänger gestorben sei. Noch 2017 wurden in Berlin Plakate gesichtet, auf denen es heißt, die Polizei würde um Mithilfe bei der Aufklärung eines Mordes in Berlin-Spandau bitten, bei dem ein 87-jähriger »Greis [...] von 2 englischen Mördern in einer Gartenlaube in der Wilhelmstraße mit einem Strick ermordet« worden sei. Das Plakat war eine Fälschung. Bei dem »Greis«, der angeblich Opfer eines Mordkomplotts gewesen sein soll, handelte es sich um keinen Geringeren als Rudolf Heß.[16] Im Berliner Stadtteil Niederschöneweide wurden 2017 mehrere Aufkleber und Flyer mit der Aufschrift »Mord an Rudolf Hess! Gebt die Akten frei!« entdeckt.[17] 2018 nahmen in Berlin rund 500 Rechtsextreme am jährlichen Rudolf-Heß-Marsch teil.[18]

Insbesondere Holocaustleugnung stellt nach wie vor eine zentrale Verschwörungserzählung in der extremen Rechten dar. Neonazis bestreiten das Ausmaß oder die Existenz der Verbrechen im nationalsozialistischen Deutschland oder machen Juden für den Holocaust verantwortlich. Prominentes Beispiel ist der britische Geschichtsrevisionist und Holocaustleugner David Irving. Erst bezweifelte er Adolf Hitlers Schuld am Zweiten Weltkrieg und sein Wissen über den Holocaust, später bestritt er den Zweck der Gaskammern im Vernichtungslager Auschwitz.[19] Die Luftangriffe auf Dresden 1945 würden seiner Meinung nach hingegen »heute wahrscheinlich als [...] Holocaust bezeichne[t]« werden,[20] und die Tagebücher der Anne Frank hält er für eine Fälschung. Nach dem Historiker Wolfgang Wippermann unterscheidet sich derartige Verschwörungserzählung von anderen dadurch, »dass hier nicht etwas konstruiert wird, was sich gar nicht ereignet hat, sondern dass etwas dekonstruiert wird, was tatsächlich stattgefunden hat – der Holocaust«.[21] Nach einer Studie der Anti-Defamation League aus dem Jahr 2019 glaubt ein Prozent der Deutschen, dass der Holocaust nicht stattgefunden habe. Das klingt vielleicht erst einmal nach nicht besonders viel. Hochgerechnet bedeutet dies allerdings, dass über 830.000 Menschen den Holocaust für eine reine Erfindung halten, und zwar in genau dem Land, das ihn zu verantworten hat. 7 Prozent sind überzeugt davon, dass der Holocaust zwar stattfand, aber die Anzahl an Juden, die gestorben sind, in der Geschichtsschreibung stark übertrieben worden sei.[22]

Eine andere Verschwörungserzählung, die aktuell in der internationalen extremen Rechten in hohem Maße verbreitet ist, ist die des bereits erwähnten »großen Austauschs«. Sie besagt, dass die Regierungen darauf hinarbeiten würden, die Bevölkerung durch Einwanderer aus muslimischen Ländern zu ersetzen. Unter dem Label »Bevölkerungsaustausch« oder »Umvolkung« finden sich im Netz zahlreiche Varianten. Auftrieb bekam diese Verschwörungserzählung vor allem durch das 2001 in Frankreich erschienene Buch *Le grand remplacement* (»Der große Austausch«), in dem der Autor Renaud Camus das Szenario einer angeblich drohenden Islamisierung Frankreichs skizzierte. Nicht nur die rechtsextreme Gruppe »Identitäre Bewegung« beruft sich auf dieses Buch. Der Name »Patriotische Europäer gegen die Islamisierung des Abendlandes« (PEGIDA) knüpft ebenfalls unmissverständlich an diese Erzählung an. Diese für die Mobilisierung in der rechtsextremen Szene mittlerweile zentrale Behauptung findet inzwischen sogar Eingang in Parlamentsdebatten. Der damalige AfD-Parteichef Alexander Gauland gab 2017 ungeniert bekannt: »Der Bevölkerungsaustausch in Deutschland läuft auf Hochtouren.« Es ist äußerst unwahrscheinlich, dass der gestandene Politiker Gauland nicht genau weiß, welche Milieus er mit dieser Wortwahl anspricht. Die Gruppe derer, bei denen derartige Aussagen auf fruchtbaren Boden fallen, ist dabei größer, als man auf den ersten Blick vermuten würde. Laut einer repräsentativen Umfrage der Universität Mainz aus dem Jahr 2016 glaubten 9 Prozent der Deutschen, also rund sieben Millionen Menschen: »Die unkontrollierte Flüchtlingszuwanderung ist eine neue Strategie zur Abschaffung des deutschen Volkes.« Einer anderen Studie aus dem Jahr 2018 zufolge meinten 20 Prozent der Befragten, dass die Migration von Muslimen Teil eines größeren Plans sei, um Muslime zur Mehrheit werden zu lassen.[23] Diese Aussagen haben eindeutige Bezüge zu der Verschwörungserzählung, schließlich beinhaltet der Begriff »Strategie«, dass dahinter ein größerer Plan stehe, der von einer Person oder Gruppe gesteuert wird. Sogar 41 Prozent der Trump-Wähler glaubten laut einer 2018 veröffentlichten Studie an ähnliche Behauptungen.[24] Angesichts einer derartigen Verbreitung rechtsextremer Verschwörungserzählungen kann es als Politiker durchaus opportun sein, diese Wählergruppen einsammeln zu wollen. Hinzu kommt, dass so mancher Parteivertreter wahrscheinlich sogar selbst von der Richtigkeit derart wahnwitziger Thesen überzeugt sein mag.

Wenn ein nicht unerheblicher Teil der Bevölkerung glaubt, dass sich ihr Land mitten in einem »großen Austausch« befindet, kann dies dazu führen, dass vermeintlich unverdächtige Vorkommnisse plötzlich als Belege für ein großes Komplott uminterpretiert werden. Angebliche Unregelmäßigkeiten bei der Prüfung von Asylbescheiden, wie sie etwa in Deutschland im Jahr 2018 diskutiert wurden, werden von Verschwörungsgläubigen als Hinweis für eine von oben angezettelte Verschwörung zur Erhöhung der Zahl der Migranten gesehen. US-amerikanische Anhänger dieser Verschwörungserzählung bejubelten zudem die 2017 durch Trump verschärften Einreiseauflagen für Menschen aus zahlreichen mehrheitlich muslimischen Ländern. Verschwörungserzählungen rund um den »großen Austausch« waren sicherlich ein Grund, warum der UN-Migrationspakt 2018 in einigen Ländern von rechten Parteien zu einer wahren Schicksalsentscheidung hochstilisiert wurde – obwohl er formal betrachtet nur eine vage Absichtserklärung darstellte. Der

Glaube an diese Verschwörungserzählung verzahnt sich zudem häufig mit einer Pauschalverurteilung der Presselandschaft, da Anhänger der Ansicht sind, diese würde »die Wahrheit« vor ihnen verschweigen oder gar Teil des Komplotts sein. Ebenso fallen Fake News und Lügen rund um das Thema Migration bei Anhängern auf besonders fruchtbaren Boden. So kursierte in Frankreich 2017 kurz vor der Präsidentschaftswahl die Falschmeldung, Emanuel Macron wolle auf der Insel Mayotte die Scharia einführen.[25] Obwohl die Meldung offensichtlich erfunden war, wurde sie insbesondere von Anhängern rechtsextremer französischer Gruppen intensiv verbreitet.

Ein Thema, das im Kontext von rechtsextremen Verschwörungserzählungen oft vernachlässigt wird, ist der Antifeminismus. Teilweise heißt es, dass durch den Feminismus der Genozid wahlweise aller Männer, westlicher Gesellschaften oder der »weißen Rasse« herbeigeführt werden solle.[26] Die Universitäten würden durch die Gender Studies unterwandert, um Männer und Frauen gleich zu machen. Die Geburtenraten gingen nur deshalb zurück, und das Ganze würde dann von Muslimen genutzt werden, um den weißen Mann zu zerstören, so die Denke. Blickt man noch tiefer in diese ideologischen Abgründe, sind es dann meistens Juden, die die Fäden in der Hand halten sollen und angeblich die Abschaffung des weißen Mannes orchestrieren. Bei dem rechtsextremen Anschlag auf eine Synagoge in Halle im Jahr 2019 hieß es, nur weil Feminismus die Geburtenrate senke, würde die Politik Einwanderung fördern – und hinter all diesen Problemen stecke »der Jude«, so der Journalist Patrick Gensing über die Ideologie des Attentäters.[27]

Derartige Weltbilder finden sich nicht nur bei Terroristen. Auf dem rechtsextremen Internetportal WikiMANNia, das seit Februar 2020 in Deutschland als jugendgefährdend indiziert ist, kann man endlich mal »Wissen teilen ohne feministische

Indoktrination«. Dort wird dann auch behauptet, Feminismus basiere »auf der Verschwörungstheorie«, »Männer auf der gesamten Welt hätten sich kollektiv gegen die Weiber verschworen, um sie zu unterdrücken, zu schlagen, zu vergewaltigen und auszubeuten«. In diesem Duktus werden dann auf der Seite Fälle veröffentlicht, in denen Männer angeklagt waren – und zwar mit Namen und Bildern der Frauen, die diese angezeigt hatten, samt der involvierten Staatsanwaltschaft und Richter. Eine reine Denunziation. Insgesamt hätten Frauen angeblich – im Gegensatz zu den benachteiligten Männern – den »Vorteil einer staatlich finanzierten Lobby«, Frauenhäuser wären eigentlich »Druckmittel gegen den Ehepartner«, und Gender Mainstreaming wird mit Geschlechtergleichschaltung übersetzt. Von da ist es nicht weit zu rechtsextremen Thesen. Das Portal schreibt über angeblichen »Asyltourismus« von Geflüchteten und bezeichnet diese als »illegale Invasoren«, außerdem wird sich dort beschwert, dass man über Angela Merkels Motive für ihre »Gier nach mehr Flüchtlingen« nichts erfahren würde. Sowieso würde sich Merkel »tief im Arsch des amerikanischen Präsidenten« befinden, und sie sei eine »Volksverräterin und Rechtsbrecherin«. Laut dem Projekt Sonnenstaatland, das über Reichsbürger und Selbstverwalter aufklärt, sind »weite Teile des Projekts von typisch reichsideologischen Versatzstücken durchzogen«.[28] Als Quellenbelege für das eigene Weltbild dienen der rechtsextremistische Esoteriker Jan Udo Holey oder der Autor des Buchs *Merkels Flüchtlinge: Die schonungslose Wahrheit über den deutschen Asyl-Irrsinn!*, Ali Sperling. Die Autorin Veronika Kracher sieht Antifeminismus als einen gefährlichen Türöffner in diesem Milieu: »Man inszeniert sich als Opfer, um das eigene Tätersein für sich selbst moralisch begründen zu können. [...] Auf Blogs, Webseiten und in Chatgruppen bilden sich gefährliche Echokammern, in denen sich die Männer gegenseitig zunehmend in ihrer projektiven Auffassung der Welt bestätigen und ihren Frauenhass als berechtigte Reaktion betrachten auf narzisstische Kränkungen wie beispielsweise Trennungen oder ein Date, auf das kein zweites folgt«.[29]

Wenn Verschwörungsideologen nach Belegen suchen, um ihre Behauptungen zu untermauern, werden sie teilweise an überraschenden Stellen fündig. Wer meint, der Feminismus würde einzig und allein dem Zweck dienen, die Geburtenrate der Bevölkerung zu senken, damit »der große Austausch« noch schneller vollzogen werden kann, sieht Debatten um die Liberalisierung des Abtreibungsrechts mit vollkommen anderen Augen. Das alles hat gravierende Auswirkungen auf politische Debatten. Wenn ein Teil der Bevölkerung an derartige Zusammenhänge glaubt, wird es extrem schwierig, überhaupt noch politisch in der Sache miteinander zu diskutieren. Da Anhänger des »großen Austauschs« von vollkommen anderen Voraussetzungen ausgehen, fehlt eine Grundlage für eine Diskussion. Es fehlt eine gemeinsame Vorstellung davon, wie die Welt aussieht.

Eine derartige Radikalisierung von Gruppen wirkt sich auf das komplette politische Spektrum aus. Wenn plötzlich salonfähig wird, Muslime als »Invasoren« zu bezeichnen, dann verändert dies die politische Debatte nachhaltig. Die Mitte rückt nach rechts. Verschwörungserzählungen können somit wie ein Brandbeschleuniger für gewalttätige Radikalisierung wirken. Für radikale Anhänger des »großen Austauschs« handelt es sich bei Asylsuchenden keineswegs um Kriegsflüchtlinge, sondern vielmehr um eine Art »moderne Eroberer«. Mit diesem Bild im Hinterkopf fällt es im nächsten Schritt natürlich viel leichter, in eine kriegerische Rhetorik zu wechseln und einer Gruppe die Menschlichkeit abzusprechen. Eine solche verzerrte Wahrnehmung beeinflusst natürlich, welche Mittel der politischen Auseinandersetzung als angemessen betrachtet werden. Wer sich als Spielball einer großen Verschwörung zur »Islamisierung Europas« begreift, wähnt sich als Zeitzeuge einer historisch einmaligen Krise. Nicht wenige Anhänger des »großen Austauschs« rüsten sich daher für einen – ihrer Meinung nach – kurz bevorstehenden Bürgerkrieg.

Rechtsextreme Gruppen leiten aus einer so konstruierten Krise schnell eine vermeintliche Notwendigkeit zu besonders hartem Vorgehen gegen den politischen Gegner und Migranten ab. Das reicht bis hin zu Mordaufrufen. Besonders deutlich zeigt dies der Fall des rechtsextremen Attentäters von Christchurch. Im März 2019 stürmte ein 28-jähriger Mann in der neuseeländischen Stadt zwei Moscheen und schoss wahllos auf die dort zum Freitagsgebet versammelten Gläubigen. Die Tat streamte er live auf Facebook, das Video soll mehr als 4.000 Mal aufgerufen worden sein, bevor es gelöscht wurde.[30] Später wurde bekannt, dass der Attentäter seine Mordserie von langer Hand geplant hatte. In einem Pamphlet warnte er vor einem angeblich drohenden »großen Bevölkerungsaustausch« und beschrieb seine Tat als vermeintlich einzig logische Reaktion darauf. Es ist nicht die einzige Tat dieser Art. Nur einen Monat später erschoss ein 19-Jähriger in einer Synagoge in der kalifornischen Kleinstadt Poway eine Frau und verletzte drei Menschen. Sein Plan, die Tat ebenfalls live ins Netz zu übertragen, scheiterte an technischen Problemen. Im Netz wurde kurz vor der Tat ein Pamphlet veröffentlicht. Der Täter gab später an, er habe die Morde deshalb begangen, weil »Juden die weiße Rasse zerstören« würden.[31]

In rechtsextremen Online-Foren werden solche Mörder als *saints*, als »Heilige« verehrt, was natürlich erst recht Nachahmer auf den Plan ruft. Es werden sogar Highscore-Tabellen mit den rechtsextremen Attentätern der letzten Jahre geführt – je mehr Tote, desto »erfolgreicher« war derjenige. In ihrem Buch *Hasskrieger: Der neue globale Rechtsextremismus*[32] schildert die deutsche Journalistin und Rechtsextremismusexpertin Karolin

Schwarz eindringlich, wie radikale Gruppen sich für die Rekrutierung neuer Mitglieder auch digitaler Kanäle bedienen. Der Einstieg in diese Schattenwelt findet häufig über Facebook, Instagram oder YouTube statt. Einschlägige Accounts bieten ihren Fans dort an, über einen weniger öffentlichen Kanal wie etwa den Messenger Telegram, einen Discord-Server oder ein Imageboard tiefer in den Kaninchenbau abzutauchen. Während die Online-Präsenzen deutschsprachiger Gruppen bei den großen Plattformen meist recht harmlos daherkommen – sie posten bei Instagram etwa gerne pastellfarbene Bilder von blonden Kindern vor Naturidylle –, sieht es in diesen weniger sichtbaren Kanälen meist ganz anders aus.

»In der Regel ist es so, dass sie in diesen Gruppen sehr radikal im Auftreten sind«, so Schwarz in einem Interview mit dem *Denkangebot Podcast*. »Gewaltfantasien gehören quasi mit dazu: Witze, Angriffe, Koordinierungen von Angriffen auf Einzelpersonen oder Organisationen ... Also alles, was man sich vorstellen kann.«[33] In derartigen Communitys macht der Glaube an Verschwörungsideologien einen festen Teil der Identität aus. Der Glaube an antisemitische Verschwörungsmythen gehört dort ebenso zu den Grundlagen wie der »große Austausch«. Der Radikalisierungsprozess vollzieht sich dabei nicht über Nacht. Neben Hitlers *Mein Kampf* werden dort auch Texte wie die *Protokolle der Weisen von Zion* unter den Mitgliedern herumgereicht und die Pamphlete zahlreicher Attentäter der letzten Jahre angeboten. Ausländerfeindliche, antisemitische und antifeministische Witze geben den Mitgliedern ein Gefühl von Gemeinschaft. Es gibt mittlerweile zahlreiche Online-Handbücher von Szenemitgliedern mit Empfehlungen, wie man Menschen am besten bei ihren jeweiligen Sorgen packen und sie für die Vision eines gewaltsamen »Rassenkriegs« begeistern kann. Ein zentraler Begriff ist dabei das sogenannte red-pilling. Der

Begriff bezieht sich auf den Film Matrix, in dem der Protagonist die Wahl zwischen einer blauen und einer roten Pille („red pill") hat. Wobei die rote dafür steht, dass er die Wahrheit über die Versklavung der Menschen durch die Maschinen erfährt. Mit red-pilling ist also gemeint, inwiefern eine Person „die Lügen der Medien durchschaut" – man könnte aber auch sagen: der Status der jeweiligen Gehirnwäsche. Das Erschreckendste daran ist: Niemand kann absehen, wie viele spätere Attentäter sich heute bereits in dieser Schattenwelt tummeln.

Im Oktober 2019 versuchte ein 27-jähriger Rechtsextremist in Halle an der Saale am höchsten jüdischen Feiertag Jom Kippur bewaffnet in eine Synagoge einzudringen. Die Gemeinde konnte sich zum Glück rechtzeitig verbarrikadieren. Daraufhin ermordete der Täter eine Passantin und kurz darauf einen jungen Mann in einem Döner-Imbiss. Die Tat streamte er nach dem Vorbild anderer rechtsextremer Attentäter live ins Netz. »Man erinnert sich an Brenton Tarrant, der bei seinem Angriff auf die Moschee in Christchurch, Neuseeland, genau das Gleiche getan hatte: sie live im Internet übertragen. Seine Fans auf 8chan sollten ihm ja bei seiner Tat zuschauen können, ihm zujubeln, ihn anfeuern, den ›Highscore zu knacken‹, also so viele Menschen wie möglich zu ermorden«, so die freie Publizistin Veronika Kracher.[34] Die Journalistin Karolin Schwarz hat sich die Reaktionen auf das Video in einem der bekanntesten deutschen rechtsextremen Foren angeschaut und sagt: »Es gab Leute, die sich lustig gemacht haben über den Täter, weil sie meinten, er hätte nicht genügend Menschen umgebracht. Es gab Leute, die gesagt haben, man müsse jetzt auch mal Medien angreifen oder andere Organisationen, andere Religionsgemeinschaften und so weiter.«[35] Gegenüber dem Ermittlungsrichter gab der Attentäter später an, an eine jüdische Weltverschwörung zu glauben, die für den Zuzug von Migranten verantwortlich sein solle. All diese Fälle verdeutlichen: Verschwörungserzählungen sind keineswegs harmlos. Im Fall von Christchurch und Halle war die Verschwörungserzählung vom »großen Austausch« letztendlich für den Tod von Menschen mitverantwortlich. Trotzdem gibt es Politiker, die offenbar kein Problem damit haben, derartige Ideen weiterhin in die Köpfe ihrer Unterstützer zu pflanzen – solange es politisch opportun erscheint.

Im Laufe der Geschichte hat sich immer wieder gezeigt, was für eine zentrale Rolle Verschwörungsmythen bei der Radikalisierung von rechtsextremen Gruppierungen und Einzeltätern spielen. Verschwörungserzählungen sind quasi der Klebstoff, der rechte Gruppen zusammenhält und sie sogar mit der sogenannten »Mitte der Gesellschaft« verbinden kann. Besonders deutlich wird das bei antisemitischen Mythen. Wer davon überzeugt ist, dass die Regierung alle nur belügt, von Juden kontrollierte Pharmafirmen Gift in Impfungen mischen und Juden die Welt im Geheimen in den Abgrund führen wollen, für den sind Gewalttaten oder sogar terroristische Angriffe aus vermeintlicher »Notwehr« nur die letzte logische Konsequenz dieses Denkens. Denn Demokratie bietet innerhalb solch eines Weltbildes keine Handlungsspielräume mehr.

Die Journalisten Jamie Bartlett und Carl Miller haben sich verschiedene Terrorgruppen genauer angesehen. Ihrer Ansicht nach gab es zwar viele Untersuchungen, die die unterschiedlichsten Faktoren berücksichtigten, wenn es um die Entstehung von Extremismus geht, aber ein Thema wurde stets ausgespart: Verschwörungserzählungen. Die Journalisten haben daraufhin Texte, Ideologie und Propaganda von mehr als 50 extremistischen Gruppen, die in den letzten 30 Jahren aktiv waren, wie Al-Qaeda, Islam4UK oder Combat 18, daraufhin untersucht, welche Rolle Verschwörungserzählungen bei der politischen Mobilisierung spielten. Auf Grundlage dieser Analyse haben sie drei Punkte herausgearbeitet, die zeigen, wie Verschwörungsideologien als Radikalisierungsbeschleuniger wirken können:

1. Gut-Böse-Schemata und Verstärkung von Gruppengrenzen

Die Sozialpsychologie hat sich schon früh damit auseinandergesetzt, wie Menschen Gruppen bilden. Der Psychologe Henri Taifel und seine Kollegen hatten 1971 die simple wie geniale Idee des sogenannten Minimalen Gruppenparadigmas: Sie teilten die Teilnehmer eines Versuchs in zwei Gruppen ein. Gruppe A wurde mitgeteilt, dass sie die Gruppe der Liebhaber des Malers Paul Klee seien, während Gruppe B zu hören bekam, sie und die Mitglieder ihrer Gruppe seien allesamt Fans des Malers Kandinsky. Das war aber gelogen. Tatsächlich war die Zuteilung zu Gruppe A und Gruppe B vollkommener Zufall. Diese absolut bedeutungslose Einteilung zu einer Gruppe bezeichneten die Psychologen als minimale Gruppe. Taifel wollte nun wissen, ob schon die zufällige Zuordnung zu einer für eine Person nach irrelevanten Kriterien erstellten Gruppe dazu führt, dass man die Mitglieder der eigenen Gruppe bevorzugt. Und siehe da: Die Versuchsteilnehmer bevorzugten nicht nur die eigene Gruppe, sondern benachteiligten sogar aktiv die Mitglieder der Fremdgruppe.[36]

Später konnte dann der Psychologe Solomon Asch zeigen, wie fatal sich Gruppendruck auswirken kann. Unsere Tendenz zur Konformität geht sogar so weit, dass wir uns manchmal selbst dann nicht mehr auf unsere eigene Einschätzung verlassen, wenn eigentlich klar sein müsste, dass wir im Recht sind.

Den Teilnehmern einer Studie wurden drei Striche gezeigt. Sie mussten dann sagen, welcher der drei Striche so lang war wie eine Vergleichslinie. Die Aufgabe war absichtlich derart einfach gestellt, dass man kaum falschliegen konnte. Wie erwartet, war jeder in der Lage, die Aufgabe zu lösen. Asch war aber nicht so sehr an den visuellen Kompetenzen oder der Problemlösefähigkeit seiner Probanden interessiert als vielmehr daran, welchen Einfluss Gruppen auf unser Verhalten haben können. In der folgenden Runde des Experiments änderte er daher den Aufbau ein wenig. Nun wurden die Teilnehmer Gruppen zugeteilt, bei denen die anderen Teilnehmer in Wahrheit Schauspieler waren und gemäß den Anweisungen des Experimentleiters für eine falsche Lösung votierten. Das Ergebnis war erstaunlich. Saßen die Teilnehmer nicht allein im Raum, sondern mit einer Gruppe, veränderte dies ihre Fehlerquote gravierend. Die Versuchsteilnehmer passten sich bei etwa einem Drittel der Durchgänge der Mehrheitsmeinung an – obwohl diese offensichtlich falsch war. Anscheinend war es für sie mit mehr Belastung verbunden, dem Gruppenurteil offen zu widersprechen, als der eigenen Meinung zu folgen. Diese Studie zeigt, dass wir alle von Verzerrungen unserer Wahrnehmung betroffen sind und in einigen Fällen sogar unsere Meinung an die jeweiligen Umstände anpassen.

Noch eindrucksvoller ist eine Studie von Bibb Latane and John Darley, bei dem sie Rauch einsetzten. Wieder schickten sie jeweils einen Versuchsteilnehmer in einen Experimentraum, die anderen Anwesenden waren erneut Schauspieler. Nach einer Weile drang Rauch in den Raum, ganz klar ein Alarmsignal. Der Rauch wurde immer dichter, reizte die Schleimhäute. Da die Schauspieler aber nicht reagierten, verließen auch die Versuchsperson erst einmal nicht den Raum. Man sah der Person an, dass sie gestresst war, aber auch hier führte die Konformität der Gruppe dazu, dass die Person nicht reagierte – obwohl offensichtlich Gefahr drohte. Manche kennen das vielleicht von sich selbst, wenn ein Feueralarm im Haus losgeht. Man fühlt sich unwohl, aber da die anderen entweder im Haus bleiben oder sich sogar erst mal einen Kaffee machen, reagiert man auch nicht darauf und tut es als Fehlalarm oder Test ab. Schließlich will man ja nicht panisch wirken.

Wieso ist das nun relevant für unser Thema? Verschwörungserzählungen haben aufgrund ihrer identitätsstiftenden Funktion die Kraft, Gruppenkonformität zusätzlich zu verstärken. Denn sie führen zu einem stärkeren Freund-Feind-Bild und einer stärkeren Verschmelzung mit der eigenen Gruppe. Wer glaubt, dass die Regierung Chemtrails versprüht oder dass ein Bevölkerungsaustausch geplant ist, folgt oft auch simplifizierten Schuldzuweisungen und pauschalen Feindbildkonstruktionen. Hier stehen dann einer selbst konstruierten »Wir«-Gruppe als das Gute die »anderen« als Bedrohung gegenüber. Wenn ein Mensch wirklich davon überzeugt ist, dass die US-Regierung den Terroranschlag am 11. September 2001 nur inszeniert und dafür sogar Todesopfer in Kauf genommen habe, steht er so automatisch auf der Seite der scheinbar Guten. Alle, die der eigenen, oft als homogen dargestellten Gemeinschaft nicht angehören, werden als anders markiert. Im Kontext von Verschwörungsmythen ergeben sich hier anschließend prinzipiell zwei unterschiedliche Rollen für Andersdenkende: Es gibt die bösen Verschwörer (»die da oben«, »die anderen«) und ihre Unterstützer, die die Gesellschaft zerstören wollen – und die ignoranten Schlafschafe, die von all dem nichts mitbekommen wollen.

2. Immunisierung

In dieser antipluralistischen Weltsicht werden Menschen, die mit der Rhetorik des Verschwörungsideologen nicht einverstanden sind und Kritik äußern, schnell als Teil des verhassten Establishments dargestellt. »Die Beschreibung der eigenen und der gegnerischen Gruppe sind in einem dualistischen Weltbild verbunden, das keinen Raum für Zweifel, Widersprüche und Ambivalenzen bietet«, schreibt der Politikwissenschaftler Jan Rathje in seinem Buch *Reichsbürger, Selbstverwalter und Souveränisten: Vom Wahn des bedrohten Deutschen.*[37] Das bedeutet, dass gemäß dieser Logik Kritiker entweder selbst Teil der Verschwörung sein müssen oder eben Marionetten sind, die die Wahrheit nicht sehen wollen. In solch einem Klima sind Diskussionen und demokratische Auseinandersetzungen nicht mehr möglich. Wer anderer Meinung ist, wird herabgesetzt, delegitimiert oder sogar bedroht. Aber auch innerhalb von solchen Gruppierungen kann es im Laufe der Zeit zu einer (scheinbaren) Homogenisierung von Diskursen kommen. Wer sich kritisch äußert, wird dann, so die Autoren Jamie Bartlett und Carl Miller, als Teil der Verschwörung diffamiert. Ein offener, kritischer Austausch wird so verunmöglicht. Ähnliche Mechanismen lassen sich in der Netflix-Dokumentation *Behind the Curve* beobachten. Darin beschuldigen sich Anhänger des Glaubens an eine flache Erde gegenseitig, Teil einer Verschwörung zu sein. Teilweise wird ein solcher Vorwurf dazu eingesetzt, um persönliche Konflikte auszutragen und Menschen in der eigenen Szene zu delegitimieren.

3. Legitimierung von Gewalt

Menschen, die an Verschwörungen glauben, sehen sich tendenziell auf der guten Seite, die gegen ein scheinbar übermächti-
ges Böse kämpft. Anhänger von Verschwörungserzählungen
werden damit automatisch zu Opfern, zu von der Elite Betro-
genen. Umgekehrt wird jede Handlung des »Verschwörers« in
dieser Weltsicht automatisch als Beleg für dessen vermeintliche
Niedertracht gewertet. Wenn der US-Milliardär George Soros
beispielsweise den größten Teil seines Vermögens für wohltätige Zwecke spendet, ist das keine Philanthropie, sondern in
der Weltsicht des Verschwörungsideologen nur ein weiteres
Indiz für einen bösen Plan des jüdischen Investors. Im Umkehrschluss ist das eigene Kollektiv automatisch auf der Seite
der vermeintlich Guten. Das führt dann dazu, dass die eigenen
Handlungen immer legitim erscheinen und durch die boshaf-
ten Taten »der da oben« gerechtfertigt werden können.[38] Aus
diesem Grund können Verschwörungserzählungen auch Motor
für gewalttätige Handlungen sein. Sie können sogar als rhetori-
sches Mittel genutzt werden, um die Tötung von Unschuldigen
zu rechtfertigen. Der norwegische Rechtsterrorist Anders Breivik, der 2011 77 Menschen ermordete, berief sich vor Gericht
später auf »Notwehr«.[39] Schon der US-amerikanische Historiker Richard Hofstadter, der mit seinem Essay *The Paranoid Style
in American Politics* in den 1960er-Jahren Pionierarbeit in Bezug
auf eine wissenschaftliche Betrachtung von Verschwörungserzählungen geleistet hat, beschrieb Verschwörungsideologen
im Jahr 1966 als Menschen mit »wütendem Geist«, die eine
gesteigerte Feindseligkeit aufweisen und mit mehr Misstrauen
auf ihre Umwelt reagieren. Auch die Ergebnisse der Mitte-Studie der Friedrich-Ebert-Stiftung von 2019 bestätigen diese Annahme. Menschen mit ausgeprägter Verschwörungsmentalität
billigen Gewalt und sind auch eher bereit, diese einzusetzen.

Wer glaubt, dass die Welt insgeheim von Verschwörern gelenkt wird, die vor nichts zurückschrecken, der sieht Gewalt als letzte Möglichkeit an, um sich gegen die Verschwörung zur Wehr zu setzen.[40] Rechtsextreme Personen und Gruppierungen nutzen dieses Mobilisierungspotenzial von Verschwörungserzählungen gezielt aus.

Das alles zeigt: Verschwörungsmythen sind ein integraler und brandgefährlicher Bestandteil von rechtsextremen Ideologien. Sie werden genutzt, um die eigene Gruppe zu festigen, und können zur Legitimierung von Gewalt herangezogen werden. Mit ihrer Hilfe werden Weltuntergangsfantasien geschürt und Hass verbreitet. »Konkret beschleunigen Verschwörungserzählungen Prozesse, durch die ideologisierte Gruppen radikal und radikale Gruppen gewalttätig werden«, so fasst es der niederländische Psychologe Jan-Willem van Prooijen zusammen.[41] Über soziale Netzwerke werden gezielt Fehlinformationen gestreut, die Verschwörungsdenken, Rassismus und Antisemitismus befeuern sollen. Dazu passende Fake News verbreiten sich besonders stark, wenn sie auf einen durch Rassismus und Antisemitismus bereiteten Boden fallen. Umso wichtiger ist es daher, sich bewusst zu machen, welche Aussagen anschlussfähig für rechtsextreme Brandstifter sind, die auch vor Attentaten nicht zurückschrecken. Wenn Abgeordnete heutzutage in Reden von einem „großen Austausch" sprechen, ist das alles andere als harmlos. Denn sie knüpfen damit unmissverständlich an rechtsextreme Erzählungen an. Erzählungen, die auch Mörder radikalisiert haben.

Kapitel 9: Impfgegner, Krebsmythen und die Aids-Verschwörung – Verschwörungsdenken im Gesundheitsbereich

Es ist ein lauer Herbstabend, und wir haben es uns vor einem Café im Berliner Stadtteil Prenzlauer Berg mit einem Milchkaffee bequem gemacht. Um uns herum sitzen kleine Grüppchen, die ihren Feierabend mit einem Bier einläuten und die Seele baumeln lassen. Doch uns ist nicht nach Bier zumute. Denn wir sind an diesem Abend mit Paula verabredet (der Name ist aus Rücksicht auf die Betroffene anonymisiert). Und wir wissen, dass es kein einfaches Gespräch werden wird. Von Paula wollen wir nämlich erfahren, was es mit einem macht, wenn man erlebt, wie ein enges Familienmitglied sich Verschwörungsmythen im Gesundheitsbereich zuwendet. Kein leichtes Thema für ein Gespräch nach Feierabend.

Wir sehen sie schon von Weitem, als sie wenig später mit dem Fahrrad auf das Café zusteuert. Paula ist Mitte dreißig, hat einen festen Händedruck und freut sich sichtlich, uns zu treffen. Wir setzen uns, und sie bestellt ein Getränk. Kurz darauf beginnt sie zu erzählen, wie alles angefangen hat. Sie ist mit ihrer Schwester und ihrer Mutter in einer Kleinstadt im Osten Deutschlands aufgewachsen. Als nach der Wende in den Neunzigern der Esoteriktrend aus dem Westen rüberschwappte, machte sie sich anfangs keine großen Gedanken. Alles erschien harmlos. Doch das änderte sich bald. »Bei meiner Schwester habe ich immer gedacht, dass sie für so etwas nicht empfänglich wäre«, sagt sie und blickt uns ernst an. »In der Ausbildung ist sie dann aber mit anthroposophischen Ideen in Kontakt gekommen. Das war der Türöffner für allerhand spirituellen Kram.« Aus einer zunächst harmlos wirkenden Begeisterung für alternative Heilmethoden wurde nach und nach etwas, das Paula zunehmend Angst machte. »Heute glaubt sie nicht mehr an die ›Schulmedizin‹ und fährt total auf Selbstheilung ab«, berichtet Paula. »Als jemand aus meiner Familie eine Psychotherapie machte, reagierte sie mit Sprüchen wie: »Die wollen dir in dein Unterbewusstsein reinreden!« Später wurde bei ihr eine schwere Krankheit diagnostiziert, bei der sie darauf bestand, sich selbst zu heilen. Zum Glück hat sie das überlebt. Aber nun glaubt sie umso mehr an den ganzen Kram.« Die Veränderung fand nicht von heute auf morgen statt, erzählt uns Paula. Es waren viele kleine Schritte. Sie hatte das Gefühl, dass ihre Schwester ihr nach und nach entglitt. Heute fühlt sie sich ihr zunehmend fremd. »Manchmal habe ich das Gefühl, sie hat quasi eine allumfassende Verschwörungstheorie gegen alles«, teilt uns Paula mit. »Immerzu glaubt sie, jemand wolle sie manipulieren. Sie meint, sie sei eine der wenigen, die begreifen, ›wie die Welt läuft‹, und sagt, wir anderen seien quasi ferngesteuert. Meine Schwester hegt ein großes Misstrauen gegen Autoritäten. Besonders Menschen, die Macht über ihr Leben haben – etwa Behördenmitarbeiter oder Ärzte –, sieht sie schnell als Bedrohung an.«

Wir sitzen lange gemeinsam da und lauschen ihrer Erzählung. Irgendwann wird es dunkel. Nach und nach leeren sich die Tische um uns herum. Man merkt Paula an, wie sehr sie die ganze Geschichte mitnimmt. Und wir spüren, dass es ihr wichtig ist, diese Geschichte mit uns zu teilen. Die schleichende Veränderung ihrer Schwester hat einen tiefen Riss durch die Familie gezogen.

Längst geht es nicht mehr nur um Gesundheitsfragen. Ihre Schwester hat auch in anderer Hinsicht eine radikale Wandlung vollzogen. »Als dann PEGIDA in Dresden auf die Straße ging, habe ich gemerkt, dass sich auch ihre politische Einstellung verändert hat. Plötzlich sorgte sie sich vor einer angeblichen ›Überfremdung‹ und sagte Dinge wie: ›Frauen müssen wieder zum Ursprung zurückgeführt werden‹.«

Paula erzählt uns, sie habe oft versucht, auf ihre Schwester einzuwirken. Zu jedem Familientreffen fährt sie mit einem Kloß im Hals, denn sie weiß, dass es wieder Diskussionen geben wird. Diskussionen, bei denen sie irgendwann nicht mehr weiterweiß. »Wann immer es negative Reaktionen aus dem Umfeld gibt, dann deutet sie die so um, dass bei Widerspruch erst recht ›etwas dran sein muss‹ an ihren Thesen. Wenn sie sich argumentativ in die Ecke gedrängt fühlt, bricht sie das Gespräch schnell ab. Daher versuche ich mittlerweile, das Thema sanfter anzugehen. Aber schweigen kann ich nicht. Sie ist zwar meine Schwester, gleichzeitig habe ich aber Probleme damit, mit jemandem am Tisch zu sitzen, der derartige Statements von sich gibt. Auch meine Mutter leidet darunter. Meine Schwester und ich waren schon immer verschieden, aber dass wir so weit auseinanderdriften, das gab es noch nie. Ich wollte sogar einmal den Kontakt zu ihr abbrechen, habe es dann aber aus Rücksicht auf die Familie doch nicht getan.«

Wir sind sehr dankbar dafür, dass Paula sich entschieden hat, derart offen mit uns zu sprechen. Als wir uns zum Abschied bei ihr bedanken wollen, winkt sie jedoch ab. Ihr sei es wichtig, auf das Thema aufmerksam zu machen, sagt sie und blickt uns dabei in die Augen. Wenn sie andere durch ihre Geschichte aufrütteln kann, sei ihr das Dank genug. Auch wir ahnen: Paulas Geschichte ist kein Einzelfall. Es gibt viele Familien, die sich mit ähnlichen Problemen konfrontiert sehen.

Nicht alle Menschen, die sich sogenannten alternativen Heilmethoden zuwenden, machen eine derart radikale Entwicklung wie Paulas Schwester durch. Gleichwohl weist das Milieu der Anbieter von Wundermitteln und selbst ernannter Heiler Schnittmengen mit der Verschwörungsszene auf. Die Geschichte von Paulas Schwester macht vor allem eines deutlich: Ein zu Beginn harmlos erscheinendes Interesse an esoterisch angehauchten Heilmethoden kann ungewollt zum Türöffner für eine umfassende, von Verschwörungsdenken geprägte Sicht auf die Welt werden. In der Forschung gibt es unterschiedliche Erklärungsansätze dafür, warum einige Menschen lieber auf Mittel wie Handauflegen statt auf eine medizinische Behandlung setzen. Teilweise wird davon ausgegangen, dass Menschen mit dem gängigen medizinischen System unzufrieden sind und sogenannte ganzheitliche Ansätze deswegen als Alternative genutzt werden. Während der von der Krankenkasse finanzierte Arzt nur wenige Minuten für einen Patientenbesuch hat, kann sich der Heilpraktiker Zeit lassen. Denn die Vergütung bleibt der freien Vereinbarung mit dem Patienten überlassen. Die Kritik, dass sich Ärzte keine Zeit nehmen, ist oftmals berechtigt. Allerdings liegt die Ursache für dieses Ungleichgewicht im System begründet.

Ein weiterer Erklärungsansatz für die Nutzung von alternativen Methoden ist eine gewisse Skepsis gegenüber der Wissenschaft. Es hat sich beispielsweise gezeigt, dass Wissenschaftsskepsis mit einer stärkeren Nutzung von Homöopathie einhergeht. Und eine derartige Skepsis ist weit verbreitet, wie Ergebnisse der Mitte-Studie der Friedrich-Ebert-Stiftung aus dem Jahr 2019 zeigen: Mehr als die Hälfte der deutschen Bevölkerung denkt, dass sie ihren Gefühlen eher vertrauen sollte als sogenannten Experten.[1] Bei Diskussionen mit Menschen, die auf nicht wissenschaftlich fundierte Methoden schwören, wird diese Einstellung oft deutlich. Es wird der Wissenschaft entweder komplett misstraut (»Traue keiner Statistik, die du nicht selbst gefälscht hast«), Einzelfälle werden über wissenschaftliche Evidenz gestellt (»Also bei mir hat das total gut geholfen« und »Meinen Hund hat es geheilt – und bei Tieren kann es ja keinen Placebo-Effekt geben«), oder Wirksamkeit (ob etwas wirkt) und Wirkweise (wie etwas wirkt) wird verwechselt (»Es gibt vieles zwischen Himmel und Erde, das wir noch nicht verstehen«). Dabei wird häufig angeführt, dass man nicht mit den angeblich begrenzten Methoden der Wissenschaft nachweisen könnte, *wie* das jeweilige Wundermittel wirkt. Sicher sei nur, dass es wirkt. Dass dies nicht wissenschaftlich belegt werden kann, lässt die Anwender kalt. Sie *wollen* an die Wirksamkeit glauben.

Ein weniger bekannter Erklärungsansatz für die Nutzung von Wundermitteln führt uns zurück zum Thema dieses Buches. Im Rahmen wissenschaftlicher Studien wurde untersucht, inwiefern der Glauben an Verschwörungen hierbei eine Rolle spielt. Die Erkenntnisse sprechen für sich. Je stärker die Verschwörungsmentalität eines Menschen ausgeprägt ist, umso eher lässt sich eine positive Einstellung gegenüber alternativen Verfahren beobachten und umso eher werden solche Angebote auch genutzt. Egal ob es um Impfungen, Antibiotika oder Pflanzenheilkunde geht – je stärker die Verschwörungsmentalität ausgeprägt ist, desto mehr lehnen Menschen konventionelle Methoden ab, und umso stärker befürworten sie sogenannte alternative Verfahren. Menschen mit ausgeprägter Verschwörungsmentalität nutzen häufiger Schüßlersalze, Ayurveda, Homöopathie und Reiki (Handauflegen), während sie Insulintherapie, Antibiotika oder Schmerzmittel eher ablehnen.

Einen Erklärungsansatz dafür, warum das so ist, liefert die Psychologie. Zum einen neigen Menschen mit der ausgeprägten Tendenz, an Verschwörungen zu glauben, eher zu einem holistischen Denken. Was bedeutet das? Menschen unterschieden sich prinzipiell darin, wie sie Erfahrungen und Wissen verarbeiten und diese Informationen organisieren und sich an diese erinnern. Einige psychologische Theorien unterscheiden zwischen dem holistischen und dem analytischen Denkstil. Menschen, die eher zu holistischem Denken neigen, sehen mehr das gesamte Bild, reagieren intuitiver. Wenn sie etwas verstehen wollen, zerlegen sie die Information nicht in Einzelteile, sondern versuchen zunächst, die generelle Bedeutung zu erschließen. Das ist erst mal nicht schlechter oder besser als ein analytischer Denkstil. Diese Art zu denken ist allerdings mit einigen Problemen behaftet.

Der Analytiker bildet seine Meinung eher auf Basis von einzelnen Fakten, um daraus ein generelles Verständnis abzuleiten. Wenn Menschen mit Inkonsistenzen konfrontiert werden, versucht der Analytiker diese Inkonsistenz zu verstehen. Der Holistiker dagegen ignoriert sie, solange das gesamte Bild für ihn noch stimmig ist. In Bezug auf vermeintliche Wundermittel bedeutet das: Nehmen wir einmal an, eine Person nutzt ein solches Präparat und denkt, es würde wirken. Ein Mensch mit eher analytischer Weltsicht liest, dass es eigentlich keine seriösen Studien gibt, die eine Wirksamkeit belegen. Diese Inkonsistenz mit seiner eigenen Erfahrung stört ihn, er wird daher versuchen, sich das Ganze zu erklären und dann vermutlich irgendwann zu dem Schluss kommen, dass das Mittel keine Wirksamkeit über den Placeboeffekt hinaus hat. Ein Mensch mit holistischem Denkstil ignoriert hingegen die neuen Informationen eher, da diese Inkonsistenz zwischen eigenen Erfahrungen und dem Fehlen wissenschaftlicher Belege nur einen kleinen Teil seines auf Ganzheitlichkeit ausgelegten Weltbildes ausmacht: »Ich spüre eine Wirkung, also muss es daran liegen, dass der Wirkstoff funktioniert!« Bis ein Mensch mit einer holistischen Art zu denken sein Weltbild umwirft, müssen also deutlich mehr Inkonsistenzen auftreten. Auch empirisch zeigen sich diese Unterschiede in Studien. Es konnte ein Zusammenhang zwischen dem Glauben an Verschwörungsmythen und einem schwächer ausgeprägten analytischen Denken nachgewiesen werden.[2]

Weder glauben alle Befürworter alternativer Medizin an eine große Verschwörung, noch sind alle alternativen Ansätze automatisch wirklungslos. Problematisch wird es aber, wenn Anwender der Meinung sind, Regierung oder »Pharmalobby« würden absichtlich die Wirksamkeit von esoterischen Behandlungen vertuschen. Hier betritt man eindeutig das Terrain von Verschwörungsmythen. Die oft von Befürwortern getroffene Unterscheidung zwischen »guter Alternativmedizin« und »böser Pharmaindustrie« gerät bei genauerer Betrachtung allerdings schnell ins Wanken. Finanzielle Interessen spielen natürlich auch bei Anbietern von sogenannten sanften Methoden eine große Rolle. Eine US-amerikanische Studie prognostiziert, dass der Umsatz für homöopathische Mittel global zwischen 2018 und 2024 um 17 Prozent ansteigen wird – auf fast 16 Milliarden US-Dollar.[3] Laut dem Beratungsunternehmen IQVIA gingen 2018 stolze 54,5 Millionen Packungen von Globuli und anderen Darreichungsformen in Deutschland über die Ladentheke. Allein in Deutschland betrug der Umsatz mit homöopathischen Mitteln 2018 rund 670 Millionen Euro. Damit machen Homöopathie-Präparate ganze 7 Prozent des Gesamtumsatzes aller in Deutschland verkauften verschreibungsfreien Mittel aus.[4] Viele Krankenkassen werben Kunden mit dem Hinweis, dass sie homöopathische Mittel erstatten. Zahlen wie diese machen deutlich, dass es hierbei auch ums Geschäft geht. Kritik an der Wirksamkeit der Methoden ist da oft unerwünscht. Laut dem *Spiegel* ist das Unternehmen Hevert, ein Anbieter von Globuli, 2019 rechtlich gegen Homöopathie-Kritiker vorgegangen.[5]

Wenn Anwender alternativer Heilmethoden daran glauben wollen, dass Zuckerkügelchen ohne erkennbaren medizinischen Wirkstoff ihr Leiden lindern, dann kann man dies natürlich aus medizinischer Perspektive sonderbar finden. Problematisch wird es allerdings, wenn eine umfassende Skepsis gegenüber der Medizin dazu führt, dass auch bei ernst zu nehmenden Krankheiten der ärztliche Rat ausgeschlagen wird und auf fragwürdige und unwirksame Methoden vertraut wird. Das gilt ebenfalls für die Vorsorge. Ein Thema, bei dem Verschwörungserzählungen besonders stark verbreitet sind und sich hartnäckig halten, ist das Thema Impfungen.

1998 publizierte der britische Arzt Andrew Wakefield einen Forschungsartikel, in dem er behauptete, dass Impfungen zu Autismus führen würden. Auch wenn dieser Artikel mittlerweile nicht nur mehrfach widerlegt worden ist, sondern auch vom Autor selbst zurückgezogen wurde, stellt er nach wie vor die Grundlage für sehr viele Verschwörungserzählungen dar. Es gibt zahllose Bücher und Dokumentationen, in denen es heißt, Impfungen würden das Kindeswohl gefährden. Derartige Botschaften führen dazu, dass Eltern sich dagegen entscheiden, ihre Kinder gegen schwerwiegende Krankheiten wie Kinderlähmung, Keuchhusten und Mumps impfen zu lassen.

Eine Kleine Anfrage der FDP-Fraktion aus dem Jahr 2017 ergab, dass nach Schätzungen des Robert-Koch-Instituts zwischen 2007 und 2017 in Deutschland insgesamt etwa 190.000 Menschen an Erkrankungen starben, gegen die man sich durch Impfungen schützen kann.[6] Die Verbreitung von Impfmythen ist mittlerweile zu einem derart großen Problem geworden, dass die Weltgesundheitsorganisation (WHO) 2019

Impfgegner zur globalen Bedrohung erklärte. Insbesondere die starke Zunahme von Masernerkrankungen wird von der WHO mit der Verbreitung von Verschwörungserzählungen zum Thema Impfen in Verbindung gebracht.[7] Weltweit gab es nach Schätzungen der WHO allein 2018 knapp zehn Millionen Masernerkrankungen, rund 140.000 Menschen starben an der Krankheit.[8] In Deutschland kommt es nach wie vor regelmäßig zu Masernepidemien. Auch in Österreich lässt sich eine gestiegene Zahl von Masernfällen beobachten. Global betrachtet liegt die Steigerungsrate bei erschreckenden 30 Prozent. Um die Bevölkerung vor dem Ausbruch der Krankheit zu schützen, wäre eine möglichst hohe Impfquote in jedem Land nötig. Bei einer zu niedrigen Impfquote greift die sogenannte Herdenimmunität nicht mehr. Insbesondere all diejenigen, die sich nicht impfen lassen können, wie junge Säuglinge, Alte oder Kranke, laufen so Gefahr, dem hoch ansteckenden Virus schutzlos ausgeliefert zu sein. Um dem entgegenzuwirken, gilt in Deutschland seit dem Jahr 2020 in verschiedenen Einrichtungen wie Kitas oder Schulen eine Impfpflicht gegen Masern. Viele andere Länder haben ähnliche Gesetze verabschiedet.

Um mehr darüber zu erfahren, warum sich Eltern dagegen entscheiden, ihr Kind impfen zu lassen, beschließen wir mit der Sozialpsychologin Felicitas Flade zu sprechen. Die Wissenschaftlerin forscht an der Universität Mainz und war mehrfach bei sogenannten Impfstammtischen zu Gast. Laut der Webseite impfkritik.de gibt es aktuell mehr als 190 solcher »impfkritischen Elternstammtische« in ganz Deutschland. Verantwortlich für das Internetportal impfkritik.de ist Hans U. P. Tolzin. Tolzin ist gelernter Molkereifachmann und bezeichnet sich selbst als freier Journalist. In der von ihm herausgegebenen Zeitschrift *impf-report* finden sich Artikel wie »HPV-Impfempfehlung für Buben: STIKO (Anmerkung: Ständige Impfkommission) hält alle Buben für potenzielle Homosexuelle«, »AIDS: Das medizinische Establishment und die Wahrheit« oder »Neue Ebola-Epidemie oder neuer Marketing-Hoax der Industrie?«. Das ARD-Magazin *Panorama* berichtete: »Tolzin stellt sogar infrage, ob es sich bei Masern überhaupt um eine durch Viren übertragene Krankheit handelt. Er hält es für denkbar, dass Masern und andere Infektionskrankheiten nichts anderes sind als eine Folge von Anpassungen und Selbstheilungsprozessen im Körper.«[9]

Wir wollten von der Sozialpsychologin Felicitas Flade wissen, was sie dazu bewogen hat, einen solchen »impfkritschen« Elternstammtisch zu besuchen. Sie erklärt, dass sie die Hoffnung hatte, positiv auf die Debatten einwirken zu können. »Als Wissenschaftlerin mit Statistikausbildung sind mir einige der Methoden geläufig, mit denen Verschwörungserzählungen oft vermeintlich hantieren«, erklärt sie. »Ich kann Argumente sezieren, die sich als statistische Herleitungen tarnen, ihre Lücken finden und sie entkräften.« Im Rahmen ihrer Forschung hat sie sich intensiv mit dem Glauben an Verschwörungen und den zugrunde liegenden Faktoren beschäftigt. »Daher weiß ich, dass Verschwörungsgläubige Vorurteile gegenüber der ›gesichtslosen‹, ›übelmeinenden‹ Elite (also oft auch der Wissenschaft) haben und sich durch diese bedroht fühlen.« Wissenschaftliche Neugier war jedoch nicht der einzige Grund, warum sie sich dazu entschloss, sich diese Gruppen einmal genauer anzusehen. Felicitas Flade sagt: »Ja, ich war wütend. Auf eine ehemalige Kommilitonin, die trotz eines Psychologiestudiums Impfkritikerin geworden war – und auf die Gesellschaft, in der antiwissenschaftliche Einstellungen so salonfähig geworden sind, dass sich die Gesetzgebung damit beschäftigen musste.«

Das Treffen fand im Frühjahr 2019 in einem Gewerbegebiet statt, in einem kleinen Laden, der Babytragetücher und Tragetuchkurse anbietet. Es war das erste Treffen der Gruppe, und um die 30 Teilnehmer waren gekommen. Anwesend waren viele junge Eltern, eher gehobene Mittelschicht. »Die Organisatorin war Lehrerin, ihr Co-Leiter macht sonst Tanz- und Meditationsworkshops«, berichtet Felicitas Flade. »Obwohl sich nur wenige Teilnehmer mit Beruf vorstellten, waren darunter ein, zwei Arzthelferinnen, ein Zahnarzt und ein Allgemeinarzt. Kinderlose gab es nur vereinzelt, darunter ein Paar mit Kinderwunsch, das sich vor einer Schwangerschaft zu diesem Thema informieren wollte.« Das Treffen begann mit einer Vorstellungsrunde, bei der die meisten zunächst über ihre Kinder und deren Impfstatus berichteten. Laut den Aussagen der anwesenden Eltern war das erste Kind oft noch geimpft worden. Häufig wurde allerdings ein Ereignis angeführt, das den Ausschlag dafür gab, sich nun näher mit dem Thema Impfen zu befassen. »Diese Ereignisse reichten von der Entwicklung schwerer Behinderungen und Autoimmunerkrankungen bis hin zu schrillem Schreien in der Nacht bei sehr kleinen Kindern sowie zweiwöchiger Bettlägerigkeit der Kinder.« Auch wenn viele der Anwesenden zugaben, dass ein zeitlich gemeinsames Auftreten derartiger Phänomene allein noch keine Ursache-Wirkungs-Beziehung belegt, gab dies doch oft den ersten Anstoß für ihre Recherchen und den darauffolgenden Einstellungswandel. Beim Impfstammtisch hieß es dann, man sähe ja schon in dieser Runde, wie häufig so etwas auftrete und wie viele Menschen davon überzeugt seien, dass dies mit Impfungen im Zusammenhang stehen müsse. Nach der Einführung folgte ein Vortrag zum Thema Masern. Felicitas Flade erinnert sich, dass dieser »durchaus statistische Zahlen und zitierte Publikationen« enthielt und »oberflächlich den Anschein von Wissenschaftlichkeit« erweckte. »Das ist, wie ich finde, eine der Schwierigkeiten in diesem Zusammenhang: Es werden Anhaltspunkte geliefert, die Laien den Inhalt glaubhaft erscheinen lassen«, so Flade. Aber ob die genannten Studien stichhaltig sind, ist eine ganz andere Frage.

Dass es nicht nur um den Austausch von Argumenten ging, wurde Felicitas Flade schnell klar. Viele Eltern hatten ihre Entscheidung offenbar bereits getroffen. »Bei den Treffen wurden auch Kontaktinformationen zu Ärzten ausgetauscht, die zumindest stillschweigend akzeptierten, wenn Eltern ihre Kinder nicht impfen lassen wollten. Viele Anwesende notierten sich Namen und Adressen. Teilnehmende in Gesundheitsberufen erzählten von ihren Versuchen, beruflich vorgeschriebene Impfungen möglichst vollständig zu umgehen«, berichtet sie uns. Einige der Anwesenden erklärten ganz offen, sie seien der Meinung, dass Masern nicht tödlich seien. Erst die Masernimpfung würde das Immunsystem so schwächen, dass eine darauffolgende natürliche Infektion töten würde, hieß es. Es wurde gesagt, die Impfpflicht käme nur, weil die Impfkritiker kurz vor dem Durchbruch stünden, die Wahrheit über das Impfen öffentlich zu machen und damit die Stimmung in der Allgemeinbevölkerung zu kippen. Felicitas Flade beobachtete bei vielen Teilnehmer eindeutige Bezüge zu einem Glauben an eine umfassende Verschwörung: »Viele Anwesende fühlten sich hintergangen, weil anstehende Impfungen ihrer Kinder ihrem Empfinden nach nicht ausreichend von den Ärzten thematisiert worden waren, und manche nahmen das als Hinweis für deren ›Gleichschaltung‹ zum Zweck eines verborgenen Ziels. An anderer Stelle verglich die Leiterin des Stammtisches die ›Anti-Impf-Diskriminierung‹ mit dem gelben ›Judenstern‹.«

Felicitas Flade hat zudem die Erfahrung gemacht, dass zumindest einige Teilnehmer des Impfstammtisches auch vor extremen Maßnahmen nicht zurückschreckten. »Ein Teilnehmer schlug im Laufe der Diskussion vor, Mitglied einer bestimmten keltischen Religionsgemeinschaft zu werden, die das Impfen ablehnt, um sich in der Ablehnung der Impfungen auf die Religionsfreiheit berufen zu können«, berichtet Flade. »Einige andere Teilnehmer kannten diese religiöse Gruppe und merkten daraufhin an, dass sie das ablehnten, da man darüber Geld an Rechtsradikale geben würde. Zwei, drei andere erwiderten aber, wenn sie dafür nicht impfen müssten, würden sie sich gern als rechtsradikal bezeichnen lassen.«

Die Sozialpsychologin hatte sich beim Besuch der Veranstaltungen das Ziel gesetzt, positiv auf die Diskussion einzuwirken. Rückblickend muss sie allerdings einräumen: »Ich kann nicht sagen, ob meine Anwesenheit bei diesen Treffen einen Einfluss hatte, und wenn ja, ob es unbeabsichtigterweise einige Impfgegner sogar radikalisiert oder vielleicht doch einige Sympathisanten noch einmal zum Nachdenken gebracht hat.« Insgesamt hatte sie nicht immer das Gefühl, dass ihre Anwesenheit wohlwollend aufgenommen wurde. »Die Stammtischteilnehmer betonten, sie seien die Ausgegrenzten und Abgestempelten. Sie meinten, sie selbst seien offen und tolerant. Bei der Veranstaltung erlebte ich aber auch einige böse Kommentare«, so die Mainzer Sozialpsychologin. »Auch wenn ich viele höfliche und auch weniger höfliche Widerworte auf mich zog, muss ich sagen, dass ich nie explizit zum Verlassen des Treffens aufgefordert wurde. Es wurde mir bei späteren Treffen allerdings klargemacht, dass ich nicht wirklich erwünscht sei.« Trotzdem gab es zumindest bei einem der Impfstammtische auch Erfolgserlebnisse. »Zwei Teilnehmerinnen kamen später auf mich zu und baten mich tatsächlich um Recherchen. Ich recherchierte in Fachartikeln und schrieb ihnen später einen mehrseitigen Bericht, den ich zum nächsten Treffen mitbrachte. Auf dem Treffen sorgte der ›Bericht‹ zwar für einige Irritationen, die mitgebrachten Exemplare wurden aber auch mitgenommen und gelesen.« Mittlerweile hat sich der Impfstammtisch aufgespalten. Es gibt nun Treffen »für alle, die sich noch wenig auskennen und bezüglich Impfungen noch unsicher sind«, und eins für die Überzeugten.

Laut der Psychologin Cornelia Betsch sind »richtig harte Gegner, die auf keinen Fall impfen würden, [...] selten. Die Zahl liegt im kleinen einstelligen Prozentbereich. Aber eine große Gruppe ist unentschlossen oder unsicher – etwa ein Drittel der Bevölkerung.«[10] Und genau diese Unentschlossenen werden dann bei Veranstaltungen wie Impfstammtischen weiter verunsichert und radikalisiert. Cornelia Betsch geht davon aus, dass es fünf Gründe gibt, warum Menschen sich oder ihre Kinder nicht impfen lassen wollen. Dazu zählt fehlendes Vertrauen in die Effektivität von Impfungen sowie die falsche Wahrnehmung von Krankheitsrisiken. Manche Menschen sind überzeugt davon, dass eine überstandene Maserninfektion das Immunsystem des Kindes stärkt. Eltern, die so etwas glauben, sind natürlich weniger bereit, ihr Kind impfen zu lassen. Strukturelle Hürden können ebenfalls ein Problem sein. Wer zu viel Stress im Alltag oder einen zu weiten Weg zum nächsten Arzt hat – was im ländlichen Raum ja durchaus vorkommt –, der impft weniger. Auch die eigene Informationssuche kann ein Hindernis darstellen. Wer nur »impfkritische« Internetseiten oder Artikel liest, wird vermutlich nicht zum Arzt gehen. Soziale Faktoren spielen ebenfalls eine Rolle. Wer denkt: »Wenn alle geimpft sind, brauche ich mich nicht auch noch impfen zu lassen«, wird vermutlich nicht den Impfpass suchen.[11] Neben den von Betsch genannten Gründen gibt es aber noch einen weiteren Faktor. Der Glaube an Verschwörungsmythen rund um das Gesundheitswesen kann dazu beitragen, dass Menschen sich gegen eine Impfung entscheiden. Das wurde auch bei den von Felicitas Flade besuchten Impfstammtischen deutlich. Vor dem Hintergrund aktueller Forschung sollte insbesondere die rasante Verbreitung von Falschinformationen zum Thema Impfen im Netz kritisch gesehen werden. Ein Team von Wissenschaftlern aus England hat im Rahmen einer Studie nachgewiesen, dass bereits die einmalige Konfrontation mit Verschwörungserzählungen ausreicht, um Menschen misstrauischer und ängstlicher zu machen. Bei dem Versuch hat man Menschen Verschwörungserzählungen über Impfungen zu lesen gegeben. Anschließend wurde abgefragt, ob die Informationen die Einstellung der Probanden zum Impfschutz beeinflusst hatten. Das Ergebnis zeigte, dass die Teilnehmer nach der Lektüre deutlich weniger dazu bereit waren, ihr eigenes Kind impfen zu lassen, und Impfungen insgesamt als bedrohlicher wahrgenommen haben.[12]

Impfen ist allerdings nicht das einzige Thema im Gesundheitsbereich, um das sich Verschwörungserzählungen ranken. Auch über HIV und Aids gibt es unzählige Mythen. Manche der Anhänger solcher Verschwörungserzählungen gehen davon aus, dass HIV durch einen Laborunfall entstanden sei, andere sehen das Virus als Geheimprojekt der CIA und wieder andere als Gottes Strafe an. Eine bis heute grassierende Verschwörungserzählung, nach der HIV als Biowaffe in US-Laboren erfunden wurde, poppte bereits wenige Jahre nach Entdeckung der Krankheit auf – und zwar insbesondere in sowjetischen Kreisen. Im Oktober 1985 wurde in der sowjetischen Wochenzeitung *Literaturnaya Gazeta* ein Artikel mit dem Titel »Panik im Westen oder was hinter der Sensation um AIDS steckt?« veröffentlicht.[13] Angeblich sei das Pentagon für den Ausbruch der Krankheit verantwortlich, da es bei der Suche nach neuen biologischen Kampfstoffen in Afrika auf das Virus gestoßen sei, hieß es darin. Im Jahr 1986 verbreitete der DDR-Biologe Jakob Segal, damals Leiter des Instituts für Allgemeine Biologie an der Humboldt-Universität zu Berlin, die Kopien seiner Broschüre *AIDS: U.S.A. – Home-Made Evil; Not Imported From Africa* während des Gipfels der blockfreien Staaten in Simbabwe. Laut der Broschüre stellten Wissenschaftler das Virus in einem Militärlabor im US-amerikanischen Fort Detrick her, indem sie HTLV-1 (Retrovirus, das T-Zell-Leukämie verursacht) mit Visna (Schafvirus) synthetisierten. Die US-Wissenschaftler sollen laut Segal ihre tödliche Mischung zunächst Gefängnisinsassen verabreicht haben, die die Krankheit dann in die allgemeine Bevölkerung weitertrugen.[14] Erst Jahre später, nämlich 1992, gab der Chef der russischen Aufklärung Yewgenii Primakow zu, der sowjetische Geheimdienst habe jahrelang daran gearbeitet, gezielt Desinformationen über HIV zu streuen, um die Erkrankung damit politisch zu instrumentalisieren.[15] Infolge dieser Verschwörungserzählung wurde HIV auch noch lange nach dem Zusammenbruch der Sowjetunion als »kapitalistische Krankheit« abgetan – und totgeschwiegen.[16] Bis heute sind die Zahlen der Neuinfektionen in der ehemaligen Sowjetunion extrem hoch. Von den 159.420 erfassten HIV-Neuinfektionen im Jahr 2017 aus der WHO-Region Europa stammen drei Viertel aus Russland oder der Ukraine. Zahlen wie diese machen deutlich, wie weitreichend die Folgen derartiger Propagandalügen für die Bevölkerung auch heute noch sind.

Nicht nur in den ehemaligen Sowjetstaaten, sondern auch in den USA haben Mythen rund um Aids Verbreitung gefunden. Gemäß einer anderen Verschwörungserzählung handelt es sich bei HIV um einen Versuch, die schwarze Bevölkerung in den USA auszulöschen. Laut Gary Glum, Autor des Buchs *Full Disclosure*, wurde das Virus von Wissenschaftlern in einem New Yorker Labor entwickelt, dann mithilfe der Weltgesundheitsorganisation in Form einer Pockenimpfung verbreitet. Eine 1991 veröffentlichte Studie der Psychologen Gregory Herek und John P. Glunt zeigte, dass seinerzeit 67 Prozent der schwarzen US-Amerikaner glaubten, die Regierung verberge die Wahrheit über Aids.[17] Eine weitere Studie konnte zeigen, dass ein Fünftel der schwarzen US-Amerikaner überzeugt davon war, die Regierung nutze Aids, um gezielt Minderheiten umzubringen.[18] Hier zeigt sich eine wichtige Erkenntnis aus der wissenschaftlichen Forschung: Wer in der Gesellschaft einen schlechteren Status hat, misstraut der Regierung stärker. Dieses Misstrauen, so berechtigt es oft ist, hat in diesem Fall aber direkte und fatale Konsequenzen für die eigene Gesundheit. Wer glaubt, dass Aids entweder nicht existiert oder eine Verschwörung der Regierung ist, der benutzt seltener Kondome. Und im Falle einer HIV-Infektion wird mit einer geringeren Wahrscheinlichkeit eine antiretrovirale Therapie begonnen, also eine Therapie, die die Virenlast im Blut so weit reduziert, dass das Virus nicht mehr nachweisbar ist.

Auch beim Thema Krebs kursieren zahlreiche Verschwörungserzählungen. Der mittlerweile verstorbene Arzt Ryke Geerd Hamer, dem bereits 1986 die Zulassung als Arzt in Deutschland entzogen wurde, propagierte die unwirksame, gefährliche und antisemitisch geprägte »Germanische Neue Medizin«.[19] Hamer entwickelte seine »Theorie« anfänglich als Therapie gegen Krebs, weitete sie aber später auf andere Krankheiten aus. Ihm zufolge liegt jeder Krankheit ein Schockerlebnis zugrunde. Krebs sei demnach eigentlich Teil des natürlichen Heilungsprozesses, der nach ebendiesem Schock angeblich beginnen soll. Aus diesem Grund fokussierte sich Hamer auf die Auflösung des vermeintlichen »Konflikts« als Voraussetzung für eine Heilung. Auch hier findet sich wieder der für Verschwörungsglauben so typische Dualismus. Für Hamer gab es die »eine menschenverachtende Brutalmedizyn [sic!]« und die von ihm propagierte gute »alternative Medizin«. Hamer gründete mehrere als »Pension« angemeldete Privatkliniken, die keine Zulassung hatten und damit illegal arbeiteten.[20] Nachdem Hamer 1986 die Zulassung als Arzt entzogen wurde, praktizierte er weiter, was mehrere Verhaftungen und Freiheitsstrafen mit sich brachte. Laut dem Onlinemagazin *Belltower News* wird von mindestens 500 Menschen ausgegangen, die durch Hamers »Therapie« ums Leben kamen.

Besondere mediale Aufmerksamkeit erhielt 1995 der Fall von Olivia P. Die krebskranke 5-Jährige wurde damals von ihren Eltern nach Spanien zu Hamer gebracht. Laut Hamer war ihr Nierentumor nur Symptom eines unbearbeiteten »Flüssigkeitskonflikts«. Er diganostizierte den Krebs als Folge eines Kindheitserlebnisses. Als 3-Jährige soll sie einmal in einem Boot, das Leck geschlagen hatte, auf dem Wasser unterwegs gewesen sein. Der so angeblich entstandene »Flüssigkeitskonflikt« entspreche »auf der Organebene einer Nekrose (Gewebeabbau) in der rechten Niere«. Er diagnostizierte dem kleinen Mädchen weiterhin einen »Flüchtlingskonflikt mit Nierensammelrohr-Krebs und einen Verhungerungskonflikt mit Leber-Krebs«, da sie als Kind mit ihren Eltern für eine Zeit zu den Großeltern ziehen musste und die Mutter dort nicht mehr für das Kind kochen konnte. Bevor die Eltern von Olivia P. sich auf den Weg zu Hamer machten, lagen die Heilungschancen ihrer Tochter laut *Spiegel* bei 95 Prozent, sanken dann aber auf 10 Prozent ab, als endlich – nach Abkehr von Hamer und seiner Klinik – eine echte Therapie durchgeführt werden konnte.[21] Der Tumor des Kindes war da bereits auf die Größe eines Fußballs angewachsen. Heute gilt sie als geheilt. Die Eltern von Olivia P. wurden zu acht Monaten auf Bewährung verurteilt und scheinen kein Unrechtsbewusstsein zu haben. Der im Reichsbürgerspektrum verankerte Vater betreibt bis heute eine Internetseite, auf der die Germanische Heilkunde beworben wird. Im Jahr 2017 forderte Olivias Vater, so berichtet der österreichische *Standard*, »in einem Brief an Bundespräsident Alexander Van der Bellen eine ›Wiedergutmachung‹ für die Operation seiner Tochter in der Höhe von jeweils hundert Millionen Euro und 10.000 Euro monatliche Leibrente für ihn, seine Frau, seine Tochter und Hamer. Dazu wurden eine ›Ehrenbürgerschaft der Republik Österreich‹, Diplomatenpässe und Gegendarstellungen in allen österreichischen Medien verlangt.«[22]

Der Fall von Olivia P. führt vor Augen, wie sehr Hamer die Leben von anderen Menschen gefährdet hat. Neben den gesundheitlichen Gefahren, die von seinen Methoden ausgingen, war seine gefährliche »Heilslehre« zudem von antisemitischen Verschwörungsmythen durchtränkt. Seiner Meinung nach teilt die jüdische Religion »bekanntlich alles in gutartig u. bösartig, so auch in der jüdischen sog. Schulmedizin«. Er schreibt: »Wir Nichtjuden werden gezwungen, weiterhin die jüdische Schulmedizin zu praktizieren [...]. 15 Millionen Eurer Mitbürger aus Eurem Volke sind in den letzten 20 Jahren [durch diese] umgebracht worden [...].«[23] Hamer war überzeugt, dass »in Deutschland [...] kein Jude Chemo« bekommen würde. Er glaubte außerdem, dass bei der Chemotherapie Chips eingepflanzt würden, die per Satellit gesteuert werden, um nicht-jüdische Patienten zu töten. Hamer vereint damit verschiedene typische Versatzstücke von Verschwörungsanhängern: Er sah sich einerseits als Opfer der bösen »Staatsmedizin«, die die gute alternative »Medizin« unterdrückt, und bediente sich dabei bei dem klassischen Feindbild einer jüdischen Weltverschwörung. Der bereits im Kontext der Impfstammtische erwähnte Hans U. P. Tolzin, der unter anderem die Webseite impfreport.de betreibt, ist ebenfalls ein Anhänger von Hamer. Auf der Seite seines Portals heißt es in der Selbstbeschreibung, dass er sich »seit Jahren für die ›Neue Medizin‹ nach Dr. Hamer« interessiere und Hamer »sich inzwischen tatsächlich von jüdischen Geheimgesellschaften umzingelt« sehen würde. Hamers

Wirken und seine Anhängerschaft sind bedrückende Beispiele dafür, wie gefährlich Verschwörungsdenken im Gesundheitsbereich sein kann. Es zeigt aber auch noch etwas anderes: Medizin und Gesundheit sind politische Bereiche. Und zwar nicht nur bei Verhandlungen in Parlamenten. Diese Themen können auch dazu genutzt werden, um Ideologien zu transportieren, Gruppen zu stigmatisieren und Misstrauen zu säen.

Zum Abschluss dieses Kapitels wollen wir aufgrund dieser häufig unterschätzen politischen Komponente noch etwas ansprechen, das uns besonders am Herzen liegt – und zwar den Begriff der Schulmedizin. Der Begriff wird häufig bedenkenlos in der deutschen Alltagssprache verwendet – und zwar in der Regel, um klassische Behandlungen den alternativen Methoden gegenüberzustellen. Da gibt es etwa Schlagzeilen im Stil von: »Schulmedizin trifft auf Naturheilkunde«, »Osteopathie ergänzt Schulmedizin gut« oder »Gynäkologische Beschwerden: Naturheilverfahren oder Schulmedizin?«. Dass dieser Begriff alles andere als wertneutral ist, zeigt allerdings seine Entstehungsgeschichte. Im neunzehnten Jahrhundert gab es vermehrte Auseinandersetzungen darüber, was genau Medizin sei und welchen Stellenwert die Naturheilkunde haben sollte. Die wissenschaftlich fundierte Medizin befand sich zu dieser Zeit gerade im Aufwind, es wurden Impfstoffe entwickelt und neue Disziplinen wie die Endokrinologie und die Pharmakologie entstanden. Bis dato glaubte man, dass man quasi alles via Aderlass heilen könne. In diesem gesellschaftlichen Klima kämpften die bisher etablierten Laienheiler ohne wissenschaftliche Ausbildung darum, ihre Niederlassungen zu erhalten. Gleichzeitig wurden auf den deutschen Ärztetagen wiederholt Resolutionen verabschiedet, die vom Gesetzgeber ein Verbot der Kurpfuscherei forderten. In dieser Stimmung fiel der 1876 von dem deutschen Arzt Franz Fischer, der auch als

Homöopath tätig war, erstmals eingeführte Begriff der »Schulmedizin« auf fruchtbaren Boden. Die Formulierung wurde damals vor allem dazu verwendet, um evidenzbasierte Methoden
zu diskreditieren. Diese negative Belegung des Begriffs erfuhr
in den folgenden Jahrzehnten immer neue Deutungen. Insbesondere im Nationalsozialismus erhielten »Naturärzte« eine
starke Aufwertung. Ihren Ansätzen wurde in diesem Weltbild
die als »jüdisch-marxistisch« durchsetzte »Schulmedizin«
gegenübergestellt. Der Publizist und Volksschullehrer Karl
Weinländer sprach 1934 von »verjudeter und verfreimaurer-
ter Schulmedizin«. In der *Jüdischen Allgemeinen* hieß es dazu:
»Verjudet war die angeblich, weil von rein naturwissenschaftli-
chem ›Reduktionismus‹ und ›Technizismus‹ geprägt. An ihre
Stelle treten sollte eine ›Neue deutsche Heilkunde‹, basierend
auf Volks- und Naturheilverfahren. Die seien der ›Schulmedizin‹ häufig überlegen, verkündete Reichsärzteführer Gerhard
Wagner 1933 im Deutschen Ärzteblatt.«[24] Auch die Verknüpfung von Impfungen mit Verschwörungserzählungen ist in
Deutschland historisch verankert. Bereits im Jahr 1881 wurde
die antisemitische Kampfschrift *Die Judenfrage als Racen-, Sit-
ten- und Culturfrage* veröffentlicht. Darin wurde behauptet, dass
Impfungen von jüdischen Ärzten zur eigenen Bereicherung erfunden worden seien.

Mit dieser Begriffsgeschichte im Hinterkopf lässt sich auch
die Ideologie von Hamer besser einordnen, und man versteht
plötzlich die vielleicht zunächst »überraschend« erscheinende
Verknüpfung von verschwörungsideologisch aufgeladenem Antisemitismus und Medizin. Der Begriff der Schulmedizin war
von Anfang an auf eine Stigmatisierung von Medizin und Menschen ausgelegt und hatte bereits früh eine antisemitische Fär-
bung. Sprachlich kann so der Schulmedizin eine andere Form
von Medizin gleichwertig gegenübergestellt werden. Dabei sagt

bereits der Duden ganz klar, was Medizin ist: »Die Wissenschaft vom gesunden und kranken Organismus des Menschen, von seinen Krankheiten, ihrer Verhütung und Heilung.« Demnach sollte Medizin auch immer nur das sein, was einer empirischen Prüfung standgehalten hat, und alles andere als das bezeichnet werden, was es ist: Nicht-Medizin.

Kapitel 10: Im Einklang mit der Natur: Esoterik als Motor für Verschwörungserzählungen

Wenn man sich mit dem Thema Esoterik befasst, merkt man schnell: Pendel, heilende Edelsteine und Co. sind im Mainstream angekommen. In Fernsehzeitschriften gehört das wöchentliche Horoskop einfach dazu. Anfang der 2000er-Jahre waren »Astro-Specials« mit »Freundschafts-Tarot« oder »Liebespendel« eine beliebte Beilage von sogenannten Mädchenzeitschriften. In einem Wiener Krankenhaus wurden laut der Tageszeitung *Der Standard* »95,000 Euro für einen Coach ausgegeben, der unter anderem [...] die ›Verlegung eines Schutzrings‹« plante, der angeblich verhindern sollte, »dass negative Energien des Umfelds Einfluss auf das Haus und die Menschen nehmen«.[1] Bei der Aufklärung der Morde des rechtsterroristischen »Nationalsozialistischen Untergrunds« griff die Polizei in Hamburg sogar auf einen Geisterbeschwörer zurück.[2] Esoterische Themen haben sogar an den Universitäten Einzug gehalten. An der Europa-Universität Viadrina in Frankfurt an der Oder wurde ein Master-Studiengang »Kulturwissenschaften – Komplementäre Medizin« angeboten. In den Fokus der Öffentlichkeit geriet der Studiengang, nachdem dort eine Masterarbeit über »Hellsehen« verfasst worden war – die dann nach dem Lautwerden kritischer Stimmen allerdings noch einmal überarbeitet und anhand wissenschaftlicher Standards geprüft werden sollte, so der *Spiegel*.[3]

Aberglaube spielt in Deutschland auch heute noch eine wichtige Rolle: 82 Prozent der Befragten einer repräsentativen Studie der Gothaer Versicherung aus dem Jahr 2015 vermeiden die Zahl Dreizehn, 79 Prozent wollen ihre Geburtstage nicht vorfeiern, und immerhin 63 Prozent schauen sich beim Zuprosten in die Augen – sieben Jahre lang schlechten Sex will schließlich niemand haben. Immerhin noch 9 Prozent sind vorsichtig, wenn eine schwarze Katze ihren Weg kreuzt. Und 19 Prozent der Befragten haben einen Glücksbringer bei sich – meistens entweder ein Schmuckstück, einen Schutzengel oder ein Kuscheltier.[4] Auch der Glaube an Astrologie ist in der Bevölkerung weit verbreitet. 23 Prozent der Deutschen meinen, dass die Sterne unser Leben beeinflussen würden.[5] Egal ob in sogenannten Frauenzeitschriften oder im Fernsehprogramm – überall finden sich Ratgeber, die einem sagen, wann die Sterne für anstehende Pläne in Bezug auf Liebe, Beruf und Gesundheit besonders »günstig stehen«.

Doch was ist an solchen Behauptungen dran? Peter Hartmann wollte es genauer wissen. Der Psychologe untersuchte den Zusammenhang von Geburtsdatum und Persönlichkeitseigenschaften bei 15.000 US-Amerikanern und kam zu dem Schluss: Es gibt keine empirischen Belege für die Wirksamkeit von Astrologie. Das Geburtsdatum kann in keiner Weise vorhersagen, welcher Typ Mensch wir sind.[6] Was allerdings sehr wohl etwas über unsere Persönlichkeit aussagt, ist die Tatsache, ob wir an Horoskope und Co. glauben oder nicht.

Eine Studie unter US-amerikanischen College-Studenten zeigte, dass Studenten, die an Übersinnliches glaubten, eher impulsiv und neurotisch veranlagt waren als Personen, die für solche Phänomene nichts übrig hatten.[7] Dass der Glaube an Verschwörungserzählungen auch mit einer größeren Anfälligkeit für esoterische Inhalte und alternative Medizin einhergeht, konnten psychologische Studien zeigen. Wer meinte, dass es spezialisierte Einheiten in den Regierungen gebe, die nur dazu da seien, Zeugen von UFO-Landungen zum Schweigen zu bringen, der glaubte auch eher an paranormale Phänomene wie Übersinnlichkeit, Hexen oder Wahrsagerei.[8] Auch Jan Rathje von der Amadeu Antonio Stiftung sieht eine starke Überlappung zwischen den beiden Weltbildern: »Esoterik und Verschwörungstheorien verbindet mehr, als sie trennt. Beide gehen letztlich davon aus, dass die Welt eingeteilt wird in die Mächte des Bösen und die Mächte des Guten. Man kann das metaphysisch mit Engeln und Dämonen versehen – oder wie im Nationalsozialismus mit den Deutschen und den Juden.«[9] Verschwörungsgläubige und Esoteriker haben eine wichtige Gemeinsamkeit: die Art und Weise, wie sie mit sozialen Problemen umgehen. Studien konnten zeigen, dass Menschen, die mit Verschwörungserzählungen konfrontiert wurden, eher dazu neigten, einzelne Gruppen für gesellschaftliche Missstände verantwortlich zu machen, als das gesellschaftliche System infrage zu stellen. Vereinfacht gesagt: Es ist nicht das ungerechte Sozialsystem, das schuld ist an Altersarmut, sondern böse Mächte lassen absichtlich alte Menschen verarmen.[10] Esoteriker weisen ähnliche Denkmuster auf: Hier finden wir sehr häufig den sogenannten Glauben an eine gerechte Welt. Wer an eine »gerechte Welt« glaubt, der neigt dazu, nach etwas oder jemandem zu suchen, dem er die Schuld an unglücklichen Ereignissen geben kann. Diese Menschen glauben, dass, wer Gutes tut, auch Gutes bekommt. Das bedeutet aber auch im Umkehrschluss, dass, wenn Menschen schlechte Dinge widerfahren, sie auch Schlechtes getan haben müssen. In diesem Weltbild werden Krankheiten oder Schicksalsschläge dann als Konsequenz des eigenen Handelns gedeutet. Und wer sich hier an das Karma-Konzept erinnert fühlt, der liegt gar nicht so falsch.[11]

Die Psychologinnen Outi Lillqvist und Marjaana Lindeman kamen zu dem Ergebnis, dass der Glaube an Astrologie eine Strategie sein kann, um mit negativen Erfahrungen umzugehen.[12] Auch die Psychologin Claudia Barth bestätigt diese Annahme anhand einer Untersuchung, die zeigte, dass sich insbesondere solche Menschen der Esoterik zuwenden, die zwar vieles in ihrem Leben erreicht hatten, aber dann irgendwo gescheitert sind: »Ich denke da zum Beispiel an eine Frau, die sehr erfolgreich auf Management-Ebene tätig war und den Aufstieg in den Vorstand nur knapp verpasste. An diesem Punkt, als sie nicht mehr weiterkam, wendete sie sich verstärkt esoterischen Ideen zu. Diese boten ihr Erklärungen für ihr Scheitern, und zwar durch ihre angenommenen vorherigen Leben. Die Esoterik bietet Möglichkeiten, zu erklären, was warum passiert ist, und das Passierte anzunehmen, ohne dabei mit der Umwelt in Konflikt zu kommen. Das ist eine Form von Sinngebung und Anleitung zur inneren Neustrukturierung.«[13]

Tatsächlich kann der Glaube an Übersinnliches ähnliche psychologische Funktionen erfüllen wie der Glaube an Verschwörungen. Wenn Menschen einen Kontrollverlust in ihrem Leben erleiden, bietet eine durch unsichtbare Kräfte geordnete Welt Struktur und reduziert Stress.[14] Das zeigte auch eine Untersuchung der Wissenschaftlerin Katharine Greenaway. In der Studie ging es darum, ob Menschen, wenn sie einen Kontrollverlust erlebten, eher daran glaubten, dass der Krake Paul 2010 in der Lage gewesen sei, die Gewinner der Fußball-Weltmeisterschaft vorherzusagen. Paul war dadurch bekannt geworden, dass er den Ausgang der Spiele der deutschen Nationalmannschaft mehrfach korrekt tippte. Der eine Teil der Versuchspersonen wurde in der Studie gebeten, sich an ein Erlebnis zu erinnern, über das sie keine Kontrolle hatten, während die andere Gruppe gebeten wurde, sich an einen Moment in ihrem Leben zu erinnern, den sie kontrollieren konnten. Das Ergebnis: In der

Gruppe derer, die einen Kontrollverlust durchleben mussten, waren 40 Prozent davon überzeugt, dass Paul wirklich hellseherische Qualitäten hatte, während in der anderen Gruppe nur 5 Prozent an die Kompetenz des Orakeltiers glaubten.[15]

Szenenwechsel: Es ist 11 Uhr, und eine warme Herbstsonne taucht die Straßen in ein goldenes Licht. Vor einem beschaulichen Haus im Berliner Bezirk Wilmersdorf hat sich eine respektable Schlange gebildet. Wir sind bei einer Esoterikmesse. Die Menschen, die dort geduldig ausharren, könnte man guten Gewissens als Querschnitt der Gesellschaft beschreiben. Alle Altersgruppen sind vertreten. Einige sind sogar mit ihren Kindern gekommen. Das Programm verspricht mit rund 80 Ausstellern und 100 Vorträgen nicht langweilig zu werden. Dort treffen wir auf eine auf uns skurril wirkende Parallelwelt. Rund »400 Kristalle für Gesundheitsprophylaxe (bei Bedarf individuell gechannelt)« werden an einem Stand ganz in der Ecke des Saals feilgeboten. Ein älterer Mann lächelt uns freundlich an. Interessiert studieren wir die bunten Steine in den kleinen, abgenutzt wirkenden Plastikschälchen. »Bei meiner Tante wurden Metastasen festgestellt«, lügt eine von uns mit betont betroffenem Gesicht. »Haben Sie da etwas für mich?« Der Mann greift zielstrebig zu einer Schale mit rosa Steinen. »Das hilft ausgezeichnet bei Krebs. Wir haben da ganz tolle Rückmeldungen von Kunden bekommen. Einfach in einen Beutel packen und am Körper behalten. Es dauert allerdings etwas, bis die Wirkung eintritt. Wenn jemand schon im Krankenhaus liegt, dann muss er etwas mehr Geduld haben.« Schockiert starren wir zunächst auf den Mann und dann auf die winzigen Steine. »Wie teuer ist das denn?« Er mustert uns. »18 Euro das Gramm. Ich brauche ein Foto der Person, dann kann ich schätzen, wie viel Gramm Sie brauchen.« An dem Stand gibt es auch Steine, die gegen Aids helfen sollen. Mit einem verlegenen Murmeln, man müsse erst noch einmal zur Bank, kehren wir dem Stand den Rücken. Der Reaktion des Verkäufers kann man entnehmen, dass er den Satz heute nicht zum ersten Mal hört – und sich sehr sicher ist, dass wir wiederkommen werden.

Ein paar Stände weiter lässt sich ein Mann mittleren Alters mit Halbglatze umringt von Schaulustigen seine Rückenprobleme durch Handlauflegen behandeln. Etwas weiter, in einem mit Tüchern provisorisch abgehängten Separee, sitzt eine ältere Dame auf einem Stuhl. Ein Mann hockt ihr gegenüber. Beide scheinen trotz des geschäftigen Trubels um sie herum tief in eine Art Trance versunken zu sein, ihre Augen sind geschlossen. Mit der rechten Hand streicht der Mann immer wieder behutsam über die Hand der Frau, mit der anderen Hand hält er einen großen Holzstab umklammert. Ein großes Plakat in grellen Farben verrät, was sich dort abspielt. Der selbst ernannte Heiler verspricht, mittels Energieübertragung chronische Schmerzen lindern zu können. Gleich nebenan sitzt ein eher gelangweilt dreinschauendes Medium mit rotbraunen Haaren und auffällig gestylten Augenbrauen an einem Tisch und wartet auf Kundschaft. Was auf uns äußerst skurril wirkt, scheint für die anderen Besucher vollkommen normal zu sein. An den Ständen der Aussteller werden wir über die preislichen Konditionen für »Chakra-Reinigung«, »Quantenheilung« und die Preise für ein Gespräch mit Verstorbenen aufgeklärt. Die Kosten für ein Foto der eigenen »Aura« bewegen sich zwischen 15 und 30 Euro, »Anti-Aging-Stimmgabeln« fangen bei 10 Euro an, »Schwingungskosmetik« mit der »Essenz: magisch« ist hingegen deutlich teurer. Für 175 Euro können Besucher ein Set aus merkwürdig anmutenden Instrumenten erstehen, mit denen man sich bei Bedarf über die Haut rollen kann. Angeblich soll so das Chi wieder ins Gleichgewicht gebracht werden. Wir beobachten eine Mutter, wie sie ein Gerät an ihrem minderjährigen

Sohn ausprobiert. Vielleicht wird sie ihm später einen »energetisch behandelten« Teddybären für 47 Euro kaufen. Die sollen unter anderem gegen Hyperaktivität und Depressionen helfen.

Je länger wir über die Esoterikmesse schlendern, desto stärker macht sich bei uns ein flaues Gefühl im Magen breit. Denn eigentlich sehen die anderen Besucher gar nicht so »merkwürdig« aus – es sind ganz normale Leute. Wir beobachten ältere Damen, Studenten und Eltern mit ihren Kindern. Natürlich sind derartige Veranstaltungen kurios, aber was hat das mit dem Thema dieses Buchs zu tun, mag sich manch einer nun vielleicht fragen. Neben ihrer kommerziellen Funktion wirken solche Events auch als Multiplikatoren für zahlreiche Verschwörungsmythen. So unterschiedlich die hier vertretenen Anbieter auch sein mögen, einig sind sich nicht wenige darin, dass wir alle systematisch belogen werden.

Wir beschließen, uns noch tiefer in die Höhle des Löwen vorzuwagen, und setzen uns kurzerhand bei einem Vortrag über die angeblichen Gefahren des Impfens in die vorletzte Reihe. Was wir dann erleben, lässt uns sprachlos und auch nachhaltig schockiert zurück. Der in die Jahre gekommene Referent, selbst praktizierender Arzt, springt zunächst wild von einem Thema zum anderen, und irgendwo zwischen Tarot, Alchemie und wüsten Tiraden über die »Schulmedizin« haben wir den Faden verloren. Uns wird mitgeteilt, Impfungen zerstörten angeblich die »spirituelle Aura«, wodurch Homöopathie nicht mehr wirken könne. Als er den Moderator Jan Böhmermann aufgrund seiner Homöopathie-Kritik als »spirituell niederträchtig« beschimpft, geht ein zustimmendes Raunen durch den Saal. Ebenso als es heißt, »die Medien« seien für die geistige Vergiftung der Menschen verantwortlich und Reporter ohne Grenzen müssten in »Reporter ohne Gewissen« umbenannt werden. Je länger er redet, desto mehr entgleitet ihm das eigentliche Thema des Vortrags. Niemand scheint sich zu fragen, was ausführliche Erörterungen über aus seiner Sicht zu wenig »typisch deutsch« aussehende Menschen auf Plakaten der Deutschen Bahn in einem Vortrag übers Impfen verloren haben. Das wirklich Gruselige an der Veranstaltung ist jedoch nicht der Redner, sondern sein Publikum. Für die gebannt lauschenden Anwesenden scheint das alles irgendwie zusammenzuhängen. Als der Referent sagt, dass Menschen, die die gleichgeschlechtliche Ehe befürworten, sich auf einer »spirituellen Ebene« mit Schnecken und Würmern befänden, lacht der ganze Saal. Auch Aussagen zu einer angeblich geplanten »Bevölkerungsreduktion« nehmen die Zuhörer kritiklos und geradezu wissbegierig auf. Der Mediziner lässt diese außerdem wissen, Asthma würde bei Kindern in der Regel durch versteckte Aggressionen der Mutter gegen das Kind verursacht. Danach ist das Thema Klimaschutz dran, und der Referent gibt sich höchst erbost über ein drohendes Dieselverbot – schließlich habe er selbst nachweisen können, dass Elektroautos ein gefährliches Magnetfeld verursachen. Wir sind einfach nur fassungslos angesichts immer neuer und noch verrückterer Aussagen. Zwischendurch heißt es außerdem, die AfD werde zu Unrecht als rechts verteufelt. Als wir den Saal verlassen, haben wir irgendwie das Gefühl, zu lange in einen Abgrund geblickt zu haben.

Wie kommt es, dass auf einer Esoterikmesse zwischen Hellsehern und Heilern plötzlich rassistisches und menschenfeindliches Gedankengut verbreitet wird? Hierzu lohnt es sich, einen Blick in die Geschichte der Esoterik zu werfen. Der Begriff Esoterik entstammt dem Altgriechischen und bedeutet so viel wie »nach innen gerichtet«. Die Verquickung von esoterischen Inhalten und Menschenfeindlichkeit ist keineswegs neu. Als eine der Vorreiterinnen der modernen westeuropäischen Esoterik gilt die russische Okkultistin und Begründerin der Theosophie, Helena Petrovna Blavatsky. Zu ihren Hauptwerken zählte das

1888 veröffentlichte Buch *Die Geheimlehre*, ein Konglomerat aus Kosmologie, Buddhismus, Hinduismus und anderen Weltanschauungen. In dem über 1.800 Seiten umfassenden Werk verbreitete Blavatsky auch ihre sogenannte Wurzelrassen-Lehre, nach der es eine kosmische Evolution von insgesamt sieben »Menschenrassen« geben soll. Die erste Wurzelrasse soll körper- und geschlechtslos sein und hat sich angeblich aus der Welt zurückgezogen. Erst nach dem Untergang von Atlantis soll sich laut Blavatsky auf der »fünften Stufe« der Arier herausgebildet haben. Zu dessen Unterrassen zählte sie alle germanisch-nordischen Rassen, also auch Germanen, Kelten und Slawen. Diesem rassistischen Weltbild zufolge waren Juden ein »abnormes und unnatürliches Bindeglied zwischen der vierten und fünften Wurzelrasse«,[16] und die Ausrottung indigener Gruppen war laut Blavatsky eine »karmische Notwendigkeit«.

1879 wurde in Hamburg die Blavatskys Lehre folgende deutsche Theosophische Gesellschaft gegründet, und 1896 gab es bereits acht theosophische Logen im ganzen Land. In den folgenden Jahren kam es allerdings zu immer mehr ideologischen Richtungskämpfen und machtpolitischen Konflikten innerhalb der Theosophie. Der Streit mündete in zwei neuen Strömungen: der Anthroposophie und der Ariosophie. Als Ariosophie wurde eine »Lehre« bezeichnet, die die Esoterik der Theosophie mit dem Rassedenken des späten neunzehnten Jahrhunderts verband. Die Anthroposophie war dagegen als Kritik an dem fehlenden Einbezug christlicher Werte aus der Theosophie entstanden. In Deutschland wurde die Anthroposophie insbesondere durch Rudolf Steiner und den Aufbau von Waldorfschulen schnell populär. Steiner wurde zunächst von dem Direktor der Waldorf-Astoria-Zigarettenfabrik gebeten, eine Schule für die Kinder der in der Fabrik angestellten Arbeiter zu betreuen. Diese wurde dann zum Modell für alle späteren Waldorfschulen. Während der

NS-Zeit wurden diese Schulen nach und nach geschlossen. Erst nach Kriegsende kam es wieder zu verschiedenen Neugründungen. Heute gibt es allein in Deutschland laut dem Bund der Freien Waldorfschulen 249 Schulen und 87.765 Waldorfschüler. Aufgrund des alternativen Lehrkonzepts und der Förderung von künstlerischen Fähigkeiten sind die Schulen insbesondere bei Eltern mit höherem Bildungsabschluss sehr beliebt.[17]

Vielen ist allerdings nicht bewusst, dass auch Rudolf Steiner seine Thesen auf der rassistischen Wurzelrassenlehre aufbaute. Der Wissenschaftler Peter Staudenmaier fasst Steiners Weltsicht wie folgt zusammen: »Ausgehend von Blavatskys entwicklungstheoretischem Ansatz baute Steiner eine Evolutionslehre der Völker- und Rassengruppen auf, wonach die menschliche Seele durch aufeinanderfolgende Verkörperungen in immer ›höheren‹ Rassen geistig wie leiblich fortschreitet.«[18] Steiner unterschied dabei Menschen nach ihrer Hautfarbe und assoziierte im Rahmen seines ›kosmologischen Determinismus‹ die »weiße Rasse« mit dem »Denkleben« oder »gelbe Rasse« mit dem »Gefühlsleben«. Insbesondere schwarze Menschen wurden in seinem Weltbild abgewertet und stigmatisiert.

Rudolf Steiner glaubte außerdem daran, dass Menschen wiedergeboren werden. Gemäß Steiner sollen auch sogenannte »Heuschreckenmenschen« existieren, also Menschen, die keiner Reinkarnation unterliegen und »ich-los« sind. Als junger Mann verbreitete er Verschwörungsmythen und finanzierte laut Recherchen des *Deutschlandfunks* »verschwörungstheoretische Schriften, die den Juden die Kriegsschuld gaben, mit«.[19] Seine rassistischen Unterteilungen von Menschen führten immer wieder zu Diskussionen über das Weltbild von Steiner – insbesondere in Bezug auf die Lehre in Waldorfschulen. Die holländische Anthroposophische Gesellschaft reagierte 1996 auf die Rassismus- und Antisemitismusvorwürfe und gab eine Untersuchung von Steiners Gesamtwerk *Anthroposophie und die Frage der Rassen* in Auftrag. Die Fachkommission kam zu dem Schluss, dass 62 Stellen zu beanstanden seien und zwölf Zitate heute sogar strafrechtliche Relevanz hätten – diese seien aber für das Gesamtwerk nur »von untergeordneter Bedeutung«.[20] Das Gutachten führte vielfach zu kritischen Reaktionen. Laut der Kulturwissenschaftlerin und Gender-Forscherin Jana Husmann ist Steiner zwar kein »rassistischer und antisemitischer Scharfmacher« gewesen, dennoch könnten seine »problematischen Thesen zum Judentum und zu Menschenrassen […] aber nicht durch den historischen Zeitgeist relativiert« werden. In einem Interview mit der GEW Bremen fasste André Sebastiani, Autor des Buches *Anthroposophie: Eine kurze Kritik*, die Ideologie Steiners und die Auswirkungen von Steiners Denken bis in die heutige Zeit wie folgt zusammen: »Das ganze Gebäude der Anthroposophie ist nach links wie auch nach rechts anschlussfähig. Eine These meines Buches ist, dass das Bindeglied im verschwörungstheoretischen Denken liegt. Schon bei Steiner ist die Wirklichkeit bloßer Schauplatz von dahinterliegenden geistigen Mächten, es gibt eine ›Hinterwelt‹, in die dann Verschiedenes hineininterpretiert werden kann.«[21]

Verschwörungserzählungen fallen auch heute noch in der anthroposophischen Szene auf fruchtbaren Boden. Besonders deutlich wird das beim Thema Impfen, denn Impfgegner sind hier besonders häufig anzutreffen, und bei nicht wenigen ist ein Glaube an Verschwörungsmythen erkennbar. Waldorfschulen standen bereits mehrfach im Zentrum von Masernepidemien. Eine Studie aus dem *Journal of Infectious Diseases* konnte sogar zeigen, dass sechs der neun größeren Masernausbrüche in Deutschland, Österreich und der Schweiz zwischen 2005 und 2009 an Waldorf- oder Montessori-Schulen und -Kindergärten aufgetreten waren.[22] Im Jahr 2013 kam es beispielsweise zu einer Masernerkrankung einer Schülerin an einer Waldorfschule im Rhein-Erft-Kreis in Nordrhein-Westfalen. Sie steckte ihre drei älteren Geschwister an, die wiederum weitere Schüler der Waldorfschule infizierten. Insgesamt erkrankten bei diesem Ausbruch 54 Personen, die meisten davon Schüler im Alter zwischen fünf und 19 Jahren. Das Gesundheitsamt untersuchte daraufhin den Impfstatus der Schüler und Lehrer vor Ort und stellte dabei fest, dass nur 25 Prozent der rund 400 Schüler ausreichenden Impfschutz hatten. Da auch die Lehrer nicht ausreichend immunisiert waren, musste die Schule für einige Tage geschlossen werden.[23]

Eltern von Waldorfschülern sind häufig besonders kritisch gegenüber Impfungen eingestellt. Die britische Gesundheitsbehörde Public Health England stufte Anhänger der anthroposophischen Glaubenslehre Steiners sogar explizit als Bevölkerungsgruppe mit besonders geringem Impfschutz ein. Das Fernsehmagazin *Kontraste* interviewte einen Vater, dessen Kind auf eine Waldorfschule geht. Dieser Vater meint, dass man heute nicht so tun solle, »als ob da Ebola ausgebrochen ist«, es seien »lediglich Masern«. Er selbst habe schließlich auch Masern gehabt. »Das war einfach schwierig, und es war auch, es hat auch was Schönes! Ich meine, es ist auch eine Erfahrung!«[24] Die ablehnende Haltung gegenüber Masernimpfungen in diesem Umfeld ist kein Zufall, sondern tief in der Gedankenwelt der Anthroposophie verankert. Die Gesellschaft Anthroposophischer Ärzte in Deutschland hat ein Merkblatt zum Thema Masern herausgegeben. Dort heißt es, dass »aufmerksame Eltern« bei Masernerkrankungen ihrer Kinder »oft eine tiefgreifende Reifung ihres Kindes« erleben würden.[25] Der anthroposophische Kinderarzt René Madeleyn schrieb in einem Interview mit dem Fernsehmagazin *Kontraste* dem Masernfieber sogar entwicklungsfördernde Kräfte zu. Seiner Meinung nach werde durch

Masern »aus einem schüchternen Kind ein selbstbewussteres Kind«. Das Problem an solchen Aussagen ist, dass es sich bei Masern keineswegs um eine Erkrankung handelt, die man auf die leichte Schulter nehmen sollte. Die Krankheit ist hochansteckend, führt zu lang anhaltendem hohen Fieber und kann einen tödlichen Verlauf nehmen. Insbesondere an Masern erkrankte Kleinkinder weisen ein deutlich höheres Risiko auf, später an einer tödlichen Gehirnhautentzündung zu erkranken.

Waldorfschulen und die Anthroposophie waren aber nicht die einzigen Einflüsse zu Beginn des zwanzigsten Jahrhunderts, die sich mit Mystik und Esoterik befassten. In der ersten Hälfte des zwanzigsten Jahrhunderts bekamen völkische Bewegungen, die ein Leben im Einklang mit der Natur propagierten, großen Auftrieb. Zwar wurden die Anthroposophie und die Waldorfschulen während des Nationalsozialismus erst beobachtet und dann ab 1941 verboten, dennoch waren esoterische Ansichten während dieser Zeit durchaus verbreitet. So ging der Hitler-Stellvertreter Rudolf Heß regelmäßig zu Astrologen, Magnetheilern oder Hellsehern, während Heinrich Himmler, Reichsführer der SS, sich eher für Okkultismus interessierte. Naturheilkunde und Esoterik wurden gegenüber der »jüdischen Schulmedizin« als überlegen angesehen.

Auch heute spielen esoterische Ideen weiterhin eine große Rolle. Das macht sich auch an ganz ungewöhnlichen Stellen bemerkbar. Unter den Bewerbern für das durch das Bundesministerium für Forschung und Bildung geförderte Dresdner Projekt »Zukunftsstadt« befand sich 2018 auch ein Projekt namens »Nachhaltige Gartenland-Hof-Siedlung im urbanen Raum«. Das Projekt wollte Flächen schaffen für Natur und Landschaft sowie für Familien, die sich selbst versorgen wollen. Es ging um Selbstversorgung und Versorgung der umliegenden Dörfer mit hochwertigen, nachhaltig produzierten Lebensmitteln, um die

Wiederbelebung des ländlichen Raumes. »Ein Ring aus Naturgartendörfern um die Stadt verwandelt ausgeräumte und vergiftete Agrarwüsten in blühende Lebensräume. Biologische Lebensmittel können dank Humusaufbau und Baumpflanzungen in der Region in fruchtbaren und lebendigen Gärten wachsen«, formulierte es laut der *Sächsischen Zeitung* »Lebensraum e.V. in Sachsen« auf seiner Homepage. Klingt doch super, oder? Ein wenig Selbstversorger-Hippie-Traum? Und vielleicht auch eine Antwort auf die Klimakrise? Sind solche Projekte nicht genau jetzt notwendig? Wer kann das nicht fördern wollen? Es lohnt sich hierbei allerdings, einen Blick hinter die Fassade zu werfen. Die Verantwortlichen hinter diesem alternativen Lebenstraum heißen Robert Köhn und David John. Schaut man sich die beiden so an, sieht man etwas verhuscht wirkende Hippies, die man sich gut irgendwo Kartoffeln anbauend vorstellen kann. Ganz so einfach stellt sich die Situation bei genauerer Betrachtung allerdings nicht dar. Köhn ist nämlich kein harmloser Idealist, sondern war bis 2016 »Vertreter der administrativen Regierung des Bundesstaats Sachsen«. Mit anderen Worten: Er war Reichsbürger.[26] Deutschland war für ihn kein souveräner Staat, in seiner Welt galten die Grenzen des deutschen Kaiserreichs. Und wer sich jetzt fragt, ob Köhn denn vielleicht mittlerweile geläutert sei und versucht, frühere Verfehlungen durch den Aufbau einer besseren Welt wettzumachen, dem sei gesagt: mitnichten. Dieses Selbstversorgerprojekt, das sich da um die Förderung beworben hatte, hängt nämlich der sogenannten Anastasia-Bewegung an.

Wer ist nun wieder die Anastasia-Bewegung, mag sich nun manch einer fragen, dem die Übersicht im Sumpf der braunen Verschwörungsideologien vielleicht ein wenig verloren gegangen ist. Die Anastasia-Bewegung entstand 1997 in Zentralrussland und wurde durch den Autor Wladimir Megre begründet.

Sie wird in Deutschland den rechtsextremen Siedlern zugerechnet. Megre wuchs im Dorf Kuznichi in der heutigen Ukraine auf. Die meiste Zeit seiner Kindheit verbrachte er bei seiner Großmutter, einer angeblichen »Dorfheilerin«. Megre verließ sein Zuhause mit 16 Jahren und zog nach Nowosibirsk. Die Zeit der Perestroika und des anschließenden Zusammenbruchs der UdSSR nutzte er, um eine unternehmerische Karriere zu starten. Ende der 1980er-Jahre wurde er Präsident der Interregionalen Vereinigung der sibirischen Unternehmer und pachtete zwischen 1994 und 1995 eine Flotte von Flussdampfern. Kurz darauf, nämlich 1996, veröffentlichte Megre den ersten von zehn Bänden der Buchreihe *Die klingenden Zedern Russlands*. Darin beschreibt er weitschweifig, wie er 1994 angeblich auf ein Wesen namens Anastasia trifft, die einsam in der Wildnis in der russischen Taiga leben soll. Anastasia werden übermenschliche Kräfte zugeschrieben, und sie wird in Megres Büchern zum Vorbild eines »guten Lebens«. Bei Anastasia handelt es sich um eine junge Frau, die einem »arischen Ideal« schon sehr nahekommt. Blond, gesund, gebärwillig, einem traditionellen Rollenbild verpflichtet und Reinheit verkörpernd. Die Buchcover sind entsprechend gestaltet mit ihr in einem kurzen weißen Kleid, in Einheit mit der Natur.

Für die Anhänger Megres bilden *Die klingenden Zedern Russlands* das Fundament ihrer Ideologie, und sie befolgen die dort gegebenen Anweisungen zum Aufbau von sogenannten Familienlandsitzen. Diese dienen als Grundlage der Bewegung für ein autarkes Leben im Sinne »Anastasias« bzw. eigentlich Megres. Es ist an dieser Stelle wichtig zu verstehen, dass es sich bei den Anastasia-Anhängern nicht um eine verschwindend kleine Gruppe handelt. Allein in Russland soll es über 370 dieser Familienlandsitze geben. Die Bewegung wird von Experten als »größte sektiererische Bewegung, die jemals im russischen

Raum entstanden ist« bezeichnet. Mehrere russische Lokalregierungen haben bereits kostenlos Land für die Gründung von Familienlandsitzen in schwach besiedelten Regionen zur Verfügung gestellt. In Deutschland geht man aktuell von siebzehn Standorten aus, an denen Mitglieder der Anastasia-Gruppierung leben, und auch in der Schweiz und Österreich soll es mehrere Landfamiliensitze geben.[27]

Die Gruppe propagiert dabei ein offen-antisemitisches Weltbild, wie der sechste Band der Buchreihe, *Das Wissen der Ahnen,* belegt. Dort steht etwa geschrieben, jüdische Priester würden die Welt regieren. Es heißt, dass Juden »programmiert« seien und dementsprechend wie »biologische Roboter« funktionieren würden. Jesus habe allerdings die »Kodierung« der Juden erkannt und könnte dem daher etwas entgegensetzen. Hier begegnet uns somit der klassische Mythos der jüdischen Weltverschwörung, der sich auch in vielen anderen rechtsextremen Bewegungen wiederfindet. Daneben stößt man auch auf direkte Relativierungen des Holocausts. Megre schreibt etwa, dass Juden selbst Schuld tragen würden am Holocaust und Verfolgungen, da sie immer wieder »Verschwörungen gegen die Macht« anzetteln und alle betrügen würden. Laut seinem Weltbild würden Juden angeblich die Armen berauben und versuchen, Reiche zu ruinieren. Bestätigt sieht Megre dies in der angeblichen »Tatsache«, dass »viele Juden wohlhabend« seien und »sogar auf die Regierung Einfluss nehmen« würden.

In Deutschland wird die Bewegung mittlerweile vom Verfassungsschutz beobachtet. Das Gefährliche an Anastasia ist, dass die dezentral organisierte Gruppe es im Gegensatz zu anderen Akteuren in der extremen Rechten geschafft hat, zumindest auf lokaler Ebene bis in die Mitte der Gesellschaft hinein zu strahlen. Mitglieder der Anastasia-Gruppierung suchen sich bei der Planung von Familiensitzen gezielt Regionen aus, die massiv von

Landflucht betroffen sind. Dort werden Immobilien aufgekauft und neue soziale Infrastrukturen geschaffen. Eine zentrale Strategie der Mitglieder ist dabei, die eigene, oftmals rechtsextreme Verschwörungsideologie nicht nach außen durchdringen zu lassen. Dies wird auf Gruppentreffen auch explizit so gesagt, wie beispielsweise auf Bildmaterial des Fernsehmagazins *Kontraste* zu sehen ist. Aufgrund des unscheinbaren Auftretens werden Anastasia-Gruppen in den Ortschaften oftmals geduldet oder sogar willkommen geheißen. Sie versprechen Schulen, Kinderbetreuung und soziale Events in Gegenden, die von Politik und Gesellschaft längst vergessen wurden.[28]

Wie gut diese Strategie aufgeht, zeigte sich auch bei der Bewerbung des eingangs geschilderten Projekts beim Förderprogramm Zukunftsstadt Dresden. Die Verantwortlichen bei der Dresdner Stadtverwaltung wiesen erst nach Presseberichten über den problematischen Background der Bewerber darauf hin, dass Bewerbungen aus derartigen Kreisen zwar »nicht erwünscht« seien. Allerdings hieß es auch, die Siegerprojekte würden nun einmal über ein Online-Voting ermittelt. Bei der Konzeption des Förderwettbewerbs hatte anscheinend niemand auf dem Schirm gehabt, dass sich eben auch Sekten und Rechtsextreme auf derartige Gelder bewerben könnten.

Von außen wird die sektenähnliche Gruppe oft als »Retter« von verlassenen und vergessenen Gebieten wahrgenommen, als Gruppe, die eine Antwort auf Konsumdenken und Klimawandel gefunden zu haben scheint. Das wird an verschiedenen Stellen deutlich. So hieß es beispielsweise noch 2016 in der *Märkischen Allgemeinen* vollkommen unkritisch über einen Familienlandsitz in Brandenburg: »23 Hektar Land hat die Europäische wirtschaftliche Interessengemeinschaft Goldenes Grabow erwerben können. Die idealistische Initiative arbeitet an einer neuen ökologisch und familienorientierten Gemeinschaftsform und daran, dass die Dörfer im Bewusstsein wieder den hohen Stellenwert bekommen, den sie eigentlich haben.«[29] Die Verantwortlichen für das Anastasia-Projekt, Iris und Markus Krause, haben allerdings enge Verbindungen ins rechtsextreme Milieu und scheuen auch selbst nicht davor zurück, offen rassistisch und antisemitisch aufzutreten. Die schweizerische Fachstelle InfoSekta urteilte über Anastasia wie folgt: »Personelle Überschneidungen mit und Beziehungen zu verschwörungstheoretischen oder rechten Gruppen sind nicht zufällig, sondern hängen mit dem System zusammen.«[30]

Esoterische Themen werden von außen oft belächelt und als Spinnereien für Gutgläubige abgetan. Auch wenn der Besuch von Schwingungsseminaren oder Handlesekursen oft harmlos wirken mag, kann das einen Einstieg für Radikalisierung bilden, an deren Ende womöglich Sekten oder rechtsextreme Gruppen stehen können, die zutiefst menschenfeindliche Verschwörungserzählungen verbreiten. Die Anschlussfähigkeit von Esoterik für derartiges Denken begründet sich vor allem in einer grundlegenden Überschneidung zentraler Glaubenssätze. Sowohl in der Esoterik als auch bei Verschwörungsideologien wird die Welt in Schwarz und Weiß, Gut und Böse eingeteilt. Matthias Pöhlmann, Beauftragter für Sekten- und Weltanschauungsfragen der Evangelisch-Lutherischen Kirche in Bayern, sagte in einem Gespräch mit der *Zeit* über das generelle Gefahrenpotenzial der Esoterikszene: »Die Situation wirkt für mich wie damals bei den Reichsbürgern. Man hat die bis zur Tötung eines Polizisten 2016 völlig unterschätzt. Esoterik wird zum trojanischen Pferd für Rechtsextremismus, Verschwörungsglauben und Antisemitismus. Das Wut- und Hasspotenzial in dieser Szene ist erschreckend.«[31]

Kapitel 11: Wir sind die Guten?
Verschwörungsmythen in linken Kreisen

Wenn über Verschwörungsmythen diskutiert wird, liegt der Fokus meist auf rechtsextremen Gruppen und Phänomenen. Das gilt auch für dieses Buch. Es ist aber wichtig zu verstehen: Verschwörungserzählungen finden sich nicht nur am rechten Rand, sondern überall, auch in der sogenannten Mitte der Gesellschaft, bei Minoritäten und eben auch im linken politischen Spektrum. Auch wir haben das schon öfter mitbekommen. Da wird uns auf einem antirassistischen Festival von einem Hippie erzählt, dass Antisemitismus ja nicht so schlimm sei, weil Juden die Welt beherrschen würden, oder scheinbar »alternative« Technojünger ereifern sich darüber, welche Gefahren von Chemtrails ausgehen. Der überzogene Glaube an Verschwörungen ist also kein Alleinstellungsmerkmal der extremen Rechten. Auch in linken Strukturen gibt es eine gewisse Anfälligkeit dafür, oft angelegt in verkürzter Kapitalismuskritik und einer Fokussierung auf »die Herrschenden«, »die Eliten« oder »die Großmächte«. Laut dem Amerikanisten Michael Butter sind Verschwörungsmythen auch in linken Strukturen anzutreffen, allerdings »sicher nicht so ausgeprägt wie im rechten politischen Spektrum. [....] Mal geht es um subversive Kräfte aus dem Aus- und Inland, mal um eine Verschwörung des Großkapitals. Oder diskutieren Sie mal hier im linksintellektuellen Tübingen auf Spielplätzen über die Notwendigkeit von Impfungen!«[1]

Bereits zu Zeiten der Sowjetunion waren Verschwörungserzählungen weit verbreitet und wurden teilweise sogar gezielt zur politischen Mobilisierung gegen den verhassten Imperialismus eingesetzt.[2] Eine der eher haarsträubenden Verschwörungserzählungen aus dieser Zeit ist der »Amikäfer«. Im Frühling 1950 bemerkte der sächsische Bauer Max Tröger zwei Flugzeuge am Himmel, die aus dem Westen kommen mussten. Kurze Zeit später war sein Acker voll von Kartoffelkäfern. An anderen Orten in der DDR machten Bauern ähnliche Beobachtungen. Zwei Wochen später gab es auch in Thüringen plötzlich eine Kartoffelkäferplage, nachdem vorher angeblich westliche Flugzeuge gesichtet worden waren.[3] Laut der Regierung in Ost-Berlin handelte es sich bei der Schädlingsplage um ein vollkommen neues Phänomen, wenngleich in Wahrheit zu dieser Zeit bereits fast die Hälfte der landwirtschaftlichen Anbaufläche befallen war. So hieß es dann, dass die »Feststellung über das Auftauchen amerikanischer Flugzeuge« nur den Schluss zulasse, dass »Kartoffelkäfer abgeworfen worden« seien. Es wurde eine Kampagne seitens der Regierung gestartet, um vor den »Kriegsplänen der Imperialisten« zu warnen. Auch das Amt für Information in Thüringen gab 1950 ein Plakat heraus, das die Kartoffelkäfer-Verschwörung verbreitete. Diese Erzählung wurde gezielt genutzt, um antiamerikanische Propaganda im Kalten Krieg zu verbreiten und von Verfehlungen der eigenen Regierung abzulenken. Nicht nur in der DDR, sondern auch in anderen Sowjet-Staaten fand diese Idee Anhänger. So hieß es laut Recherchen des *Neuen Deutschland* 1950 in der polnischen Tageszeitung *Trybuna Ludu*: »Mit dem Abwurf großer Mengen von Kartoffelkäfern haben die Amerikaner erneut ein sprechendes Beispiel für das Barbarentum gegeben, das einen untrennbaren Bestandteil jeder Aggressionspolitik darstellt.«[4] Laut der Zeitung *Die Zeit* hatte der Kreml damit »ein neues Requisit auf die Bühne des Kalten Krieges geschoben: den Kartoffelkäfer. [...] Moskau hat wieder einmal zwei Fliegen mit einer Klappe geschlagen. Es kann seine Untergebenen beruhigt hungern lassen, schuld ist ja nicht die bolschewistische Wirtschaft, schuld sind ›die sechsbeinigen Botschafter von Wallstreet‹.«[5]

Die Kartoffelkäferverschwörung klingt wie ein absurdes Relikt aus vergangenen Tagen. Heutzutage sieht das natürlich etwas anders aus. Wie Verschwörungsideologen versuchen, linke Proteste für die Verbreitung ihrer Ideologie zu nutzen, ließ sich gut bei der US-amerikanischen Occupy-Wallstreet-Bewegung im Jahr 2011 beobachten. Mit ihrem Slogan »Wir sind die 99 Prozent« wollte die Protestbewegung in den Nachwehen der großen Finanzkrise von 2007 auf die wachsende Ungleichheit in der Gesellschaft aufmerksam machen. Die vor allem von jungen Menschen getragene Bewegung errichtete in einem Park in der Nähe der Wall Street ein permanentes Camp und forderte eine stärkere Regulierung der Banken. Schnell bildeten sich weltweit Ableger der Occupy-Bewegung. Auch in Deutschland gingen mehrere Zehntausend Menschen auf die Straße. Vor den Türen der HSH-Nordbank in Hamburg wurde ein Protestcamp errichtet, und in Frankfurt am Main gab es Demos vor der Europäischen Zentralbank. Verschiedene Politiker wie Klaus Ernst, Sahra Wagenknecht, Oskar Lafontaine, Andrea Nahles und der damalige Vorsitzende des Deutschen Gewerkschaftsbundes, Michael Sommer, solidarisierten sich mit den Protesten. Gerade bei führungslosen und chaotisch organisierten Bewegungen mit großer öffentlicher Aufmerksamkeit wittern allerdings stets auch Verschwörungsideologen die Möglichkeit, auf den fahrenden Zug mit aufzuspringen. Obwohl in den meisten Städten wohl nur eine kleine Minderheit derartige Ansichten vertreten haben mag, haben sie es doch immer wieder geschafft, die Aufmerksamkeit der

Presse auf sich und ihre Statements zu ziehen – sehr zum Leidwesen vieler Occupy-Anhänger. Bei einem der Proteste in den USA wurden etwa Plakate gesichtet mit Slogans wie »Google: Zionisten kontrollieren Wall Street« und »Google: Jüdische Milliardäre«. Die Sprecher der Proteste in New York haben sich von derartigen antisemitischen Statements entschieden distanziert. Fälle wie diese zeigen vor allem, wie wichtig es ist, dass sich Protestbewegungen möglichst frühzeitig damit auseinandersetzen, wie sie mit Verschwörungsideologen, die bei ihren Veranstaltungen auftauchen, umgehen wollen, und dass es hierbei eine klare gemeinsame Linie gibt, die von der ganzen Bewegung mitgetragen wird. Darüber hinaus sollte nicht versäumt werden, das eigene Weltbild auf Anschlussfähigkeit zu problematischen Positionen zu hinterfragen.

Auch in Deutschland mischten sich bei Occupy-Protesten Verschwörungsgläubige unter die Demonstranten. Beispielsweise tauchten Plakate auf, die besagten, beim Terroranschlag vom 11. September 2001 handele es sich um ein Komplott der US-Regierung. Bei deutschen Ablegern der Occupy-Bewegung gab es auch immer wieder Stimmen, die Unterwanderungsversuche durch die sogenannte Zeitgeist-Gruppierung anmahnten. Laut dem Internetportal *PSIRAM* handelt es sich bei Zeitgeist um eine »Internetbewegung aus dem Trutherspektrum«.[6] Als Truther bezeichnet man Menschen, die glauben, dass es sich bei den Anschlägen auf das World Trade Center im Jahr 2001 um eine Verschwörung gehandelt habe. Die Gruppe sieht sich selbst nicht als politische Bewegung. »Davon«, so die Wochenzeitung *Jungle World*, »profitieren vor allem die Rechten aller Schattierungen.«[7] Im *taz*-Artikel »Die dunkle Seite des Bankenprotests« hieß es darüber hinaus, dass es »nicht nur in Deutschland [...] einen Zusammenhang zwischen den Occupy-Protesten vom 15. Oktober und der Zeitgeist-Bewegung«

gebe. »Der *Schweizer Tagesanzeiger* berichtet, dass Vertreter von Zeitgeist bei der Zürcher Demonstration Informationsmaterial verteilten«, so die *taz*.[8]

Die Friedensbewegung hat in Deutschland eine lange Tradition und ist gerade für »Altlinke« zentral für ihr Selbstverständnis. Seit den 1960er-Jahren kam es zu regelmäßigen Protesten im Rahmen der sogenannten Ostermärsche. Demonstriert wurde unter anderem gegen die irakische Besetzung Kuwaits durch die USA. 1982 kamen rund 400.000 Menschen anlässlich des Staatsbesuches Ronald Reagans auf der Bonner Hofgartenwiese unter dem Motto »Aufstehen! Für den Frieden« zusammen. Über 30 Jahre später, im Frühjahr 2014, entstand dann – auch als Reaktion auf die Ukraine-Krise – eine Gruppe, die von sich selbst behauptete, an diese ur-linke Bewegung anzuknüpfen: die sogenannten »Mahnwachen für den Frieden«. Man sei »weder links noch rechts«, so das Selbstverständnis der Teilnehmer. Das entsprach auch zumindest zu Beginn der Proteste den empirischen Daten. Laut einer Studie des Vereins für Protest- und Bewegungsforschung e. V. aus dem Jahr 2014 »verorteten sich nur 2 Prozent der Befragten rechts von der Mitte; 22 Prozent sehen sich in der politischen Mitte. Deutlich mehr Teilnehmer/innen, nämlich 38 Prozent, ordnen sich auf der linken Seite des politischen Spektrums ein.«[9] Laut Benjamin Steinitz (Recherche- und Informationsstelle Antisemitismus Berlin) und Paula Tell (antifaschistisches pressearchiv und bildungszentrum berlin e.v.) können die Montagsmahnwachen für den Frieden »als Ausdruck antidemokratischer Positionen jenseits vom extrem rechten Rand der Gesellschaft« gewertet werden: »Von den Redner_innen [...] wurde immer wieder betont, dass die ›Mahnwachen nicht politisch, sondern friedlich‹ seien. [...] Diese Positionierung erinnert an die sogenannte Querfront-Strategie, die einige extrem rechte, intellektuelle Kreise in der Bundesrepublik seit den 1970er-Jahren verfolgen«.[10]

Zahlreiche Presseberichte wiesen schon früh auf große Schnittmengen zwischen den Organisatoren und verschwörungsideologischen Gruppen sowie Akteuren der extremen Rechten hin. Zu den späteren prominenten Unterstützern zählte unter anderem der in der Verschwörungsszene bekannte ehemalige *RBB*-Journalist Ken Jebsen. Laut Recherchen des *Vice Magazins* hatte der Initiator der Mahnwachen Lars Mährholz schon länger Verbindungen ins rechtsextreme Spektrum und stellt sich mit seinen Facebook-Beiträgen »in eine Reihe mit den sogenannten Reichsdeutschen«.[11] Auch Jürgen Graßmann, »der Kopf hinter dem al-Quds-Tag, einer Veranstaltung, bei der auch gerne mal die Auslöschung von Israel verlangt wird«, war laut *Vice* bei den Veranstaltungen zugegen. Auf die Montagsmahnwachen lud Mährholz außerdem NPD-Politiker und bekannte Namen wie Ken Jebsen oder Jürgen Elsässer als Redner ein. Der *Compact*-Chefredakteur Jürgen Elsässer hat dabei bei genauerer Betrachtung scheinbar eine radikale politische Wandlung durchlebt. Laut dem *Spiegel* ist er heute der »Chefideologe der Neuen Rechten«,[12] doch das war nicht immer so. Der ehemalige Gymnasiallehrer entging als Kommunist laut dem *Spiegel* einst »knapp dem Radikalenerlass«, also einem möglichen Berufsverbot für »Verfassungsfeinde«. Bis in die späten Nullerjahre war er noch Autor bei linken Blättern wie *Bahamas* oder *Junge Welt* und gründete mit anderen zusammen 1997 die *Jungle World*. Im Laufe der Zeit wendete er sich jedoch immer mehr dem Rechtspopulismus zu. Diese »Kehrtwende« hatte sich allerdings schon früher angedeutet. 2009 wurde sein Autorenvertrag beim *Neuen Deutschland* wegen seiner zunehmend rechtspopulistischen Positionen beendet,[13] und ein Jahr später, im Dezember 2010, gründete er das

Monatsmagazin *Compact*. *Compact* kann man als so etwas wie das »Zentralorgan für Verschwörungserzählungen« bezeichnen. »Deutschland unterliege einer ›Fremdherrschaft‹ heißt es da, überall seien ›Strippenzieher‹ hinter den Kulissen am Werk – die ›Bilderberger‹, die ›Israel-Lobby‹, das ›Lügenfernsehen‹«, so fasst das Informationsportal Blick nach rechts die Inhalte von *Compact* zusammen.[14] »*Compact*«, so erklärt Steven Hummel vom Aktionsbündnis »No Compact« in der *taz*, »erfüllt eine Schnittstellenfunktion zwischen verschiedenen Gruppen und Akteuren. Es versucht, viele diffuse Strömungen zusammenzubringen und eine Debatte anzustoßen.«[15] Auch bei anderen Akteuren aus dem Umfeld der Montagsmahnwachen stößt man auf eine interessante Vergangenheit. Ken Jebsen war bis 2011 als Fernseh- und Radiomoderator unter anderem beim Rundfunk Berlin-Brandenburg tätig. Dort wurde er schließlich aufgrund »Nichteinhaltung journalistischer Standards« entlassen.[16] Jebsen hatte 2011 einem Hörer eine E-Mail geschrieben, in der es geheißen hatte, dass er wisse, »wer den holocaust als PR erfunden« habe. Nach der Kündigung durch den *rbb* verlagerte er seine Aktivitäten dann ins Internet und startete unter anderem den YouTube-Kanal KenFM, der aktuell über 300.000 Abonnenten hat. Ken Jebsen verbreitet auf seinen Kanälen heute zahlreiche Verschwörungserzählungen. Die Amerikaner stecken seiner Meinung nach hinter dem Attentat auf das World Trade Center,[17] Angela Merkel ist eine Marionette Washingtons, und Rechtsradikale seien »das kleinste Problem in diesem Land«[18]. Die Gästeliste in seinen Talk-Runden liest sich wie ein »Who is Who« der Verschwörungsszene. Da wären unter anderem zu nennen: *Compact*-Gründer Jürgen Elsässer, der Publizist Udo Ulfkotte und der »Friedensaktivist« Daniele Ganser.

Bei Dr. Daniele Ganser handelt es sich um einen weiteren

»Star« der Szene, der zumindest zwischenzeitlich auch unter eher links eingestellten Menschen viel Zuspruch fand. Der Schweizer »Historiker und Friedensforscher« wurde unter anderem durch seine Vorträge und Bücher wie *NATO-Geheimarmeen in Europa: Inszenierter Terror und verdeckte Kriegsführung* oder *Europa im Erdölrausch: Die Folgen einer gefährlichen Abhängigkeit* einer breiteren Öffentlichkeit bekannt. Seit Jahren zweifelte Ganser öffentlich die Untersuchungsergebnisse zu den Terroranschlägen am 11. September 2001 an und »nennt Hinweise für die alternative Interpretation«. Derartig schwammige Formulierungen sind eine gängige Methode von Verschwörungsapologeten: Angeblich wird nichts behauptet, sondern es werden »nur« Fragen gestellt. Die Fragen sind dann aber derart suggestiv formuliert, und Informationen werden im Rahmen der jeweiligen Argumentation so aus dem Zusammenhang gerissen, dass am Ende doch – mehr oder weniger implizit – eine konkrete Verschwörungserzählung gezeichnet wird. Das sieht auch der Amerikanist Michael Butter so. Für ihn ist »der Schweizer Historiker Daniele Ganser [...] die Lichtgestalt einer Community, in der die Verschwörungstheorien blühen. Sie trägt und stützt ihn – während er sich selber vornehm zurückhält.«[19] Erst im September 2019 änderte Ganser seine bisher eher zurückhaltende Rhetorik: Plötzlich waren es nicht mehr nur »Zweifel« an der »offiziellen Version«, sondern es war für ihn klar: Das WTC 7 wurde gesprengt. Michael Butter nennt noch weitere Beispiele: »Da Ganser nicht immer nur über 9/11 reden kann, bediente er in den letzten Jahren zunehmend weitere Verschwörungstheorien. Er behauptet, der Anschlag auf das Satiremagazin ›Charlie Hebdo‹ könnte eine Geheimoperation westlicher Geheimdienste gewesen sein; er beschuldigt die USA, hinter dem Putsch in der Ukraine zu stecken.«[20] 2011 gründete Ganser sogar ein eigenes »Institut«, das Swiss Institute for Peace and Energy Research. Neben Veranstaltungen zu Medienmisstrauen in Wiesbaden (Eintritt 90 Euro) oder dem »Imperium USA – Die skrupellose Weltmacht« in Würzburg (25 Euro) kann man bei Ganser nun auch einen Workshop mit dem Titel »Warum ist Achtsamkeit wichtig, wenn man Kriegslügen aufdeckt?« buchen. Das »Phänomen Ganser« ist auch deswegen relevant, weil er es geschafft hat, sich selbst als stigmatisierter Verbreiter von Wahrheit zu inszenieren, der von der »Lügenpresse« klein gehalten wird. Seine Nähe zur rechtspopulistischen und antisemitischen Verschwörungsszene macht diese Auftritte und die damit verbundene Normalisierung seiner Inhalte umso gefährlicher. Denn es ist keineswegs so, dass Ganser seine Reden nur vor einer kleinen Gruppe eingefleischter Verschwörungsideologen hält – er wurde auch immer wieder von Hochschulen, Kinos oder Buchläden eingeladen.

Was sich anhand des Beispiels der Montagsmahnwache beobachten lässt, kann man als *Querfront-Strategie* bezeichnen. Historisch benennt man damit antidemokratische Strategien, die Nationalismus und Sozialismus miteinander verbunden haben. Heute wird der Begriff Querfront genutzt, um Strategien zu beschreiben, bei denen Rechtsextreme versuchen, über Themen wie Globalisierungskritik, Friedensdemos oder Tier- und Umweltschutz an gemeinsamen Aktionen mit nicht-rechten und Linken Aktivisten und Gruppen teilzunehmen. Auch wenn das vielleicht erst mal absonderlich klingt, da linke und rechte Akteure ja eigentlich konträre Weltbilder vertreten, wurde und wird diese Strategie doch immer wieder gerne genutzt – auch im Bereich Naturschutz. In der Publikation *Braune Ökologen* der Heinrich-Böll-Stiftung beschäftigte sich unter anderem der Journalist Toralf Staud mit der Verquickung von vermeintlich linken Themen wie Ökologie und rechtsextremer Vereinnahmung. Seiner Einschätzung nach sind »Umweltschützer […] meist überrascht, wenn Rechtsextreme von Ökologie reden und Neonazis grün gefärbt auftreten [...]. Viele Forderungen der braunen Grünen decken sich mit denen von Umweltverbänden oder Bündnisgrünen. Doch wer genauer auf die Begründungen achtet, hört fast immer die rechtsextreme Gesinnung heraus: Umwelt- oder Tierschutz ist [...] eingebettet in ein rechtsextremes Weltbild«. Gerade durch die nach außen hin idealistischen Ziele bei gleichzeitig rechtsextrem-verschwörungsideologischen Bezügen sind diese Gruppierungen besonders gefährlich – auch in Anbetracht von versuchten Vereinnahmungen von Klimaprotesten, Friedensaktivisten und der Ökobewegung im Allgemeinen.

Die Verbindung von Naturschutz und Rechtsextremismus ist dabei kein neues Phänomen. Eine besonders bizarre Reaktion auf die Bedrohungen durch Klimawandel und Umweltzerstörung innerhalb der extremen Rechten ist der sogenannte »Ökofaschismus«. Auf Internetportalen wie 8chan werden Geflüchtete für die Umweltzerstörung in den USA verantwortlich gemacht. Zugewanderte seien – so die Vorstellung – eine Last für die amerikanische Bevölkerung, die reduziert werden müsse.[21] Nur eine »Reinheit der Rassen« könne den Planeten retten. Auch der rechtsextreme Attentäter aus Christchurch in Neuseeland bezeichnete sich selbst als »Ökofaschisten«.[22] »Ökofaschisten glauben«, so die Einschätzung der Journalistin Sarah Manavis von der britischen Wochenzeitung *New Statesman*, »dass das Leben in den angestammten Gebieten, in denen eine Rasse entstanden sein soll, und das Meiden von Multikulturalismus die einzige Möglichkeit sei, den Planeten zu retten. Die meisten Twitter-Profile dieser selbst-definierten Ökofaschisten sind ein Cocktail aus rechtsextremen Memes, Bildern von Wäldern und Wohnwagen, Hass gegen Juden und Schimpftiraden über Tierrechte.«[23]

Auch die sogenannte Blut-und-Boden-Ideologie spielt eine

große Rolle innerhalb dieser Gruppierungen. Als Blut-und-Boden-Ideologie bezeichnet man die Verknüpfung aus Abstammungs-»Lehre« und Siedlungsgebiet. Nur wer »wirklich« deutsch ist, soll auf deutschem Boden siedeln. »In der NS-Ideologie spielen naturnahe bäuerliche Gemeinschaften eine wichtige Rolle und werden als eine zu erstrebende Lebensform angesehen. Die nordischen Menschen seien durch ihre Herkunft mit dem nordischen Boden eng verbunden. Diese Verbindung von ›Volk‹ und ›Raum‹ stellte die Grundlage für einen ›gesunden Staat‹ dar«, so die Fachstelle Radikalisierungsprävention und Engagement im Naturschutz.[24] Die Vermischung von rechtsextremen, verschwörungsideologischen und esoterischen Inhalten beim Thema Natur ist dabei nicht neu. Die 1981 veröffentlichte SINUS-Studie zum Rechtsextremismus befasste sich beispielsweise mit der »spezifisch rechtsgewirkte[n] Öko-Ideologie [...], die die bekannte ›Blut- und Boden‹-Romantik des Nationalsozialismus mit modernem Umweltschutz-Impetus verbindet«.[25] Dieses rechte-Öko-Potenzial machte damals zwar nur 2 Prozent der Wahlbevölkerung aus, fügte sich aber in Narrative, die bereits während des Nationalsozialismus populär gewesen waren.

Ökologische Lebensgestaltung, humaner Sozialismus, dezentrale Wirtschaftsordnung, kulturelle Erneuerung und Basisdemokratie: Diese Aufzählung klingt erst einmal nach ur-linken Forderungen. An Nazis würde man da eher weniger denken. Zu lesen sind diese Forderungen allerdings in der von rechtsextremen Autoren herausgegebenen Zeitschrift *wir selbst*. Gegründet wurde sie 1979 durch Siegfried Bublies, damaliges NPD-Mitglied und stellvertretender Landesvorsitzender der rheinland-pfälzischen Jungen Nationaldemokraten (JN). Bublies wollte grüne Inhalte in die NPD bringen und auf die Parteibildung der Grünen Einfluss nehmen, also eine klassische Querfront-Strategie verfolgen. Die *wir selbst* ist somit ein »Produkt der in den 70er-Jahren entstehenden Jungen Rechten«[26]. Laut dem antifaschistischen pressearchiv und bildungszentrum berlin e.v. lieferte die Zeitschrift zentrale »Impulse zur Erneuerung von Argumentationsketten für den Rechtsextremismus«. Ein »Fan« schreibt auf Facebook, dass die »Zeitschrift in den 70/80er-Jahren hierzulande das wichtigste strömungsübergreifende Debattenorgan« gewesen sei.

Die aufgegriffenen Themen reichten von Ökologie über Regionalismus bis hin zur Kapitalismuskritik. Also Themen, mit denen auch viele Linke etwas anfangen können. Die Liste bekannter Namen, die für *wir selbst* Artikel verfassten, ist lang – und verblüffend. Der Künstler und Professor Joseph Beuys ließ sich für eine 1982 erschienene Ausgabe für einen Artikel gewinnen. In der Ausgabe 1-2/1999 gab der deutsche Kinderbuchautor Janosch der Zeitschrift ein Kurzinterview. Es zeigt sich, dass die Zeitschrift immer wieder Akteure, die eng mit linken und grünen Ideen oder der Friedensbewegung verwoben waren, für ihre Artikel gewinnen konnte. Ob diesen immer klar war, für wen sie gerade Artikel verfassen, bleibt dabei aber zumindest teilweise zu bezweifeln. Dennoch wurde die *wir selbst* als Möglichkeit genutzt, nationalistische Töne in linke Strukturen zu bringen. Auch heute noch kann man auf der Internetseite der Zeitschrift lesen, dass »die Redaktion [versuchte], Demokraten aus allen politischen Lagern für die Mitarbeit zu gewinnen«. Die *wir selbst* wollte laut Selbstdarstellung eine Plattform sein für einen produktiven Streit zwischen »linken und rechten Demokraten« – allerdings mit eindeutiger Schieflage ins rechtsextreme Lager. 2002 wurde die Zeitschrift dann im Printformat eingestellt. Mittlerweile ist das Projekt zumindest online wieder mit neuer Homepage und Beiträgen aktiv. Auch auf Facebook ist es anzutreffen – wenn auch mit knapp 300 Fans nur mäßig erfolgreich.

Im Zuge der Recherche für dieses Buch sind wir auch auf ein Beispiel in einer Szene gestoßen, die die meisten Menschen nicht mit dem Thema Verschwörungsideologien in Verbindung bringen würden. Joachim Hiller ist Chefredakteur & Herausgeber von *Ox-Fanzine* und *Fuze Magazine*, die vor allem in der Punk-Szene bekannt sind. Um mehr über das Thema Verschwörungserzählungen in der Punk-Szene zu erfahren, haben wir ihn zu seinen Erfahrungen befragt. Seiner Einschätzung nach sind Verschwörungsmythen kein »konstituierender Faktor« und kein »natürlicher« Bestandteil der *philosophy of punk*. Hiller sieht den Glauben an Verschwörungen eher eingeordnet in einen gesellschaftlichen Kontext und sagt: »Aber dadurch, dass Punks schon immer Fragen stellten und Verhältnisse infrage stellten, besteht natürlich auch die Gefahr, dass man sich da in bestimmten Themen verrennt, gerade wenn man quasi aus einem an sich ja gesunden Reflex heraus Bestehendes generell infrage stellt.« Seiner Ansicht nach gibt es verschiedene Verschwörungserzählungen, die in der Szene kursieren. »Man stößt immer wieder auf ›9/11 inside job‹ und generell auf das Thema ›1 Prozent‹, also das eine Prozent, die Banker, die Superreichen, die angeblich alles kontrollieren. Ebenso gibt es seit jeher ein starkes Misstrauen gegenüber ›den Medien‹, wobei das wiederum zurückgeht auf vielfache Falschdarstellung der Punk- und Hardcoreszene in TV, Radio und Print, und das weltweit. Es wird selten reflektiert, dass solche Medienschelte in Songtexten ins gleiche Horn stößt wie das heutige ›Lügenpresse‹-Geschrei, auch wenn Punks vielfach zu Recht misstrauisch sind gegenüber ›der‹ Presse, etwa bei der Berichterstattung über alternative Lebensformen wie besetzte Häuser, Bauwagenplätze, Autonome Zentren – da ist die Berichterstattung der Presse oft sehr ablehnend und bürgerlich.«

Für den Herausgeber des Punkrock-Fanzines *Ox* war insbesondere 9/11 ein zentraler Wendepunkt für das Verhältnis von linken Gruppen zu Verschwörungserzählungen, erzählt er uns: »Für mich ist es unzweifelhaft, was sich da abspielte – eben ein Attentat islamistischer Extremisten. Wie dann versucht wurde, das zum ›Inside Job‹ umzudeuten, das grenzt an Wahnsinn. Seitdem bin ich weit stärker sensibilisiert für alle Arten von ›modernem‹ Aberglauben, und dazu zählen für mich auch Verschwörungstheorien.« Laut Hiller ist es aber schwer, genau festzustellen, inwiefern das Thema präsenter geworden ist in linken Strukturen. Er meint, dass es gefühlt schon immer da gewesen sei, aber dass die Wahrnehmungsintensität mit der Sensibilisierung für das Thema eben auch wachsen würde. Das gelte dabei sowohl für Bands wie auch die Szenegänger und »der Bewegung nahestehende« Journalisten. Verbreitet würden solche Mythen insbesondere über Songtexte, aber auch in Zusatztexten auf den LP-Textblättern bzw. in den CD-Booklets. Und natürlich in Interviews und über Musikvideos sowie auch durch die Bildsprache im Coverartwork.

Joachim Hiller macht uns auf einen besonderen Fall aufmerksam, den er selbst aufgedeckt hatte: den Skandal um Tau Cross, ein Bandprojekt des Amebix-Gründers Rob »The Baron« Miller. Im Juli 2019 kam es zu einem Eklat um die Band. Das Album *Messengers Of Deception* von Tau Cross sollte eigentlich im Sommer 2019 erscheinen. Hiller führte dazu für sein Punk-Magazin ein Interview mit Rob »The Baron« Miller. Im Booklet des Albums war eine Liste enthalten gewesen, in der Rob Miller einem gewissen Gerard Menuhin für »*unexpected illumination*« (unerwartete Erleuchtung) dankte. Hierzu muss man wissen: Bei dem Schweizer Menuhin handelt es sich um einen Holocaustleugner, der auch durch die Verbreitung von anderen Verschwörungserzählungen auf sich aufmerksam gemacht hatte. Hiller sagt: »Ich kontaktierte das Label, Relapse aus den USA, das kurz darauf entschied, sich mit sofortiger Wirkung von Tau Cross zu trennen. Bald darauf waren alle Hinweise auf die Band von der Website und aus dem Shop verschwunden. Robs Bandkollegen (darunter Michel Langevin von VOIVOD), konfrontiert mit alldem, zeigten sich entsetzt, distanzierten sich in einem Facebook-Beitrag auf dem Tau-Cross-Profil. Rob eskalierte kurz darauf die Situation mit zwei Beiträgen dort, die keinen Zweifel daran ließen, dass hier einer schon vor Jahren rechts abgebogen war.« In der Szene sorgte der Fall für rege Diskussionen. Nicht wenige Fans waren schockiert. »Im Nachgang des Skandals um Tau Cross«, so Hiller, »sahen viele Szene-Insider bereits vor Jahren Hinweise auf das, was jetzt ganz offen zutage trat: eine zunehmende, immer irritierender werdende Faszination Millers für Mythologie, Mystizismus, Verschwörungstheorien – die Suche nach ›Wahrheit‹.«

Welche Faktoren spielen eine Rolle, wenn politisch links eingestellte Personen plötzlich in verschwörungsideologisches Fahrwasser geraten und dabei so weit abdriften, dass sie am Ende bei klar rechtsextremen Verschwörungsideologien landen? Wieso können Querfrontstrategien erfolgreich sein? Was ist die ideologische Klammer, die Menschen für solche Denkarten anfällig macht? Die Kritik am kapitalistischen System ist für viele linke Strukturen Bestandteil ihres Selbstverständnisses. Problematisch wird es allerdings, wenn nicht der Kapitalismus als System kritisiert wird, sondern der Fokus auf Pauschalisierungen wie »die Kapitalisten« oder »die Eliten« gesetzt wird. Hier wird nicht kritisiert, wie gewisse Strukturen dazu führen, dass Menschen unter Armut leiden, sondern die Kritik wird auf einzelne Personen reduziert. Nicht ein System wird kritisiert, in dem Ungleichheit wächst, sondern einzelne, mächtige Personen werden für die Probleme der Welt verantwortlich gemacht. Es wird eine duale Welt konstruiert, in der die bösen Kapitalisten den guten Arbeitern gegenübergestellt werden. Diese Weltsicht öffnet jedoch oft Tür und Tor für Verschwörungsmythen und antisemitische Stereotype. Der Schritt von da aus zu Verschwörungserzählungen über die bösen (jüdischen) Banker an der Wall Street oder eine globale Verschwörung der Eliten ist dann für so manch einen nicht mehr ganz so groß. Laut dem Politikwissenschaftler Jan-Werner Müller sind derartige verkürzte Weltbilder ein typisches Merkmal von Populismus im Allgemeinen. Die Elite gilt in diesem Weltbild »als korrupt und nur an den eigenen Pfründen interessiert. Ihr stellen sie ein vermeintlich reines, homogenes, sozusagen unverdorbenes Volk entgegen.«[27]

Problematisch kann sich auch ein pauschalierender Antiamerikanismus auswirken, der bei Linken ebenfalls weit verbreitet ist. Nur um sicherzugehen: Es geht beim Antiamerikanismus nicht um eine Kritik an US-amerikanischer Politik, sondern um eine herabsetzende Verallgemeinerung über »den Amerikaner« an sich. Es geht um ein Welterklärungsmuster. In solchen Weltbildern werden die USA für alles Leid auf der Welt verantwortlich gemacht, während auch hier strukturelle Analysen ausbleiben. Derartige Zuschreibungen hängen laut dem Kommunikationswissenschaftler Tobias Jaecker »mit einer kollektiven moralischen Selbstaufwertung« zusammen, »so dass ein dualistisches Bild entsteht: ›Amerika‹ gegen ›uns‹. Im Extremfall kann sich dies zur Verschwörungstheorie ausweiten – in einer derartigen wahnhaften Vorstellung regiert Amerika dann die ganze Welt.«[28] In einer Studienreihe konnten die Psychologen Roland Imhoff und Martin Bruder aufzeigen, dass es einen Zusammenhang zwischen Antiamerikanismus, personalisierter Kapitalismuskritik und Verschwörungsdenken gibt.[29] Wer eine stärker ausgeprägte Verschwörungsmentalität aufwies, der nahm US-Amerikaner auch pauschal als negativer wahr. Sie konnten ebenfalls zeigen, dass dieses antiamerikanische Weltbild mit einem gesteigerten Antisemitismus zusammenhing. Zusammenfassend lässt sich sagen, dass eine verkürzte Kritik der US-amerikanischen Außenpolitik die Gefahr birgt, anschlussfähig für Verschwörungsideologien zu sein. Darüber sollten sich auch linke politische Bewegungen stets im Klaren sein. Die USA sind eben nicht nur Trump und Breitbart, sondern auch Barack Obama und #BlackLivesMatter. Wie in jeder Demokratie spielt auch in den USA bei politischen Entscheidungen ein komplexes Geflecht aus Akteuren und Interessen eine Rolle. Diese simple Wahrheit sollte selbst bei hitzigen Wortgefechten niemals außer Acht gelassen werden.

Zum Abschluss unseres Gesprächs wollten wir von dem Herausgeber des Punkrock-Fanzines *Ox* Joachim Hiller noch wissen, welche Möglichkeiten es gibt, mit Verschwörungsdenken in linken Strukturen umzugehen. »Ich denke, die wenigsten Menschen in dieser Szene verbreiten bewusst Verschwörungstheorien«, gibt er zu bedenken. »Es sind eher Argumentationslinien, die wegen mangelndem Wissen einerseits und einem generellen Misstrauen gegenüber Machtstrukturen und Regierungen sowie Großkonzernen mit Argumentationsmustern aus Verschwörungstheorien übereinstimmen. Deshalb können Aufklärung und das Aufzeigen solcher Übereinstimmungen meines Erachtens helfen. Vermutlich wollen die wenigsten Menschen aus dieser Szene mit Verschwörungstheorien in Verbindung gebracht werden, ebenso wie niemand mit Rassismus oder Sexismus in Verbindung gebracht werden will. Leider werden dann aber doch unbedacht solche Denk- und Handlungsmuster bedient.«

Kapitel 12: Cui bono? Geldmaschinerie Verschwörungsglaube

Zurück zur Esoterikmesse in Berlin-Wilmersdorf. Zehn Euro kostet der Eintritt bei der großen Messe »Spiritualität & Heilen« in den Räumen der »Freimaurerloge Wilmersdorf«. Um mehr darüber zu erfahren, wie Menschen mithilfe von Verschwörungsmythen Kasse machen, haben wir uns dazu entschlossen, dieser Parallelwelt einen Besuch abzustatten. Im Gebäude schnappen wir im Vorbeigehen immer wieder Gesprächsfetzen auf, die uns daran zweifeln lassen, ob wir uns nicht verhört haben. »Ich bin so froh, dass ich in meinem Hexenzirkel kurzfristig von der Veranstaltung erfahren habe«, sagt eine Frau ganz selbstverständlich zu einer anderen. Wenig später wird uns am Stand eines Mediums mitgeteilt: »Ich habe es zunächst auch nicht geglaubt, konnte aber dann mit den Toten reden!« Dass ein »Heiler« seine angeblich todsichere Methode gegen schweres Rheuma in einem kleinen Kabuff einer Esoterikmesse in der Freimaurerloge Berlin-Wilmersdorf feilbieten muss, statt ganz groß rauszukommen, scheint hier niemanden zu wundern. An vielen Ständen liegen Bücher zum Thema Gesundheit aus. Die meisten wurden von kleinen Nischenverlagen herausgegeben. Dem Hunderte Seiten umfassenden »Gesundheitslexikon der Esoterik«, welches online für 42 Euro zu haben ist, entnehmen wir, dass Kinderlähmung heutzutage nur noch durchs Impfen verursacht wird, Hämorrhoiden durch eine Entstörung des ersten Chakras geheilt werden können und Nierenprobleme meist auf Konflikte in der Partnerschaft zurückzuführen sind. Wir stoßen außerdem auf eine merkwürdig anmutende Skulptur, die eine Energiepyramide darstellen soll. Diese Installation soll laut Beschreibung »die Antwort auf die Orientierungslosigkeit der gegenwärtigen Epoche« liefern. Online gibt es den Spaß in überdimensionierter Form als Sonderanfertigung für 313.000 Euro zu kaufen. Dafür wird immerhin versprochen, durch eine Art Magnetfeld mit »Wesen aller Art« in Kontakt treten zu können – also so etwas wie eine magische UFO-Flatrate für den Garten. Uns kommt ein Satz in den Sinn, den wir am Eingang aufgeschnappt haben. »Her mit den Ersparnissen«, hat da jemand scherzhaft zu einem Besucher gesagt. Darin dürfte mehr als nur ein Körnchen Wahrheit stecken.

Bei einem Workshop über UFOs und Kornkreise werden wir wenig später immer wieder von starken Hustenanfällen geschüttelt. Es fällt uns schwer, den Lachreiz zu unterdrücken. Eine der Vortragenden verkündet todernst, der »Vernichtungsstrahl der Marsianer« sei bereits zweimal – nämlich bei den beiden Weltkriegen – eingesetzt worden. Eine versuchte Kontaktaufnahme der »Alten Meister« könne durch die weltweite Betroffenheit nach dem Tod von Prinzessin Diana belegt werden, und Vulkanausbrüche würden allesamt von geheimen unterirdischen Atomwaffentests verursacht. Fassungslos lauschen wir den Referenten, die eigentlich gar nicht unsympathisch wirken, aber irgendwie selbst auf einem anderen Planeten zu leben scheinen. »Mit der Zeit bekommt man ein Gefühl dafür, Verschwörungstheorien von echter Wissenschaft zu unterscheiden«, heißt es hier, während laminierte Bilder von angeblichen UFO-Sichtungen im Publikum herumgereicht werden. Natürlich würden die »echten« Informationen durch die Presse und die Regierungen unterdrückt. Dass die Aliens sich bald offenbaren werden, ist aus Sicht der Referenten, die sich nach eigenen Angaben schon viele Jahre mit dem Thema befassen, sicher: »Es wird eine Fernsehansprache sein, die wahrscheinlich 30 Minuten dauern wird.« An dieser Stelle gibt es dann doch eine kritische Nachfrage aus dem Publikum. Woher man das so genau wisse, erkundigt sich einer. Antwort: Ein UFO-Experte aus den USA hat die Details per telepathischer Übertragung übermittelt bekommen. »Das mit der Offenbarung dauert einfach immer länger«, sagt die Referentin schließlich gegen Ende des Vortrags, gefolgt von einem langen Seufzer. Zum Abschluss raten sie dazu, bei Fridays for Future mitzumachen, da die Aliens sich eher offenbaren werden, wenn wir unsere Umweltverschmutzung in den Griff bekommen. Im Vergleich zu anderen Rednern, die etwa Impfungen als schädlich verteufeln oder vor der »Pharmalobby« warnen, erschienen die beiden geradezu harmlos. Trotzdem hinterlässt es irgendwie einen schalen Beigeschmack, dass die Aliens auf jeden Fall »nordisch« aussehen sollen (weiß, blond, blaue Augen). Irgendwann fragen wir uns, wie es sich wohl anfühlen muss, wenn man glaubt, von der ganzen Welt immerzu belogen zu werden. Andererseits scheint die Rolle des Welterklärers und Experten für so manchen Vortragenden sehr erfüllend zu sein – am Ende gibt es immer Applaus.

Je länger wir an diesem merkwürdigen Ort verweilen, desto mehr weicht unsere anfängliche Belustigung einer großen Fassungslosigkeit. Später kommt ein weiteres Gefühl hinzu: Wut. Einige der Besucher haben sich mit Gehhilfe mühsam von einem Heilerstand zum nächsten gequält. Beim Blick auf eine ältere Dame mit schütterem Haar und sehr blassem Gesicht fragen wir uns, ob sie wohl gerade eine Chemotherapie durchstehen muss. So mancher Besucher wird am Ende dieser Veranstaltung mehrere Hundert Euro ausgegeben haben und mit Heilsteinen gegen Aids, Büchern mit esoterischen Tipps zu ADHS bei Kindern oder magisch aufgeladener Hautcreme im Rucksack nach Hause gehen. Viele haben Anschlusstermine mit einem Heiler, Medium oder Lebensberater vereinbart. Einige werden sicherlich in den darauffolgenden Tagen bei den jeweiligen Online-Shops größere Bestellungen tätigen. Als wir schließlich spätabends von der Veranstaltung heimlaufen und den Abend Revue passieren lassen, fällt uns eine Sache auf. Der Vortrag der verschrobenen UFO-Fans war rückblickend die einzige von uns besuchte Veranstaltung, bei der es nicht darum ging, den Zuschauern etwas zu verkaufen oder sie zu einer kostenpflichtigen Lebensberatung zu drängen. Für die meisten Aussteller ist das Ganze ein großes Geschäft. Es gibt in Europa unzählige solcher Events. In jeder größeren Stadt findet mittlerweile mehrmals im Jahr eine Messe für Esoterik und Spiritualität statt. Nicht nur in Berlin-Wilmersdorf bilden sich sicherlich Schlangen vor dem Eingang. Im Windschatten von Verschwörungserzählungen wächst ein eigenständiges Biotop von Scharlatan-Produkten und Pseudo-Dienstleistungen heran.

Neben skrupellosen Geschäftemachern, die versuchen, aus der Angst und Verunsicherung ihrer Kunden Profit zu schlagen, trifft man in dieser Szene auch auf Business-Modelle, die auf den ersten Blick harmlos wirken. Mehr als 75 Millionen Bücher hat der Schweizer Autor Erich von Däniken weltweit verkauft. Darin behandelt er Themen wie Alien-Archäologie, Stonehenge (laut Däniken eine »megalithische Zeitmaschine«) und die »Wahrheit« über die versunkene Stadt Atlantis. Die Verfilmung seines Bestsellers *Erinnerungen an die Zukunft* war sogar einmal in der Kategorie Bester Dokumentarfilm für den Oscar nominiert. Der Auflagenmillionär hat sich und seinen Ideen vor einigen Jahren im beschaulichen Berner Oberland ein Denkmal gesetzt. Im JungfrauPark Interlaken können Besucher seit 2003 auf den Pfaden der Ideen des Meisters der »fantastischen Wissenschaft« wandeln. In zahlreichen mit Attraktionen aufgepeppten Pavillons werden Theorien rund um den angeblichen Kontakt unserer Vorfahren mit Aliens vorgestellt – sogar Stonehenge soll als Landerampe für UFOs gebaut worden sein.

Von Däniken geht außerdem davon aus, der Mensch sei mit Aliens genetisch verwandt, da diese ihren genetischen Code im Zuge einer sogenannten »Panspermie-Strategie« absichtlich mit unseren Vorfahren vermischt hätten. Auch die Götter zahlreicher Religionen sollen insgeheim Aliens gewesen sein. Bei den in der Bibel als Engel beschriebenen Wesen soll es sich laut von Däniken eigentlich um außerirdische Lehrer handeln. Bei Live-Vorträgen lauschen regelmäßig Hunderte Fans wie gebannt den Ausführungen des Geschichtenerzählers. Da wird etwa von einem drohenden »Götterschock« und massenhaftem Selbstmord gewarnt, sollten die Aliens Kontakt zu uns aufnehmen. Schließlich seien wir darauf schlichtweg nicht vorbereitet. Man kann davon ausgehen, dass so mancher Besucher mit einer derartigen Drohkulisse vor Augen vor Veranstaltungsende noch schnell ein Buch für seine Nächsten kaufen wird. Viele halten von Däniken für einen harmlosen Spinner. Bei Live-Events beklagte der Autor allerdings auch gerne mal eine vermeintliche »Verschweigerpresse« und unterstellt der Politik, UFO-Wissen geheimzuhalten.[1] Dass Wissenschaftler seine Bücher als reine Fantasie abtun, behagt ihm ebenfalls nicht, da er für sich in Anspruch nimmt, doch alles ganz genau belegen zu können.[2] In dem Beschreibungstext des Däniken-Buchs *Botschaften aus dem Jahr 2118* heißt es: »Die Presse berichtet nicht darüber, weil sie nicht darüber berichten darf. Durch das öffentliche Auftauchen von Außerirdischen würden sämtliche Eliten ihre Macht verlieren. Das soll verhindert werden, solange es möglich ist.«

Ein derart reißerischer Text kommt nicht von ungefähr. Von Dänikens Bücher erscheinen nämlich im deutschen Kopp-Verlag, der mit dem Slogan »Bücher, die Ihnen die Augen öffnen« wirbt. In dessen Programm finden sich auch Titel wie *Bevölkerungsaustausch in Europa* (anknüpfend an den Verschwörungsmythos der »Umvolkung«) und *Lügen im Weltraum* (darin soll »die Wahrheit« über die Mondlandung enthüllt werden). In der Rubrik Medizin & Gesundheit stößt man auf ein Buch namens *Die Impf-Illusion*. In der jährlich erscheinenden Buchreihe *Verheimlicht, vertuscht, vergessen* darf Kopp-Autor Gerhard Wisnewski die Verschwörungs-Hits des jeweils vergangenen Jahres präsentieren. Zweifel am Weltraumprogramm des E-Auto-Herstellers Tesla gehören da noch zu den harmloseren Geschichten. Hier wird auch die Frage in den Raum gestellt, ob es sich beim Attentat von Nizza im Jahr 2016, bei dem ein Mann mit einem LKW in eine Menschenmenge raste, um eine große Verschwörung gehandelt haben könnte.[3] Beim (mittlerweile eingestellten) hauseigenen Internet-Magazin *Kopp online* hieß es 2011, die damals sich in Deutschland verbreitende EHEC-Epidemie sei Teil eines insgeheim von arabischen Migranten initiierten »Fäkalien-Dschihads« gegen die Bevölkerung. Kopp-Autor Udo Ulfkotte schrieb: »Auch die Geheimdienste warnen schon seit Jahren vor dem Fäkalien-Dschihad. In den ausgewerteten Anleitungen islamistischer Terrorgruppen für möglichst unerwartete Angriffe auf westliche Bürger ist der Fäkalien-Dschihad ja ausführlich erwähnt.« Eine Behauptung, die sich laut der Zeitung *Die Welt* nach einer Anfrage von Journalisten an den BND als vollkommen haltlos herausstellte. Heute vertreibt der Verlag mit *Kopp-Exklusiv* ein wöchentlich erscheinendes sechzehnseitiges Magazin. Auf der Webseite *Kopp-Report* finden sich regelmäßig Artikel zu tagespolitischen Themen.

2017 berichtete die *Stuttgarter Zeitung,* der im schwäbischen Rottenburg ansässige Kopp-Verlag mache nach eigenen Angaben pro Jahr mehr als 20 Millionen Umsatz und beschäftige rund achtzig Mitarbeiter.[4] Gründer Jochen Kopp ist ehemaliger Polizist. Angefangen hatte Kopp Mitte der 1990er-Jahre mit einem kleinen Buchversand und einem Magazin namens UFO-Kurier. Um die Jahrtausendwende kamen dann selbst verlegte Bücher hinzu. Schon früh gab es Berührungspunkte zum rechtsradikalen Milieu. So wurden laut Informationen des SWR2 zwischenzeitlich auch Bücher des vom Verfassungsschutz als rechtsextrem eingestuften Grabert-Verlags beworben. Im Interview mit SWR2 sagte der Rechtsextremismusforscher Dr. Matthias Quent: »Natürlich gehört es auch zur Meinungsfreiheit, völlig idiotische Dinge behaupten und schreiben zu können. [...]. Gleichzeitig arbeitet man aber mit der Behauptung, es gäbe keine Meinungsfreiheit, die Wirklichkeit werde manipuliert. Das ist natürlich vor allem eine massenwirksame Inszenierung für den Absatz und um sich selber neue Märkte zu erschließen.«[5]

Verschwörungslastige Bücher machen zwar nur einen Teil des Programms aus, für den Verlag gehören solche Inhalte allerdings zum Markenkern. Das Sortiment umfasst längst mehr als nur Bücher. Wer nach der Lektüre einschlägiger Literatur zu der Überzeugung gelangt, der Bürgerkrieg stehe kurz bevor, kann sich praktischerweise im Online-Shop von Kopp gleich mit dem passenden ABC-Schutzanzug (149 Euro), einer Pfefferspray-Pistole (159 Euro) oder einer Machete mit eingebauter Säge (36,95 Euro) eindecken. Längst gibt es im Shop auch eine eigene Reihe von Nahrungsergänzungsmitteln, die in einigen der hier verkauften Bücher als gute Alternative zur »Schulmedizin« empfohlen werden.

Verschwörungsideologen können durch beständiges Füttern von Ängsten großen Einfluss auf ihr Publikum ausüben. Wenn sie dann auch noch für jedes eingeredete Problem das passende Produkt anbieten, ist das quasi eine Lizenz zum Gelddrucken. Eine derartige Symbiose zwischen der Verbreitung von Verschwörungsmythen und geschicktem Marketing von Folgeprodukten gibt es nicht nur beim Kopp Verlag. In den USA haben zahlreiche Stars der Szene dieses Geschäftsmodell über die Jahre hinweg geradezu perfektioniert. Der bekannte US-Verschwörungsideologe Alex Jones hat seine Internetseite *InfoWars* nach und nach zu einem eigenen Medienimperium ausgebaut. Mit seinen auf professionelle TV- und Radiosendungen getrimmten Shows erreicht er regelmäßig Millionen von Menschen auf der ganzen Welt. Im August 2018, kurz bevor sein Account gesperrt wurde, hatte er allein auf YouTube 2,4 Millionen Abonnenten. Wie dem Namen seiner Plattform zu entnehmen ist, wähnt sich Jones in einem »Informationskrieg«. In Videos, Podcasts und Blogbeiträgen werden Verschwörungserzählungen von 9/11, über Impfen, den Klimawandel, Prinzessin Diana, UFOs, Barack Obama, Hillary Clinton bis hin zu diversen Weltuntergangsszenarien verbreitet. Jones greift dabei häufig bereits existierende Verschwörungserzählungen auf. Er ist extrem geschickt darin, sie publikumsgerecht zuzuspitzen, wodurch viele Inhalte oft erst massenkompatibel werden.

Alex Jones sieht sich selbst als Medienschaffender. In der *New York Times* heißt es hingegen, *InfoWars* lasse sich viel eher als ein Online-Shop bezeichnen, der Jones' Texte und Videos vor allem zum Vertrieb von Merchandising benutzt.[6] Seine Sendungen werden beständig durch schrille Werbung für Produkte aus dem angedockten InfoWars Store unterbrochen. Dort gibt es zu jeder Verschwörungsangst das passende Gimmick. Wer glaubt, durch Fluorid in der Zahnpasta vergiftet zu werden, soll stattdessen Produkte mit »Nano Silber« für die Zahnpflege (7,47 US-Dollar) kaufen. Kunden, die sich vor einem Bürgerkrieg ängstigen, können sich und ihre Familien mit einem Rucksack mit eingebauter schutzsicherer Weste (1141,56 US-

Dollar) oder einer kugelsicheren Notebook-Tasche (239,94 US-Dollar) ausrüsten. Darüber hinaus offeriert der Shop eine große Auswahl sehr kostspieliger Wasserfiltersysteme (das teuerste kostet 1799 US-Dollar) und mit »Wake up America – Patriot Blend« sogar eine spezielle Kaffee-Marke (450 Gramm für 17,95 US-Dollar). Besonders aggressiv werden in den Sendungen von Jones jedoch Nahrungsergänzungsmittel (zum Beispiel »Brain Force Plus«) beworben, mit denen man angeblich wacher durch die Welt gehen soll. Für Jones dürfte dies wohl einer der lukrativsten Geschäftsbereiche seines Imperiums sein, schließlich sollen die Nahrungsergänzungsmittel idealerweise regelmäßig eingenommen werden. Der Zehnerpack des Mittelchens »DNA Force Plus« wird in seinem Online-Shop für stolze 1499,50 US-Dollar angeboten. Wer regelmäßig in seinem Shop einkauft, kann sogar mit dem hauseigenen Bonuspunkte-System sogenannte Patriot Points für den nächsten Einkauf sammeln. Der Unternehmer Jones hat sich so ein eigenes Ökosystem geschaffen, in dem er selbst derjenige ist, der die Nachfrage nach den Produkten hochtreiben kann – und von dieser Möglichkeit macht er ausgiebig Gebrauch. Bereits 2014 soll das Unternehmensgeflecht laut Angaben der *New York Times* pro Jahr mehrere Millionen US-Dollar eingespielt haben. 2017 sagte Jones vor Gericht aus, er beschäftige mittlerweile 75 Angestellte und zehn freie Mitarbeiter.

Akteure wie Alex Jones profitieren wirtschaftlich von der Angst und Verunsicherung ihrer Anhänger. Wer meint, dass die eigene Familie infolge einer Verschwörung schleichend vergiftet wird, ist gerne bereit, tief in die Tasche zu greifen, um sich und seine Liebsten zu schützen. Neben einigen großen und professionell aufgezogenen Plattformen gibt es eine Vielzahl kleiner Firmen, die alle nur erdenklichen auf Verschwörungsmythen basierenden Ängste bedienen. Das Unternehmen Michaels Verlag & Vertrieb hat sich etwa neben Esoterik vor allem auf Literatur zum Thema HAARP spezialisiert. HAARP steht für das High Frequency Active Auroral Research Program, ein eigentlich recht unspektakuläres US-Forschungsprogramm zur Untersuchung der oberen Schichten unserer Atmosphäre mittels Radiowellen. Einige Verschwörungsautoren behaupten allerdings, dass es bei dem Programm darum ginge, Funkwellen als Waffe einzusetzen (um zum Beispiel Erdbeben und Vulkanausbrüche zu verursachen). Andere mutmaßen, dass dort heimlich Experimente zur Gedankenkontrolle durchgeführt werden. So etwas schürt natürlich massiv Ängste in Bezug auf den Einsatz von Funkwellen, was sich am Ende auch auf Ängsten in Bezug auf gängige Funkanwendungen wie WLAN oder Smartphones auswirken kann. Doch auch hierfür gibt es die passenden Produkte. Bei Michaels werden im Shop »Gabriel-Chips« angeboten, die vor schädlichen Strahlen aller Art schützen sollen. Sein Smartphone entsprechend aufzurüsten kostet rund 50 Euro. Ein weiterer Nischen-Online-Shop verkauft für rund 79 Euro ein Amulett, das vor WLAN-Strahlung abschirmen soll. Angepriesen wird es mit folgenden Worten: »[...] der Heilpraktiker meinte, dass nun auch die homöopathischen Mittel wieder besser wirken. Scheinbar verhindern die W-LAN Strahlung auch das Wirken der Homöopatika [sic!].«

Ähnliche Marketingstrategien, bei denen gezielt Ängste bedient werden, lassen sich auch beim Thema Chemtrails beobachten. Eine mittelständische GmbH mit Sitz im deutschen Lappersdorf hat für Chemtrails-Gläubige eine Lösung zur Hand: Mit dem »Chemtrails-Urteilchen Transmitter« wird eine Art Rundumschutz für rund 24 Euro versprochen. In der Produktbeschreibung heißt es: »Gehen Sie außer Haus, ist es ratsam, den Transmitter am Körper, z. B. im Köcher, zu tragen.« Wenn es noch ein wenig mehr sein soll, kann man auch bei einem anderen Anbieter für 4.229 Euro den 80 bis 90 Kilogramm schweren und rund 2 Meter großen »Orgonit Cloudbuster Wolkenbrecher XXXL Königsklasse« erstehen. Daran kann man sogar seinen MP3-Player anschließen, um das Gerät vorab »einzuschwingen« – was auch immer das bedeuten mag. Auf zahlreichen Internetseiten von Chemtrails-Gläubigen wird außerdem die Substanz Zeolith-Klinoptilolith als Wundermineral gegen eine angeblich durch Chemtrails verursachte Vergiftung des Körpers angepriesen. Eine Siebzig-Tage-Kurpackung mit 210 Gramm Pulver kostet um die 40 Euro. Was viele Käufer nicht wissen: Zeolith ist keineswegs ein seltenes Mineral, sondern wird im Straßenbau verwendet. Es ist auch in Katzenstreu enthalten (Kosten ca. 0,40 Euro pro 100 Gramm). Die Gewinnmargen dürften dementsprechend immens sein. Leider können einige dieser Mittelchen für die Betroffenen gravierende gesundheitliche Folgen haben. Die Verbraucherzentrale NRW warnt, dass Zeolith-Produkte häufig mit Aluminium und Blei belastet sind.[7]

Im Bereich Nahrung gibt es diverse Produkte, deren Nachfrage sich aus Verschwörungserzählungen speist. Zum stolzen Preis von 1.250 Euro wird ein mehrere Kilo schweres Brett namens »Hildegard Orgonakkumulator« angepriesen, welches Nahrungsmittel positiv energetisieren soll. In vielen Online-Shops stößt man außerdem auf kostspielige Filtersysteme, die Trinkwasser energetisch aufbereiten sollen. Hintergrund sind zahlreiche Verschwörungserzählungen, die sich um das Thema Wasser ranken. Das reicht von einer angeblichen schleichenden Vergiftung der Weltbevölkerung durch Fluoride im Trinkwasser bis hin zu esoterisch angehauchten Konzepten von negativen Schwingungen, die durch Wasser auf den Menschen übertragen werden sollen. Kristalle und obskure Apparaturen, die angebliche Gifte aus dem Trinkwasser ziehen, gehören daher zu den Verkaufsschlagern schlechthin. Unter dem Stichwort »informiertes Wasser« versuchen außerdem windige Geschäftemacher Kunden davon zu überzeugen, nur noch speziell energetisch behandeltes Wasser zu trinken. Ein Liter kann da schnell einmal 12 Euro kosten. Wissenschaftlich kann eine Wirksamkeit derartiger Verfahren zwar nicht nachgewiesen werden, das hält einen spezialisierten Anbieter allerdings nicht davon ab, in seinem Web-Shop ein System, zum »Informieren« des eigenen Leitungswassers in einem Mehrfamilienhaus anzubieten. Kostenpunkt: 2.180 Euro. Es mag auf Außenstehende lächerlich und auch irgendwie harmlos erscheinen, wenn Menschen zu solchen Mitteln greifen. Doch wie muss es sein, als Kind in einem Haushalt aufzuwachsen, in dem die eigenen Eltern in ständiger Angst davor leben, vergiftet zu werden? Was ist, wenn die Angst sich so weit überträgt, dass sich die Kinder gar nicht mehr trauen, in der Schule oder bei Freunden zu essen oder zu trinken? Eine normale Kindheit sieht anders aus.

Wie stark auf Verschwörungsmythen aufbauende Ängste die Lebensqualität beeinflussen können, verdeutlicht ein weiteres Beispiel. Besonders viel Umsatz lässt sich mit sogenannten Preppern generieren. Der Begriff bezeichnet Menschen, die davon überzeugt sind, dass eine Katastrophe unmittelbar bevorsteht. Sie stecken viel Energie in das Vorbereiten (englisch: *to prepare*) eines eigenen Notfallsystems, das das eigene Überleben sichern soll. In der Prepperszene ist der Glaube an Verschwörungsmythen stark verbreitet. Während die einen an einen bevorstehenden Bürgerkrieg glauben, bereiten sich andere auf eine Alien-Invasion oder den Dritten Weltkrieg samt Atomschlag vor. Die Anstrengungen von Preppern beschränken sich dabei nicht auf das Anlegen von Wasser- und Nahrungsmittelvorräten für wenige Tage – ein Verhalten, das im Rahmen des zivilen Katastrophenschutzes sogar empfohlen wird. Extreme Prepper bereiten sich auf den kompletten Zusammenbruch der Zivilisation vor, das bedeutet: eigenes Wassersystem, eigene Stromerzeugung und auch ein ausgefeiltes Sicherheitskonzept. In extremen Prepper-Familien werden sogar der Partner und die Kinder in aufwendige Notfallübungen eingebunden, bei denen Szenarien wie etwa bewaffnete Überfälle oder das Überleben im Wald durchgespielt werden. Mittlerweile gibt es auch in Europa Anbieter von Survival-Trainings, die sich an den Bedürfnissen von Preppern orientieren. Die Szene scheint vor allem Männer anzuziehen, was vielleicht auch mit der von zahlreichen Hollywood-Actionfilmen genährten Fantasie zusammenhängt, im Katastrophenfall aus dem Alltagstrott ausbrechen und wieder »ein richtiger Mann« sein zu können.

Wer glaubt, dass der Countdown zur Apokalypse tickt, ist eher bereit, seine letzten Ersparnisse für Bunkeranlagen und ähnliche Spielereien auszugeben. In der Prepperszene kursieren Anleitungen zum Bau von Panikräumen und ausgefeilten Filtersystemen für Luft und Wasser. Auch hier gibt es natürlich wieder Anbieter, die fertige Lösungen verkaufen, und wer es sich leisten kann, greift zum Rundum-Sorglos-Paket. Interessanterweise trifft man das Phänomen Prepper in allen Einkommensschichten an. Das US-amerikanische Survival Condo Project verkauft etwa zu luxuriösen Apartments umgebaute Wohnungen in einer Bunkeranlage, die früher einmal atomare Sprengkörper des US-Militärs beherbergte. Ein Penthouse dort kostet rund 4,5 Millionen US-Dollar.[8] Die Vorräte sollen laut Anbieter ein autarkes Überleben für einen Zeitraum von mindestens fünf Jahren sichern. Selbst bei einem atomaren Super-GAU bietet die Anlage den Bewohnern ein eigenes Kino, eine Bibliothek und einen Indoor-Pool.

Keine Frage, mit dem Glauben einiger Menschen an Verschwörungsmythen lässt sich Geld machen. Doch im Vergleich zu einem ganz besonderen Bereich sind das alles nur Peanuts. Der Trend- und Zukunftsforscher Eike Wenzel schätzte 2017, dass im Esoterikbereich allein in Deutschland 15 bis 20 Milliarden Euro im Jahr umgesetzt werden – das entspricht in etwa dem Bruttoinlandsprodukt von Estland.[9] Für viele Anbieter, die Verschwörungsmythen in Buch- oder Videoform verbreiten, ist das eigentliche Kerngeschäft die Esoterik. Die Übergänge sind allerdings oft fließend. Beim Online-Sender *nextworld.tv* bekommen Kunden für den Jahresbeitrag von rund 100 Euro neben Inhalten zum Thema Spiritualität und Homöopathie zahlreiche verschwörungstheoretische Inhalte von UFOs bis zu »9/11 und das Tarot-Mysterium« angeboten. Der Nischenverlag Amadeus verlegt neben Esoterik ebenfalls Verschwörungsliteratur. Die Tatsache, dass zwei Werke des Autors und Geschäftsführers von Amadeus, Jan Udo Holdey (Künstlername Jan van Helsing), wegen Volksverhetzung in Deutschland verboten wurden, weiß der Verlag als PR-Argument zu nutzen. »Wie Sie wissen, wurden zwei Bücher von Jan van Helsing auf Grund ihres brisanten Inhalts verboten. Und die etablierten Medien lassen auch kaum einen Tag verstreichen, ohne die Bevölkerung vor den Ideen des ›gefährlichsten Sachbuchautoren Deutschlands‹ zu warnen«, heißt es im Beschreibungstext eines Buchs. Das Werk scheint sich gut zu verkaufen. Bei Amazon finden sich sage und schreibe 348 Kundenrezensionen – die meisten fallen positiv aus. Durch derartige personelle Verquickungen kann es eben auch schnell passieren, dass Esoterik als eine Art Einstiegsdroge fungiert. Wer sich für Tarot und Pendeln interessiert und dazu recherchiert, stößt online nicht selten wenige Klicks später auf sehr radikale politische Ansichten.

Insbesondere für Anhänger von Verschwörungsmythen rund um das Thema Gesundheit bietet das Esoterik-Umfeld eine breite Palette von Produkten und Dienstleistungen. Längst gibt es Pauschalreisen mit dem gewissen Etwas. Wer einen Groll gegen »die Schulmedizin« hegt und sein Vertrauen lieber selbst ernannten Heilern und Schamanen schenken will, kommt im Hochglanzkatalog eines spezialisierten Veranstalters auf seine Kosten. Sieben Tage Korfu mit dem »Lichtmedium und Heiler Gustav« gibt es ab 1125 Euro. »Die 12 neuen Chakras und ihre Erzengel« im siebentägigen Crashkurs – ebenfalls auf Korfu – sind mit 880 Euro etwas günstiger zu haben. In den Beschreibungen der Reisen finden sich Stilblüten, wie etwa »die tiefe Heilkraft auf Zypern ist ein zusätzliches Geschenk« und »das absolute Highlight der Reise ist das gemeinsame Venusritual zur Heilung der Liebe«.

Es wäre ein Leichtes, das alles lediglich extrem amüsant zu finden. Beispielsweise, wenn ein Unternehmer fast 300 Euro für einen »Urteilchen-Firmensegen« ausgibt, über den der Hersteller sagt: »Durch die Energie werden genau die Kunden, Mitarbeiter und Lieferanten angezogen, die optimal zu einem passen.« Was so eindrucksvoll beschrieben wird, ist ein ganz schön trauriger Anblick: Eine lilafarbene Glaskugel mit 8 Zentimeter Durchmesser in einer billig aussehenden Dekoschale. Häufig stecken hinter solchen Käufen massive Ängste, die durch Verschwörungsmythen geschürt worden sind. Nicht wenige Käufer verfügen über keine großen finanziellen Mittel. Sie können sich sicherlich kein Bunker-Penthouse leisten, geben aber trotzdem viel Geld für allerlei dubiose Produkte aus – im schlimmsten Fall steht am Ende sogar die Insolvenz. Ob es die Sache nun besser macht, wenn einige der Anbieter selbst an die absurden Heilversprechen ihrer Produkte glauben? Das muss wohl jeder für sich selbst entscheiden. Den Betroffenen hilft es im Zweifel nicht. Die Geschäftsmodelle, die rund um zahlreiche Verschwörungsmythen entstanden sind, sind durch und durch toxisch.

Gerade bei denjenigen, die gleichzeitig zu den Verbreitern und Multiplikatoren zählen, entsteht zudem ein gefährliches Anreizsystem. Wie wahrscheinlich ist es, dass jemand wie Alex Jones eines Tages in seiner Sendung sagt, dass doch kein Bürgerkrieg bevorsteht? Schließlich hätte das zur Folge, dass die Nachfrage nach seinen Produkten einbricht. Wie groß ist die Verlockung, noch eine Schippe draufzulegen beim Schüren von Ängsten, wenn dadurch der eigene Absatz steigt? Diese Fragen kann wohl nur Alex Jones selbst beantworten. So viel ist sicher: Dank derartiger Geschäftsmodelle steigt auch das Risiko für die Betroffenen, massiv ausgebeutet zu werden. Und so steht beim Ausstieg aus der Verschwörungsszene manch einer nicht nur vor den Scherben seines Privatlebens. Es droht auch ein böses finanzielles Erwachen.

Kapitel 13: »Corona? Eine Erfindung der Pharmaindustrie!« – Verschwörungsglaube im Ausnahmezustand

Der Verkehr fließt zäh die Straßen der Hauptstadt entlang. Eine Gruppe von Fahrradfahrern schlängeln sich an einer Kolonne wartender Autos vorbei. Fußgänger ignorieren rote Ampeln und hechten zwischen den im Stop-and-go-Betrieb des Berufsverkehrs gefangenen Fahrzeugen in Richtung U-Bahn-Eingang. Ein ganz normaler Tag in Berlin-Kreuzberg Anfang März 2020. Die Cafés haben ihre Stühle und Tische rausgestellt, die Gäste blinzeln unter ihren hippen Sonnenbrillen in die ersten warmen Sonnenstrahlen des Frühlings, während sie am Milchschaum ihres Café Latte nippen.

Niemand ahnt zu diesem Zeitpunkt, dass all dies bereits wenige Wochen später wie eine weit zurückliegende Erinnerung aus längst vergangenen Tagen erscheinen wird. Die Geschehnisse in der zeitgleich wegen COVID-19 unter Quarantäne stehenden chinesischen Metropole Wuhan sind für die meisten Berliner weit entfernt, auch wenn das Virus längst in Europa angekommen war. Viele kannten die drastischen Bilder aus der Elf-Millionen-Einwohner-Stadt im Ausnahmezustand. Überfüllte Krankenhäuser und weinende Krankenschwestern. Polizeibeamte in Ganzkörper-Schutzanzügen. Fahrzeuge, die weiße Nebelschwaden voll Desinfektionsmittel versprühen, während sie im Schritttempo durch die leeren Straßen einer still gewordenen Geisterstadt fahren. Und doch wirkte dies alles vor der beschaulichen Kulisse des Berliner Frühlingsanfangs wie eine surreale Parallelwelt, die mit einem selbst nichts zu tun hat. Am 2. März 2020 hatte die Berliner Charité zwar den ersten COVID-19-Fall in Berlin gemeldet – ein junger Mann, der von einem Familienbesuch im Westen Deutschlands zurückgekehrt war.[1] Doch auch wenn bereits in einigen Drogerien die Regale mit Desinfektionsmitteln zunehmend leerer wurden, blieben die meisten Berliner unbekümmert. Schon bald würde sich dies radikal ändern.

»Corona? Das Virus wurde doch fabriziert, um den Chinesen zu schaden«, sagt unser Fahrer, während er in den nächsten Gang schaltet. »Das ist doch klar!« Für ihn liegen die Zusammenhänge auf der Hand. Vor allem die USA dürften davon profitieren, wenn die Fabriken in der Provinz Hubei stillstehen, erklärt er trocken. Da müsse man nur eins und eins zusammenzählen. »Aber das Virus ist doch längst auch schon in den USA«, entgegnen wir und legen noch einmal nach: »Wenn das wirklich so ist wie Sie sagen – wäre das nicht ein extrem schlechter Plan gewesen?« Die Antwort ist Schweigen. Wenig später biegt das Auto geschmeidig in eine weniger frequentierte Seitenstraße, und das Gesprächsthema wechselt. Als wir uns verabschieden, ist der kurze Disput schon wieder vergessen. Vielleicht auch, weil niemand der Anwesenden sich so recht vorstellen kann, dass eine globale Pandemie unser aller Alltag bereits zwei Wochen später gravierend verändern wird.

Falschmeldungen und Verschwörungserzählungen, darin waren sich Experten weltweit einig, haben sich direkt zu Beginn der COVID-19-Pandemie ähnlich rasant verbreitet wie das Virus selbst. Bereits im Februar 2020 warnte der Generaldirektor der WHO Tedros Adhanom Ghebreyesus, dass die Welt es nicht nur mit einer Pandemie, sondern auch mit einer »Infodemie«

zu tun habe. »Falschnachrichten«, so die Einschätzung des Experten, »verbreiten sich schneller als das Virus, und sie sind genauso gefährlich.«[2] Was das konkret bedeutet, zeigte eine Umfrage des Pew Research Centers vom 16. März 2020.[3] Dabei gaben 48 Prozent der befragten US-Amerikaner an, dass sie bereits mit Fake News zu COVID-19 in Kontakt gekommen waren. 12 Prozent beschrieben die Frequenz derartiger Nachrichten sogar als hoch. Bei vielen der Falschnachrichten, die im Umlauf waren, handelte es sich um Verschwörungserzählungen.

Im verschwörungsideologischen Milieu wurde die Pandemie innerhalb kürzester Zeit in zahlreiche ältere Narrative eingebaut. Wer zuvor bereits an eine globale Impf-Verschwörung geglaubt hatte, mutmaßte schnell, Corona sei Teil ebenjenes Komplotts. QAnon-Anhänger beschuldigten politische Konkurrenten von Donald Trump, insgeheim im Hintergrund die Fäden zu ziehen. Und in marktradikalen Kreisen hieß es gar, die Pandemie markiere den Beginn einer kommunistischen Weltdiktatur. Derartige Narrative trafen gerade zu Beginn der Pandemie auf eine stark verunsicherte Bevölkerung. Schnell bildeten sich in sozialen Netzwerken und in Messenger wie Telegram Gruppen, in denen verschwörungsideologische Inhalte verbreitet wurden. Zahlreiche Verschwörungsideologen riefen dazu auf, sich für einen Bürgerkrieg zu wappnen und versetzten ihre Anhänger damit in Angst und Schrecken. Empfehlungen zur Pandemieeindämmung, wie etwa das Tragen eines Mund-Nase-Schutzes, wurden als Vorboten einer »Neuen Weltordnung« umgedeutet. Politiker, Journalisten und Wissenschaftler, die sich öffentlich zur Pandemie äußerten, wurden kurzerhand zu »Agenten« der jeweiligen Verschwörung erklärt. Dies hatte zur Folge, dass sie Opfer von massiven Drohungen wurden.

Im Netz kursierten zahllose Verschwörungserzählungen, die sich mit dem neuartigen Coronavirus befassten. In YouTube-

Videos und Blogs wurde etwa verbreitet, Microsoft-Gründer Bill Gates sei für die Pandemie verantwortlich. Dieser hatte in den vorangegangenen Jahren mehrfach öffentlich vor dem Risiko des Auftretens einer neuen Pandemie vergleichbar mit der Spanischen Grippe gewarnt und auf die Notwendigkeit strategischer Vorsorge gedrängt. Zahlreiche einschlägige Webseiten haben später darauf aufbauend Verschwörungserzählungen verbreitet, in denen es hieß, der Milliardär Gates habe das Virus entweder selbst entwickeln lassen, um die Weltbevölkerung zu reduzieren, oder aber er beabsichtige, mit dem Verkauf eines angeblich längst verfügbaren Impfstoffs Kasse zu machen. Die Weltgesundheitsorganisation (WHO) wird von Anhängern dieser Verschwörungserzählung häufig als verlängerter Arm der Bill & Melinda Gates Foundation gesehen. In der Tat hatte die Stiftung über Jahre hinweg immer wieder Projekte der WHO mit Geldern gefördert. Beispielsweise, um humanitäre Projekte wie etwa Impfprogramme in Entwicklungsländern zu unterstützen – auch weil viele Staaten nicht bereit waren, hierfür finanzielle Mittel bereitzustellen.[4] Dass Verschwörungsideologen ausgerechnet dieses Engagement der Stiftung als vermeintlichen Beweis für deren angebliche bösen Absichten anführen, ist geradezu absurd.

Auch der US-amerikanische Unternehmer George Soros wurde immer wieder bezichtigt, für die Pandemie verantwortlich zu sein.[5] So hieß es beispielsweise bei dem für das Verbreiten von Verschwörungserzählungen bekannten Online-Sender *KlaTV*, dass das chinesische Labor für Virologie direkt neben der »vom amerikanischen Milliardär George Soros finanzierte[n] WuXi PharmaTech Inc.« liegen würde.[6] Könnte diese räumliche Nähe, fragt die Moderatorin einer Sendung suggestiv, einen Zusammenhang vermuten lassen? Neben dieser Erzählung gibt es eine Vielzahl weiterer wilder Spekulationen, die um den jüdischen US-Milliardär Soros kreisen. So hieß es etwa, George

Soros hätte gemeinsam mit seinen »Milliardärskumpeln« und Barack Obama versucht, den amtierenden US-Präsidenten Donald Trump mit Hilfe der Corona-Krise aus dem Amt zu hieven. Der »Beleg« für diese steile These: Die Adresse des Unternehmens WuXi PharmaTech Inc. in Wuhan lautete 666 Gaoxin Road East Lake. Die Zahl 666 soll laut christlicher Mythologie für den Teufel höchstpersönlich stehen.

Die Verbreitung von Verschwörungserzählungen zu CO-VID-19 beschränkte sich keineswegs nur auf das Internet. Entsprechende Mythen spielten auch auf der politischen Ebene eine Rolle. Ajatollah Ali Chamenei, Irans politisches und religiöses Oberhaupt, gab etwa bekannt: »Es besteht die Eventualität, dass die Verbreitung des Coronavirus im Iran ein biologischer Angriff ist.«[7] Und auch der Sprecher des chinesischen Außenministeriums Zhao Lijian mutmaßte in einem Tweet, dass es US-Militärs gewesen sein könnten, die das Virus nach China gebracht hätten.[8] Hierzu muss man wissen: US-Präsident Trump hatte zuvor öffentlich wiederholt die Formulierung »chinesisches Virus« benutzt, was in Peking auf wenig Gegenliebe gestoßen sein dürfte. Problematisch an Trumps Wortwahl ist zudem, dass damit Vorurteile gegen Menschen geschürt wurden, die als chinesisch oder ostasiatisch wahrgenommen werden. Eine derart rassistisch aufgeladene Rhetorik bringt Menschen in Gefahr. Denn wer eine Bevölkerungsgruppe aufgrund solcher Aussagen für die Pandemie verantwortlich macht oder als Krankheit bringend sieht, wird sich auch dementsprechend verhalten.

Zu den Auswüchsen der »Infodemie« rund um COVID-19 zählten ebenfalls zahlreiche religiös motivierte Erklärungsversuche. Der *ARD-faktenfinder* berichtete, dass islamische Geistliche aus Tunesien und Ägypten behauptet hatten, »China werde durch die Epidemie bestraft für den Umgang mit den Uiguren«.[9] Gemeint war die seit Jahren andauernde Politik der Unterdrückung muslimischer Minderheiten in der chinesischen Region Xinjiang durch die Kommunistische Partei Chinas. Einige fundamentalistische Christen sahen in der Pandemie hingegen einen Vorboten der Apokalypse und gingen von einem baldigen Ende aller Tage aus. Der russisch-orthodoxe Erzbischof von Berlin veröffentlichte ein Schreiben, das sich laut *taz* so interpretieren lässt, dass er die Pandemie als göttliche Strafe für Sterbehilfe, Transsexualität, Abtreibungen und Leihmutterschaft sieht.[10] Der US-amerikanische evangelikale Pastor Hank Kunneman meinte hingegen, Gott werde zumindest Amerika vor COVID-19 schützen, da Präsident Trump politisch an der Seite Israels stehe.[11]

In sozialen Netzwerken kursierte zudem insbesondere in Esoterik-affinen Kreisen die Behauptung, dass es sich bei der Pandemie um eine Inszenierung handeln soll, um angebliche Gefahren durch die Einführung des Mobilfunkstandards 5G zu vertuschen. Die Technologie 5G wird in Esoterik-Kreisen auch als Waffe in einem angeblichen »Entvölkerungskrieg« oder eine Strategie zur Gedankenkontrolle beschrieben. Ein »5G-Syndrom« soll laut einer dieser Verschwörungserzählungen in Wuhan dazu geführt haben, dass die Bewohner der Stadt »wie die Fliegen« gestorben seien, nachdem der neue Mobilfunkstandard eingeführt war. Die Bewohner Wuhans wurden dabei rassistisch als »5G-Meerschweinchen« verhöhnt. Die Informationen, auf die sich diese Verschwörungserzählung stützte, stammten angeblich von einem namentlich nicht genannten Geheimdienstanalysten und ehemaligen Offizier der US-Armee. Hinter der Internetseite, die diese Verschwörungserzählung verbreitete, steht der ehemalige Motivationstrainer Bernd Klein, der mittlerweile Dr. Leonard Coldwell heißt. Coldwell lebt in den USA, seinen Doktortitel soll er laut der *Welt* an Universitäten wie der Columbia State, »Titelmühlen, die für Geld akademische Grade verhökern«, erlangt haben.[12]

Es geisterten auch zahlreiche Inhalte durchs Netz, in denen die Gefahr der Pandemie heruntergespielt wurde. Da hieß es etwa, das Coronavirus sei nicht gefährlicher als eine normale Erkältung und »Eliten und die Lügenpresse« hätten das Ganze eingefädelt, um eine »Neue Weltordnung« durchzusetzen. Nicht selten wurden die Ablehnung von Impfungen, 5G-Ängste und Weltuntergangsfantasien in einen Topf geworfen und zu einer gigantischen Verschwörungserzählung vermengt. In einem YouTube-Video hieß es sogar, dass »kein Mensch infiziert, kein Mensch krank geworden« sei. Angeblich sei »das ganze Ding absolut kriminell und nur dazu da, um tödlichen Kampfstoff zu verkaufen«. Einige Verschwörungsideologen mutmaßten zudem, es hätte bei der COVID-19 Pandemie keine Todesopfer gegeben und bei den Angehörigen und ehemals Erkrankten, die in der Presse zu sehen waren, handele es sich allesamt um bezahlte Schauspieler.

Eine Umfrage des Pew Research Centers von Mitte März 2020 zeigte, dass drei von vier befragten Anhängern der Republikaner bemängelten, die Medien würden bei der Berichterstattung über die Bedrohung durch das Virus übertreiben. Wie kommen Menschen trotz beängstigender Nachrichten zu Todeszahlen aus Krisenregionen zu einer derartigen Haltung? Konservative US-Medien hatten die durch COVID-19 drohenden Risiken im Vorfeld lange Zeit heruntergespielt. Populär war insbesondere die These, bei der »Corona-Panik« handele es sich lediglich um einen Plan des »Deep State« oder liberaler Kräfte, um Präsident Donald Trump zu schaden.[13] Trotz anderslautender Einschätzungen aus der Wissenschaft wurde von zahlreichen TV-Moderatoren zudem die Ansicht vertreten, das Virus sei in Wahrheit kaum gefährlicher als eine saisonale Grippe. Laut der *New York Times* war die Verbreitung von Mythen rund um die Pandemie durch konservative Medien wie etwa den Sender *Fox News* auch deshalb so problematisch, weil der typische Zuschauer mit einem Altersdurchschnitt von Mitte 60 der Risikogruppe für einen schweren Krankheitsverlauf entsprach. Dies mag begünstigt haben, dass einige Menschen, die besonders gefährdet waren, Schutzmaßnahmen wie Social Distancing später ablehnten.

Derartige Haltungen finden sich allerdings nicht nur in den USA. Der Arzt und frühere SPD-Bundestagsabgeordnete Wolfgang Wodarg bezeichnete die Corona-Krise in einem YouTube-Video vom März 2020 als Panikmache. Das Video verbreitete sich in sozialen Netzwerken wie ein Lauffeuer. Wodarg war überzeugt: »Weder in China noch in Italien oder anderswo werden außergewöhnliche Fälle von schwerer Krankheit registriert.« Das Video wurde dabei zu einem Zeitpunkt veröffentlicht, als allein in Italien bereits laut dem Dipartimento della Protezione Civile 17.660 Personen an COVID-19 erkrankt und 1.266 Menschen daran gestorben waren.[14] Im *Spiegel* heißt es über seine Thesen: »Wodarg argumentiert geschickt. Viele seiner grundsätzlichen Aussagen sind korrekt. Damit schafft er Vertrauen, selbst bei Leuten, die sich mit medizinischen Sachverhalten auskennen.«[15]

Die Corona-Pandemie brachte nicht nur viele Solidaritätsaktionen mit sich, sondern befeuerte auch Rassismus und Antisemitismus. Insbesondere Menschen, die als ostasiatisch wahrgenommen werden, waren offenen Anfeindungen ausgesetzt. Der Anstieg an rassistischen Vorfällen bis hin zu gewalttätigen Angriffen auf offener Straße führte dazu, dass Betroffene in sozialen Netzwerken unter dem Hashtag #IchBinKeinVirus ihre Erfahrungen teilten und sichtbar machten.[16] Laut der Anti-Defamation League wurden zudem viele antisemitische Verschwörungserzählungen verbreitet, in denen entweder Juden oder Israel die Schuld an der Pandemie gegeben wurde. So verbreitete etwa der US-amerikanische Rechtsextremist und Politiker Paul Nehlen, dass es sich bei dem Virus um eine israelische Biowaffe handeln würde, mit der die Kontrolle über China erlangt werden solle.[17] Andere behaupteten, dass Juden planen würden, sich an dem Verkauf einer womöglich später verfügbaren Impfung zu bereichern.[18]

Insbesondere in rechtsextremen Kreisen wurden Erklärungsansätze für die Corona-Krise mit antisemitischen und rassistischen Ideologien angereichert.[19] Reichsbürger deuteten die Pandemie als Angriffskrieg oder gar als Möglichkeitsfenster, um ihre Umsturzfantasien wahr zu machen. Verschwörungserzählungen fielen in diesen Kreisen auf fruchtbaren Boden. Der Sprecher der rechtsextremen Identitären Bewegung Österreich Martin Sellner hatte im März 2020 über den Messenger Telegram eine Umfrage zum Ursprung des Virus gestartet. Von den rund 45.000 Abonnenten seines Kanals hatten bis zum 23. März mehr als 9000 Menschen an der Abstimmung teilgenommen. 40 Prozent der Befragten waren der Meinung, dass es sich bei dem Virus um eine gezielt eingesetzte Biowaffe handeln würde, während 26 Prozent an ein Leck im Labor in Wuhan glaubten. Fast jeder Fünfte war sogar überzeugt: Das Virus gibt es gar nicht.

Immer wieder wurde vorgebracht – und dies ist ein typisches Element von Verschwörungserzählungen –, dass es bereits früh Hinweise für eine globale Verschwörung gegeben hätte. Viele Kommentare dieser Art wirkten dabei reichlich abstrus. Die *Epoch Times*, laut *Zeit* das »Leitmedium der Rechtspopulisten«[20], berichtete beispielsweise über angebliche Indizien in einem Asterix-Comic. In dem englischsprachigen Band 37 der populären Comic-Reihe (»Asterix erobert Italien«) war zu sehen, dass Zuschauer eines Wagenrennens »CORONAVI-RUS« brüllen. Gemeint war damit der Name eines Wagenlenkers. Im deutschsprachigen Angebot der Fake-News-Schleuder heißt es, damit besagter Wagenlenker im Comic das Rennen »garantiert gewinnt, unterstützen ihn korrupte Beamte. Coronavirus muss um jeden Preis siegen, um das Ansehen Roms und die Einheit des Reiches nicht zu gefährden, so die Worte Cäsars.« Für Verschwörungsideologen war diese Anekdote ein klares Indiz: Die Corona-Krise muss geplant gewesen sein! Wieso ein Comiczeichner dies vorab ankündigen sollte, wurde allerdings nicht diskutiert.[21] Auch der Verschwörungsideologe Oliver Janich verbreitete in einem Video, dass die Pandemie in Asterix-Comics angekündigt worden wäre. Bei Janich handelt es sich keineswegs um einen Unbekannten. Sein YouTube-Kanal zählt 112.000 Abonnenten, das Video wurde mehr als 186.000 mal abgerufen. Trotz ihrer Absurdität erlangte die »Asterix & COVID-19«-Verschwörungserzählung erstaunliche Popularität.

Es ist leider kein neues Phänomen, dass Menschen bei Epidemien und dem Auftreten neuartiger Erkrankungen über Verschwörungen spekulieren. Egal ob HIV, Zika-Virus, Ebola oder Corona – wann immer Gesellschaften durch Erkrankungen bedroht sind und waren, gab es Akteure, die andere für deren Ausbruch verantwortlich machten. Das zeigt sich auch am Beispiel des Zika-Virus. In den Jahren 2015/2016 kam es zu einer starken Verbreitung eines durch Mücken übertragenen Virus, das bei Schwangerschaften schwerwiegende Komplikationen auslösen kann. Die WHO rief deshalb den globalen Notfall aus. Bis Ende 2016 waren insbesondere Länder in der Karibik, Afrika und Lateinamerika betroffen.[22] Eine Studie aus dem Jahr 2016 konnte zeigen, dass jeder fünfte US-Amerikaner damals an mindestens eine Verschwörungserzählung über das Zika-Virus glaubte. Am weitesten verbreitet war dabei die Überzeugung, dass das Virus durch genetisch veränderte Moskitos verbreitet werden würde. Wer an derartige Verschwörungserzählungen glaubte, misstraute auch eher staatlichen Stellen oder mutmaßte gar, dass das Virus erfunden worden wäre, um die Olympischen Spiele in Brasilien im Sommer 2016 zu ruinieren. Die Untersuchung zeigte außerdem, dass sowohl Bildungsniveau und Geschlecht als auch Religiosität keinen Einfluss darauf hatten, ob die Befragten solchen Verschwörungserzählungen Glauben schenkten.[23]

In medialen Diskussionen wird die COVID-19-Pandemie häufig mit der Spanischen Grippe verglichen. Diese durch eine Abwandlung des klassischen Influenza-Virus ausgelöste Erkrankung forderte zwischen 1918 und 1919 nach Schätzungen von Historikern weltweit zwischen 25 und 50 Millionen Menschenleben. Heute geht man davon aus, dass die Erkrankung zum ersten Mal im US-Bundesstaat Kansas vom Schwein auf den Menschen übersprang und dann im Zuge des Ersten Weltkriegs durch Truppenverlegungen zunächst in Europa und später weltweit Verbreitung fand.[24] Der Name »Spanische Grippe« rührt daher, dass spanische Zeitungen infolge der Erkrankung des spanischen Monarchen Alfonso XIII. und eines Teils seines Kabinetts als Erste über das Phänomen berichteten, da sie im Gegensatz zu anderen Ländern nicht einer kriegsbedingten Zensur unterlagen.

Aus der Zeit der Spanischen Grippe sind zahlreiche Verschwörungserzählungen überliefert. Viele davon orientieren sich an damals verbreiteten Feind-Narrativen des Ersten Weltkriegs. So hieß es etwa, die Deutschen hätten Konservendosen mit dem Erreger infiziert.[25] In den USA und Frankreich wurde das Gerücht verbreitet, dass es sich bei der Erkrankung um Folgen von Giftgaseinsätzen der deutschen Armee oder gar eine neuartige Biowaffe handeln würde.[26] An anderer Stelle hieß es, deutsche U-Boote hätten die Krankheit in die USA einge-schleust – ähnliche Gerüchte gab es auch in Frankreich. Beson-ders verbreitet war außerdem die Erzählung, der Erreger werde durch Aspirin-Tabletten des deutschen Pharmakonzerns Bayer übertragen.[27] Einige vermuteten sogar die Rückkehr der Pest oder eine Strafe Gottes.[28] In den USA gab es zudem Stimmen, die italienische und jüdische Einwandererviertel als »Brutstät-ten der Pandemie« verunglimpften, und in Südafrika wurden Schwarze der Verbreitung der Krankheit beschuldigt. Die Spa-nische Grippe wurde daraufhin als Vorwand genutzt, um eine Segregation voranzutreiben.[29] Zugleich versuchten windige Geschäftemacher, durch den Verkauf angeblicher Wundermit-tel die Angst der Menschen auszunutzen. Auch Moralapostel sa-hen ihre Zeit gekommen und machten Jazz-Musik oder auch zu enge Kleidung als Ursache für die Erkrankung aus.[30] Während-dessen vermuteten deutsche Soldaten, das massenhafte Auftre-ten der Grippe in ihren Reihen werde durch sexuelle Abstinenz und schlechte Verpflegung verursacht.[31] Obwohl die Spani-sche Grippe mehr Todesopfer forderte als der Erste Weltkrieg, spielte die Pandemie laut Historikern jedoch nur eine unter-geordnete Rolle in der öffentlichen Wahrnehmung. Die Presse unterlag – auch aufgrund des Krieges – in zahlreichen Ländern einer starken Zensur. Zudem fehlte eine gemeinsame globale Öffentlichkeit.

Dass Verschwörungserzählungen sogar als Beschleuniger für eine Epidemie wirken können, zeigt das Beispiel Ebola. Im Frühjahr 2014 verbreitete sich die Viruserkrankung vor allem in den afrikanischen Ländern Guinea, Liberia und Sierra Leone, mehr als 10.000 Menschen starben. In den Jahren 2018 und 2019 kam es dann erneut zu einer Häufung von Erkrankungen im von langjährigen militärischen Konflikten geplagten Osten der Demokratischen Republik Kongo. Einige Zeitungen verbreiteten das Gerücht, die USA hätten Ebola als Biokampfstoff entwickelt, um die Weltbevölkerung zu reduzieren.[32] Ein anderes Gerücht besagte, US-Behörden hätten ein Patent auf das Ebola-Virus angemeldet, und die Epidemie sei absichtlich herbeigeführt worden, um Profit durch den Verkauf von Impfstoffen zu generieren.[33] Einige Verschwörungsideologen behaupteten sogar, Ebola sei Teil eines perfiden Plans, um eine Weltregierung zu installieren. Derartige Verschwörungserzählungen hatten einen unmittelbaren Einfluss auf die Arbeit der medizinischen Versorgungsteams in den von der Epidemie betroffenen Regionen. Wissenschaftler hatten unter Hochdruck einen Impfstoff entwickelt. Trotzdem wollten sich Teile der Bevölkerung nicht impfen lassen. In einer der großen Megakirchen der zwei Millionen Einwohner zählenden Stadt Goma verkündete ein Pastor laut dem *Time Magazine*, von ihm gesegnetes Wasser könne an Ebola Erkrankte heilen. Darüber hinaus beschuldigte er medizinisches Personal, Menschen umzubringen.[34] Aus seiner Sicht steckte dahinter eine große Verschwörung mit Beteiligung der Weltbank. Bei seinen Anhängern erntete er für solche Aussagen Applaus. Eine 2018 durchgeführte Umfrage in der vom Ebola-Ausbruch besonders betroffenen Region Nord-Kivu zeigte, dass rund 85 Prozent der Befragten schon einmal von Verschwörungserzählungen gehört hatten, denen zufolge das Ebolavirus aus wirtschaftlichem Profitinteresse künstlich erschaffen worden wäre. Rund 33 Prozent hielten solche Aussagen für wahr. 36 Prozent vertraten außerdem die These, Ebola sei künstlich hergestellt worden, um die Region zu destabilisieren. Ein Viertel der Befragten war sogar der Auffassung, Ebola würde überhaupt nicht existieren.[35] Die Umfrage zeigte zudem, dass das Vertrauen der Befragten in die Regierung äußerst niedrig war, was ein Erklärungsansatz dafür sein kann, warum viele den offiziellen Informationen misstrauten.

Prinzipiell gilt: Wer an Verschwörungserzählungen glaubt, wird sich mit geringerer Wahrscheinlichkeit an empfohlene medizinische Schutzmaßnahmenhalten halten. In der Demokratischen Republik Kongo meldeten einige Familien Ebola-Todesfälle nicht bei den Behörden und ignorierten die Hinweise zum Umgang mit dem Leichnam, wodurch das Ansteckungsrisiko stieg. Problematisch war außerdem, dass Erkrankte erst spät oder überhaupt nicht zum Arzt gingen. Dabei ist insbesondere ein früher Beginn der Behandlung entscheidend für die Überlebenschancen. Einige glaubten sogar, dass Menschen in den Behandlungszentren absichtlich mit Ebola infiziert werden würden. Erzählungen dieser Art schürten mancherorts Hass gegen medizinisches Personal. In der Region Butembo kam es zu gewaltsamen Angriffen auf Behandlungszentren, bei denen auch ein Arzt ums Leben kam.[36]

Eine Pandemie löst bei vielen Menschen das Gefühl eines Kontrollverlusts aus.[37] Derartige Ereignisse erzeugen ein Gefühl der Überforderung, sie machen auch schlichtweg Angst. Menschen sehen sich mit vielen offenen Fragen konfrontiert, die nicht beantwortet werden können. Wie kann eine Rückkehr zur Normalität aussehen? Was passiert in der Zeit »danach«? Viele Menschen sehen sich in ihrer Existenz bedroht – sie haben Angst um ihr Leben oder das Leben ihrer Nächsten. Hinzu kommen Sorgen aufgrund der wirtschaftlichen Folgen. Im Stakkato-Takt wird man mit immer neuen, meist negativen Nachrichten konfrontiert. Es ist eine Herausforderung, mit all diesen teils widersprüchlichen Informationen umzugehen. So entsteht ein Klima, das Verschwörungsglauben befeuert. In Zeiten, in denen vieles ungewiss ist, bieten Verschwörungserzählungen eine gewisse Struktur. Selbst wenn derartige Welterklärungsmodelle oft apokalyptische Züge tragen, ist dies für Anhänger oft leichter zu ertragen als pures Chaos. Eine wissenschaftliche Untersuchung von 47.551 Kommentaren unter 1486 Postings auf der Online-Plattform Reddit während des Zika-Ausbruchs 2015/2016 bestätigte diese Annahme: Gespräche über Verschwörungen boten Menschen eine Möglichkeit, mit der extremen Unsicherheit umzugehen, die sie in Bezug auf Zika empfanden.[38] Die Autoren der Studie stellten fest: »Dies spiegelte den dringenden Informationsbedarf und das allgegenwärtige Misstrauen gegenüber offiziellen Informationsquellen zum Zikavirus wider.«[39]

Verschwörungserzählungen können gravierende Konsequenzen haben. Allein die einmalige Konfrontation mit einer Verschwörungserzählung führt laut einem psychologischen Experiment schon dazu, dass Menschen misstrauischer werden[40] und sich mehr von der Gesellschaft entfernt fühlen.[41] Wenn man bedenkt, wie viele Verschwörungserzählungen zu COVID-19 existieren, kann man nur erahnen, wie stark die Auswirkungen sein müssen. Das Vertrauen der Bevölkerung ist eine der wichtigsten Ressourcen beim Management von Pandemien. Wenn offiziellen Stellen nicht vertraut wird, werden auch Anordnungen und Hinweisen zum Schutz vor Ansteckung eher ignoriert. Dies soll kein Plädoyer für einen unkritischen Umgang mit staatlichen Stellen sein. Insbesondere in Zeiten einer Krise ist es wichtig, kritisch zu sein und genau hinzuschauen. Bürgerrechte können im Zuge staatlicher Interventionen eingeschränkt und Grundrechte ausgehöhlt werden. Zwischen einer fundierten Kritik an staatlichem Handeln – was zweifellos zum Wesen der Demokratien dazugehört – und blindem Misstrauen gibt es allerdings Unterschiede. Wer meint, dass alle Wissenschaftler eigentlich nur Handlanger einer im Geheimen agierenden Elite seien, hat den Boden eines rationalen Diskurses längst verlassen

Die zahlreichen Falschmeldungen und Fehlinformationen

zu COVID-19 führten auch zu erfreulichen Gegenreaktionen. Zahlreiche Medienschaffende und Wissenschaftler veröffentlichten Faktenchecks und Informationsmaterial rund um die Erkrankung. Der deutsche Astrophysiker, Wissenschaftsjournalist und Fernsehmoderator Harald Lesch sagte in einem Aufklärungsvideo über Falschinformationen rund um die Pandemie einen wichtigen Satz: »Empirische Hypothesen müssen an der Erfahrung scheitern können.«[42] Wissenschaftliches Arbeiten heißt eben, dass man bereit sein sollte, die eigenen Hypothesen bei gegenläufiger Evidenz zu korrigieren und ab einem gewissen Punkt sogar vollständig zu verwerfen. Bei der Bildung von Theorien stellt die sogenannte Falsifizierbarkeit von Aussagen ein zentrales Element dar. Das bedeutet: Eine wissenschaftliche Theorie *muss* widerlegbar sein, denn sonst kann sie nicht empirisch überprüft werden. Im Alltag folgen viele Menschen diesen wissenschaftlichen Gesetzen allerdings nur selten und gehen häufig den umgekehrten Weg: Man sucht gezielt nach Belegen für seine Aussagen und ignoriert Informationen, die der eigenen Einschätzung widersprechen. Im Kontext von Verschwörungserzählungen bedeutet dies: Menschen, die sowieso schon überall große Intrigen wittern, suchen sich insbesondere die Informationen heraus, die sie in ihrem Glauben bestärken. Manch einer verrennt sich so immer mehr und ist irgendwann kaum noch für Gegenargumente erreichbar.

Auch wenn Faktenchecks diese Menschen vermutlich nicht mehr umstimmen können, so können Inhalte, die sich kritisch mit Verschwörungserzählungen und Falschmeldungen auseinandersetzen, doch dazu beitragen, dass solche Geschichten weniger Verbreitung finden. Aufklärungsvideos und Faktenchecks sind aber nicht die einzige Option zur Aufklärung. Auch auf dem Unterhaltungsmarkt spielt das Phänomen eine Rolle – etwa bei dem Computerspiel »Plague Inc.«. Die Aufgabe der Spieler dabei lautet: Die Vernichtung der Menschheit durch eine globale Pandemie! Angesichts der globalen COVID-19-Krise gaben die Spielemacher im März 2020 bekannt, dass sie dem seit 2012 verfügbaren Spiel mit mehr als 100 Millionen Nutzern einen neuen Modus hinzufügen wollen, in dem es darum geht, den Ausbruch einer Pandemie zu stoppen. Zuvor hatten sie bereits einen »Fake-News«-Modus eingeführt, der Spielern die Funktionsweise der Verbreitung von Falschmeldungen nahebringen sollte. Richard Hatchett, Vorsitzender der Impfstoffinitiative Coalition for Epidemic Preparedness Innovations, sieht in solchen spielerischen Ansätzen ein wichtiges Hilfsmittel für die Bekämpfung von Pandemien. Er sagt: »Computerspiele haben eine wichtige Funktion bei der Sensibilisierung für die Herausforderungen, vor denen die Welt derzeit steht.«[43] Wissenschaftliche Untersuchungen unterstützen die Einschätzung, dass spielerisches Lernen zur Aufklärung beitragen kann. Computerspiele, in denen es etwa darum geht, dass die Spieler selbst Falschmeldungen in einer virtuellen Welt verbreiten, können dabei helfen, dass Menschen solche besser erkennen können. Die beiden Psychologen Jon Roozenbeek und Sander van der Linden von der University of Cambridge haben zu diesem Zweck das Computerspiel »Bad News« entwickelt. Die Spieler werden damit beauftragt, einen Nachrichtenartikel über ein stark polarisierendes Thema zu erstellen. Sie sollen dabei gezielt Strategien anwenden, die auch Fake-News-Verbreiter nutzen, und auf diese Weise lernen, wie Falschmeldung verbreitet werden. In einer Feldstudie mit Schülern konnten die Psychologen zeigen, dass der spielerische Ansatz aufging: Schüler, die das Spiel gespielt hatten, sahen fragwürdige Artikel anschließend als weniger zuverlässig an und schenkten ihnen weniger Glauben.[44]

Die Frage nach dem richtigen Umgang mit Informationen

ist im Kontext einer globalen Pandemie von besonderer Bedeutung. Der Einzelne sieht sich plötzlich mit komplexen Informationen konfrontiert, etwa medizinischen Fachdebatten, die nur die wenigsten wirklich einzuordnen wissen. Im Angesicht einer existenziellen Krise kommt der Kompetenz, Informationen zu prüfen und zu bewerten, eine besondere Bedeutung zu. Bereits wenige einfache Regeln können dabei helfen, offensichtliche Falschmeldungen zu entlarven.

Woher kommt die Information?

Stellen Sie sich folgende Situation vor: Sie erhalten eine Sprachnachricht, in der jemand berichtet, dass Hubschrauber Desinfektionsmittel über Ihrer Stadt versprühen würden. Die Nachricht wurde Ihnen von einem Freund per WhatsApp weitergeleitet. Auch wenn eine solche Nachricht durch den scheinbar persönlichen Appell vielleicht erst einmal vertrauenserweckend wirken mag, lohnt es sich, einige Fragen zu stellen. Wer ist die Person hinter der Nachricht, die diese Dinge behauptet? Welche Expertise hat sie? Lässt sich die Quelle nachprüfen? Seriöse Quellen legen offen, woher Informationen stammen. Fehlt ein solcher Hinweis und es wird lediglich behauptet, »das kam gerade bei mir in den Nachrichten«, sollte man spätestens dann misstrauisch werden, wenn man bei einer Recherche nichts auf entsprechenden Nachrichtenseiten findet.

Wer behauptet das?

Gerade wenn die Ereignisse sich überschlagen, melden sich viele Akteure mit Einschätzungen und Analysen zu Wort. Da ist es manchmal schwierig, einzuschätzen, ob derjenige wirklich über die notwendige Expertise verfügt, um sich kompetent zum jeweiligen Thema zu äußern. Mit Hilfe einer Suchmaschine kann man sich zumindest einen ersten Eindruck von dem jeweiligen Autor verschaffen. So lässt sich auch herausfinden, ob dieser Mensch bereits in der Vergangenheit Verschwörungserzählungen oder Falschmeldungen verbreitet hat. Auch der berufliche Hintergrund des vermeintlichen Experten lässt sich in Erfahrung bringen. Hat er wissenschaftliche Publikationen veröffentlicht, die nahelegen, dass er sich in dem besagten Themenfeld auskennt? Auf Plattformen wie PubMed oder Google Scholar kann man zudem nachprüfen, ob diese Person wissenschaftliche Fachbeiträge zu dem jeweiligen Themengebiet publiziert hat.

Was sagen Experten?

Auch in der Wissenschaft sind sich nicht immer alle einig. Es gibt unterschiedliche Positionen, es wird diskutiert, und Thesen werden manchmal auch wieder verworfen. Das gehört zum wissenschaftlichen Erkenntnisgewinn dazu. Das bedeutet aber nicht, dass jede Meinung gleichwertig gehört werden muss. Wenn (beinahe) alle Epidemiologen und Virologen, die eine nachgewiesene Expertise in dem Themengebiet aufweisen, eine Krankheit als gefährlich erachten, aber ein einfacher Arzt dies als »Panikmache« hinstellt, sollte man sich überlegen, wem man hier Glauben schenken will. Wenn Experten auf derartige Statements nicht eingehen, hat das übrigens nichts mit »unterdrücktem Wissen« zu tun. Viel eher wird davon ausgegangen, dass Personen ohne fachliche Expertise auf dem fraglichen Gebiet die jeweilige Problemstellung einfach schlechter bewerten können im Vergleich zu Menschen, die seit Jahren zu eben diesem Thema arbeiten.

Was ist das für ein Medium?

Nicht alles, was in einer seriösen Zeitung geschrieben steht, muss automatisch richtig sein. Fehler passieren überall, wo Menschen arbeiten, zudem gibt es bei der Einordnung von Fakten immer auch einen subjektiven Spielraum. Dennoch gibt es Unterschiede in der Seriosität von Medien. Oft reicht es schon, per Suchmaschine zu prüfen, ob ein Medium, das einem unbekannt ist, bereits durch Falschaussagen aufgefallen ist. Manchmal lohnt es sich auch, das Impressum einer Webseite zu überprüfen, um zu sehen, wer der Betreiber ist.

Was zeigt der Doppelcheck?

Nicht nur während einer globalen Pandemie ist es wichtig, Fakten zu verifizieren. Gibt es seriöse Medien, die die Information bestätigen? Haben Faktenchecks sich des Themas vielleicht schon angenommen? Wird die Originalquelle (etwa bei einem Zitat) richtig wiedergegeben? Ist der in einer WhatsApp-Gruppe geteilte Screenshot echt oder hat hier jemand mit Photoshop nachgeholfen? Wenn sonst kein Medium über eine angeblich große Neuigkeit berichtet, ist es wahrscheinlich, dass die Information nicht stimmt. Natürlich gibt es immer mal wieder Fälle, auf die das nicht zutrifft. Allerdings kann man sich in der Regel auf diese Daumenregel verlassen.

Ist der Kontext richtig?

Manchmal werden Beiträge über soziale Netzwerke geteilt, die zwar nicht inhaltlich falsch sind, sich aber auf einen anderen Kontext beziehen. Aussagen prominenter Politiker und Experten werden immer wieder von Verschwörungsideologen aus dem zeitlichen Kontext gerissen und zu angeblichen Kommentaren aktueller Geschehnisse umgedeutet. Stößt man etwa Ende März 2020 auf die Lageeinschätzung eines Arztes zu COVID-19, in der es heißt, dass es in Italien kaum Tote gegeben hätte, wirkt das ganz anders, wenn man realisiert, dass das Video bereits im Februar hochgeladen wurde, als die Fallzahlen deutlich niedriger waren. Ein weiteres Problem ist, dass bei längeren Zitaten durch das Weglassen von Sätzen nicht selten die Bedeutung verfälscht wird. Daher macht es häufig Sinn, nach der Originalquelle zu suchen, um zu erfahren, ob hier nicht nachträglich zugespitzt worden ist. Bei Online-Artikeln lohnt es, sich anzugewöhnen, immer zunächst das Erstellungsdatum des Beitrags zu überprüfen.

Als wir die letzten Zeilen dieses Kapitel schreiben, neigt sich der März 2020 seinem Ende zu. Zwei Wochen nach unserem Gespräch über eine angebliche US-amerikanische Corona-Verschwörung laufen wir auf dem Weg zum Supermarkt dieselbe große Hauptverkehrsstraße in Berlin-Kreuzberg entlang und erkennen unsere Stadt nicht wieder. Die Cafès haben geschlossen, nur vereinzelt trifft man auf Menschen. An einer Apotheke wurde ein großes grünes Poster angebracht, auf dem steht: »Wir stellen Desinfektionsmittel nach WHO-Vorgabe selbst her.« Vor der Tür hat sich eine lange Schlange gebildet. Alle halten eineinhalb Meter Abstand, um das Infektionsrisiko zu verringern. Viele tragen einen Mundschutz. An einer Plakatwand an einem der mehrstöckigen Wohnhäuser im Kiez hängt eine große Werbeanzeige, auf der lachende Menschen zu sehen sind, die dicht gedrängt in einer Kneipe gemeinsam anstoßen. Wie viele Menschen wohl jetzt daran vorbeigehen und sich nach einer solchen unbeschwerten Normalität zurücksehnen? Wo früher Sicherheit war, herrscht nun die Stille einer nie gekannten Angst. Die Welt befindet sich in einem seltsamen Spannungsfeld zwischen banalem Alltag und Ausnahmezustand.

Diese Situation ist neu und furchteinflößend – auch für uns. Innerhalb weniger Wochen hat sich das Virus rasant auf der ganzen Welt ausgebreitet. Der internationale Flugverkehr kam plötzlich quasi zum Erliegen. Weite Teile der Welt befinden sich im Ausnahmezustand. Vielerorts wurden Ausgangsbeschränkungen und Kontaktsperren verhängt. Auch wir sitzen, während wir diese Zeilen schreiben, daheim und fragen uns, wie lange das alles noch gehen wird und was danach kommen mag. Es herrscht ein großes Gefühl der Machtlosigkeit angesichts des Ausmaßes dieser globalen Krise. Frankreichs Präsident Emmanuel Macron wähnt sein Land in einem Krieg, in einer TV-Ansprache vom März 2020 heißt es: »Der Feind ist da, unsichtbar – und er rückt vor.«[45] Doch der Vergleich hinkt. Mit einem Virus lässt sich kein Waffenstillstand aushandeln. Er hält sich nicht an die Genfer Konvention. Jede Familie bangt um das Leben von Angehörigen, die zur Risikogruppe gehören. Viele hoffen auf den medizinischen Fortschritt. Die Zukunft ist von heute auf morgen zu einer großen furchteinflößenden Leerstelle geworden.

Der Glaube an Verschwörungserzählungen kann auch als unterbewusstes Hilfskonstrukt dienen, um mit Unsicherheit umzugehen. Wir verstehen, warum sich viele Menschen angesichts dieser historischen Krise nach klaren Antworten und einfachen Lösungen sehnen. Doch gerade *weil* uns unsere Unsicherheit in solchen Situationen besonders anfällig macht für Manipulation, ist es umso wichtiger, der Verbreitung von Verschwörungsmythen und Falschmeldungen etwas entgegenzusetzen. Viele dieser Inhalte verbreiten rassistische und antisemitische Hetze. Andere zielen darauf ab, Menschen mit falschen Heilsversprechen zu ködern. Und einige führen dazu, dass Menschen sich und andere gefährden. Genauso wie jeder Einzelne es in der Hand hat, durch Vorsichtsmaßnahmen das Risiko zu minimieren, sich oder andere anzustecken, haben wir es als Gesellschaft auch in der Hand, die Verbreitung von Falschmeldungen einzudämmen. Indem wir nicht unüberlegt Gerüchte verbreiten. Indem wir Quellen zum Thema Pandemie besonders sorgfältig prüfen. Und indem wir Zivilcourage zeigen, wenn in unserem direkten Umfeld antisemitische oder rassistische Verschwörungserzählungen verbreitet werden. Gerade in Zeiten der Krise braucht es nicht noch mehr Verunsicherung, Hass und Hetze. Was es braucht, ist vor allem Solidarität.

Kapitel 14: Papa glaubt an Chemtrails? Tipps und Strategien zum Umgang mit Verschwörungsgläubigen

Im Alltag passiert es erstaunlich oft, dass man mit Verschwörungserzählungen und Fake News konfrontiert wird. Ein Beispiel: Man sitzt mit einem Freund beim Bier in einer Kneipe. Zufällig kommt ein Freund von ihm vorbei und erzählt einem davon, dass es keine plausiblen Ursachen für den Einsturz des World Trade Centers Nummer 7, dem Nachbargebäude der »Zwillingstürme«, am 11. September 2001 gebe. Und schon prasselt eine Flut an Informationen auf einen ein. Namen und Berichte, die man weder kennt noch einordnen kann: Angeblich sei das Gebäude im »Commission Report 2004« ganz vergessen worden zu erwähnen ... Und das »NIST« würde sich weigern, die zugrunde liegenden Computerberechnungen dazu zu veröffentlichen ... Es gebe aber einen Professor, der auf seinem YouTube-Kanal sehr überzeugend darlegen soll, dass ein Brand als Einsturzursache physikalisch eigentlich unmöglich sei... Nach einem solchen Gespräch stellen sich einem viele Fragen: Was ist denn bitte dieser ominöse Commission Report? Was behauptet der eigentlich? Und weigert sich das NIST, wenn man denn dann weiß, was das eigentlich ist, wirklich, Informationen herauszugeben? Wer ist dieser Professor, und was ist sein Forschungsgebiet? Was tun mit all diesen Informationen? Wie soll man auf solche Statements reagieren, wenn man zwar überzeugt ist, dass es sich bei 09/11 um einen Terroranschlag handelte, aber auf diese konkreten Aussagen nicht viel entgegen kann, außer: »Das scheint mir irgendwie falsch zu sein.« Oder: »Dieser YouTube-Professor kommt mir dubios vor.«

So oder so ähnlich laufen viele Gespräche ab, die sich um das Thema Verschwörungserzählungen drehen. Viele Menschen haben im privaten oder beruflichen Umfeld bereits Erfahrungen mit Personen gemacht, die von einem auf den anderen Tag Verschwörungserzählungen von sich geben. Freunde, die man eigentlich für rational und besonnen gehalten hat, wollen einem beim gemeinsamen Abendessen plötzlich »die Impflüge« nahebringen. Oder ein Arbeitskollege lässt ganz nebenbei fallen, »die Medien« würden sowieso alle unter einer Decke stecken. Und das Gespräch beim Weihnachtsessen driftet plötzlich in eine merkwürdige Richtung ab, nachdem ein Verwandter ein YouTube-Video zum Besten gegeben hat. All diese Gespräche folgen oft einem Muster: Jemand behauptet etwas, bei dem es klare Schuldige gibt, die für die Misere verantwortlich sein sollen. Je nach Feindbild sind das mal Geflüchtete, mal Banker oder die Lügenpresse. Die Aussagen, die dann getroffen werden, klingen falsch – aber sie zu widerlegen ist manchmal gar nicht so einfach. Insbesondere wenn sie aus dem Nichts kommen und einen »eiskalt erwischen« – egal ob beim Arzt, in der Bahn oder im Club. Oftmals wird man mit Informationen konfrontiert, die man kaum einordnen kann und für deren Prüfung es viel Recherche bräuchte. Während man sich in diesen Fragen verheddert und sich noch eine Antwort zurechtlegt, ist der überzeugte Verschwörungsideologe entweder schon längst beim nächsten Thema – oder aus der U-Bahn ausgestiegen. Und man selbst ärgert sich, weil der Moment verstrichen ist und man dann doch wieder nichts gesagt hat. Aber wieso ist es eigentlich so schwer, in einem solchen Moment einzugreifen? Aufklärung darüber gibt das in der Psychologie gängige Fünf-Phasen-Modell des prosozialen Verhaltens.[1] Mit dem Begriff prosoziales Verhalten ist eine ganz einfache Sache gemeint: Zivilcourage zeigen.[2]

Phase 1: Wahrnehmung der Situation

Wenn man eine Situation beobachtet, in der ein Mensch Verschwörungserzählungen von sich gibt, muss als erste Voraussetzung die Aussage als problematisch wahrgenommen werden. Das klingt vielleicht jetzt erst einmal ziemlich banal, ist es aber tatsächlich nicht. Die wenigsten werden auf andere zustürmen und laut rufen: »Ich glaube an Verschwörungserzählungen.« In den meisten Fällen sind solche Gespräche viel verschachtelter, und es braucht Zeit, bis man überhaupt erkennt, was da eigentlich gerade passiert ist.

Phase 2: Interpretation der Situation

Nach der Wahrnehmung einer Situation folgt die Interpretation. Wenn ich beispielsweise auf einer Party herumstehe und jemand gerade krude Thesen zum Besten gibt, alle anderen aber nur interessiert schauen, denkt manch einer schnell, dass man das Ganze vielleicht doch nur falsch verstanden hat. Jeder Anwesende nimmt an, es bestünde kein Problem, weil die anderen schließlich auch nicht handeln – und reagiert nicht. In der Psychologie spricht man hierbei von *pluralistischer Ignoranz*. Die Bewertung der Situation wird außerdem zusätzlich von äußeren Umständen beeinflusst. Wer gerade im Stress ist, weil die Kinder aus dem Kindergarten abgeholt werden müssen, merkt vielleicht erst viel später in einer ruhigen Minute, dass man mit einer Verschwörungserzählung konfrontiert war. Etwa, wenn andere Eltern einem fast beiläufig erklärt haben, dass die Pharmalobby Erkenntnisse zum Thema Impfen unterdrücken würde.

Phase 3: Verantwortungsübernahme

Wenn man die Situation als Problem wahrgenommen und interpretiert hat, wäre der nächste Schritt, Verantwortung zu übernehmen. Es passiert allerdings ziemlich oft, dass Menschen sich denken: Warum soll ich etwas sagen? Das kann doch jemand anderes tun. Wenn man mit der ganzen Familie am Tisch sitzt, überlegt man sich zweimal, ob man die Person sein möchte, die den Familienfrieden gefährdet. Etwa, wenn man etwas gegen die Aussage der Tante sagt, die meint, Geflüchtete würden Handys haben, um eine »Invasion« zu planen. Diesen unbequemen Job jemand anderem zu überlassen erscheint oft verlockend. Es ist jedes Mal aufs Neue eine Abwägung. Ein jeder muss sich gezielt entscheiden, ob er einschreiten möchte oder nicht.

Phase 4: Einschätzung der eigenen Fähigkeiten

Wenn es darum geht, bei der Verbreitung von Verschwörungserzählungen zu intervenieren, spielt die auch Bewertung der eigenen Kompetenzen eine wichtige Rolle. Man könnte der Tante sagen, dass Geflüchtete sich nicht über Smartphones organisieren, um die Gesellschaft zu zerstören. Oder dem Kollegen, dass die Medien nicht von den Rothschilds kontrolliert werden. Oft tut man aber genau das nicht. Es ist einem vielleicht schlichtweg unangenehm, jemandem offen zu widersprechen. Insbesondere, wenn man selbst nicht so genau weiß, was man gerade sagen soll. Manch einer denkt sich vielleicht, dass er zu wenig Ahnung vom jeweiligen Thema hat – und bleibt deshalb stumm. Oder man hört eine Gruppe Halbstarker in der Bahn antisemitische Verschwörungserzählungen schreien und weiß nicht, ob man dem Ganzen psychisch und physisch gewachsen ist.

Phase 5: Handeln

Erst wenn die vorherigen vier Phasen durchlaufen sind, handeln Menschen und zeigen Zivilcourage. Dabei ist es wichtig, sich klarzumachen: Zivilcourage ist nie leicht, das gilt auch für die Intervention bei Verschwörungserzählungen. Überzeugte Verschwörungsideologen legen sich häufig mit unzähligen Bausteinen aus Falschinformationen ein komplexes Puzzle zusammen, um das eigene Weltbild zu untermauern. Teilweise werden nur Andeutungen fallengelassen, die die Aussagen kaum kritisierbar machen. Oder aber es wird bei Kritik schnell zu einem anderen Thema gesprungen. Als Gegenüber weiß man dann oft gar nicht mehr, worauf man eigentlich reagieren soll. Und wie. Trotzdem ist es wichtig, Verschwörungserzählungen, insbesondere wenn sie menschenfeindlich werden, nicht unwidersprochen stehen zu lassen. Es ist wichtig, zu handeln, statt zu schweigen. Eben Zivilcourage zu zeigen.

Um eigene Hürden beim Handeln zu überwinden, kann es helfen, sich einzelnen Phasen dieses Fünf-Phasen-Modells bewusst zu machen. Ebenso wichtig ist es, sich darüber im Klaren zu sein, dass es manchmal einfach Situationen gibt, in denen ein überstürztes Handeln auch gefährlich sein kann. Wenn man nachts allein im Bus sitzt und jemand stark alkoholisiert rassistische Verschwörungserzählungen von sich gibt, ist es wichtiger, erst einmal die eigene Sicherheit (und die der Anwesenden) sicherzustellen, als einfach aus dem Bauch heraus zu reagieren.

Wenn man selbst aktiv werden will, sollte am Anfang stets folgende zentrale Frage stehen: Wer ist der Adressat? Geht es mir um den Verschwörungsgläubigen selbst, oder will ich Menschen, die er bekehren will, warnen oder gar schützen? Handelt es sich um einen Freund oder einen mir unbekannten Menschen, mit dem ich online argumentiere? Von derartigen Fragen hängt schließlich ab, was das beste Vorgehen sein könnte. Bevor wir allerdings nun im Folgenden mögliche Strategien für den Umgang mit Verschwörungsgläubigen im direkten Umfeld schildern, eine Warnung vorweg: Eine allgemein gültige Empfehlung gibt es nicht. Zum einen steckt die Forschung in diesem Bereich noch in den Kinderschuhen. Zum anderen sind auch die Fälle sehr unterschiedlich. Thematisch reicht das Spektrum von rechtsextremen Reichsbürgern bis hin zu vermeintlich harmlosen Chemtrails-Gläubigen. Hinter jedem Fall steht zudem eine sehr individuelle Geschichte. Während die einen sich nach einem privaten oder beruflichen Schicksalsschlag in Verschwörungsideologien flüchten, leben andere in gut situierten und stabilen Verhältnissen. Bernd Harder, Autor des Buchs *Verschwörungstheorien. Ursachen – Gefahren – Strategien*, beschrieb das Dilemma in einem Interview mit dem *Humanistischen Pressedienst* wie folgt: »Eine allseits erprobte Kommunikationsstrategie für den Umgang mit Verschwörungstheoretikern, die in jedem Einzelfall und bei jedem Thema funktioniert, gibt es nicht. Ich denke, jeder Einzelne muss seine individuelle Vorgehensweise finden, die abhängig ist von Zeit, Geduld, Temperament, Frustrationstoleranz, Wissen, Umfeld, Zielsetzung und anderem mehr.«[3]

Was also tun, wenn im eigenen Umfeld plötzlich Verschwörungserzählungen – etwa zum Thema Impfen oder »Umvolkung« – verbreitet werden? Auch wenn die Auseinandersetzung mit Verschwörungsgläubigen immens anstrengend sein kann, sollten sich Familienangehörige und Freunde stets vor Augen halten, dass sie als direktes Umfeld häufig noch am ehesten die Chance haben, den Betroffenen zu erreichen. Zwar mag es bequemer erscheinen, bestimmte Themen einfach auszublenden – etwa um den Familienfrieden zu wahren –, langfristig kann ein solches Nichthandeln aber dazu führen, dass sich der Zustand weiter verschlimmert. Schweigen ist eine denkbar schlechte Option, da dies durch den Betroffenen als Zustimmung gewertet werden kann.

Ein jeder sollte sich außerdem stets fragen, ob er sich einer solchen Auseinandersetzung überhaupt gewachsen fühlt – und sich im Zweifel vorab Verbündete suchen. Im Umgang mit Betroffenen ist dabei vor allem zu beachten, dass allein sachliches *Debunking*, also die argumentative Widerlegung von Verschwörungsmythen, in vielen Fällen nicht funktioniert. Insbesondere bei Menschen, die bereits in ihrem Glauben stark gefestigt sind und von einer umfassenderen globalen Verschwörung ausgehen, ist es nahezu unmöglich, mit Argumenten durchzudringen. Ein Grund dafür ist, dass man bereits bei Grundannahmen über die Welt oft nicht mehr auf einen gemeinsamen Nenner kommt. Wichtige Vertrauensinstanzen – von Wissenschaft bis Medien – werden von den Betroffenen kurzerhand zum Teil der jeweiligen Verschwörung erklärt.

Insbesondere weil Studien nachweisen konnten, dass Falschinformationen selbst nach einer detaillierten Widerlegung noch lange haften bleiben können, lohnt es sich, frühzeitig zu intervenieren. Das inhaltliche Gegenargumentieren ist allerdings mit Risiken behaftet. Wenn man Verschwörungsgläubige mit einer großen Zahl von Informationen und Dokumenten überschwemmt, machen diese als Reaktion im schlimmsten Fall die Schotten dicht, und der Boomerang-Effekt tritt ein. Das bedeutet, der Betroffene glaubt danach sogar umso mehr an die eigenen Thesen. Wichtig ist daher, in Gesprächen stets genau auf die Reaktion des Gegenübers zu achten und seine Strategie gegebenenfalls anzupassen. Im Zweifel sind weniger Argumente, die dafür aber wohl überlegt sind, zielführender, als wenn man eine lange Liste abarbeitet. Dabei sollte jedoch darauf geachtet werden, dass Diskussionen niemals ausufern.

Verrennen Sie sich nicht in Details. Nicht wenige Anhänger von Verschwörungsmythen haben sich über einen langen Zeitraum intensiv mit einem Thema beschäftigt. Für Angehörige ist es im Verlauf eines inhaltlichen Disputs daher oft nur schwer möglich, spontan den Wahrheitsgehalt von Behauptungen zu beurteilen. Diese Grenzen sollte man sich bewusst machen, bevor man sich in eine Auseinandersetzung begibt. Zu diesem Ergebnis kamen auch die Autoren Christian Alt und Patrick Schiffer, als sie sich im Rahmen der Recherche für ihr Buch *Angela Merkel ist Hitlers Tochter. Im Land der Verschwörungstheorien* mit einem Menschen trafen, den sie überzeugen wollten. Sie schreiben: »Mit Fakten kommt man gegen Verschwörungstheorien nicht an. Es geht nicht darum, wer den längeren Appendix hat. Es geht nicht um Fakten, es geht darum, dass sich die Geschichte richtig anfühlt.«[4]

In Studien konnte gezeigt werden, dass bereits der bloße Kontakt mit Verschwörungserzählungen zu einem bestimmten Thema (zum Beispiel über Impfungen) unsere Einstellung beeinflussen kann.[5] Das ist auch ein Grund, warum mittlerweile dazu geraten wird, beim Argumentieren gegen Verschwörungsmythen und Fake News die Inhalte niemals zu wiederholen und stattdessen lieber eigene Punkte zu setzen, sowohl bei Online- als auch Offline-Diskussionen. So kann das Risiko minimiert werden, bei einer Gegenrede versehentlich die irreführenden Informationen zu verfestigen.[6] Das gilt auch für gesellschaftliche Debatten, die in Zeitungen oder Talkshows ausgetragen werden. Es spricht viel dafür, dass die korrekten Informationen medial mindestens genauso sichtbar sein sollten wie die vorher verbreitete Falschinformation, damit überhaupt ein Effekt eintritt.[7] Der Grund dafür dürfte jedem einleuchten: Wenn die Richtigstellung einer groß beworbenen Falschmeldung ein paar Tage später nur kleingedruckt auf der hinteren Seite einer Zeitung zu sehen ist, dürften viele Leser das wohl kaum mitbekommen.

Auch wenn es für das Umfeld oftmals schwierig ist, an sich zu halten, wenn sie mit zunehmend absurden Verschwörungserzählungen konfrontiert werden, bleibt es doch wichtig, dass Gespräche nicht eskalieren. Das bedeutet: nicht laut werden, einander ausreden lassen, keine Schimpfwörter. Seien Sie weder herablassend noch belehrend. Es ist möglich, inhaltlich klar zu sein und gleichzeitig seinem Gegenüber zu signalisieren, dass man ihm trotzdem noch eine ausgestreckte Hand hinhält. Gleichwohl bleibt es wichtig, antisemitische oder rassistische Äußerungen eindeutig als solche zu benennen. Das Gespräch mit Verschwörungsgläubigen gleicht daher in vielerlei Hinsicht einem Drahtseilakt. Die schweizerische Beratungsstelle info-Sekta drückt dies im Interview mit uns so aus: »Grundsätzlich ist es ratsam, nicht zu konfrontativ zu argumentieren, damit sich das Gegenüber nicht abgewertet oder in die Enge getrieben fühlt. Eher sollte versucht werden, Zugang zum emotionalen Hintergrund zu erhalten. Es geht dabei darum, den Betroffenen von einer Phase des Nichtwahrhabenwollens und der Abwehr in die Phase der Ambivalenzen zu bringen.«

Realistischer als anzunehmen, den Betroffenen gleich vollends überzeugen zu können, ist die Erwartung, begründete Zweifel an einer Verschwörungserzählung zu säen. Jeder noch so komplexe Verschwörungsmythos fußt meist auf einigen wenigen zentralen Annahmen. Wer sich in einer Auseinandersetzung, etwa zum Thema Chemtrails, nicht in Details verlieren will, sollte daher versuchen, auf der Metaebene zu argumentieren. Das kann etwa bedeuten: Statt auf einzelne Argumente einzugehen, sollten die Grundannahmen des Gegenübers auf Inkonsistenzen abgeklopft werden. Bereits Platon wusste, dass gezielte Fragen dabei oft überzeugender sein können als das beste Argument. Die Landeszentrale für politische Bildung Baden-Württemberg nennt in einem Dossier zum Thema Umgang mit Verschwörungsideologien einige Beispiele, wie das konkret aussehen kann: »Anstatt sein Gegenüber mit Fakten zu konfrontieren, muss die innere Logik von Verschwörungstheorien hinterfragt werden. Wer sagt was? [...] Warum sind hier nur Ausschnitte angegeben? [...] Gerade die Quelle der Information spielt dabei eine wichtige Rolle. Aus welchem Grund wird etwas gesagt? Was ist der Anspruch der Quelle? Steht diese einer politischen Strömung besonders nahe?«[8] Wenn der Betroffene dadurch selbst auf Ungereimtheiten stößt, kann im nächsten Schritt die Bereitstellung von weiteren Informationen folgen.

Verschwörungsgläubige tendieren zudem häufig dazu, den jeweiligen Drahtziehern ihrer Verschwörung sehr viel Kompetenz und Macht zuzuschreiben, ohne kritisch zu hinterfragen, ob diese Annahmen denn überhaupt realistisch sind. Nicht immer muss hinter einem Vorfall ein großer elaborierter Plot stehen. »Verschwörungstheoretiker unterschätzen die Inkompetenz unserer Geheimdienste«, heißt es treffend im Buch *Angela Merkel ist Hitlers Tochter*.[9] Nicht wenige Entscheidungen oder Äußerungen von Politikern lassen sich bei genauerer Betrachtung ebenso gut durch Zufall, Inkompetenz oder menschliches Versagen erklären. Selbst Spitzenpolitiker unterliegen in ihren Handlungen schließlich zahlreichen Zwängen und können eben mitnichten frei schalten und walten. Sie sind genauso wie wir häufig überfordert und agieren manchmal impulsiv und ohne großen Plan. Doch welcher Spitzenpolitiker würde dies schon gerne öffentlich zugeben?

In jedem Fall ist es sinnvoll, Betroffene darauf hinzuweisen, wenn sie systematisch mit zweierlei Maß messen. Wer etwa meint, Pharmakonzerne würden die Menschen aus finanziellem Interesse über die Gefahren des Impfens belügen, darf die Frage nicht ausblenden, welche Akteure von der Verbreitung dieses Verschwörungsmythos profitieren. Zahlreiche Geschäftskonzepte basieren mittlerweile auf dem Glauben an Verschwörungserzählungen. Die Bandbreite reicht von angeblichen Wundermitteln über Seminare und Ratgeber bis hin zu Überlebenspaketen für den »Tag X«. Wer kritisiert, »den Medien« gehe es nicht um die Wahrheit, sondern nur um den Profit, sollte erklären, warum es ausgerechnet bei kommerziellen Plattformen von Verschwörungsideologen anders sein sollte. Es lohnt sich, zwischendurch immer wieder zu fragen, woher der Betroffene die jeweilige Information hat. Anschließend kann auf Faktencheck-Seiten geprüft werden, inwiefern diese Seite bereits durch Falschmeldungen aufgefallen ist. Bei nächster Gelegenheit sollte freundlich darauf hingewiesen werden, dass hier eine fragwürdige Quelle zitiert wurde.

Manchmal können es auch recht einfache Fragen sein, die einen Nachdenkprozess anstoßen. In einem Video, das die Chemikerin und Moderatorin der Sendung *Quarks*, Dr. Mai Thi Nguyen-Kim, als Reaktion auf zahlreiche Kommentare von Verschwörungsgläubigen eigens erstellt hat, ist das gut zu sehen. Die These, dass die »Pharmaindustrie« Krebsheilmittel zurückhalten würde, kommentierte Dr. Mai Thi Nguyen-Kim wie folgt: »Sagen wir, es gäbe ein geheimes Mittel gegen Krebs. Dann würden ja alle Menschen, die Teil dieser Verschwörung sind, und ihre Familien niemals Krebs bekommen.« Und das ist ganz offensichtlich nicht der Fall. Dieses Argument leuchtet auch ohne großes Hintergrundwissen ein. Schließlich ist es arg unwahrscheinlich, dass die Verschwörer sogar ihr eigenes Leben oder das ihrer Familie zu opfern bereit wären.

Ähnliche Argumente lassen sich auch auf andere Themenkomplexe übertragen. Anhänger des Chemtrail-Mythos behaupten etwa, alle Flugzeuge würden Gift versprühen. Doch wer müsste eigentlich alles Mitwisser und damit Teil der Verschwörung sein, um ein derart gigantisches globales Projekt umzusetzen? Der Autor Holm Gero Hümmler beantwortet diese Frage in seinem Buch *Verschwörungsmythen. Wie wir mit verdrehten Fakten für dumm verkauft werden* wie folgt: »Allein in Deutschland vertritt die Vereinigung Cockpit 9.600 Cockpitbesatzungsmitglieder, die alle Mitwisser einer solchen Verschwörung sein müssten. Hinzu kämen mindestens alle Flugzeugmechaniker, die in der Wartung der Maschinen tätig sind, sowie Tausende Menschen bei den Herstellern. Arbeitskräfte, die Fracht und Gepäck in die Maschinen laden, die die Betankung abwickeln, selbst die Fahrer der Passagierbusse wüssten innerhalb kürzester Zeit Bescheid.«[10] Dass eine globale Verschwörung dieser Größe über Jahrzehnte unbemerkt existieren kann, hält er daher für vollkommen ausgeschlossen. Die Chemtrails-Erzählung setzt zudem implizit voraus, dass alle Wissenschaftler dieser Welt, die in der Lage sind, unabhängige Untersuchungen zu machen, Teil der Verschwörung sein müssten. Dies bedeutet global betrachtet eine immens große Anzahl von Mitwissern. Unter dieser Annahme wäre es doch extrem verwunderlich, dass niemand jemals »ausgepackt« hat oder handfeste Beweise vorlegen konnte.

Verschwörungsgläubige gehen zudem meist davon aus, dass es sich bei den Verschwörern um eine homogene Gruppe handelt, die ihren jeweiligen »Geheimplan« durchgängig verfolgt – im Fall von Verschwörungsmythen rund um »Freimaurer« und »Illuminaten« sogar über Jahrhunderte hinweg. Wie plausibel ist eine solche Annahme?

Viele Verschwörungsideologen behaupten außerdem, dass »die Politik«, »die Wissenschaft« oder »die Medien« verborgene Interessen hätten und diese in Form von geheimen Absprachen durchzusetzen wüssten. Wenn im Gespräch mit Betroffenen derartige Verallgemeinerungen über komplexe Gruppen fallengelassen werden, kann es helfen, an dieser Stelle einzuhaken. Natürlich wollen Unternehmen in der Regel ihren Profit maximieren. Trotzdem handelt es sich bei »der Wirtschaft« aber um eine Vielzahl eigenständiger Akteure, die unabhängig voneinander eigene Ziel verfolgen und dabei sogar zueinander in Konkurrenz stehen. Natürlich gab und gibt es immer wieder Betrug, Fälle organisierter Wirtschaftskriminalität und illegale Preisabsprachen in Form von Kartellen. Historisch betrachtet waren derartige »Verschwörungen« allerdings immer nur für eine begrenzte Zeit erfolgreich und beschränkten sich meist auf einen kleinen Kreis von Mitwissern. Aus gutem Grund gibt es etwa in vielen Ländern beim Kartellrecht Klauseln, die eine Kronzeugenregelung vorsehen, wenn ein einzelnes Unternehmen aus einer geheimen Absprache ausscheren will und »auspackt«. So etwas wie »die Wirtschaft« gibt es nicht, es gibt lediglich die Summe zahlreicher Eigeninteressen.

Derartige Beispiele zeigen, wie wertvoll es sein kann, sich bei Debatten nicht gleich in Details zu verlieren, sondern zunächst einmal die Grundannahmen des Gegenübers zu beleuchten – das gilt insbesondere für die verwendeten Begrifflichkeiten. Lassen sich komplexe Fragen wirklich auf ein Schwarz-Weiß-Schema herunterbrechen? Oder gibt es bei vielen Fragen nicht auch einen großen Graubereich, bei dem es eben kompliziert ist? Beim Umgang mit Verschwörungserzählungen gilt: Versuchen Sie, die Diskussion von Akteuren hin zu Strukturen zu lenken. Suchen Sie gemeinsam nach Erklärungen statt nach einem Schuldigen.

Ähnliches gilt bei Pauschalurteilen über »die Wissenschaft«. Die Landschaft der Institutionen und Menschen, die unter diesem Begriff zusammengefasst werden, ist alles andere als homogen. Forschung findet zum einen in Universitäten und staatlich geförderten Institutionen statt, gleichzeitig gibt es zahlreiche private Stiftungen und auch Unternehmen, die in diesen Bereich investieren. Die Forschungslandschaft ist zudem international vernetzt. Eine Verschwörung, etwa zum Klimawandel, müsste daher Millionen von Menschen auf der ganzen Welt mit einschließen. Hinzu kommt: Sowohl einzelne Institutionen als auch einzelne Wissenschaftler haben durchaus auch eigene Interessen. Wie wahrscheinlich ist es, dass ein einzelner Wissenschaftler oder ein Institut einen wasserdichten Beweis, der die Existenz des Klimawandels widerlegen könnte, verschweigt – wenn doch ewiger Ruhm durch eine derartige Studie gewiss wäre? Gleiches gilt natürlich für das bewusste Verschweigen von Heilmitteln, wie etwa gegen Krebs. Selbst wenn man davon ausgehen würde, dass Pharmaunternehmen Wissen aus Eigeninteresse zurückhalten, lässt sich eine derartige Annahme wohl kaum auf alle unabhängigen Forschungseinrichtungen dieser Welt übertragen. Die Entdeckung eines Heilmittels gegen eine derart weit verbreitete Krankheit wäre für jeden Forscher der Garant für den Nobelpreis – wer würde auf so eine Chance verzichten wollen?

Wer gegen Klimamythen andiskutieren will, sollte sich dabei stets bewusst machen, um was für ein Setting es geht – und wer der Adressat ist. Es macht einen großen Unterschied, ob man mit dem Onkel am Rande eines Familientreffens ins Gespräch kommt oder in der Kommentarspalte auf Wildfremde trifft. Eva Horn arbeitet im Social-Media-Team des *Spiegel* und erklärt sich bereit, mit uns über ihre Erfahrungen zu sprechen. Sie sagt: »Ich weiß gar nicht, ob es schon einmal ein Posting zum Thema Klimawandel gegeben hat, bei dem nicht so etwas darunter kommentiert wurde.« Insbesondere die Facebook-Seite des *Spiegel* steht dabei im Visier der Klimawandelleugner. Eva Horn hat dabei die Beobachtung gemacht, dass viele der einschlägigen Kommentare von offensichtlichen Fake-Accounts stammen, die zum Beispiel gerade erst frisch angelegt worden sind. Das legt den Verdacht nahe, dass, zumindest in einigen Fällen, koordinierte Gruppen dahinterstecken könnten. Nachweisen lässt sich dies allerdings nicht. Zum Umgang mit Verschwörungserzählungen gibt es im Social-Media-Team ein klares Vorgehen: »Entweder wir posten freundlich darunter, dass so etwas Unsinn ist. Man kann beispielsweise schreiben: ›Es gibt viele Studien, und hier findest du übrigens die zahlreichen *Spiegel*-Texte dazu.‹ Das ist immer eine gute Strategie für Counter-Speech. Wenn die Leute aber durchgängig Unsinn schreiben und versuchen, andere aufzuhetzen, dann werden sie geblockt. Wir haben da sehr deutliche Standards – wer etwa von ›Umvolkung‹ spricht, der fliegt«, erklärt Eva Horn. In ihrer täglichen Arbeit ist sie vor allem dankbar für die Unterstützung aus der Leser-Community. Oft reagieren andere Leser, indem sie beispielsweise Links zu Faktenchecks unter die entsprechenden Kommentare posten. Viele davon stammen vom *Spiegel* selbst, der zu zahlreichen Themen entsprechende Übersichten erstellt hat. »Wenn Leute wirklich an Verschwörungstheorien glauben, dann wird sie auch kein Faktencheck abholen«, räumt allerdings auch Eva Horn ein. »Wir machen solche Faktenchecks vor allem für die stillen Mitlesenden.«

Über eines sollte sich jeder im Klaren sein, der online gegen Verschwörungserzählungen argumentiert. Wenn es darum geht, sein Gegenüber zu überzeugen, sind Privatnachrichten eher geeignet als eine Diskussion, bei der andere mitlesen können. Schließlich macht es kaum jemandem Freude, öffentlich zuzugeben, dass er im Unrecht ist. Bei öffentlichen Debatten geht es hingegen nicht nur darum, Verschwörungsgläubige zu überzeugen. Viel wichtiger sind die stillen Mitleser, denen durch Widerspruch gezeigt wird, dass nur eine Minderheit so denkt.

Häufig macht das Umfeld die Erfahrung, dass, wie bereits angedeutet, dass Verschwörungsgläubige bei Diskussionen sehr schnell von einem Argument zum nächsten springen. Das macht es schwierig, konkrete Aspekte zu beleuchten und eine Gegenargumentation aufzubauen. Weisen Sie in solchen Situationen sachlich, aber bestimmt darauf hin, dass Sie das stört: »Es ist schwierig, über das Thema zu diskutieren, wenn wir ständig das Thema wechseln. Lass uns doch lieber erst einmal beim ersten Punkt bleiben. Den anderen Punkt können wir ja danach besprechen.« Ähnlich sollte vorgegangen werden, wenn die Argumentation auffällig häufig allein auf der Schilderung von Einzelfällen beruht. Weisen Sie darauf hin, wenn Ihr Gegenüber immer wieder gezielt einzelne Fälle herausgreift, die seine These stützen, und dabei andere Fakten ausblendet. Wenn es gelingt, sich auf bestimmte Regeln bei der Diskussion zu einigen, ist das in jedem Fall ein Fortschritt für alle folgenden Auseinandersetzungen. Derartige Strategien können natürlich auch online angewendet werden. Insbesondere sollte niemals vergessen werden, dass es einen Unterschied macht, ob das Gespräch unter vier Augen stattfindet oder aber in größerer Runde. Schließlich fällt es vielen Menschen deutlich leichter, einen Irrtum einzugestehen, wenn nicht alle Blicke auf sie gerichtet sind.

Egal, für welche Herangehensweise Sie sich beim Umgang mit Verschwörungsgläubigen in Ihrem direkten Umfeld entscheiden – verlieren Sie dabei niemals die menschliche Komponente aus dem Blick. Die Sekten-Info Nordrhein-Westfalen e.V. merkte uns gegenüber hierzu Folgendes an: »Oft ist die Verschwörungstheorie eher ein Platzhalter für tiefer zugrunde-liegende Verunsicherungen. Werden diese identifiziert, kann gezielt unterstützt werden. Erfährt der Betroffene hierdurch eine Verbesserung der Probleme sind die Verschwörungstheorien möglicherweise nicht mehr so wichtig.« Ein tiefer liegendes Gefühl der Machtlosigkeit kann in einigen Fällen eine Ursache dafür sein, warum Betroffene sich in eine Fantasiewelt flüchten. Die psychologische Forschung hat nachweisen können, dass das Empfinden von mangelnder Selbstwirksamkeit ein wichtiger Faktor dafür ist, warum Menschen sich Verschwörungsideologien zuwenden. Diese wissenschaftlichen Erkenntnisse gilt es bei einer Intervention stets im Hinterkopf behalten. Wenn es gelingt, das Gefühl von Selbstwirksamkeit wieder zu stärken, kann sich das insgesamt positiv auswirken. Vergessen Sie niemals: Das Signalisieren von Empathie für schwierige Lebensumstände sowie das Anbieten von Hilfe kann in einigen Fällen ein entscheidenderer Faktor sein als das beste sachliche Argument.

Dass sich Verschwörungsgläubige mit der Bitte um Hilfe an das eigene Umfeld wenden, ist eher selten. Schließlich gibt der Glaube an Verschwörungserzählungen nicht selten Halt und kann als sinnstiftendes Element im eigenen Leben empfunden werden. Wer glaubt, als einer der wenigen »die Wahrheit« zu kennen, oder sich gar als Einzelkämpfer gegen dunkle Mächte sieht, für den ist die Verschwörungsideologie im Extremfall zentraler Bestandteil seines Selbstbildes. Gleichwohl haben eine ganze Reihe von Verschwörungserzählungen für die Betroffenen einen deutlichen Leidensdruck zur Folge. Wer etwa glaubt, die Regierung würde die Menschen durch Chemtrails vergiften, traut sich im Extremfall nicht mehr ohne Angst aus dem Haus. Gerade im Gesundheitsbereich können die Folgen gravierend sein. Eltern, die an eine große Verschwörung der »Pharmalobby« glauben, wollen etwa ihre Kinder nicht impfen lassen. Verschwörungsgläubige weigern sich, sich nach einer Krebsdiagnose in Behandlung zu begeben, weil sie der »Schulmedizin« misstrauen. Ein heilbares Leiden kann unter diesen Umständen zum Tode führen, wenn die Behandlung verzögert oder gar völlig verweigert wird. Bei Reichsbürgern, die Mahnschreiben unbeantwortet lassen, steht häufig irgendwann der Gerichtsvollzieher vor der Tür. Hinzu kommen die Gefahren für die Gesellschaft als Ganzes durch politische Radikalisierung. Im Extremfall kann der Glaube an eine Verschwörungsideologie dazu führen, dass Betroffene sich rechtsextremen Gruppen anschließen und Gewalt als ein legitimes Mittel der politischen Auseinandersetzung sehen. Im schlimmsten Fall verbinden Betroffene irgendwann viele einzelne Verschwörungserzählungen zu einer umfassenden globalen Verschwörung, welche dann ein in sich geschlossenes Weltbild konstruiert, im Rahmen dessen alles – bis ins Privatleben hinein – erklärt wird. Man kann sich das in etwa wie eine Brille vorstellen, die alles in ein bestimmtes Licht färbt und die der Betroffene nicht mehr abnehmen kann.

So eine Entwicklung findet in der Regel nicht über Nacht statt. Meist handelt es sich um einen langen Prozess, bei dem am Anfang nicht selten durchaus begründete Fragen standen. So ist es etwa absolut legitim, eine Machtkonzentration in der Medienlandschaft für problematisch zu halten oder aber Geheimdienste für handfeste Skandale zu kritisieren. Auch ist es vollkommen rational, anzuzweifeln, ob jedes Pharmaunternehmen wirklich nur das Beste für die Patienten im Sinn hat. Aus gutem Grund gibt es eine große Debatte um die Mitschuld einiger Unternehmen an der Opioid-Krise in den USA. Ebenso hat der Skandal um den *Spiegel*-Journalisten Claas Relotius im Jahr 2018 gezeigt, dass auch große und etablierte Verlagshäuser auf einen Schwindel hereinfallen können. Reale Verschwörungen existieren zweifellos, wenn man etwa den Cum-Ex-Skandal im Bankensektor oder den Diesel-Skandal bei VW als solche bezeichnen will. Verstrickungen von Akteuren für wahrscheinlich zu halten, etwa bei vermuteten Preisabsprachen zwischen Unternehmen, ist ebenfalls nicht weiter ungewöhnlich. Kritisch wird es erst, wenn aus einer fundierten Kritik oder Vermutung blinder Glaube an dunkle Machenschaften wird, der auch erkennbar gegen zuwiderlaufende Argumente und Fakten immun ist. Die Amadeu Antonio Stiftung beschreibt das Problem wie folgt: »Eine Verschwörungstheorie hingegen kennt schon die Antwort, bevor sie die Frage stellt. Ihr Ziel ist nicht Erkenntnisgewinn, sondern die Suche nach Informationen, die das eigene Weltbild bestätigen. Die Existenz einer Verschwörung wird nicht zur Debatte gestellt, sondern steht bereits vor jeder Information fest.«[11]

Für Angehörige und Freunde ist es an erster Stelle wichtig zu wissen, dass sie mit ihrem Problem nicht allein sind. Der Glaube an Verschwörungserzählungen ist in der gesamten Gesellschaft verbreitet. Weder finanzieller Wohlstand noch ein hoher Bildungsabschluss schützen davor, dass Menschen in eine solche Parallelwelt abdriften. Insbesondere wenn es um Familienmitglieder geht, stellt sich trotzdem oft ein Gefühl der Scham ein. Angehörige fragen sich: »Trage ich eine Mitschuld? Hätte ich früher eingreifen sollen?« Derartige Gedanken halten das Umfeld häufig davon ab, professionelle Hilfe in Anspruch zu nehmen. Das ist fatal, schließlich ist es meist deutlich einfacher, zu Betroffenen durchzudringen, die noch nicht in dem Glauben an eine Verschwörungsideologie gefestigt sind. Je mehr Zeit das Umfeld verstreichen lässt, desto schwieriger wird es in der Regel.

Auf der Suche nach Hilfe wenden sich einige Angehörige an Träger aus dem Bereich der Sektenberatung. Da Verschwörungserzählungen häufig fester Bestandteil von religiösen Endzeitszenarien sind (zum Beispiel »satanische Kräfte manipulieren uns«) und Verbreitung in esoterischen Gruppen finden, haben die Sektenberatungen regelmäßig mit Anfragen zu tun, die sich auf den Glauben an Verschwörungserzählungen beziehen. Die schweizerische Beratungsstelle infoSekta nennt uns gegenüber verschiedene Beispiele für derartige Verbindungen: »Die Esoterikerin Christina Meier bzw. ›Christina von Dreien‹, die behauptet, 5G manipuliere die Gedanken und Körperfunktionen von Menschen, sodass sich die Menschen so verhalten, wie es von denjenigen gewünscht werde, die die ›Fäden auf diesem Planeten‹ ziehen. Oder der Laienprediger Ivo Sasek (Organische Christus Generation), der sich von einem angeblichen Weltjudentum bedroht fühlt.« Die Beratungsstelle Sekten-Info Nordrhein-Westfalen e.V. gab uns gegenüber an, dass sie in den letzten Jahren mit einer Zunahme von Anfragen zu Verschwörungsmythen ohne religiösen Kontext (z. B. »Impflüge« oder Reichsbürger) konfrontiert waren: »Angehörige berichten, dass ihnen gefühlt sprichwörtlich der Boden unter den Füßen weggezogen wurde. Wenn einfachste gesellschaftliche Dinge bezweifelt werden, stellt sich die Frage: ›Wem kann überhaupt noch vertraut werden?‹ Die Angehörigen kommen unter Druck, sich ebenfalls zu ›informieren‹. Da normale Gespräche schwierig werden, wenn der missionarische Drang der Verschwörungsgläubigen wächst, beginnt eine soziale Isolierung. An diesen Spannungen kann eine Partnerschaft zerbrechen.«

Angehörige haben oft das Gefühl, der Betroffene würde ihnen nach und nach entgleiten. Als Folge stellt sich schnell ein Gefühl von Hilflosigkeit ein. Die Sekten-Info Nordrhein-Westfalen e.V. beschreibt den Prozess wie folgt: »Ein Mensch, der eine Verschwörungstheorie für wahrscheinlich hält, kann leicht in einen Sog geraten, der ihn zu weiteren Theorien führt. Oft wird der Anschluss an eine Gruppe von ›Gleichgesinnten‹ gesucht. Spätestens dann ist bald von ›wir‹ und ›die‹ die Rede. ›Wir‹, die sich nicht mehr blenden lassen und die wahren Zusammenhänge erkennen, die sich wehren wollen. ›Die‹ Verschwörer, die uns Böses wollen. Und natürlich die ›Schlafschafe‹, die den normalen Medien alles glauben und von geheimen Mächten ausgenutzt werden.« Als Folge droht eine zunehmende soziale Isolation der Betroffenen, da sich einerseits nach und nach das bisherige Umfeld abwendet, andererseits aber auch die Betroffenen selbst sich immer mehr zurückziehen. Im schlimmsten Fall steht am Ende eines solchen Prozesses der radikale Bruch mit den bisherigen Kontakten. Es kann auch passieren, dass Kritiker kurzerhand zum Teil der Verschwörung und damit zu feindlichen Agenten erklärt werden. Spätestens an diesem Punkt wird es sehr schwer, als Umfeld mäßigend auf den Betroffenen einzuwirken. Umso wichtiger ist es daher, möglichst früh zu intervenieren.

Spätestens wenn man das Gefühl hat, dass der Betroffene versucht, immer mehr Aspekte seines Lebens mit der Verschwörungsideologie zu erklären, sollte man nicht länger zögern. Je früher eine Beratungsstelle hinzugezogen wird, desto größer ist schließlich die Chance, dass eine Intervention erfolgreich ist. Die Sekten-Info Nordrhein-Westfalen e.V. hat eine ausführliche Checkliste herausgebracht, die zeigt, bei welchen Anzeichen man hellhörig werden sollte. Diese Liste bezieht sich vor allem auf religiöse Gemeinschaften und Sekten, ist aber auch beim Thema Verschwörungsglaube wirklich hilfreich.[12] Basierend auf diesen Überlegungen, haben wir die Liste für das Thema Verschwörungsideologien adaptiert.

- ❏ Das Weltbild ist verblüffend einfach und erklärt jedes Problem.
- ❏ Die Menschheit treibt auf eine Katastrophe zu, und nur die Person/Gruppe weiß, wie man die Welt retten kann.
- ❏ Der Verschwörungsgläubige ist der Gute, und die übrigen Menschen sind krank und verloren – solange sie nicht mitmachen oder sich retten lassen.
- ❏ Einfache Feindbilder bestimmen das Weltbild. Schuld an allen Problemen der Welt sind bestimmte Gruppen (z. B. Feministen, Geflüchtete, Banker, Juden).
- ❏ Kritik durch Außenstehende wird als Beweis betrachtet, dass man recht hat.
- ❏ Der Verschwörungsgläubige grenzt sich von der übrigen Welt ab.
- ❏ Gewalt wird irgendwann als legitimes Mittel zur Durchsetzung der eigenen Ziele glorifiziert.

Je mehr dieser Punkte Sie in Bezug auf den Verschwörungsgläubigen in Ihrem Umfeld bejahen können, umso wahrscheinlicher ist es, dass Sie Hilfe benötigen. Die bereits aufgeführten Sektenberatungsstellen sind eine gute Option für Ratsuchende. Diese Stellen bieten vor allem Unterstützung beim Umgang mit religiösen und ideologischen Gemeinschaften. Für Opfer von Angriffen oder Verleumdungen durch Verschwörungsideologen können Beratungsstellen für Betroffene rechter, rassistischer und antisemitischer Gewalt eine wichtige Anlaufstelle sein. Sollte es sich um antisemitische Verschwörungserzählungen handeln, können diese bei den Recherche- und Informationsstellen für Antisemitismus gemeldet werden. All diese Initiativen helfen kurzfristig, unbürokratisch und kostenlos, wenn es darum geht, Unterstützung zu finden. Sollte es sich um strafrechtlich relevante Inhalte handeln, ist die Polizei der wichtigste Ansprechpartner. Oft ist eine Anzeigeerstattung auch von zu Hause aus per Online-Formular möglich. Die Initiative *HateAid* ist ein Angebot, dass Hilfe bei Hass im Netz bietet. »Alle Angegriffenen, die sich an *HateAid* wenden«, so heißt es auf der Webseite, »erhalten zunächst eine Erstberatung und dann gegebenenfalls weitere spezifische Beratungen durch geschulte Betroffenenberater*Innen.« Wenn das Thema Verschwörungsideologien in Schulen oder anderen Institutionen auftaucht, sind die Mobilen Beratungen gegen Rechtsextremismus kompetente Ansprechpartner. Das bei der Amadeu Antonio Stiftung angesiedelte Projekt *No World Order* bietet darüber hinaus neben einem umfassenden Paket von Broschüren auch Bildungsmaterialien für Schulen an, etwa ein Planspiel zu Verschwörungserzählungen.

Obwohl das Thema Verschwörungsideologien in den letzten Jahren deutlich stärker in den öffentlichen Fokus gerückt ist, gibt es allerdings bisher nur eine begrenzte Zahl von Angeboten für Menschen, die sich in ihrem direkten Umfeld mit Verschwörungsgläubigen konfrontiert sehen. Psychologische bzw. therapeutische Unterstützung, die auf das Thema spezialisiert ist, gibt es dagegen so gut wie nicht. Wir finden, dass sich das dringend ändern muss.

Fazit

Dieses Buch soll einen Beitrag zur gesellschaftlichen Debatte zum Phänomen Verschwörungsglauben leisten. Der Grund, warum wir uns mit ebendiesem Thema befassen, ist, dass der Glaube an Verschwörungserzählungen quer durch die Gesellschaft geht. Das alles ist bei Weitem kein Randphänomen und war es auch nie. Wir alle kennen vermutlich Menschen, die Impfempfehlungen insgeheim für eine Verschwörung der Pharmaindustrie halten oder nach dem dritten Bier anfangen, Verschwörungserzählungen zum Attentat auf das World Trade Center zum Besten zu geben. Auch wenn bestimmte Mythen wie etwa zu einer angeblichen »Umvolkung« in rechtsextremen Kreisen deutlich stärker verbreitet sind, kann auch die linke Mathematikerin oder der naturverbundene Pädagoge über Verschwörungserzählungen nach und nach in eine apokalyptische Welt gezogen werden. Eine Welt, die vor allem von Schwarz-Weiß-Denken und Feindbildern geprägt ist. Doch obwohl sich diese Erkenntnis in der Wissenschaft längst durchgesetzt hat, werden Verschwörungsideologien immer noch häufig in der Berichterstattung als Nischenthema angesehen, das lediglich ein paar »Spinner« betrifft. Das muss sich ändern.

Es ist uns ein wichtiges Anliegen, dass die Gefahren, die von Verschwörungsideologien ausgehen, klar benannt werden. Die Tendenz, überall arglistige Mächte zu wittern, die im Geheimen Böses tun, wirkt sich nicht nur auf die Politik aus, sondern kann vielmehr unser ganzes Zusammenleben beeinflussen. Ob wir wählen gehen, welche Medikamente wir nehmen, ob wir eher YouTube oder einem wissenschaftlichen Fachmagazin vertrauen – das alles kann durch Verschwörungsglauben deutlich mehr geprägt werden, als es den meisten Menschen bewusst ist. Dementsprechend wäre es vollkommen fehl am Platz, sich über Verschwörungsgläubige nur zu belustigen und das ganze Phänomen als amüsant abzutun. Nicht erst dann, wenn der Glaube an Verschwörungsmythen dazu führt, dass Menschen sich aus dem demokratischen System ausklinken, sollten wir das ernst nehmen. Wenn Impfmythen so verbreitet sind, dass die Masern wieder zum Problem werden, ist es nicht mehr lustig. Wenn der Glaube an einen angeblichen »großen Austausch« dazu führt, dass Menschen sich so radikalisieren, dass sie Terroranschläge begehen, dürfen wir nicht die Augen davor verschließen. Die Gefahr, die von Verschwörungsideologien ausgeht, ist derart groß, dass rein individuelle Lösungen nicht ausreichen, um dem Problem Herr zu werden. Auch auf politischer Ebene braucht es mehr Bewusstsein sowie den Willen zum Handeln.

Speziell in unsicheren Zeiten, in denen Menschen einen Kontrollverlust erleben, fallen Verschwörungserzählungen auf einen äußerst fruchtbaren Nährboden. Arbeitslosigkeit, unsichere Beschäftigungsverhältnisse und Armut haben einen Anteil daran, dass Verschwörungserzählungen in der Gesellschaft sprießen können. Auch Intransparenz und eine schlechte Informationspolitik bei staatlichen Institutionen können einen Einfluss haben. Eine starke Demokratie und transparente Strukturen können dazu beitragen, dass Misstrauen gar nicht erst aufkommt. Denn wenn Menschen das Gefühl haben, keinen Einfluss auf die Gesellschaft nehmen zu können, ist die Verlockung ungleich größer, sich in die apokalyptische Welt einer Verschwörungserzählung zu flüchten. Dennoch darf man nicht den Fehler begehen, Menschen, die an Verschwörungen glauben und sich im schlimmsten Fall immer weiter radikalisieren, als reine »Opfer der Umstände« abzutun. Selbst in einer perfekten Gesellschaft würde es stets auch Menschen geben, die überall böse Mächte am Werk sehen. Wenngleich jeder Mensch zweifellos durch seine Umgebung und die Gesellschaft, in der er lebt, geprägt wird, ist es insbesondere bei rassistischen und antisemitischen Komponenten von Verschwörungserzählungen immer auch eine Entscheidung, ob man diesen Inhalten Glauben schenken möchte – oder eben nicht.

Menschen, die in die Schusslinie von prominenten Verschwörungsideologen geraten, leiden bereits heute ganz konkret unter den verbreiteten Unwahrheiten. Wie die Journalisten Christian Alt und Christian Schiffer in ihrem Buch *Angela Merkel ist Hitlers Tochter* schreiben: »Der Hass ist echt.«[1] Wer sich kritisch mit Verschwörungsideologen befasst, riskiert nicht selten, kurzerhand selbst zum Teil einer Verschwörung erklärt zu werden. Belästigungen bis hin zur Androhung von Gewalt durch das Unterstützerumfeld der jeweiligen Plattformen sind leider keine Seltenheit. Auch wir haben damit bereits unsere Erfahrungen gemacht. Die gezielten Kampagnen, die Verschwörungsideologen immer wieder gegen Einzelne und Gruppen lostreten, sind längst ein massives Problem. Und leider muss man sagen: Die Betroffenen fühlen sich oft allein gelassen mit ihren Erfahrungen und dem Hass, der ihnen entgegenschlägt.

Nachdem bei einem Amoklauf an der Sandy-Hook-Grundschule in Newton im US-Bundesstaat Connecticut 2012 20 Kinder und sechs Erwachsene getötet worden waren, behauptete Alex Jones – einer der Stars der US-amerikanischen Verschwörungsszene – in seiner Sendung, das Massaker habe nie stattgefunden. Aus seiner Sicht handele es sich um eine Inszenierung dunkler Mächte mit dem einzigen Ziel, das US-Waffenrecht zu verschärfen.[2] Die trauernden Angehörigen der Ermordeten verunglimpfte er dabei als bezahlte Schauspieler (*»crisis actors«*).

Derartige Verschwörungserzählungen sind mittlerweile in den USA derart populär, dass nach jedem Amoklauf innerhalb von wenigen Stunden ähnliche Geschichten im Netz zu finden sind. Angehörige oder Zeugen, die nach einem solchen Vorfall vor die Kamera treten und Interviews geben, werden innerhalb kürzester Zeit in diversen Online-Publikationen zu »Mitwissern« und damit Teil der Verschwörung erklärt. Die Crisis-Actor-Erzählung über den Amoklauf an der Sandy-Hook-Grundschule wurde von Jones über Wochen und Monate hinweg immer wieder gebetsmühlenartig wiederholt und weiter ausgeschmückt. Für die Eltern muss diese Erfahrung unglaublich schmerzhaft gewesen sein. Nachdem sie bereits durch die Hölle gegangen waren, ihr Kind bei einem Amoklauf zu verlieren, wurden in den Monaten und Jahren danach dreiste Lügen über sie verbreitet. Infolge der Hetzkampagne wurden die Familien der Opfer durch Jones-Anhänger massiv belästigt und bedroht. Eine Familie musste auf der Flucht vor diesem Wahnsinn rund sieben Mal den Wohnsitz wechseln. Einige Angehörige beschlossen schließlich, sich gegen diesen Irrsinn zur Wehr zu setzen: Sie verklagten Alex Jones 2018 wegen Verleumdung.

Auch der deutsche Journalist Richard Gutjahr hat eine erschreckende Leidensgeschichte hinter sich, die im Zusammenhang mit ähnlich gelagerten Verschwörungserzählungen steht. Er steht seit Jahren im Fokus von Verschwörungsideologen mit großer Reichweite. Gutjahr war mit seiner Familie 2016 in Frankreich im Urlaub. Als er auf dem Balkon seines Hotels in Nizza stand, musste er mit ansehen, wie ein IS-Attentäter 86 Menschen tötete, als dieser mit einem LKW in die Menge raste. Gutjahr filmte den Terroranschlag mit seinem Smartphone, seine Aufnahmen gingen um die Welt. Eine Woche später war er dann zufällig in München, als ein rechtsextremer Attentäter dort in einem Einkaufszentrum neun Menschen tötete und fünf weitere verletzte. Gutjahr berichtete als einer der Ersten vor Ort von dem Terroranschlag.[3] Danach dauerte es nicht lange, bis Verschwörungsideologen auf den Plan traten und damit begannen, die wildesten Lügen über Richard Gutjahr zu verbreiten. »Ein Autor eines rechtspopulistischen Internetportals«, so schreibt die Tageszeitung *Die Welt*, »legte beispielsweise nahe, es bestünde ein Zusammenhang zwischen Gutjahrs Präsenz in der Nähe beider Anschläge und seiner Frau, die aus Israel stammt und ehemalige Knesset-Abgeordnete ist.«[4] Von da an wurde Gutjahr zur Zielscheibe für Angriffe von Neonazis, Reichsbürgern und Verschwörungsideologen. Er bekam unzählige Morddrohungen.[5]

Gutjahr setzte sich juristisch dagegen zur Wehr, beschreibt das Ganze rückblickend jedoch als äußerst frustrierende Erfahrung. Die Reaktion von YouTube auf seine zahllosen Meldungen hetzerischer Videos war ziemlich ernüchternd. Oft passierte nämlich: gar nichts. Und auch als er zivilrechtlich gegen einzelne Hasskommentare vorging, war das Ergebnis meist unbefriedigend. In seinem Blog schreibt Richard Gutjahr: »Ein Familienvater aus Berlin Weißensee, der meiner Tochter öffentlich auf Facebook mit diesem Foto einer Gewehrpatrone drohte, wurde zu 281 Euro Strafe verurteilt. Zum Vergleich: Für das ›Vogel‹-Zeigen im Straßenverkehr sind schon 500 Euro fällig, das vergleichsweise harmlose ›Scheibenwischer‹-Zeichen mit der flachen Hand über der Stirn kann einen Verkehrsteilnehmer 1000 Euro kosten.«[6] Gutjahr hätte sich in dieser Zeit insbesondere von seinem Arbeitgeber, dem Bayerischen Rundfunk, deutlich mehr Unterstützung gewünscht. In einem offenen Brief schrieb er im Dezember 2019: »Wenn wir nicht endlich lernen, eine gemeinsame Stimme in Bezug auf Hass und Hetze gegen Journalisten und Politiker zu finden, und weiterhin versuchen, eigene Versäumnisse unter den Teppich zu kehren, dürfen wir uns nicht wundern, dass unsere Gegner uns immer zwei Schritte voraus sind. Das ist kein Spiel mehr. Womit wir es hier zu tun haben, ist todernst.«[7]

Es braucht deutlich mehr Angebote, die sich speziell damit beschäftigen, wie mit Verschwörungsideologien umgegangen werden soll. Dafür benötigen zivilgesellschaftliche Initiativen eine stabile, ausreichende Förderung. Eine Förderung, die sicherstellt, dass sie Menschen zur Seite stehen können, wenn Freunde oder Angehörige in eine radikale Verschwörungsideologie abrutschen. Wir benötigen ebenfalls mehr Ressourcen für Organisationen, die Menschen beraten, die Opfer von Hetzkampagnen und falschen Beschuldigungen von Verschwörungsideologen werden. Denn nur wenn Menschen wissen, dass sie im Zweifelsfall nicht allein gelassen werden, können sie sich selbstbewusst gegen Hass und Hetze zur Wehr setzen. Dafür braucht es vor allem Gelder und eine stabile, langfristige Förderung. Hier könnte der Staat deutlich mehr machen.

Egal ob bei den Attentaten in Halle, Hanau, Christchurch, Pittsburgh oder El Paso: Rechtsextreme Terroristen nutzen immer wieder Verschwörungserzählungen als Rechtfertigung für ihre Taten. Deshalb ist es keineswegs harmlos, wenn ebendiese Verschwörungserzählungen, auf die sich rechtsextreme Attentäter berufen, von rechtspopulistischen Parteien, in Online-Foren und am Stammtisch verbreitet werden. Wenn Umfragen zeigen, dass erschreckend große Teile der Bevölkerung an im Kern zutiefst menschenfeindliche Verschwörungserzählungen glauben, dann ist das mehr als nur ein Alarmzeichen. Dann ist es höchste Zeit, zu handeln. Wegsehen ist keine Alternative mehr. Als Gesellschaft müssen wir uns darauf verständigen, wie wir angemessen auf dieses Phänomen reagieren wollen. Wenn Verschwörungserzählungen längst systematisch genutzt und verbreitet werden, um politisch Stimmung zu machen gegen Geflüchtete,

Juden, Feministinnen oder andere gesellschaftliche Gruppen, ist eine rote Linie überschritten. Da muss es einfach weitreichendere Lösungen geben, als die Verantwortung auf Einzelpersonen abzuwälzen. Gegenrede ist richtig und wichtig, doch wir müssen uns auch darüber im Klaren sein, dass Menschen, die insbesondere im Netz aktiv gegen Verschwörungsideologen Position beziehen, dabei riskieren, in die Schusslinie von gewaltbereiten Gruppen zu geraten. Vor diesem Hintergrund ist es geradezu absurd, wenn Innenpolitiker diskutieren, ob eine Klarnamenpflicht in sozialen Netzwerken eingeführt werden sollte. Denn wenn Pseudonyme verboten werden, bedeutet dies schließlich auch, dass diejenigen, die Gegenrede betreiben, riskieren, dass sie und ihre Familien physisch bedroht und mit Hasskampagnen überzogen werden.

Nicht zuletzt dürfen wir uns aber auch als Gesellschaft nicht länger von rechtspopulistischen und rechtsextremen Scharfmachern vor den Karren spannen lassen. Immer wieder finden sich Beispiele für Hetzkampagnen aus dem Lager der extremen Rechten, die zwar auf Falschmeldungen und Verschwörungserzählungen fußen, die es aber trotzdem in den gesellschaftlichen und medialen Diskurs geschafft haben. Die Liste der letzten Jahre beim »Unwort des Jahres« ist dabei ein Indiz dafür, dass es zu einer massiven Diskursverschiebung gekommen ist. Plötzlich wird nicht mehr nur am rechten Rand von »Döner-Morden«, »Sozialtourismus«, »Lügenpresse« oder »Klimahysterie« gesprochen. Mehr und mehr kommt es zu einer »Entgrenzung des Sagbaren«,[8] und diskursive rote Linien werden immer weiter nach rechts verschoben. Der Journalist Juri Sternburg beschrieb diese Entwicklung in einem Beitrag in der *taz*: »Die andauernde Präsenz der neorechten Thesen hat zu einer Abgestumpftheit und Ohnmacht geführt, die wir uns lange nicht vorstellen konnten. Verbale Ausfälle sind längst kein

Grund mehr für soziale Ächtung, ganz im Gegenteil. Ein kurzer Aufschrei, dann haben wir eine weitere Hürde des Sagbaren genommen.«[9] Wer eine offene Gesellschaft möchte, wem humanistische Werte wichtig sind, der muss auch dafür eintreten. Wörter haben Macht, denn Sprache beeinflusst, wie wir die Welt wahrnehmen und wie wir handeln. Wer die Sprache der Hetzer und Verschwörungsideologen übernimmt, der stärkt auch ihren Einfluss auf unsere Gesellschaft.

Wenn Verbreiter von Verschwörungserzählungen immer wieder ihre Behauptungen in Funk und Fernsehen präsentieren dürfen, werden die von ihnen vertretenen Meinungen als dem wissenschaftlichen Diskurs ebenbürtig präsentiert. Das ist nicht nur beim Thema Klimawandel ein Problem. Wenn aufgrund einer Hoffnung auf höhere Einschaltquoten Verschwörungserzählungen plötzlich von der Nische ins Rampenlicht von Talk-Sendungen gerückt werden, kann dies langfristig fatale Folgen haben. Gleiches gilt für das unreflektierte Einladen von Personen, die an anderer Stelle mit Gerede über eine angebliche »Umvolkung« eindeutig rechtsextreme Verschwörungserzählungen verbreiten. Wer so etwas sagt, hat sich von einer sachlichen Debatte zum Thema Migration längst verabschiedet. Der Autor und Politikberater Johannes Hillje kritisierte den Umgang der Medien mit der AfD im Interview mit der *Süddeutschen Zeitung* wie folgt: »Ein zentraler Erfolg der AfD in den vergangenen Jahren [...] ist es, dass der Einfluss der Rechtspopulisten auf unsere öffentlichen Debatten deutlich größer ist als ihre politische Relevanz. Selbst wenn die AfD nicht in Talkshows sitzt, sind ihre Inhalte oft omnipräsent. Die AfD setzt gar nicht unbedingt die Themen, aber sie beeinflusst sehr stark, *wie* wir über ein Thema reden.«[10]

»Zivilcourage heißt«, wie der Autor Jan Skudlarek es in seinem Buch *Wahrheit und Verschwörung* treffend formulierte:

»für die Wahrheit einzutreten«.[11] Die Auseinandersetzung mit Verschwörungserzählungen ist immer auch eine Konfrontation mit der Frage nach Wissen und dem Umgang mit Fakten. Wenn Krankenkassen beispielsweise Homöopathie bezahlen, obwohl erwiesen ist, dass diese Mittel nicht wirken, dann verbreiten sie zwar keine Verschwörungserzählungen, aber normalisieren ein irrationales Weltbild, in dem Heilsversprechen und wissenschaftliche Evidenz auf eine Stufe gestellt werden.

Wir würden uns daher wünschen, dass bereits in Schulen kritisches Denken und Medienkompetenz flächendeckend gelehrt würde. Im Rahmen der Studie *Jugend. Information. Medien* aus dem Jahr 2017 konnte gezeigt werden, dass Jugendliche insbesondere das Internet und Facebook als Informationsquelle für aktuelle Ereignisse in der Welt nutzen.[12] Heute sind es wohl eher Instagram oder TikTok, und morgen wird es vielleicht eine ganz andere Plattform sein. In jedem Fall aber werden sie sich im Netz informieren. »So gut wie alle Kinder ab zwölf Jahren surfen im Internet«, sagt der Medienethiker Matthias Rat. »Nur bringt ihnen kaum jemand bei, wie sie trotz Fake News und Manipulationen sicher durchs Netz navigieren.«[13] Auch wenn das wohl kein Allheilmittel gegen den Glauben an Reptiloide, Flache Erde und Co. darstellt, sollten junge Menschen trotzdem dazu befähigt werden, Informationen nach ihrer Qualität zu bewerten. Es sollte gelehrt werden, wie ein kritischer Umgang mit statistischen Daten aussieht, der über »Traue keiner Statistik, die du nicht selbst gefälscht hast« hinausgeht. Auch eine kritische Medienkompetenz sollte flächendeckend Teil des Curriculums sein. Heutzutage müssen Menschen nicht nur wissen, wie sie technische Geräte nutzen, sondern auch, wie sie kritisch Quellen analysieren können und wie das Mediensystem eigentlich aufgebaut ist – und nach welchen Regeln die großen Online-Plattformen arbeiten. Nur wer in der Lage ist,

Informationen richtig zu bewerten, kann sich selbst vor Fake News und Verschwörungserzählungen schützen. Aktuell ist aber eben genau das nicht der Fall. Schulen und Lehrkräfte sind häufig nur unzureichend ausgestattet, und es fehlt an Kapazitäten für Fortbildung. Wenn wir immer noch auf dem Level sind, dass Zeitungen darüber berichten, was für ein Erfolg es sei, dass Schulen jetzt langsam »ultraschnelles Internet« bekommen, kann man sich ausmalen, wie sehr das Thema Medienbildung in den letzten Jahrzehnten vernachlässigt wurde. Darüber hinaus sind wir der Überzeugung, dass der Begriff Medienkompetenz weitergedacht werden muss. Bei dem Glauben an Verschwörungen handelt es sich um ein mehr oder weniger geschlossenes Weltbild, eine Ideologie, gegen die man mit Fakten allein oft nicht mehr ankommt. Die Medienpsychologin Lena Frischlich schrieb dazu: »Um Falschmeldungen zu begegnen, bedarf es seitens der Nutzer mehr kritischer Medienkompetenz. Theoretische Kenntnisse reichen dabei nicht, sondern die zur Förderung von Widerstandskraft gegen Desinformation zentralen Elemente Vertrauen, Bewusstsein, Betrachtung und Befähigung müssen gemeinsam gedacht werden.«[14] Insbesondere bei hoch emotionalisierten Themen werden Falschinformationen häufig gezielt gestreut, um die eigene Agenda durchzusetzen. Initiativen wie *Correctiv* oder *Mimikama*, die über Falschmeldungen informieren, sind da ein wichtiger Anfang. Ohne eine systematische Einbettung der Vermittlung von Medienkompetenz in Bildungseinrichtungen sind aber auch sie nur begrenzt dazu in der Lage, allein gegen die immense Flut an Falschinformationen, Verschwörungserzählungen und Fake News anzukommen, der wir tagtäglich ausgesetzt sind.

Nicht zuletzt ist es uns wichtig, dass man nicht nur mit dem Finger auf die »Verrückten«, die »Aluhüte« zeigt, sondern auch seine eigenen Weltbilder und Ansichten kritisch hinter-

fragt. Das ist oft der schmerzhafteste Teil bei der Auseinandersetzung mit Ideologien. Nicht nur tief im Kaninchenbau der
Verschwörungsideologen lauert Gefahr, sondern auch in Meinungen und Denkweisen, die tief in der Gesellschaft verankert
sind. Problematische Tendenzen sollten nicht nur bei anderen, sondern auch im eigenen Denken analysiert werden. Dies
sollte zum Selbstverständnis eines humanistischen, aufgeklär-
ten Denkens gehören. Was das mit Verschwörungserzählungen
zu tun hat? Auch hier passiert es manchmal schneller als man
denkt, dass man falschen Behauptungen und Verschwörungen
aufsitzt. Wenn uns Verschwörungsideologen erboste E-Mails
schreiben, sind sie meist selbst davon überzeugt, »nur kritisch«
zu sein. Die wenigsten, die meinen, dass Chemtrails die Bevölkerung vergiften oder dass 5G-Strahlen eigentlich ein Komplott
der Regierung zur Gedankenkontrolle sind, bezeichnen sich
selbst als verschwörungsgläubige »Aluhutträger«. Eine kritische und ehrliche Auseinandersetzung mit eigenen Meinungen
und Haltungen ist daher der beste Schutz dagegen, nicht selbst
irgendwann Verschwörungsmythen aufzusitzen.

Dank

Dass aus einem Streitgespräch über die Details der Messung der Verschwörungsmentalität einmal dieses Buch entstehen würde – damit hätten wir im Frühjahr 2018 nicht gerechnet, als wir uns in der brütenden Hitze Israels auf den Weg zu einer Oase in der Negev-Wüste machten. Und doch ist es passiert. Ziel dieses Buches ist es, die Expertise aus zwei Welten zusammenzubringen: Pia Lamberty forscht als Psychologin seit vielen Jahren zum Thema Glaube an Verschwörungen, unter anderem an der Universität Mainz und der israelischen Ben-Gurion-Universität des Negev. Katharina Nocun ist Bürgerrechtlerin und befasst sich mit den Folgen der Digitalisierung für Politik und Gesellschaft, ihr Buch *Die Daten, die ich rief* beleuchtet die Praktiken großer Internetplattformen, und in ihrem Blog klärt sie über Strategien der Neuen Rechten auf. Diese beiden Perspektiven zusammenzubringen, um neues Licht auf das Phänomen Glaube an Verschwörungen zu werfen, war uns ein wichtiges Anliegen.

Dieses Buch hätte es gleichwohl nicht gegeben, wenn nicht eine ganze Reihe von wunderbaren Menschen uns von Beginn an unterstützt hätten. Wir danken insbesondere Cindy Witt vom Lübbe Verlag, die uns stets ermutigt und bestärkt hat, dieses Projekt weiterzuverfolgen, sowie Thomas Schmidt von der Literaturagentur Landwehr & Cie. für seine kenntnisreichen Rückmeldungen zu unseren Manuskripten. Außerdem danken wir Guillaume Chaslot, Felicitas Flade, Joachim Hiller, Eva Horn, infoSekta, Jan Rathje, Karolin Schwarz, der Sekten-Info NRW e.V. sowie Abraham Taherivand und Wikimedia Deutschland und dem Wikipedia-Autor Paul für die Interviews, die wir mit ihnen führen durften. Ihre Perspektiven haben das Buch enorm bereichert. Weiterhin möchten wir den Betroffenen, deren Familien oder Freunde in die Verschwörungsszene entglitten sind, für ihre Offenheit und ihr Vertrauen danken, ihre Geschichten mit uns zu teilen.

Unser besonderer Dank gilt vor allem auch unseren Familien und uns nahestehenden Menschen, die uns in dieser Zeit mit Rat und Tat zur Seite gestanden haben. Viele abendliche Diskussionen im Kreise von Freunden und Kollegen sind in dieses Buch eingeflossen. Wir sind sehr dankbar für diese Unterstützung. Ohne unsere vielen geduldigen Probeleser wäre das Buch sicherlich ein anderes geworden. Gerne würden wir an dieser Stelle all die Namen der Menschen aufzählen, die uns vor allem in den letzten Korrekturphasen unterstützt haben. Schweren Herzens mussten wir aber aus Sorge vor Belästigungen aus dem rechtsextremen und verschwörungsideologischen Spektrum davon absehen. Dies macht allerdings umso deutlicher wie dringend es notwendig ist, eine gesellschaftliche Debatte über das Thema Verschwörungsideologien und die Folgen für uns alle zu führen.

Wir hoffen, dass dieses Buch einen Beitrag dazu leisten kann.

Quellenverzeichnis

Kapitel 1: Psychologische Grundlagen von Verschwörungsdenken

[1] Glaser, A. (02.09.2016). A Skeptic Infiltrates a Cruise for Conspiracy Theorists. Wired. Verfügbar unter https://www.wired.com/2016/02/conspira-sea-cruise-know-truth/ (abgerufen am 18.01.2020).

[2] Moscovici, S. (1987). The conspiracy mentality. In: Carl F. Graumann (Hrsg.), Changing conceptions of conspiracy (S. 151–169). New York, NY: Serge.

[3] Imhoff, R., & Bruder, M. (2014). Speaking (un-)truth to power: Conspiracy mentality as a generalised political attitude. *European Journal of Personality*, 28 (1), 25–43.

[4] Leman, P. J., & Cinnirella, M. (2007). A major event has a major cause: Evidence for the role of heuristics in reasoning about conspiracy theories. *Social Psychological Review*, 9(2), 18–28.

[5] LeBoeuf, R. A., & Norton, M. I. (2011). Consequence-cause matching: Looking to the consequences of events to infer their causes. *Journal of Consumer Research*, 39(1), 128–141.

[6] Bartel, M. (06.01.2020). Diese Krefelder Affen sorgten für Schlagzeilen. *RP Online*. Verfügbar unter https://rp-online.de/nrw/staedte/krefeld/zoo/krefeld-zoo-brand-in-affenhaus-tiere-sorgen-fuer-schlagzeilen_aid-48158365 (abgerufen am 18.01.2020).

[7] Van Badham, V. (08.01.2020). Australia, where lies and conspiracy theories spread like bushfire. *The Guardian*. Verfügbar unter https://www.theguardian.com/australia-news/2020/jan/08/australia-where-lies-and-conspiracy-theories-spread-like-bushfire (abgerufen am 18.01.2020).

[8] Jolley, D., & Lamberty, P. (28.02.2020). Coronavirus is a breeding ground for conspiracy theories – here's why that's a serious problem. The Conversation. Abrufbar unter https://theconversation.com/coronavirus-is-a-breeding-ground-for-conspiracy-theories-heres-why-thats-a-serious-problem-132489 (abgerufen am 28.02.2020).

[9] Pfahl-Traughber, A. (30.05.2016). Wolfgang Gedeon und die »Proto-kolle der Weisen von Zion«. Humanistischer Pressedienst. Verfügbar unter https://hpd.de/artikel/wolfgang-gedeon-und-protokolle-weisen-zion-13147 (abgerufen am 18.01.2020).

[10] Egenberger, C. (14.10.2015). Die Protokolle der Weisen von Zion. Bundeszentrale für politische Bildung. Verfügbar unter http://www.bpb.de/ politik/extremismus/rechtsextremismus/210333/die-protokolle-der-weisen-von-zion (abgerufen am 18.01.2020).

[11] Wippermann, W. (2007). Agenten des Bösen: Verschwörungstheorien von Luther bis heute. Berlin: be.bra Verlag.

[12] Gasteiger, C. (16.01.2018). Eine Welt, in der alle nur noch meinen wollen. *Süddeutsche Zeitung*. Verfügbar unter https://www.sueddeutsche.de/ kultur/unwort-des-jahres-alternative-fakten-kuendigt-den-gesellschaftsver-trag-1.3827379 (abgerufen am 14.02.2020).

[13] Institut für Sprach- und Literaturwissenschaft. Unwort des Jahres. Verfügbar unter http://www.unwortdesjahres.net/index.php?id=112 (abgerufen am 14.02.2020).

[14] Hein-Kircher, H. (02.03.2007). Politische Mythen. Bundeszentrale für politische Bildung. Verfügbar unter https://www.bpb.de/apuz/30604/ politische-mythen?p=all (abgerufen am 18.01.2020).

[15] Bruder, M., Haffke, P., Neave, N., Nouripanah, N., & Imhoff, R. (2013). Measuring individual differences in generic beliefs in conspiracy theories across cultures: Conspiracy Mentality Questionnaire. *Frontiers in psychology*, 4, 225.

[16] Wood, M. J., Douglas, K. M., & Sutton, R. M. (2012). Dead and alive: Beliefs in contradictory conspiracy theories. *Social Psychological and Personality Science*, 3(6), 767–773.

[17] Rees, J., & Lamberty, P. (2019). Mitreißende Wahrheiten: Verschwö-rungsmythen als Gefahr für den gesellschaftlichen Zusammenhang. In: Andreas Zick, Beate Küpper, Wilhelm Berghan (Hrsg.), Verlorene Mitte – Feindselige Zustände. Rechtsextreme Einstellungen in Deutschland 2018/19 (S. 203–222). Berlin: Dietz.

[18] Schultz, T., Ziegele, M., Jackob, N., Schemer, C., & Quiring, O. (2017). »Conspiracy Theories, Media Cynicism and Political Radicalization: Findings from Germany«. Vortrag auf dem Symposium »Conspiracy Theories and Radical Politics«, COST Action »Comparative Analysis of Conspiracy Theo-ries«, Tübingen, 28. bis 30.07.2017.

[19] WorldPublicOpinion.org (2008). International Poll: No Consensus On Who Was Behind 9/11. Verfügbar unter http://worldpublicopinion.net/ international-poll-no-consensus-on-who-was-behind-911/ (abgerufen am 14.02.2020).

20 Fourquet, J., & Dubrulle, J. P. (2018). Enquête sur le complotisme.
    Verfügbar unter https://de.scribd.com/document/376262215/Enquete-sur-
    le-complotisme-Ifop-pour-la-Fondation-Jean-Jaures-et-Conspiracy-Watch
    (abgerufen am 14.02.2020).

21 Oliver, J. E., & Wood, T. J. (2014). Conspiracy theories and the paranoid
    style (s) of mass opinion. *American Journal of Political Science, 58*(4),
    952–966.

22 Jensen, T. (02.04.2013). Democrats and Republicans differ on conspi-
    racy theory beliefs. In: Public Policy Polling. Verfügbar unter https://www.
    publicpolicypolling.com/polls/democrats-and-republicans-differ-on-conspi-
    racy-theory-beliefs/ (abgerufen am 14.02.2020).

23 Eigene Übersetzung der Instruktionen von: Whitson, J. A., & Galinsky,
    A. D. (2008). Lacking control increases illusory pattern perception. *science,*
    322(5898), 115–117.

24 Wilking, D. (Hrsg.). (2015). »Reichsbürger«: ein Handbuch. Demos-
    Brandenburgisches Institut für Gemeinwesenberatung.

25 Lantian, A., Muller, D., Nurra, C., & Douglas, K. M. (2017). I know
    things they don't know!. Social Psychology.

26 Imhoff, R., & Lamberty, P. K. (2017). Too special to be duped: Need for
    uniqueness motivates conspiracy beliefs. *European Journal of Social Psychology,*
    47(6), 724–734.

27 Brotherton, R., & Eser, S. (2015). Bored to fears: Boredom proneness,
    paranoia, and conspiracy theories. *Personality and Individual Differences, 80,*
    1–5.

28 Cichocka, A., Marchlewska, M., & de Zavala, A. G. (2016). Does self-love or
    self-hate predict conspiracy beliefs? Narcissism, self-esteem, and the endorse-
    ment of conspiracy theories. *Social Psychological and Personality Science, 7*(2),
    157-166.

Kapitel 2: Faktencheck: Der Glaube an Verschwörungserzählungen

1 Krekó, P. (2015). Conspiracy theory as collective motivated cognition.
   In: *The Psychology of conspiracy* (80–94). Routledge.

2 Dolan, E. (10.05.2018). Study: Conspiracy theorists are not necessa-
   rily paranoid. PsyPost. Verfügbar unter https://www.psypost.org/2018/05/
   study-conspiracy-theorists-not-necessarily-paranoid-51216 (abgerufen am
   18.01.2020).

3 Imhoff, R., & Lamberty, P. (2018). How paranoid are conspiracy belie-

vers? Toward a more fine-grained understanding of the connect and disconnect between paranoia and belief in conspiracy theories. *European Journal of Social Psychology*, 48(7), 909–926.

[4] Pennycook, G., Cheyne, J. A., Barr, N., Koehler, D. J., & Fugelsang, J. A. (2015). On the reception and detection of pseudo-profound bullshit. *Judgment and Decision making*, 10(6), 549–563.

[5] Bell, B. (15.08.2016). Surveyed scientists debunk chemtrails conspiracy theory. University of California. Verfügbar unter https://www.universityofcalifornia.edu/news/surveyed-scientists-debunk-chemtrails-conspiracy-theory (abgerufen am 14.02.2020).

[6] Mainzer Langzeitstudie Medienvertrauen (29.01.2020). Langzeitstudie Medienvertrauen. Universität Mainz. Verfügbar unter https://medienvertrauen.uni-mainz.de/ (abgerufen am 15.02.2020).

[7] van Prooijen, J. W. (2017). Why education predicts decreased belief in conspiracy theories. *Applied Cognitive Psychology*, 31(1), 50–58.

[8] Greiffenhagen, M. (1981): 5 Millionen Deutsche: »Wir sollten wieder einen Führer haben …« Die SINUS-Studie über rechtsextremistische Einstellungen bei den Deutschen. Reinbek bei Hamburg: Rowohlt.

[9] Kompetenzzentrum für Rechtsextremismus- und Demokratieforschung (24.03.2019). Langzeituntersuchung zur rechtsextremen und antidemokratischen Einstellung in Deutschland seit 2002. Universität Leipzig. Verfügbar unter https://www.kredo.uni-leipzig.de/die-leipziger-autoritarismus-studie/ (abgerufen am 18.01.2020).

[10] Decker, O., & Brähler, E. (2018). Flucht ins Autoritäre. Rechtsextreme Dynamiken in der Mitte der Gesellschaft. Die Leipziger Autoritarismus-Studie. Gießen: Psychosozial-Verlag.

[11] Sample, I. (17.02.2019). Study blames YouTube for rise in number of Flat Earthers. *The Guardian*. Verfügbar unter https://www.theguardian.com/science/2019/feb/17/study-blames-youtube-for-rise-in-number-of-flat-earthers (abgerufen am 18.01.2020).

[12] Stürmer, A. (16.07.2009). Mondschwindel 1835 Fledermausmenschen auf dem Erdtrabanten. *Spiegel*. Verfügbar unter https://www.spiegel.de/geschichte/mondschwindel-1835-a-948399.html (abgerufen am 18.01.2020).

[13] Butter, M. (08.05.2017). Wer regiert wirklich die Welt? Internationale Politik und Gesellschaft. Verfügbar unter https://www.ipg-journal.de/schwerpunkt-des-monats/verschwoerungstheorien/artikel/detail/wer-regiert-wirklich-die-welt-2025/ (abgerufen am 18.01.2020).

[14] Bielefeld Marketing. Die Bielefeld-Verschwörung. Verfügbar unter https://www.bielefeldmillion.de/bielefeld-verschwoerung/ (abgerufen am 18.01.2020).

15   Peiker, D. (19.12.2019). Der Anschlag von Halle und die Folgen.
MDR. Verfügbar unter https://www.mdr.de/nachrichten/politik/
regional/terror-anschlag-synagoge-halle-folgen-100.html
(abgerufen am 18.01.2020).

16   Nocun, K., & Lamberty, P. (22.02.2020). Nach Hanau: Wie Verschwörungstheorien rechte Gewalt befeuern. Berliner Morgenpost. Verfügbar
unter https://www.morgenpost.de/politik/article228502851/Nach-Hanau-
Wie-Verschwoerungstheorien-rechte-Gewalt-befeuern.html (abgerufen am
28.02.2020).

17   Bartlett, J., & Miller, C. (2010). The power of unreason: Conspiracy
theories, extremism and counter-terrorism. London: Demos.

18   Popper, K. R. (1945). Die offene Gesellschaft und ihre Feinde. Tübingen: J.C.B. Mohr.

19   Wright, T. L., & Arbuthnot, J. (1974). Interpersonal trust, political
preference, and perceptions of the Watergate affair. *Proceedings of the Division
of Personality and Society Psychology, 1*(1), 168–170.

20   Stempel, R. (06.06.2018). Cyborg-Katze der CIA: Zur Sache, Kätzchen.
Spiegel. Verfügbar unter https://www.spiegel.de/einestages/acoustic-kitty-
wie-die-cia-eine-katze-zum-lauschangriff-schickte-a-1210269.html (abgerufen am 18.01.2020).

Kapitel 3: »Haben die alle den Verstand verloren?« – Warum Verschwörungsgläubige uns ähnlicher sind, als wir denken

1   Festinger, L., Riecken, H. W., & Schachter, S. (1964). When prophecy
fails: A social and psychological study of a modern group that predicted the
destruction of the world. New York: Harper Torchbooks.

2   Sullivan, D., Landau, M. J., & Rothschild, Z. K. (2010). An existential
function of enemyship: Evidence that people attribute influence to personal
and political enemies to compensate for threats to control. *Journal of Personality and Social Psychology, 98*(3), 434–449.

3   Imhoff, R., Lamberty, P., & Klein, O. (2018). Using power as a negative
cue: how conspiracy mentality affects epistemic trust in sources of historical
knowledge. *Personality and Social Psychology Bulletin, 44*(9), 1364–1379.

4   Van Prooijen, J. W., & Jostmann, N. B. (2013). Belief in conspiracy theories:
The influence of uncertainty and perceived morality. *European Journal of Social
Psychology, 43*(1), 109–115.

5   Cacioppo, J. T., Petty, R. E., & Morris, K. (1983). Effects of need for cognition

on message evaluation, recall, and persuasion. *Journal of Personality and Social Psychology,* 45, 805–818.

[6] Anseel, F., Lievens, F., & Schollaert, E. (2009). Reflection as a strategy to enhance task performance after feedback. *Organizational Behavior and Human Decision Processes,* 110, 23–35.

[7] Cavazos, J. T., & Campbell, N. J. (2008). Cognitive style revisited: The structure X cognition interaction. *Personality and Individual Differences,* 45, 498–502.

[8] Cacioppo, J. T., Petty, R. E., Feinstein, J. A., & Jarvis, W. B. G. (1996). Dispositional differences in cognitive motivation: The life and times of individuals varying in need for cognition. *Psychological Bulletin,* 119, 197–253.

[9] Philonomist (01.07.2019). Daniel Kahneman on our everyday irrationality. Verfügbar unter https://www.philonomist.com/en/interview/daniel-kahneman-our-everyday-irrationality (abgerufen am 14.02.2020).

[10] Green, D., Jacowitz, K. E., Kahneman, D., & McFadden, D. (1998). Referendum contingent valuation, anchoring, and willingness to pay for public goods. *Resource and Energy Economics,* Elsevier, 20(2), 85–116, June.

[11] Ariely, D., Loewenstein, G., & Prelec, D. (2003). »Coherent arbitrariness«: Stable demand curves without stable preferences. *The Quarterly journal of economics,* 118(1), 73–106.

[12] The Perils of Perception 2018 (2018). Ipsos Mori. Verfügbar unter https://www.ipsos.com/ipsos-mori/en-uk/perils-perception-2018 (abgerufen am 14.02.2020).

[13] Greitemeyer, T. (2014). Article retracted, but the message lives on. *Psychonomic bulletin & review,* 21(2), 557–561.

[14] Stokes, B., Wike, R., & Carle, J. (05.11.2015). Global Concern about Climate Change, Broad Support for Limiting Emissions. Pew Research Center. Verfügbar unter https://www.pewglobal.org/2015/11/05/global-concern-about-climate-change-broad-support-for-limiting-emissions/ (abgerufen am 14.02.2020).

Kapitel 4: Verschwörungsglaube und Politik: Von der Wahlverschwörung bis zur »Lügenpresse«

[1] CNN Opinion Research Poll (04.08.2010). Quarter doubt Obama was born in U.S. Verfügbar unter https://politicalticker.blogs.cnn.com/2010/08/04/cnn-poll-quarter-doubt-president-was-born-in-u-s/ (abgerufen am 14.02.2020).

[2] Wendling, M. (02.12.2016). The saga of »Pizzagate«: The fake story that shows how conspiracy theories spread. BBC. Verfügbar unter https://www.bbc.com/news/blogs-trending-38156985 (abgerufen am 14.02.2020).

[3] Finnegan, W. (23.06.2016). Donald Trump and the »Amazing« Alex Jones. The New Yorker. Verfügbar unter https://www.newyorker.com/news/daily-comment/donald-trump-and-the-amazing-alex-jones (abgerufen am 14.02.2020).

[4] Skidmore, G. (23.11.2018). Brexit and Trump voters more likely to believe in conspiracy theories, survey study shows. University of Cambridge. Verfügbar unter https://www.cam.ac.uk/research/news/brexit-and-trump-voters-more-likely-to-believe-in-conspiracy-theories-survey-study-shows (abgerufen am 14.02.2020).

[5] Keefe, J. (18.05.2018). Is Donald Trump an Anti-Vaxxer? Bill Gates Said President Asked Him if Vaccines »Weren't a Bad Thing«. Newsweek. Verfügbar unter https://www.newsweek.com/donald-trump-anti-vaxxer-bill-gates-said-president-asked-him-if-vaccines-934172 (abgerufen am 14.02.2020).

[6] Reil, J. (12.03.2018). Geschichte von Verschwörungstheorien: »Jeder US-Präsident bis Eisenhower war Verschwörungstheoretiker«. Deutschlandfunk. Verfügbar unter https://www.deutschlandfunk.de/geschichte-von-verschwoerungstheorien-jeder-us-praesident.807.de.html?dram:article_id=412806 (abgerufen am 14.02.2020).

[7] Van Prooijen, J. W. (2018). The psychology of conspiracy theories. Routledge. S. 14 f.

[8] Welt (19.01.2011). Russland riet Kaczynskis Flugzeug von Landung ab. Welt. Verfügbar unter https://www.welt.de/politik/ausland/article12248266/Russland-riet-Kaczynskis-Flugzeug-von-Landung-ab.html (abgerufen am 14.02.2020).

[9] Opielka, J. (09.04.2015). Flugzeugabsturz Smolensk und die Schuldfrage. Berliner Zeitung. Verfügbar unter https://archiv.berliner-zeitung.de/flugzeug-absturz-smolensk-und-die-schuldfrage-1359248 (abgerufen am 14.02.2020).

[10] Gnauck, G. (30.10.2012). War Lech Kaczynskis Tod doch ein Attentat?. Welt. Verfügbar unter https://www.welt.de/politik/ausland/article110397784/War-Lech-Kaczynskis-Tod-doch-ein-Attentat.html (abgerufen am 14.02.2020).

[11] Hammerl, M. (11.07.2019). »EILT«: Strache wittert Verschwörung um Haider-Tod. Kurier. Verfügbar unter https://kurier.at/politik/inland/eilt-strache-wittert-verschwoerung-um-haider-tod/400548614 (abgerufen am 14.02.2020).

[12] Lindorfer, R. (12.07.2019). Faktencheck: Warum es von Haider keine Blutproben mehr gibt. Kurier. Verfügbar unter https://kurier.at/

politik/inland/faktencheck-warum-es-von-haider-keine-blutproben-mehr-gibt/400550090 (abgerufen am 14.02.2020).

13 LeBoeuf, R. A., & Norton, M. I. (2011). Consequence-cause matching: Looking to the consequences of events to infer their causes. *Journal of Consumer Research*, 39(1), 128–141.

14 Van Prooijen, J. W., & van Dijk, E. (2014). When consequence size predicts belief in conspiracy theories: The moderating role of perspective taking. *Journal of Experimental Social Psychology*, 55, 63–73.

15 Lamberty, P., & Leiser, D. (2019). Sometimes you just have to go in-Conspiracy beliefs lower democratic participation and lead to political violence. PsyArXiv Reprints. Verfügbar unter https://psyarxiv.com/bdrxc/ (abgerufen am 28.02.2020).

16 Rees, J., & Lamberty, P. (2019). Mitreißende Wahrheiten: Verschwörungsmythen als Gefahr für den gesellschaftlichen Zusammenhang. In: Andreas Zick, Beate Küpper, Wilhelm Berghan (Hrsg.), Verlorene Mitte – Feindselige Zustände. Rechtsextreme Einstellungen in Deutschland 2018/19 (S. 203–222). Berlin: Dietz.

17 Rupar, A. (13.03.2019). Trump's tweet about the »fake Melania« conspiracy theory, explained. *Vox*. Verfügbar unter https://www.vox.com/2019/3/13/18263811/trump-fake-melania-tweet-explained (abgerufen am 14.02.2020).

18 Smith, D. (07.09.2019). »Enemy of the people«: Trump's war on the media is a page from Nixon's playbook. *The Guardian*. Verfügbar unter https://www.theguardian.com/us-news/2019/sep/07/donald-trump-war-on-the-media-oppo-research (abgerufen am 14.02.2020).

19 Sagatz, K. (16.08.2018). »Wir sind nicht der Feind des Volkes«. *Der Tagesspiegel*. Verfügbar unter https://www.tagesspiegel.de/gesellschaft/medien/us-zeitungen-kontern-trump-wir-sind-nicht-der-feind-des-volkes/22919110.html (abgerufen am 14.02.2020).

20 Tynan, D. (24.08.2016). How Facebook powers money machines for obscure political »news« sites. *The Guardian*. Verfügbar unter https://www.theguardian.com/technology/2016/aug/24/facebook-clickbait-political-news-sites-us-election-trump (abgerufen am 14.02.2020).

21 Jakob, C. (13.03.2015). Neurechte Friedensbewegung. Tausend Mal berührt. *Taz*. Verfügbar unter https://taz.de/Neurechte-Friedensbewegung/!5016893/ (abgerufen am 14.02.2020).

22 ZAPP – Das Medienmagazin (22.06.2016). »RT Deutsch«-Aussteigerin Frings: »Man zeigt nicht das ganze Bild. NDR. Verfügbar unter https://www.youtube.com/watch?v=Bb5XgZVDfis (abgerufen am 14.02.2020).

23 Middelhoff, P. (28.10.2016). Betrugsvorwurf: Ist die US-Wahl gezinkt?.

ZEIT Online. Verfügbar unter https://www.zeit.de/politik/ausland/2016-10/
betrugsvorwurf-usa-wahlen-praesidentschaft-donald-trump (abgerufen am
14.02.2020).

24 *ZEIT Online* (11.05.2017). US-Präsidentschaftswahl: Trump lässt
angeblichen Wahlbetrug untersuchen. *ZEIT Online.* Verfügbar unter
https://www.zeit.de/politik/ausland/2017-05/us-praesidentschaftswahl-
donald-trump-hillary-clinton-wahlbetrug-kommisson (abgerufen am
14.02.2020).

25 Cowburn, A. (21.06.2016). EU referendum: Poll reveals third of Leave voters
believe MI5 conspiring with Government to stop Brexit. *The Independent.*
Verfügbar unter https://www.independent.co.uk/news/uk/politics/eu-refe-
rendum-poll-brexit-live-leave-voters-mi5-conspiracy-government-a7092806.
html (abgerufen am 14.02.2020).

26 Smith, M. (22.10.2016). Profiled for the first time: the UKIP party
membership. *YouGov.* Verfügbar unter https://yougov.co.uk/topics/politics/
articles-reports/2016/10/22/introduction-ukip-party-membership (abgerufen am 14.02.2020).

27 Voß, O. (23.09.2013). AfD-Anhänger wittern Wahl-Betrug. *WirtschaftsWoche.*
Verfügbar unter https://www.wiwo.de/politik/deutschland/bundestags-
wahl-afd-anhaenger-wittern-wahl-betrug/8835470.html (abgerufen am
14.02.2020).

28 Lieb, D. (25.06.2017). Analysis indicates partisan gerrymandering has
benefited GOP. *AP News.* Verfügbar unter https://apnews.com/fa6478e10c-
da4e9cbd75380e705bd380 (abgerufen am 14.02.2020).

Kapitel 5: Wenn Klimamythen die Zukunft der Welt bedrohen

1 Woolf, N. (26.02.2015). Republican Senate environment chief uses
snowball as prop in climate rant. *The Guardian.* Verfügbar unter https://www.
theguardian.com/us-news/2015/feb/26/senate-james-inhofe-snowball-
climate-change (abgerufen am 14.02.2020).

2 Climate Change Communication. Yale University. Verfügbar unter https://
climatecommunication.yale.edu/ (abgerufen am 14.02.2020).

3 FOURTH NATIONAL CLIMATE ASSESSMENT Volume II: Impacts,
Risks, and Adaptation in the United States. Verfügbar unter https://nca2018.
globalchange.gov/ (abgerufen am 14.02.2020).

4 Devlin, H. (15.02.2017). Trump's likely science adviser calls climate
scientists >glassy-eyed cult<. *The Guardian.* Verfügbar unter https://www.

theguardian.com/us-news/2017/feb/15/trump-science-adviser-william-happer-climate-change-cult (abgerufen am 14.02.2020).

[5] European Perceptions of Climate Change Project (03.2017). European Perceptions of Climate Change (EPCC). Topline findings of a survey conducted in four European countries in 2016. Verfügbar unter https://orca.cf.ac.uk/98660/7/EPCC.pdf (abgerufen am 14.02.2020).

[6] Cook, J., Nuccitelli, D., Green, S. A., Richardson, M., Winkler, B., Painting, R., … & Skuce, A. (2013). Quantifying the consensus on anthropogenic global warming in the scientific literature. Environmental research letters, 8(2), 024024.

[7] Powell, J. L. (2016). The consensus on anthropogenic global warming matters. *Bulletin of Science, Technology & Society*, 36(3), 157–163.

[8] *Focus* (24.10.2018). Das ist die absurdeste AfD-Theorie zum Klimawandel, die ihr heute lesen werdet. *Focus*. Verfügbar unter https://www.focus.de/panorama/welt/panorama-das-ist-die-absurdeste-afd-theorie-zum-klimawandel-die-ihr-heute-lesen-werdet_id_9795824.html (abgerufen am 14.02.2020).

[9] *Avaaz* (16.01.2020). NEW REPORT: YouTube found promoting climate denial to millions. *Avaaz*. Verfügbar unter https://secure.avaaz.org/act/media.php?press_id=991 (abgerufen am 14.02.2020).

[10] Rahmstorf, S. (2005). Die Klimaskeptiker. In: Münchener Rückversicherungs-Gesellschaft (Hrsg.), Wetterkatastrophen und Klimawandel: Sind wir noch zu retten (S. 76–83). Sauerlach: pg distribution GmbH.

[11] Rees, J., & Lamberty, P. (2019). Mitreißende Wahrheiten: Verschwörungsmythen als Gefahr für den gesellschaftlichen Zusammenhang. In: Andreas Zick, Beate Küpper, Wilhelm Berghan (Hrsg), Verlorene Mitte – Feindselige Zustände. Rechtsextreme Einstellungen in Deutschland 2018/19 (S. 203–222). Berlin: Dietz.

[12] Max-Planck-Institut für Sonnensystemforschung (02.2009). Der Einfluss der Sonne auf das Erdklima. Verfügbar unter https://www.mps.mpg.de/442697/19Der-Einfluss-der-Sonne-auf-das-Erdklima.pdf (abgerufen am 14.02.2020).

[13] Rahmsdorf (08.02.2012). Welche Rolle spielt die Sonne? *Spektrum*. Verfügbar unter https://www.spektrum.de/kolumne/welche-rolle-spielt-die-sonne/1141490 (abgerufen am 14.02.2020).

[14] Meyer, C. (04.10.2010). Die Wissenschaft als Feind. *Spiegel*. Verfügbar unter https://www.spiegel.de/spiegel/a-721168.html (abgerufen am 14.02.2020).

[15] Petersen, A. M., Vincent, E. M., & Westerling, A. L. (2019). Discrepancy in scientific authority and media visibility of climate change scientists and contrarians. *Nature communications*, 10(1), 1–14.

[16] *ZEIT* (15.08.2019). Klimaleugner werden häufiger zitiert als Klimafor-

scher. *ZEIT*. Verfügbar unter https://www.zeit.de/wissen/2019-08/university-california-klimawandel-leugner-studie (abgerufen am 14.02.2020).

[17] Boykoff, M. T., & Boykoff, J. M. (2004). Balance as bias: global warming and the US prestige press. *Global environmental change*, 14(2), 125–136.

[18] Meyer, C. (04.10.2010). Die Wissenschaft als Feind. *Spiegel*. Verfügbar unter https://www.spiegel.de/spiegel/a-721168.html (abgerufen am 14.02.2020).

[19] Carrington, D. (17.05.2019). Why the Guardian is changing the language it uses about the environment. *The Guardian*. Verfügbar unter https://www.theguardian.com/environment/2019/may/17/why-the-guardian-is-changing-the-language-it-uses-about-the-environment (abgerufen am 14.02.2020)

[20] *Merkur* (10.01.2020). Greta Thunberg: Bekannter Sänger äußert wilde Theorie – sie reagiert mit erschütternden Grafiken. *Merkur*. Verfügbar unter https://www.merkur.de/politik/greta-thunberg-verschwoerung-saenger-meatloaf-klimawandel-kritik-klima-zr-13425487.html (abgerufen am 18.01.2020).

[21] Lajka, A. (30.09.2019). Climate activist Greta Thunberg does not have »handler«. *AP News*. Verfügbar unter https://apnews.com/afs:Content:7740750778 (abgerufen am 28.02.2020).

[22] *Stuttgarter Nachrichten* (21.11.2019). Irre Verschwörungstheorie über Greta Thunberg. *Stuttgarter Nachrichten*. Verfügbar unter https://www.stuttgarter-nachrichten.de/inhalt.ist-sie-eine-zeitreisende-irre-verschwoerungstheorie-ueber-greta-thunberg.48e577c6-08b2-433c-8f5c-f4ec4daa9f01.html (abgerufen am 18.01.2020).

[23] BR (25.09.2019). Verschwörungstheorien: Ist Greta nur eine Marionette? BR. Verfügbar unter https://www.br.de/nachrichten/netzwelt/verschwoerungstheorien-ist-greta-nur-eine-marionette,Rd53JMK (abgerufen am 18.01.2020).

[24] Puttfarcken, L. (18.09.2019). Welche falschen Klimawandel-Behauptungen immer wieder online herumgehen. Krautreporter. Verfügbar unter https://krautreporter.de/3060-welche-falschen-klimawandel-behauptungen-immer-wieder-online-herumgehen (abgerufen am 18.01.2020).

[25] Landtag Mecklenburg-Vorpommern (25.01.2017). 6. Sitzung. Verfügbar unter http://www.dokumentation.landtag-mv.de/parldok/dokument/38802/.pdf (abgerufen am 14.02.2020).

[26] Roll, U. (25.01.2017). AfD schockiert mit Thesen: Klimawandel eine Lüge? *Schweriner Volkszeitung*. Verfügbar unter https://www.svz.de/15935791 (abgerufen am 14.02.2020).

[27] Oreskes, N., & Conway, E. M. (2011). *Merchants of doubt: How a handful of scientists obscured the truth on issues from tobacco smoke to global warming*. Bloomsbury Publishing USA.

[28] Merlot, J. (17.05.2019). Ölriese Exxon wusste schon 1982, wie stark die Erderwärmung 2019 ausfällt. *Spiegel.* Verfügbar unter https://www.spiegel.de/wissenschaft/mensch/exxon-sagte-co2-gehalt-der-atmosphaere-fuer-2019-genau-voraus-a-1267915.html (abgerufen am 14.02.2020).

[29] Brulle, R. J. (2014). Institutionalizing delay: foundation funding and the creation of US climate change counter-movement organizations. *Climatic change, 122(4),* 681–694.

[30] Russel, R. (21.04.2017). USA: Kein Klimawandel mehr auf dem Stundenplan. Deutsche Welle. Verfügbar unter https://www.dw.com/de/usa-kein-klimawandel-mehr-auf-dem-stundenplan/a-38494230 (abgerufen am 14.02.2020).

[31] Fiedler, M (26.02.2019). Das Netzwerk der Klimaleugner. *Der Tagesspiegel.* Verfügbar unter https://www.tagesspiegel.de/themen/agenda/rechtspopulisten-das-netzwerk-der-klimaleugner/24038640.html (abgerufen am 14.02.2020).

[32] Van Prooijen, J. W., Krouwel, A. P., & Pollet, T. V. (2015). Political extremism predicts belief in conspiracy theories. *Social Psychological and Personality Science, 6(5),* 570–578.

[33] Schaller, S., & Carius, A. (2019). CONVENIENT TRUTHS: Mapping climate agendas of right-wing populist parties in Europe. Verfügbar unter https://www.adelphi.de/de/system/files/mediathek/bilder/Convenient%20Truths%20-%20Mapping%20climate%20agendas%20of%20right-wing%20populist%20parties%20in%20Europe%20-%20adelphi.pdf (abgerufen am 14.02.2020).

[34] *taz* (26.02.2019). Rechte heizen Europas Klima auf. *Taz.* Verfügbar unter https://taz.de/Rechtspopulisten-und-der-Klimawandel/!5572456/ (abgerufen am 14.02.2020).

[35] Jolley, D., & Douglas, K. M. (2014). The social consequences of conspiracism: Exposure to conspiracy theories decreases intentions to engage in politics and to reduce one's carbon footprint. *British Journal of Psychology, 105(1),* 35–56.

[36] Skudlarek, J. (2019). Wahrheit und Verschwörung: Wie wir erkennen, was echt und wirklich ist. Ditzingen: Reclam, 98.

Kapitel 6: Freimaurer, Illuminaten und Spionageadler: Warum Juden und Israel so oft im Fokus stehen

1   USINFO (14.01.2005). The 4,000 Jews Rumor: Rumor surrounding Sept. 11th proved untrue. USInfo.State.Gov. Verfügbar unter https://web.archive.org/web/20050408072925/http://usinfo.state.gov/media/Archive/2005/Jan/14-260933.html (abgerufen am 18.01.2020).

2   Drummond, K. (31.01.2012). Israeli Nukes Triggered Fukushima Quake, Crackpot Claims. Wired. Verfügbar unter https://www.wired.com/2012/01/jim-stone-fukushima/ (abgerufen am 18.01.2020).

3   Staff, T. (02.07.2017). Iranian general blames water woes on Israeli »cloud theft«. *The Times of Israel*. Verfügbar unter https://www.timesofisrael.com/iranian-general-blames-water-woes-on-israeli-cloud-theft/ (abgerufen am 18.01.2020).

4   Wikipedia (05.01.2020). Israel-related animal conspiracy theories. Wikipedia. Verfügbar unter https://en.wikipedia.org/wiki/Israel-related_animal_conspiracy_theories (abgerufen am 18.01.2020).

5   Ben-Daiv, A. (05.05.2012). Turkey suspects bird of being Israeli spy. *The Times of Israel*. Verfügbar unter https://www.ynetnews.com/articles/0,7340,L-4229295,00.html (abgerufen am 18.01.2020).

6   Thompson, N., & Elbagir, N. (12.12.2012). Sudan: Israeli »spy« vulture nabbed during reconnaissance mission. CNN. Verfügbar unter https://edition.cnn.com/2012/12/11/world/meast/israel-vulture-sudan/ (abgerufen am 18.01.2020).

7   Hagelüken, A. (18.10.2017). 18 Milliarden Dollar für die Meinungsfreiheit. *Süddeutsche Zeitung*. Verfügbar unter https://www.sueddeutsche.de/wirtschaft/spende-18-milliarden-dollar-fuer-die-meinungsfreiheit-1.3713623 (abgerufen am 18.01.2020).

8   Baram, M. (10.05.2018). Buckle up! Here's a timeline of George Soros conspiracy theories. Fast Company. Verfügbar unter https://www.fastcompany.com/90247335/a-timeline-of-george-soros-conspiracy-theories (abgerufen am 18.01.2020).

9   Günther, I. (02.11.2018). Feindbild George Soros. *Frankfurter Rundschau*. Verfügbar unter https://www.fr.de/meinung/feindbild-george-soros-10969996.html (abgerufen am 14.02.2020).

10 Riebe, J. (29.11.2019). Zwischen Pro-Israel-Bekundungen und Antisemitismus. *Belltower News*. Verfügbar unter https://www.belltower.news/afd-zwischen-pro-israel-bekundungen-und-antisemitismus-teil-2-93567/ (abgerufen am 14.02.2020).

11 Kellerhoff, S. (20.06.2016). AfD-Politiker hält antisemitisches

Machwerk für echt. *Welt*. Verfügbar unter https://www.welt.de/geschichte/article156377227/AfD-Politiker-haelt-antisemitisches-Machwerk-fuer-echt.html (abgerufen am 14.02.2020).

[12] Pfahl-Traughber, A. (06.06.2016). AfD: Antisemiten finden Durchlass. *Jüdische Allgemeine*. Verfügbar unter https://www.juedische-allgemeine.de/politik/afd-antisemiten-finden-durchlass/ (abgerufen am 18.01.2020).

[13] Schneider, J. (31.10.2019). Die AfD wird Gedeon nicht los. *Süddeutsche Zeitung*. Verfügbar unter https://www.sueddeutsche.de/politik/afd-gedeon-antisemitismus-parteiausschluss-1.4663699 (abgerufen am 18.01.2020).

[14] Stiftel, R. (15.05.2019). Ausstellung in Dalheim dokumentiert Verschwörungstheorien. *Westfälischer Anzeiger*. Verfügbar unter https://www.wa.de/kultur/ausstellung-dalheim-dokumentiert-verschwoerungstheorien-12287509.html (abgerufen am 18.01.2020).

[15] Holler, M. Personalisierung kapitalistischer Härten in der Figur »des Juden«: Ökonomiekritik und Antisemitismus. Anders Denken. Verfügbar unter https://www.anders-denken.info/informieren/%C3%B6konomiekritik-und-antisemitismus-0 (abgerufen am 18.01.2020).

[16] Wojcieszak, A. (07.10.2016). Jüdische Geldmännchen als polnische Souvenirs. *Jüdische Rundschau*. Verfügbar unter https://alt.juedischerundschau.de/juedische-geldmaennchen-als-polnische-souvenirs-135910509/ (abgerufen am 18.01.2020).

[17] Holler, M. Personalisierung kapitalistischer Härten in der Figur »des Juden«: Ökonomiekritik und Antisemitismus. Anders Denken. Verfügbar unter https://www.anders-denken.info/informieren/%C3%B6konomiekritik-und-antisemitismus-0 (abgerufen am 18.01.2020).

[18] Middle Eastern Research Institute TV Monitor Project (17.02.2019). Nation of Islam Leader Louis Farrakhan: Talmudic Jewish Influence Responsible for Pedophilia, Slave Trade, Anal Sex, Gay Marriage, Sex Trafficking, Rape Culture. Middle Eastern Research Institute TV Monitor Project. Verfügbar unter https://www.memri.org/tv/nation-islam-minister-louis-farrakhan-talmud-jews-responsible-pedophilia-sex-slavery-rape (abgerufen am 18.01.2020).

[19] Luig, J. (11.10.19). Rechtsextremismus: »Der schuldabwehrende Antisemitismus hat zugenommen«. Interview mit Matthias Quent. *Zeit Online*. Verfügbar unter https://www.zeit.de/gesellschaft/zeitgeschehen/2019-10/antisemitismus-halle-rechtsextremismus-matthias-quent (abgerufen am 18.01.2020).

[20] Wippermann, W. (2007). *Agenten des Bösen: Verschwörungstheorien von Luther bis heute* (S. 50) Berlin: be.bra.

[21] Wippermann, W. (2007). *Agenten des Bösen: Verschwörungstheorien von Luther bis heute.* (S. 52) Berlin: be.bra.

[22] Holzapfel, M. (07.04.2009). Verschwörungstheoretiker mit Verbindungen in die rechte Ecke? *Merkur.* Verfügbar unter https://www.merkur.de/lokales/regionen/verschwoerungstheoretiker-verbindungen-rechte-ecke-157971.html (abgerufen am 28.02.2020).

[23] Schröm, O. (28.05.1998). Rechter Wahn. *Zeit.* Verfügbar unter https://www.zeit.de/1998/23/199823.rechts.xml (abgerufen am 18.01.2020).

[24] Anti-Defamation League (2019). Global 100. Verfügbar unter https://global100.adl.org/ (abgerufen am 18.01.2020).

[25] *Welt* (24.10.2019). So weit ist Antisemitismus in der deutschen Elite verbreitet. *Welt.* Verfügbar unter https://www.welt.de/politik/deutschland/article202405046/World-Jewish-Congress-Jeder-vierte-Deutsche-denkt-antisemitisch.html (abgerufen am 18.01.2020).

[26] Ntv.de (23.10.2019). Naidoo darf nicht Antisemit genannt werden. Ntv.de. Verfügbar unter https://www.n-tv.de/leute/Naidoo-darf-nicht-Antisemit-genannt-werden-article21346669.html (abgerufen am 18.01.2020).

[27] OLG Nürnberg, Endurteil v. 22.10.2019, 3 U 1523/18, BayernRecht. Verfügbar unter https://www.gesetze-bayern.de/Content/Document/Y-300-Z-BECKRS-B-2019-N-27333?hl=true&AspxAutoDetectCookieSupport=1 (abgerufen am 29.02.2020).

[28] Sundermann, S. (08.05.2017). Forscher analysiert Song auf Verschwörungstheorien. *Weser Kurier.* Verfügbar unter https://www.weser-kurier.de/bremen/bremen-stadt_artikel,-forscher-analysiert-song-auf-verschwoerungstheorien-_arid,1595132.html (abgerufen am 18.01.2020).

[29] Sieber, R. (12.03.2015). Xavier Naidoo: Skandal mit Verspätung. *Zeit.* Verfügbar unter https://blog.zeit.de/stoerungsmelder/2015/03/12/xavier-naidoo-skandal-mit-verspaetung_18941 (abgerufen am 18.01.2020).

[30] Diez, G. (22.08.2014). Vom Popstar zum Populisten. *Spiegel.* Verfügbar unter https://www.spiegel.de/kultur/gesellschaft/xavier-naidoo-auf-montagsdemos-ueber-deutschland-und-paedophile-a-987539.html (abgerufen am 18.01.2020).

[31] De Gregorio, L. (20.09.2019). Antisemitismus: Leise rauscht es mittendrin. Amnesty International. Verfügbar unter https://www.amnesty.de/informieren/aktuell/deutschland-antisemitismus-leise-rauscht-es-mittendrin (abgerufen am 18.01.2020).

[32] *Spiegel* (25.02.2014). Antisemitismus-Vorwurf gegen »Süddeutsche Zeitung«. *Spiegel.* Verfügbar unter https://www.spiegel.de/kultur/gesellschaft/mark-zuckerberg-wiesenthal-center-kritisiert-sueddeutsche-fuer-antisemitische-karikatur-a-955613.html (abgerufen am 18.01.2020).

[33] Mohr, B. (25.02.2014). Stellungnahme des Zeichners. *Süddeutsche Zeitung*. Verfügbar unter https://www.sueddeutsche.de/kolumne/facebook-karikatur-stellungnahme-des-zeichners-1.1898382 (abgerufen am 18.01.2020).

[34] Anti-Defamation League (17.07.2018). Twitter-Post. Verfügbar unter https://twitter.com/ADL/status/1019290099778023424 (abgerufen am 18.01.2020).

[35] Bohr, F. (29.12.2019). »Zeigt euer Jüdischsein«. *Spiegel*. Verfügbar unter https://www.spiegel.de/geschichte/antisemitismus-historikerin-deborah-lipstadt-ueber-juedisches-leben-in-deutschland-a-1301529.html (abgerufen am 18.01.2020).

[36] Salzborn, S., & Kurth, A. (2019). Antisemitismus in der Schule. Verfügbar unter https://www.tu-berlin.de/fileadmin/i65/Dokumente/Antisemitismus-Schule.pdf (abgerufen am 18.01.2020).

[37] Fiske, S. T., Cuddy, A. J., Glick, P., & Xu, J. (2018). A model of (often mixed) stereotype content: Competence and warmth respectively follow from perceived status and competition (2002). In *Social cognition* (171–222). Routledge.

[38] Bilewicz, M., & Sedek, G. (2015). Conspiracy stereotypes: Their sociopsychological antecedents and consequences. In: *The psychology of conspiracy* (21–40). Routledge.

[39] Durante, F., Volpato, C., & Fiske, S. T. (2010). Using the Stereotype Content Model to examine group depictions in Fascism: An archival approach. *European journal of social psychology*, 40(3), 465–483.

[40] Recherche- und Informationsstelle Antisemitismus Berlin. Statistische Abbildungen aktueller Zahlen antisemitischer Vorfälle. Verfügbar unter https://report-antisemitism.de/public/ (abgerufen am 18.01.2020).

[41] Burton, T. (02.11.2018). The centuries-old history of Jewish »puppet master« conspiracy theories. *Vox*. Verfügbar unter https://www.vox.com/2018/11/2/15946556/antisemitism-enlightenment-george-soros-conspiracy-theory-globalist (abgerufen am 18.01.2020).

Kapitel 7: Flache Erde und Echsenmenschen auf YouTube & Co. – Spaßfaktor oder Radikalisierungsbeschleuniger?

[1] GoliathWatch (2018). Google Stop #Autodiskriminierung. Goliathwatch. Verfügbar unter https://goliathwatch.de/kampagnen/google-stop-autodiskriminierung/ (abgerufen am 14.02.2020)

2 Goertzel, T. (1994). Belief in conspiracy theories. *Political Psychology*, 731–742.

3 Newheiser, A. K., Farias, M., & Tausch, N. (2011). The functional nature of conspiracy beliefs: Examining the underpinnings of belief in the Da Vinci Code conspiracy. *Personality and Individual Differences*, 51(8), 1007–1011.

4 Bakshy, E., Messing, S., & Adamic, L. A. (2015). Exposure to ideologically diverse news and opinion on Facebook. Science, 348(6239), 1130–1132.

5 Brodnig, I. (2016). Hass im Netz: Was wir gegen Hetze, Mobbing und Lügen tun können (S.25). Wien: Christian Brandstätter Verlag.

6 Herrmann, S. (2019). Gefühlte Wahrheit: Wie Emotionen unser Weltbild formen. Berlin: Aufbau Digital.

7 Silverman, C. (16.11.2016). This Analysis Shows How Viral Fake Election News Stories Outperformed Real News On Facebook. *BuzzFeed.News.* Verfügbar unter https://www.buzzfeednews.com/article/craigsilverman/viral-fake-election-news-outperformed-real-news-on-facebook (abgerufen am 14.02.2020).

8 Schmehl, K. (26.07.2017). 7 der 10 erfolgreichsten Artikel über Angela Merkel auf Facebook sind Fake News. *BuzzFeed.News.* Verfügbar unter https://www.buzzfeed.com/de/karstenschmehl/die-top-fake-news-ueber-angela-merkel (abgerufen am 14.02.2020).

9 Correctiv (17.12.2018). Über die Kooperation zwischen CORRECTIV. Faktencheck und Facebook. Correctiv. Verfügbar unter https://correctiv.org/faktencheck/ueber-uns/2018/12/17/ueber-die-kooperation-zwischen-correctiv-faktencheck-und-facebook (abgerufen am 14.02.2020).

10 Stanley, J. (16.12.2016). Facebook Moves to Stem Fake News. ACLU. Verfügbar unter https://www.aclu.org/blog/free-future/facebook-moves-stem-fake-news (abgerufen am 14.02.2020).

11 Myers, D. G., & Lamm, H. (1976). The group polarization phenomenon. *Psychological bulletin*, 83(4), 602.

12 Landrum, A. R., Olshansky, A., & Richards, O. (2019). Differential susceptibility to misleading flat earth arguments on youtube. *Media Psychology*, 1–30.

13 Weiß, M. (12.11.2019): Die Erde, so flach. *Süddeutsche Zeitung.* Verfügbar unter https://www.sueddeutsche.de/wissen/flat-earth-flat-earth-convention-verschwoerungstheorien-erde-scheibe-1.4673552?reduced=true (abgerufen am 14.02.2020).

14 Grady, C. L., McIntosh, A. R., Rajah, M. N., & Craik, F. I. (1998). Neural correlates of the episodic encoding of pictures and words. *Proceedings of the National Academy of Sciences*, 95(5), 2703–2708.

[15] Green, M. C., & Brock, T. C. (2000). The role of transportation in the persuasiveness of public narratives. *Journal of personality and social psychology,* 79(5), 701.

[16] *Der Standard* (14.06.19). Esoterikerin warnt vor Gedankenkontrolle durch 5G. *Der Standard.* Verfügbar unter https://www.derstandard.de/story/2000104324066/esoterikerin-warnt-vor-gedankenkontrolle-durch-5g (abgerufen am 29.02.2020).

[17] Jalabi, R. (20.09.2016). Replica of Syrian arch destroyed by Isis unveiled in New York City. *The Guardian.* Verfügbar unter https://www.theguardian.com/us-news/2016/sep/20/palmyra-arch-syria-new-york (abgerufen am 14.02.2020).

[18] Tufekci, Z. (10.03.2018). YouTube, the great Radicalizer. *The New York Times.* Verfügbar unter: https://www.nytimes.com/2018/03/10/opinion/sunday/youtube-politics-radical.html (abgerufen am 14.02.2020).

[19] Chaslot, G. (01.02.2018). How Algorithms Can Learn to Discredit the Media. Medium. Verfügbar unter https://medium.com/@guillaumechaslot/how-algorithms-can-learn-to-discredit-the-media-d136015 7c4fa (abgerufen am 14.02.2020).

[20] Cho, C. H., Phillips, J. R., Hageman, A. M., & Patten, D. M. (2009). Media richness, user trust, and perceptions of corporate social responsibility. *Accounting, auditing & accountability journal,* 22(6), 933.

[21] Confessore, N., & Yourish, K. (15.03.2016). $2 Billion Worth of Free Media for Donald Trump. *The New York Times.* Verfügbar unter https://www.nytimes.com/2016/03/16/upshot/measuring-donald-trumps-mammoth-advantage-in-free-media.html (abgerufen am 14.02.2020).

[22] Brodnig, I. (2017). Lügen im Netz. Wie Fake News, Populisten und unkontrollierte Technik uns manipulieren (S. 47). Wien: Christian Brandstätter Verlag.

[23] Laaff, M. (31.10.2019). Endlich eingreifen, statt herumzueiern. *Zeit Online.* Verfügbar unter https://www.zeit.de/digital/internet/2019-10/twitter-politische-werbung-wahlkampf-verbot-jack-dorsey (abgerufen am 14.02.2020).

[24] Full Fact (07.2019) Report on the Facebook Third PartyFact Checking programme. Full fact. Verfügbar unter https://fullfact.org/media/uploads/tpfc-q1q2-2019.pdf (abgerufen am 14.02.2020).

[25] Harrison, S. (16.08.2019). Instagram Now Fact-Checks, but Who Will Do the Checking? Wired. Verfügbar unter https://www.wired.com/story/instagram-fact-checks-who-will-do-checking/ (abgerufen am 14.02.2020).

[26] Helmreich, K. (26.03.2019). Social-Media-Plattform entfernt Hash-

tags wie »vaccinescauseautism«, um Fake News einzudämmen. Mimikama. Verfügbar unter https://www.mimikama.at/allgemein/instagram-zeigt-rote-karte/ (abgerufen am 14.02.2020).

Kapitel 8: Zwischen Holocaust-Leugnung, Weltuntergangsfantasien und Größenwahn: Verschwörungsideologien in der extremen Rechten

[1] Tagesspiegel (25.08.2016). Schießerei mit SEK bei Zwangsräumung von »Reichsbürger«. *Tagesspiegel.* Verfügbar unter https://www.tagesspiegel.de/gesellschaft/panorama/sachsen-anhalt-schiesserei-mit-sek-bei-zwangsraeu-mung-von-reichsbuerger/14455306.html (abgerufen am 18.01.2020).

[2] *Focus* (17.04.2019). Ex-»Mister Germany« schießt auf Polizisten: 7 Jahre Haft für prominenten Reichsbürger. *Focus.* Verfügbar unter https://www.focus.de/politik/deutschland/ex-mister-germany-auf-polizist-geschossen-mutmasslicher-reichsbuerger-muss-sieben-jahre-hinter-gitter_id_10606830.html (abgerufen am 18.01.2020).

[3] *Augsburger Allgemeine* (06.03.2019). Reichsbürger von Georgensgmünd muss lebenslang hinter Gitter. *Augsburger Allgemeine.* Verfügbar unter https://www.augsburger-allgemeine.de/bayern/Reichsbuerger-von-Georgensgmuend-muss-lebenslang-hinter-Gitter-id53714761.html (abgerufen am 18.01.2020).

[4] *Spiegel* (13.04.2018). »Reichsbürger« verübten mehr als 10.500 Straftaten. *Spiegel.* Verfügbar unter https://www.spiegel.de/panorama/justiz/bka-reichsbuerger-veruebten-mehr-als-10-500-straftaten-a-1202798.html (abgerufen am 28.02.2020).

[5] BMI und BMJ (2006). Zweiter Periodischer Sicherheitsbericht. Bundesministerium des Inneren und Bundesministerium der Justiz. Verfügbar unter https://www.bmjv.de/SharedDocs/Downloads/DE/Service/StudienUntersuchungenFachbuecher/Zweiter_Periodischer_Sicherheitsbe-richt_Langfassung1.pdf;jsessionid=D0FE07787C1DFD72F489F693E60181BB.1_cid324?__blob=publicationFile&v=3 (abgerufen am 18.01.2020).

[6] Wangemann, U. (06.04.2016). Aggressive Reichsbürger: Nottaste für Ämter. *Märkische Allgemeine Zeitung.* Verfügbar unter https://www.maz-online.de/Brandenburg/Aggressive-Reichsbuerger-Nottaste-fuer-Aemter (abgerufen am 18.01.2020).

[7] Deutscher Bundestag (14.10.2016). Antwort der Bundesregierung auf die Kleine Anfrage der Abgeordneten Halina Wawzyniak, Harald Petzold (Havelland), Annette Groth, weiterer Abgeordneter und der Fraktion DIE

LINKE. Deutscher Bundestag. Verfügbar unter http://dip21.bundestag.de/
dip21/btd/18/099/1809978.pdf (abgerufen am 18.01.2020).

[8] Carey, B. (13.09.2016). Ist es fair, Donald Trump aus der Ferne zu analysieren?
Zeit Online. Verfügbar unter https://www.zeit.de/2016/36/psychologie-
donald-trump-ferndiagnose (abgerufen am 29.02.2020).

[9] Brandenburgisches Institut für Gemeinwesenberatung (2015).
»Reichsbürger« – Ein Handbuch. Verfügbar unter https://verfassungsschutz.
brandenburg.de/media_fast/4055/Reichsbuerger%20Ein%20Handbuch.pdf
(abgerufen am 18.01.2020).

[10] Van Laak, C., & Brandau, B. (07.09.2018). Wenn Extremismus vom Rand
in die Mitte der Gesellschaft rückt. Deutschlandfunk. Verfügbar unter
https://www.deutschlandfunk.de/reichsbuerger-wenn-extremismus-vom-
rand-in-die-mitte-der.724.de.html?dram:article_id=427576 (abgerufen am
18.01.2020).

[11] Landtag Mecklenburg-Vorpommern (11.11.2010). KLEINE AN-
FRAGE des Abgeordneten Stefan Köster, Fraktion der NPD, Kondensstreifen
in Westmecklenburg und ANTWORT der Landesregierung. Verfügbar unter
https://www.landtag-mv.de/fileadmin/media/Dokumente/Parlamentsdoku-
mente/Drucksachen/5_Wahlperiode/D05-3000/Drs05-3866.pdf (abgerufen am 18.01.2020).

[12] *Der Westen* (17.04.2019). Notre Dame: Björn Höcke blamiert sich mit
diesem Kommentar. *Der Westen*. Verfügbar unter https://www.derwesten.
de/panorama/notre-dame-paris-bjoern-hoecke-blamiert-sich-mit-diesem-
kommentar-id216972619.html (abgerufen am 18.01.2020).

[13] Laschyk, T. (16.04.2019). So instrumentalisiert die AfD das Feuer von
Notre Dame – Verschwörungstheorien & Unterstellungen. Der Volksverpetzer. Verfügbar unter https://www.volksverpetzer.de/social-media/notre-
dame-afd/ (abgerufen am 18.01.2020).

[14] *Der Standard* (16.04.2019). Brand von Notre-Dame sorgt für rechte
Verschwörungstheorien. *Der Standard*. Verfügbar unter
https://www.derstandard.de/story/2000101508939/
hinterhaeltige-satanskinder-brand-der-notre-dame-sorgt-fuer-
verschwoerungstheorien (abgerufen am 18.01.2020).

[15] Behrens, K., Henßler, V., Jentsch, U., Metzger, F., Sanders, E., &
Schwarz, P. (19.03.2019). Die Rechte und der NSU. apabiz. Verfügbar unter
https://www.apabiz.de/2019/die-rechte-und-der-nsu-teil-1/ (abgerufen am
18.01.2020).

[16] Neifer, A. (08.08.2017). Mit gefälschten Plakaten der Polizei verbreiten
Unbekannte Verschwörungstheorien zum Tod von Rudolf Heß. Vice. Verfügbar unter https://www.vice.com/de/article/xwwqz3/mit-gefaelschten-

plakaten-der-polizei-verbreiten-unbekannte-verschwoerungstheorien-zum-
tod-von-rudolf-hess (abgerufen am 18.01.2020).

[17] Register zur Erfassung rechtsextremer und diskriminierender Vorfälle
in Berlin (14.08.2017). Heß-Propaganda in Niederschöneweide. Verfügbar
unter https://www.berliner-register.de/vorfall/treptow-k%C3%B6penick/
he%C3%9F-propaganda-niedersch%C3%B6neweide/8619 (abgerufen am
18.01.2020).

[18] Zeit (18.08.2018). Heß-Propaganda in Niederschöneweide. *Zeit Online.*
Verfügbar unter https://www.zeit.de/politik/deutschland/2018-08/rudolf-
hess-neonazi-aufmarsch-spandau-buendnis-gegen-rechts (abgerufen am
18.01.2020).

[19] UK-Skeptics (2004). Holocaust Denial and the David Irving Trail. UK-
Skeptics. Verfügbar unter https://web.archive.org/web/20100406133347/
http://www.skeptics.org.uk/article.php?dir=articles&article=holocaust_de-
nial.php (abgerufen am 18.01.2020).

[20] Richard J. Evans (2001). Der Geschichtsfälscher: Holocaust und historische Wahrheit im David-Irving-Prozess. Frankfurt a.M.: Campus Verlag.

[21] Wippermann, W. (2007). Agenten des Bösen: Verschwörungstheorien
von Luther bis heute. Berlin: Be. Bra. S. 94.

[22] Anti-Defamation League (2019). Global 100. Verfügbar unter https://glo-
bal100.adl.org/country/germany/2019 (abgerufen am 18.01.2020).

[23] YouGov – Cambridge Centre (2018). Germany – Conspiracy Theories.
YouGov. Verfügbar unter https://d25d2506sfb94s.cloudfront.net/cumu-
lus_uploads/document/qp3q1bqyva/YGC%20Conspiracy%20Theories%20
(Germany).pdf (abgerufen am 29.02.2020).

[24] Skidmore, G. (23.11.2018). Brexit and Trump voters more likely to
believe in conspiracy theories, survey study shows. University of Cambridge.
Verfügbar unter https://www.cam.ac.uk/research/news/brexit-and-trump-
voters-more-likely-to-believe-in-conspiracy-theories-survey-study-shows
(abgerufen am 18.01.2020).

[25] CrossCheck (03.04.2017). Emmanuel Macron accused of planning to estab-
lish Sharia law in Mayotte. CrossCheck. Verfügbar unter https://crosscheck.
firstdraftnews.org/checked-french/emmanuel-macron-accused-planning-
establish-sharia-law-mayotte/ (abgerufen am 18.01.2020).

[26] Michael A. Messner (1999): The Limits of the »Male Sex Role«: An
Analysis of the Men's Liberation and Men's Rights Movement's Discourse. In:
Gender & Society. Band 12, Nr. 3.

[27] Gensing, P. (10.10.2019). Dokumente des Hasses. Tagesschau. Verfügbar unter https://www.tagesschau.de/inland/halle-taeter-107.html (abgerufen am 18.01.2020).

28   Sonnenstaatland Wiki. WikiMANNia. Sonnenstaatland. Verfügbar
unter https://wiki.sonnenstaatland.com/wiki/WikiMANNia (abgerufen am
18.01.2020).

29   Kracher, V. (09.01.2020). Die entwendete Männlichkeit. *Neues Deutsch-land*. Verfügbar unter https://www.neues-deutschland.de/artikel/1131182.
wikimannia-die-entwendete-maennlichkeit.html?fbclid=IwAR3CIYMt6RC
EmX3QfmdtFCxak7AOmo6x_lchqIGqBG1-bvpmjsl7hld58Qw (abgerufen
am 18.01.2020).

30   Peteranderl, S. (19.03.2019). 200 Menschen schauten live zu – keiner
meldete den Terror-Stream. *Spiegel*. Verfügbar unter https://www.spiegel.
de/netzwelt/web/christchurch-keiner-der-200-live-zuschauer-meldete-face-book-den-stream-a-1258533.html (abgerufen am 18.01.2020).

31   Watson, J. (09.05.2019). Poway shooter told police the »Jewish people
are destroying the white race«. *The Times of Israel*. Verfügbar unter https://
www.timesofisrael.com/poway-shooter-told-police-the-jewish-people-are-destroying-the-white-race/ (abgerufen am 18.01.2020).

32   Schwarz, K. (2020). Hasskrieger: Der neue globale Rechtsextremismus.
Freiburg: Herder.

33   Denkangebot Podcast (15.12.2019). DA009: Rechtsextreme Parallelwelt.
Denkangebot. Verfügbar unter https://www.denkangebot.org/allgemein/
da009-rechtsextreme-parallelwelt/ (abgerufen am 18.01.2020).

34   NSU Watch (10.10.2019). Der rechte Terroranschlag in Halle: »Ga-mification of Terror«. NSU Watch. Verfügbar unter https://www.nsu-watch.
info/2019/10/der-rechte-terroranschlag-in-halle-gamification-of-terror/
(abgerufen am 18.01.2020).

35   Nocun, K. (17.02.2020). Gewaltfantasien und rechtsextreme Abgründe
in Online-Netzwerken. Netzpolitik.org. Verfügbar unter https://netzpolitik.
org/2020/gewaltfantasien-und-rechtsextreme-abgruende-in-online-netzwer-ken-hasskrieger-karolin-schwarz/ (abgerufen am 1.03.2020).

36   Tajfel, H., Billig, M. G., Bundy, R. P., & Flament, C. (1971). Social categoriza-tion and intergroup behavior. *European Journal of Social Psychology*,
1, 149–178.

37   Rathje, J. (2017). Reichsbürger, Selbstverwalter und Souveränisten:
Vom Wahn des bedrohten Deutschen. Münster: Unrast. S. 40.

38   Rathje, J. (2017). Reichsbürger, Selbstverwalter und Souveränisten:
Vom Wahn des bedrohten Deutschen. Münster: Unrast.

39   *Spiegel* (16.04.2012). Breivik beruft sich auf Notwehr. *Spiegel*. Verfügbar
unter https://www.spiegel.de/panorama/justiz/staatsanwaelte-zeichnen-anders-breiviks-weg-zum-attentaeter-nach-a-827757.html (abgerufen am
14.02.2020).

[40] Rees, J., & Lamberty, P. (2019). Mitreißende Wahrheiten: Verschwörungsmythen als Gefahr für den gesellschaftlichen Zusammenhang. In: Andreas Zick, Beate Küpper, Wilhelm Berghan (Hrsg.), Verlorene Mitte – Feindselige Zustände. Rechtsextreme Einstellungen in Deutschland 2018/19 (S. 203–222). Berlin: Dietz.

[41] Van Prooijen, J. W., Rutjens, B., & Brandt, M. (2018). Populism as political mentality underlying conspiracy theories. *Belief systems and the perception of reality*, 79–96.

Kapitel 9: Impfgegner, Krebsmythen und die Aids-Verschwörung – Verschwörungsdenken im Gesundheitsbereich

[1] Rees, J., & Lamberty, P. (2019). Mitreißende Wahrheiten: Verschwörungsmythen als Gefahr für den gesellschaftlichen Zusammenhang. In: Andreas Zick, Beate Küpper, Wilhelm Berghan (Hrsg.), Verlorene Mitte – Feindselige Zustände. Rechtsextreme Einstellungen in Deutschland 2018/19 (S. 203–222). Berlin: Dietz.

[2] Swami, V., Voracek, M., Stieger, S., Tran, U. S., & Furnham, A. (2014). Analytic thinking reduces belief in conspiracy theories. *Cognition*, 133(3), 572–585.

[3] Zion Market Research (29.10.2018). Global Homeopathy Products Market Will Reach USD 15.98 Billion by 2024: Zion Market Research. Global News Wire. Verfügbar unter https://www.globenewswire.com/news-release/2018/10/29/1638266/0/en/Global-Homeopathy-Products-Market-Will-Reach-USD-15-98-Billion-by-2024-Zion-Market-Research.html (abgerufen am 18.01.2020).

[4] Spiegel (04.03.2019). Das Geschäft mit Homöopathie wächst. *Spiegel*. Verfügbar unter https://www.spiegel.de/gesundheit/diagnose/homoeopathie-in-deutschland-absatz-steigt-auf-670-millionen-euro-im-jahr-2018-a-1256101.html (abgerufen am 18.01.2020).

[5] Köppe, J. (03.06.2019). Pharmafirma geht juristisch gegen Homöopathie-Kritiker vor. Spiegel. Verfügbar unter https://www.spiegel.de/gesundheit/diagnose/homoeopathie-pharmahersteller-hevert-geht-juristisch-gegen-kritiker-vor-a-1270575.html (abgerufen am 18.01.2020).

[6] Deutscher Bundestag (22.12.2017). Antwort der Bundesregierung auf die Kleine Anfrage des Abgeordneten Dr. Wieland Schinnenburg und der Fraktion der FDP – Drucksache 19/179 – Defizite bei Impfquoten. FDP. Verfügbar unter https://fdp-schinnenburg.de/defizite-bei-impfquoten/ (abgerufen am 18.01.2020).

[7] Rees, J., & Lamberty, P. (2019). Mitreißende Wahrheiten: Verschwörungsmythen als Gefahr für den gesellschaftlichen Zusammenhang. In: Andreas Zick, Beate Küpper, Wilhelm Berghan (Hrsg.), Verlorene Mitte – Feindselige Zustände. Rechtsextreme Einstellungen in Deutschland 2018/19 (S. 203–222). Berlin: Dietz.

[8] Tagesschau (05.12.2019). Wieder mehr Todesopfer durch Masern. Tagesschau. Verfügbar unter https://www.tagesschau.de/ausland/masern-todesopfer-who-101.html (abgerufen am 18.01.2020).

[9] Benkhelouf, D., & Berbner, T. (19.03.2015). Das wirre Weltbild der Impfgegner. Panorama. Verfügbar unter https://daserste.ndr.de/panorama/archiv/2015/Das-wirre-Weltbild-der-Impfgegner,impfgegner102.html (abgerufen am 18.01.2020).

[10] Mosch, J. (21.08.2017). Impfskepsis in Deutschland – »Akademiker sind besonders kritisch«. *Spiegel*. Verfügbar unter https://www.spiegel.de/gesundheit/diagnose/impfskepsis-welche-motive-stecken-dahinter-a-1163444.html (abgerufen am 18.01.2020).

[11] Deutscher Bundestag (17.10.2019). Stellungnahme zum Masernschutzgesetz als Einzelsachverständige. Verfügbar unter https://www.bundestag.de/resource/blob/663526/3cf67c474063a8ccbbdda121f5be042e/19_14_112-5-_ESV-Dr-Betsch_Masernschutz-data.pdf (abgerufen am 18.01.2020).

[12] Jolley, D., & Douglas, K. M. (2014). The effects of anti-vaccine conspiracy theories on vaccination intentions. *PloS one*, 9(2), e89177.

[13] *Spiegel* (20.07.2012). »Desinformation im Quadrat«. *Spiegel*. Verfügbar unter https://www.spiegel.de/fotostrecke/aids-verschwoerung-woher-kam-hiv-wirklich-fotostrecke-107513.html (abgerufen am 18.01.2020).

[14] MDR (16.12.2019). HIV in der DDR: Die Mauer als »Kondom«. Verfügbar unter https://www.mdr.de/zeitreise/aids-ddr-104.html (abgerufen am 18.01.2020).

[15] Selvage, D., & Nehring, C. (2014). Die AIDS-Verschwörung. Das Ministerium für Staatssicherheit und die AIDS-Desinformationskampagne des KGB (*BF informiert*, 33/2014). Verfügbar unter https://www.bstu.de/assets/bstu/de/Publikationen/BFi33_Selvage_AIDS.pdf (abgerufen am 18.01.2020).

[16] Bontemps, S., & Schimmeck, T. (12.03.2019). Die verdrängte Seuche. Deutschlandfunk Kultur. Verfügbar unter https://www.deutschlandfunkkultur.de/aids-in-russland-die-verdraengte-seuche.3720.de.html?dram:article_id=438699 (abgerufen am 18.01.2020).

[17] Herek, G. M., Capitánio, J. P. (1994). Conspiracies, contagion, and

compassion: Trust and public reactions to AIDS. *AIDSEduc Prev.* 1994;6:-365–375.

[18] Herek, G. M., Glunt, E. K. (1991). AIDS-related attitudes in the United States: Apreliminary conceptualization. *JSexRes.* 1991;28:99–123.

[19] Lauer, S. (06.07.2017). Ryke Geerd Hamer ist tot. *Belltower News.* Verfügbar unter https://www.belltower.news/ryke-geerd-hamer-ist-tot-44616/ (abgerufen am 18.01.2020).

[20] Vosatka, M. (11.07.2017). Selbsternannter Krebsheiler Hamer wird in Deutschland begraben. *Der Standard.* Verfügbar unter https://www.derstandard.at/story/2000061073637/selbsternannter-krebsheiler-hamer-wird-in-deutschland-begraben (abgerufen am 18.01.2020).

[21] *Spiegel* (07.08.1995). »Kampf gegen die Stärksten«. *Spiegel.* Verfügbar unter https://www.spiegel.de/spiegel/print/d-9208312.html (abgerufen am 18.01.2020).

[22] Vosatka, M. (11.07.2017). Selbsternannter Krebsheiler Hamer wird in Deutschland begraben. *Der Standard.* Verfügbar unter https://www.derstandard.at/story/2000061073637/selbsternannter-krebsheiler-hamer-wird-in-deutschland-begraben (abgerufen am 18.01.2020).

[23] Scholz, R. (08.12.2009). Die Lüge von der Schweinegrippe – oder: Jeder hat die Experten, die er verdient. Endstation Rechts. Verfügbar unter https://www.endstation-rechts.de/news/die-luege-von-der-schweinegrippe-oder-jeder-hat-die-experten-die-er-verdient.html (abgerufen am 18.01.2020).

[24] Wuliger, M. (13.03.2017). Schulmedizin und arische Physik. *Jüdische Allgemeine.* Verfügbar unter https://www.juedische-allgemeine.de/kultur/schulmedizin-und-arische-physik/ (abgerufen am 18.01.2020).

Kapitel 10: Im Einklang mit der Natur: Esoterik als Motor für Verschwörungserzählungen

[1] *Der Standard* (15.03.2018). Projektleiterin des Wiener KH Nord wegen Energetik-Auftrags abgezogen. *Der Standard.* Verfügbar unter https://www.derstandard.at/story/2000076199184/krankenhaus-wien-nord-95-000-euro-fuer-energetischen-schutzring (abgerufen am 18.01.2020).

[2] Medick, V. (14.06.2012). Polizei suchte mit Geisterbeschwörer nach NSU-Mördern. *Spiegel.* Verfügbar unter https://www.spiegel.de/politik/deutschland/polizei-suchte-mit-geisterbeschwoerer-nach-den-nsu-moerdern-a-838795.html (abgerufen am 18.01.2020).

[3] *Spiegel* (15.03.2013). Viadrina hält an umstrittenem Institut fest. *Spiegel.*

Verfügbar unter https://www.spiegel.de/lebenundlernen/uni/umstrittenes-institut-an-der-viadrina-universitaet-schliesst-nicht-a-889172.html (abgerufen am 18.01.2020).

[4] Gothaer (2015). Umfrage zu Freitag, dem 13.: Deutsche sind kaum abergläubisch. Gothaer. Verfügbar unter https://www.gothaer.de/ueber-uns/presse/publikationen/studien/befragung-aberglaube.htm (abgerufen am 18.01.2020).

[5] Statista (2020). Glauben Sie, dass unser Sternzeichen unser Leben bestimmt? Statista. Verfügbar unter https://de.statista.com/statistik/daten/studie/219140/umfrage/glaube-an-horoskope/ (abgerufen am 18.01.2020).

[6] Hartmann, P., Reuter, M., & Nyborg, H. (2006). The relationship between date of birth and individual differences in personality and general intelligence: A large-scale study. *Personality and Individual Differences*, 40(7), 1349–1362.

[7] Windholz, G., & Diamant, L. (1974). Some personality traits of believers in extraordinary phenomena. *Bulletin of the Psychonomic Society*, 3(2), 125–126.

[8] Darwin, H., Neave, N., & Holmes, J. (2011). Belief in conspiracy theories. The role of paranormal belief, paranoid ideation and schizotypy. *Personality and Individual Differences*, 50(8), 1289–1293.

[9] Liebentritt, M. (20.01.2020). Meditieren, heilen, Juden hassen. *Zeit*. Verfügbar unter https://www.zeit.de/gesellschaft/2020-01/rechte-esoterik-kla-tv-verschwoerungstheorien-verfassungsschutz/seite-4 (abgerufen am 18.01.2020).

[10] Douglas, K. M., & Sutton, R. M. (2018). Why conspiracy theories matter: A social psychological analysis. *European Review of Social Psychology*, 29(1), 256–298.

[11] White, C. J., Norenzayan, A., & Schaller, M. (2019). The content and correlates of belief in karma across cultures. *Personality and Social Psychology Bulletin*, 45(8), 1184–1201.

[12] Lillqvist, O., & Lindeman, M. (1998). Belief in astrology as a strategy for self-verification and coping with negative life-events. *European Psychologist*, 3(3), 202.

[13] Report Psychologie (2012). 5 Fragen an … Report Psychologe. Verfügbar unter http://www.report-psychologie.de/fileadmin/user_upload/Thema_des_Monats/5-12_Claudia_Barth.pdf (abgerufen am 18.01.2020).

[14] Kay, A. C., Gaucher, D., McGregor, I., & Nash, K. (2010). Religious belief as compensatory control. *Personality and Social Psychology Review*, 14(1), 37–48.

[15] University of Queensland (02.07.2012). Study shows loss of control

leads to paranormal beliefs. *Medical Xpress*. Verfügbar unter https://medi-calxpress.com/news/2012-07-loss-paranormal-beliefs.html (abgerufen am 18.01.2020).

[16] Schweidlenka, E., & Gugenberger, E. (2017). Die braune Aura der Eso-terik. Esoterik und Rechtsextremismus. Logo! Jugendmanagement. Verfügbar unter https://www.logo.at/media/downloads/leb_br_braune_aura_der_esoterik.pdf (abgerufen am 18.01.2020).

[17] News4Teacher (23.12.2018). Die Eltern der Waldorfschüler – jenseits von »Backen, Basteln und Bezahlen«. *News4Teacher*. Verfügbar unter https://www.news4teachers.de/2018/12/die-eltern-der-waldorfschueler-jenseits-von-backen-basteln-und-bezahlen/ (abgerufen am 18.01.2020).

[18] Humanistischer Pressedienst (07. Juni 2012). Anthroposophie und Faschismus. *Humanistischer Pressedienst*. Verfügbar unter https://hpd.de/node/13507 (abgerufen am 18.01.2020).

[19] Köhler, M. (01.12.2007). Rudolf Steiners Judenfeindlichkeit. Deutsch-landfunk. Verfügbar unter https://www.deutschlandfunk.de/rudolf-steiners-judenfeindlichkeit.691.de.html?dram:article_id=51176 (abgerufen am 18.01.2020).

[20] Jana Husmann (2010). Schwarz-Weiß-Symbolik: Dualistische Denktra-ditionen und die Imagination von »Rasse«. Religion – Wissenschaft – Anth-roposophie. Transcript Verlag.

[21] Public Health England (11.2019). National measles guidelines. Public Health England. Verfügbar unter https://assets.publishing.service.gov.uk/government/uploads/system/uploads/attachment_data/file/849538/PHE_Measles_Guidelines.pdf (abgerufen am 18.01.2020).

[22] Muscat, M. (2011). Who gets measles in Europe?. *The Journal of infec-tious diseases*, 204, S353–S365.

[23] Robert Koch-Institut (18.08.2014). Epidemiologisches Bulletin. Ro-bert Koch-Institut. Verfügbar unter https://www.rki.de/DE/Content/Infekt/EpidBull/Archiv/2014/Ausgaben/33_14.pdf;jsessionid=27685BB5E9787DF66FE6E5FE37FBA7C3.1_cid290?__blob=publicationFile (abgerufen am 18.01.2020).

[24] Gill, C., & Pohl, M. (26.04.2019). Wie Impfgegner und Impffaule das Leben von Kindern in Gefahr bringen. Kontraste. Verfügbar unter https://www.rbb-online.de/kontraste/archiv/kontraste-vom-11-04-2019/impfgeg-ner-gefahr-fuer-kinder.html (abgerufen am 18.01.2020).

[25] Dassler, S., & Stollowsky, C. (29.04.2013). Experten sprechen bereits von einer Epidemie. *Tagesspiegel*. Verfügbar unter https://www.tagesspiegel.de/berlin/masernausbruch-in-berlin-experten-sprechen-bereits-von-einer-epidemie/8140616.html (abgerufen am 18.01.2020).

26 Sächsische (16.05.2018). Reichsbürger bei Stadt-Wettbewerb. *Sächsische*. Verfügbar unter https://www.saechsische.de/reichsbuerger-will-dresden-zur-zukunftsstadt-machen-3936971.html (abgerufen am 18.01.2020).

27 Moor, F. (27.10.2016). 990000 Jahre mit Gott im Paradies. *WOZ*. Verfügbar unter https://www.woz.ch/-7395 (abgerufen am 18.01.2020).

28 Kontraste (15.05.2019). Bio, braun und barfuß – Rechte Siedler in Brandenburg. Kontraste. Verfügbar unter https://www.rbb-online.de/doku/k-l/kontraste---die-reporter/bio--braun-und-barfuss.html (abgerufen am 18.01.2020).

29 Bihler, C. (22.04.2016). Projekt für Generationen: Goldenes Grabow. *Märkische Allgemeine*. Verfügbar unter https://www.maz-online.de/Lokales/Ostprignitz-Ruppin/Projekt-fuer-Generationen-Goldenes-Grabow (abgerufen am 18.01.2020).

30 Fluri, L. (20.06.2017). Spricht bald ein brauner Esoteriker auf dem Allerheiligenberg? *Solothurner Zeitung*. Verfügbar unter https://www.solothurnerzeitung.ch/solothurn/kanton-solothurn/spricht-bald-ein-brauner-esoteriker-auf-dem-allerheiligenberg-131443146 (abgerufen am 18.01.2020).

31 Liebentritt, M. (20.01.2020). Meditieren, heilen, Juden hassen. *Zeit*. Verfügbar unter https://www.zeit.de/gesellschaft/2020-01/rechte-esoterik-kla-tv-verschwoerungstheorien-verfassungsschutz/seite-4 (abgerufen am 18.01.2020).

Kapitel 11: Wir sind die Guten? Verschwörungsmythen in linken Kreisen

1 Gesterkamp, T. (12.03.2018). Grüne Impfgegner und Angela Merkel. *Neues Deutschland*. Verfügbar unter https://www.neues-deutschland.de/artikel/1082122.verschwoerungstheorien-gruene-impfgegner-und-angela-merkel.html (abgerufen am 18.01.2020).

2 Gries, R., & Satjukow, S. (05.01.2004). Von Feinden und Helden. Bundeszentrale für politische Bildung. Verfügbar unter http://www.bpb.de/apuz/27198/von-feinden-und-helden?p=all (abgerufen am 18.01.2020).

3 Keil, L. B., & Kellerhoff, S. F. (2017). Fake News machen Geschichte: Gerüchte und Falschmeldungen im 20. und 21. Jahrhundert. Berlin: Ch. Links Verlag.

4 Neues Deutschland (04.06.1950). USA-Barbaren wollen Bevölkerung aushungern. Neues Deutschland. Verfügbar unter https://www.nd-archiv.de/artikel/168987.usa-barbaren-wollen-bevoelkerung-aushungern.html (abgerufen am 18.01.2020).

[5] *Zeit* (13.07.1950). Kartoffelkäfer-Krieg. *Zeit*. Verfügbar unter https://www.zeit.de/1950/28/kartoffelkaefer-krieg (abgerufen am 18.01.2020).

[6] Psiram. Zeitgeist-Bewegung. Verfügbar unter https://www.psiram.com/de/index.php/Zeitgeist-Bewegung (abgerufen am 18.01.2020).

[7] Nowak, P. (24.11.2011). Reif für den Zeitgeist. Jungle World. Verfügbar unter https://jungle.world/artikel/2011/47/reif-fuer-den-zeitgeist (abgerufen am 18.01.2020).

[8] Dachsel, F. (21.10.2011). Die dunkle Seite des Bankenprotests. Taz. Verfügbar unter https://taz.de/Occupy-Bewegung/!5109348/ (abgerufen am 18.01.2020).

[9] Daphi, P., Rucht, D., Stuppert, W., Teune, S., & Ullrich, P. (2014). Occupy Frieden: Eine Befragung der Teilnehmer/innen der Mahnwachen für den Frieden. Ipb working papers. Verfügbar unter https://protestinstitut.eu/wp-content/uploads/2015/03/occupy-frieden_ipb-working-paper_web.pdf (abgerufen am 18.01.2020).

[10] Steinitz, B., & Tell, P. (26.06.2015). Nicht zu unterschätzen – »Montagsmahnwachen für den Frieden«. Berlin rechtsaußen. Verfügbar unter https://rechtsaussen.berlin/2015/06/nicht-zu-unterschaetzen-montags-mahnwachen-fuer-den-frieden/ (abgerufen am 18.01.2020).

[11] Lauer, S. (21.05.2014). Montagsdemo-Initiator Lars Mährholz verschweigt seine rechte Vergangenheit. *Vice*. Verfügbar unter https://www.vice.com/de/article/zn5zp4/montagsdemo-initiator-lars-maehrholz-ver-schweigt-seine-rechte-vergangenheit-kenfm-juergen-elsaesser (abgerufen am 18.01.2020).

[12] Amann, M. (13.01.2018). So denkt der Chefideologe der Neuen Rechten. *Spiegel*. Verfügbar unter https://www.spiegel.de/spiegel/juergen-elsaesser-der-chefideologe-der-neuen-rechten-a-1187601.html (abgerufen am 18.01.2020).

[13] Lang, J. (09.01.2017). Von ganz links nach ganz rechts. Störungsmelder. Verfügbar unter https://blog.zeit.de/stoerungsmelder/2017/01/09/von-ganz-links-nach-ganz-rechts_22956 (abgerufen am 18.01.2020).

[14] Starzmann, P. (09.09.2016). Wie das »Compact«-Magazin antisemitische Klischees bedient. Blick nach rechts. Verfügbar unter https://www.vorwaerts.de/artikel/compact-magazin-antisemitische-klischees-bedient (abgerufen am 18.01.2020).

[15] Loch, R. (24.11.2017). Aufbegehren gegen rechte Reden. *Taz*. Verfügbar unter https://taz.de/Compact-Konferenz-in-Leipzig/!5462510/ (abgerufen am 18.01.2020).

[16] Huber, J. (22.12.2011). Ken Jebsen: Kündigung rechtswidrig. *Der Tagesspiegel*. Verfügbar unter https://www.tagesspiegel.de/gesellschaft/

medien/arbeitsgericht-potsdam-muss-entscheiden-ken-jebsen-kuendigung-rechtswidrig/5985758.html (abgerufen am 18.01.2020).

[17] Kohrs, C. (30.12.2016). Das Böse ist immer und überall. Correctiv. Verfügbar unter https://correctiv.org/aktuelles/neue-rechte/2016/12/30/das-boese-ist-immer-und-ueberall (abgerufen am 18.01.2020).

[18] Kaul, M. (30.03.2015). Krieg der Friedensfreunde. Taz. Verfügbar unter https://taz.de/Vor-den-Ostermaerschen/!5014726/ (abgerufen am 18.01.2020).

[19] Mauer, A. (09.04.2018). Verschwörungsstar verliert Lehrauftrag: Auch Uni St. Gallen lässt Daniele Ganser fallen. *Aargauer Zeitung.* Verfügbar unter https://www.aargauerzeitung.ch/schweiz/verschwoerungsstar-verliert-lehrauftrag-auch-uni-st-gallen-laesst-daniele-ganser-fallen-132406642 (abgerufen am 18.01.2020).

[20] Butter, M. (13.04.2019). Die Methode Ganser. *Republik.* Verfügbar unter https://www.republik.ch/2019/04/13/die-methode-ganser (abgerufen am 18.01.2020).

[21] Evans, G. (23.08.2019). White nationalist are trying to blame immigrants for climate change. Indy100. Verfügbar unter https://www.indy100.com/article/white-nationalists-climate-change-global-warming-blame-migrants-9076566 (abgerufen am 18.01.2020).

[22] *Spiegel* (16.03.2019). Attentäter interessierte sich für rechtsextreme Soldaten in der Bundeswehr. *Spiegel.* Verfügbar unter https://www.spiegel.de/politik/ausland/neuseeland-attentaeter-interessierte-sich-fuer-rechtsextreme-bundeswehr-soldaten-a-1258193.html (abgerufen am 18.01.2020).

[23] Manavis, S. (24.09.2018). Eco-fascism: The ideology marrying environmentalism and white supremacy thriving online. *New Statesman America.* Verfügbar unter https://www.newstatesman.com/science-tech/social-media/2018/09/eco-fascism-ideology-marrying-environmentalism-and-white-supremacy (abgerufen am 18.01.2020).

[24] FARN. Glossar: »Blut und Boden«. Fachstelle Radikalisierungsprävention und Engagement im Naturschutz. Verfügbar unter https://www.nf-farn.de/glossar-blut-boden (abgerufen am 18.01.2020).

[25] FARN. Glossar: »Blut und Boden«. Fachstelle Radikalisierungsprävention und Engagement im Naturschutz. Verfügbar unter https://www.nf-farn.de/glossar-blut-boden (abgerufen am 18.01.2020).

[26] Apabiz (2005). Wir selbst. Apabiz. Verfügbar unter https://www.apabiz.de/archiv/material/Profile/Wir%20selbst.htm (abgerufen am 18.01.2020).

[27] Müller, M. (20.06.2018). Italien betreibt eine Fusion von Populismus und Technokratie. *Neue Zürcher Zeitung.* Verfügbar unter https://www.nzz.ch/

feuilleton/auch-populisten-haben-best-practices-ld.1395956 (abgerufen am 18.01.2020).

[28] Jaecker, T. (2014). Hass, Neid, Wahn: Antiamerikanismus in den deutschen Medien. Frankfurt a. M.: Campus Verlag. S. 372.

[29] Imhoff, R., & Bruder, M. (2014). Speaking (un-)truth to power: Conspiracy mentality as a generalised political attitude. *European Journal of Personality*, 28(1), 25–43.

Kapitel 12: Cui bono?
Geldmaschinerie Verschwörungsglaube

[1] Haupt, F. (27.10.2016). Und der Alien sprach zu ihnen: Fürchtet euch nicht!. *Frankfurter Allgemeine*. Verfügbar unter https://www.faz.net/aktuell/politik/inland/erich-von-daeniken-und-seine-verschwoerungstheorien-zu-alien-14493478-p3.html (abgerufen am 18.01.2020).

[2] Freistetter, F. (18.10.2008). Erich von Däniken: Götterdämmerung. ScienceBlogs. Verfügbar unter http://scienceblogs.de/astrodicticum-simplex/2008/10/18/erich-von-daniken-gotterdammerung/ (abgerufen am 18.01.2020).

[3] Niggemeier, S. (20.07.2018). Ein Sieg fürs substanzlose Raunen: Gutjahr unterliegt Wisnewski. Übermedien. Verfügbar unter https://ueber-medien.de/30367/ein-sieg-fuers-substanzlose-raunen-gutjahr-unterliegt-wisnewski/ (abgerufen am 18.01.2020).

[4] Keck, C. (12.06.2017). Geschäfte mit der Angst. *Stuttgarter Zeitung*. Verfügbar unter https://www.stuttgarter-zeitung.de/inhalt.der-rotten-burger-kopp-verlag-geschaefte-mit-der-angst.81d21f44-5a73-4ea8-bae5-85e67fe6c9fd.html (abgerufen am 18.01.2020).

[5] Brosel, J., Kluthe, M., Kretschmer, C., & Simon, T. (09.12.2019). Der Kopp Verlag in Rottenburg – Hetze, Angst, Verschwörungsmythen. SWR2. Verfügbar unter https://www.swr.de/swr2/leben-und-gesellschaft/Kopp-Verlag-in-Rottenburg-Hetze-Angst-Verschwoerungsmythen-Rechtspopulismus,swr2-wissen-2019-12-09-100.html (abgerufen am 18.01.2020).

[6] Williamson, E., & Steel, E. (07.09.2018). Conspiracy Theories made Alex Jones rich. They may bring him down. *The New York Times*. Verfügbar unter https://www.nytimes.com/2018/09/07/us/politics/alex-jones-business-infowars-conspiracy.html (abgerufen am 18.01.2020).

[7] Verbraucherzentrale (01.03.2019). Zeolith – am besten geeignet als Katzenstreu. Verbraucherzentrale. Verfügbar unter https://www.verbraucherzentrale.

de/wissen/lebensmittel/nahrungsergaenzungsmittel/zeolith-am-besten-geeignet-als-katzenstreu-34637 (abgerufen am 18.01.2020).

[8] Osnos, E. (23.01.2017). Doomsday prep for the super-rich. The New Yorker. Verfügbar unter https://www.newyorker.com/magazine/2017/01/30/doomsday-prep-for-the-super-rich (abgerufen am 18.01.2020).

[9] Klaus, J. (20.07.2017). Wer am Geschäft mit dem Seelenheil verdient. Süddeutsche Zeitung. Verfügbar unter https://www.sueddeutsche.de/wirtschaft/esoterik-wer-am-geschaeft-mit-dem-seelenheil-verdient-1.3596195 (abgerufen am 18.01.2020)

Kapitel 13: »Corona? Eine Erfindung der Pharmaindustrie!« – Verschwörungsglaube im Ausnahmezustand.

[1] RBB24 (02.03.2020). Erster Fall in Berlin: Junger Mann in Berlin-Mitte positiv auf Coronavirus getestet. Verfügbar unter https://www.rbb24.de/panorama/thema/2020/coronavirus/beitraege/coronavirus-berlin-person-positiv-auf-covid-19-getestet.html (abgerufen am 24.03.2020)

[2] Hurtz, S. (17.03.2020). Warum die Infodemie genauso gefährlich ist wie die Pandemie. *Süddeutsche Zeitung.* Verfügbar unter https://www.sueddeutsche.de/digital/coronavirus-whatsapp-donald-trump-fake-news-1.4847686 (abgerufen am 25.03.2020)

[3] Mitchell, A. & Oliphant, J.B. (18.03.2020). Americans Immersed in CO-VID-19 News; Most Think Media Are Doing Fairly Well Covering It. *Pew Research Center.* Verfügbar unter https://www.journalism.org/2020/03/18/americans-immersed-in-covid-19-news-most-think-media-are-doing-fairly-well-covering-it/ (abgerufen am 25.03.2020)

[4] Simmank (04.04.2017). Der heimliche WHO-Chef heißt Bill Gates. *ZEIT.* Verfügbar unter https://www.zeit.de/wissen/gesundheit/2017-03/who-unabhaengigkeit-bill-gates-film (abgerufen am 25.03.2020)

[5] JFDA (13.03.2020). Antisemitismus: Weiter verbreitet als Corona?. Verfügbar unter https://jfda.de/blog/2020/03/13/antisemitismus-weiter-verbreitet-als-corona/ (abgerufen am 25.03.2020)

[6] Mimikama (04.03.2020). Faktencheck zum Video: »Coronavirus – Zufallsprodukt oder Biowaffe?«. Verfügbar unter https://www.mimikama.at/allgemein/faktencheck-zum-video-coronavirus-zufallsprodukt-oder-biowaffe (abgerufen am 25.03.2020)

[7] ZDF (20.03.2020). Wilde Verschwörungstheorien – Warum das Coronavirus der Politik dienlich sein kann. Verfügbar unter https://www.zdf.de/nachrich-

ten/politik/coronavirus-politik-verschwoerungstherorien-100.htm (abgerufen am 25.03.2020)l

[8] Wurzel, S. (13.03.2020). China zeigt auf die USA. *tagesschau*. Verfügbar unter https://www.tagesschau.de/ausland/corona-china-usa-101.html (abgerufen am 25.03.2020)

[9] Gensing, P. (09.03.2020). Corona als Strafe Gottes. *ARD-faktenfinder*. Verfügbar unter https://www.tagesschau.de/faktenfinder/corona-strafe-gottes-101.html (abgerufen am 25.03.2020)

[10] taz (22.03.2020). Corona als Strafe Gottes. Verfügbar unter https://taz.de/Russisch-Orthodoxe-mit-Brandbrief/!5672951/ (abgerufen am 25.03.2020)

[11] Mantyla, K (11.02.2020). Hank Kunneman: God Will Protect the U.S. From the Coronavirus Because of Trump. *Right Wing Watch*. Verfügbar unter https://www.rightwingwatch.org/post/hank-kunneman-god-will-protect-the-u-s-from-the-coronavirus-because-of-trump/ (abgerufen am 25.03.2020)

[12] Nehf, P. (30.03.2017). Der Arzt, der behauptet, Krebs heilen zu können. *Welt*. Verfügbar unter https://www.welt.de/vermischtes/article163286359/Der-Arzt-der-behauptet-Krebs-heilen-zu-koennen.html (abgerufen am 25.03.2020)

[13] Peters, J. & Grynbaum, M. (11.03.2020). How Right-Wing Pundits Are Covering Coronavirus. *The New York Times*. Verfügbar unter https://www.nytimes.com/2020/03/11/us/politics/coronavirus-conservative-media.html (abgerufen am 25.03.2020)

[14] Department of Civil Protection (13.03.2020). Coronavirus: 14.955 positive cases. Verfügbar unter http://www.protezionecivile.gov.it/web/guest/media-communication/press-release/-/content-view/view/1226619 (abgerufen am 25.03.2020)

[15] Merlot, J. (20.03.2020). Die gefährlichen Falschinformationen des Wolfgang Wodarg. *Spiegel*. Verfügbar unter https://www.spiegel.de/wissenschaft/medizin/coronavirus-die-gefaehrlichen-falschinformationen-des-wolfgang-wodarg-a-f74bc73b-aac5-469e-a4e4-2ebe7aa6c270 (abgerufen am 25.03.2020)

[16] Ku, M. (01.02.2020). Wenn Asiaten niesen, sucht ihr das Weite. *Tagesspiegel*. Verfügbar unter https://www.tagesspiegel.de/berlin/rassistische-reaktionen-auf-coronavirus-wenn-asiaten-niesen-sucht-ihr-das-weite/25497138.html (abgerufen am 25.03.2020)

[17] Sharon, J. (22.03.2020). Classic antisemitic allegations arise over coronavirus, says gov't report. *The Jerusalem Post*. Verfügbar unter https://www.jpost.com/Diaspora/Antisemitism/Classic-antisemitic-allegations-arise-over-coronavirus-says-govt-report-621921 (abgerufen am 25.03.2020)

[18] ADL (17.03.2020). Coronavirus Crisis Elevates Antisemitic, Racist Tropes. Verfügbar unter https://www.adl.org/blog/coronavirus-crisis-elevates-antisemitic-racist-tropes (abgerufen am 25.03.2020)

[19] Götzke, M. (22.03.2020). »Rechtsextreme nutzen allgemeine Verunsicherung aus«. *Deutschlandfunk.* Verfügbar unter https://www.deutschlandfunk.de/verschwoerungstheorien-rechtsextreme-nutzen-allgemeine.694.de.html?dram:article_id=473052 (abgerufen am 25.03.2020)

[20] Hamann, G. (13.09.2017). Die Oppositionsmaschine. *Zeit Online.* Verfügbar unter https://www.zeit.de/2017/38/digitale-kommunikation-wahlkampf-internet-debatte (abgerufen am 25.03.2020)

[21] Mimikama (28.02.2020). Coronavirus kam bereits in dem »Asterix«-Band von 2017 vor! (Faktencheck). Verfügbar unter https://www.mimikama.at/allgemein/coronavirus-kam-bereits-in-dem-asterix-band-von-2017-vor-faktencheck/ (abgerufen am 25.03.2020)

[22] Wolz, L. (18.09.2019). Zika – eine globale Gefahr, heute vergessen? *Spiegel.* Verfügbar unter https://www.spiegel.de/gesundheit/diagnose/zika-was-ist-aus-dem-virus-geworden-a-1287147.html (abgerufen am 03.04.2020)

[23] Klofstad, C. A., Uscinski, J. E., Connolly, J. M., & West, J. P. (2019). What drives people to believe in Zika conspiracy theories?. *Palgrave Communications, 5*(1), 1-8.

[24] Michels, E. (2010). Die Spanische Grippe 1918/19. Verlauf, Folgen und Deutungen in Deutschland im Kontext des Ersten Weltkriegs. *Vierteljahrshefte für Zeitgeschichte, 58*(1), 1-33.

[25] Rauh, R. (19.03.2020). Corona und die Spanische Grippe. *Märkische Oderzeitung.* Verfügbar unter https://www.moz.de/kultur/artikelansicht/dg/0/1/1791883/ (abgerufen am 03.04.2020)

[26] Piorkowski, C. D. (20.03.2020). Coronavirus und die Spanische Grippe im Vergleich: Die Mutter der modernen Pandemien. *Der Tagesspiegel.* Verfügbar unter https://www.tagesspiegel.de/wissen/coronavirus-und-spanische-grippe-im-vergleich-die-mutter-der-modernen-pandemien/25662134.html (abgerufen am 03.04.2020)

[27] Kellerhoff, S. F. (20.03.2002). »Rätselhafte Krankheit, verursacht durch US-Experimente«. *Die Welt.* Verfügbar unter https://www.welt.de/geschichte/article206670369/Verschwoerungstheorien-Corona-Aids-und-Donald-Trump.html (abgerufen am 03.04.2020)

[28] Tribelhorn, M. (16.03.2018). Vor 100 Jahren wütete die Spanische Grippe. Bis heute bleibt sie ein Rätsel. *Neue Zürcher Zeitung.* Verfügbar unter https://www.nzz.ch/gesellschaft/spanische-grippe-1918-ein-toedliches-fieber-geht-um-die-welt-ld.1366421 (abgerufen am 03.04.2020)

[29] Eckner, C. (16.03.2020). Spanische Grippe und Corona: Wie sich Fehler

wiederholen. *ntv*. Verfügbar unter https://www.n-tv.de/panorama/Wie-sich-Fehler-wiederholen-article21644456.html (abgerufen am 03.04.2020)

[30] Mawdsley, H. (18.09.2019). Fake news and the flu. *wellcome collection*. Verfügbar unter https://wellcomecollection.org/articles/XXIeHhEAACYAIdKz

[31] Michels, E. (2010). Die Spanische Grippe 1918/19. Verlauf, Folgen und Deutungen in Deutschland im Kontext des Ersten Weltkriegs. *Vierteljahrshefte für Zeitgeschichte, 58*(1), 1-33.

[32] Feuer, A. (18.10.2014). The Ebola Conspiracy Theories. The New York Times. https://www.nytimes.com/2014/10/19/sunday-review/the-ebola-conspiracy-theories.html (abgerufen am 03.04.2020)

[33] Mikkelson, D. (13.06.2014). Does the CDC Own an Ebola Patent?. *Snopes*. Verfügbar unter https://www.snopes.com/fact-check/patent-zero/ (abgerufen am 03.04.2020)

[34] Turse, N. (18.10.2019). How this pastor of a megachurch is fueling Ebola conspiracy theories. *Time*. https://time.com/5703662/ebola-conspiracy-theories-congo/ (abgerufen am 03.04.2020)

[35] Vinck, P., Pham, P. N., Bindu, K. K., Bedford, J., & Nilles, E. J. (2019). Institutional trust and misinformation in the response to the 2018–19 Ebola outbreak in North Kivu, DR Congo: a population-based survey. *The Lancet Infectious Diseases, 19*(5), 529-536.

[36] Joselow, G. & Givetash, L. (20.04.2019). Congo's Ebola response threatened by conspiracy theories, rumors. *NBC News*. Verfügbar unter https://www.nbcnews.com/news/world/congo-s-ebola-response-threatened-conspiracy-theories-rumors-n994156 (abgerufen am 03.04.2020)

[37] Van Prooijen, J. W., & Douglas, K. M. (2017). Conspiracy theories as part of history: The role of societal crisis situations. *Memory studies, 10*(3), 323-333.

[38] Kou, Y., Gui, X., Chen, Y., & Pine, K. (2017). Conspiracy talk on social media: collective sensemaking during a public health crisis. *Proceedings of the ACM on Human-Computer Interaction, 1*(CSCW), 1-21.

[39] Kou, Y., Gui, X., Chen, Y., & Pine, K. (2017). Conspiracy talk on social media: collective sensemaking during a public health crisis. *Proceedings of the ACM on Human-Computer Interaction, 1*(CSCW), 1-21.

[40] Jolley, D., & Douglas, K. M. (2014). The effects of anti-vaccine conspiracy theories on vaccination intentions. PloS one, *9*(2).

[41] Lamberty, P., & Leiser, D. (2019). Sometimes you just have to go in-Conspiracy beliefs lower democratic participation and lead to political violence. Verfügbar unter https://psyarxiv.com/bdrxc/ (abgerufen am 24.03.2020)

[42] Lesch, H. (2019). Coronavirus-Tote: Was sagen die Zahlen? Terra X Lesch & Co. Verfügbar unter https://www.youtube.com/watch?v=X9RKReLDjbM (abgerufen am 24.03.2020)

[43] NDEMIC Creations (23.03.2020). Plague Inc. gives a quarter of a million dollars to fight COVID-19. Verfügbar unter https://www.ndemiccreations.com/en/news/175-plague-inc-gives-a-quarter-of-a-million-dollars-to-fight-covid-19 (abgerufen am 03.04.2020)

[44] Roozenbeek, J., & van der Linden, S. (2019). Fake news game confers psychological resistance against online misinformation. *Palgrave Communications*, 5(1), 1-10.

[45] Der Tagesspiegel (17.03.2020). 100.000 Polizisten kontrollieren Ausgangssperre in Frankreich. Verfügbar unter https://www.tagesspiegel.de/politik/wir-befinden-uns-im-krieg-100-000-polizisten-kontrollieren-ausgangssperre-in-frankreich/25651234.html (abgerufen am 03.04.2020)

Kapitel 14: Papa glaubt an Chemtrails? Tipps und Strategien zum Umgang mit Verschwörungsgläubigen

[1] Latané, B., & Darley, J. M. (1970). The unresponsive bystander: Why doesn't he help? New York: Appleton-Century-Crofts.

[2] Voigtländer, D. (2008). Hilfeverhalten und Zivilcourage: Ein Vergleich von antizipiertem und realem Verhalten (Doctoral dissertation, Niedersächsische Staats- und Universitätsbibliothek Göttingen). Verfügbar unter https://d-nb.info/996180036/34 (abgerufen am 29.02.2020).

[3] Bauer, M (12.12.2018). Für das Ringen um eine bessere Welt verloren. *Humanistischer Pressedienst*. Verfügbar unter https://hpd.de/artikel/fuer-ringen-um-bessere-welt-verloren-16285 (abgerufen am 14.02.2020).

[4] Alt, C., & Schiffer, C. (2018). Angela Merkel ist Hitlers Tochter. Im Land der Verschwörungstheorien. München: Carl Hanser Verlag GmbH & Co KG. S. 36.

[5] Jolley, D., & Douglas, K. M. (2014). The effects of anti-vaccine conspiracy theories on vaccination intentions. *PloS one*, 9(2), e89177.

[6] Skurnik, I., Yoon, C., Park, D. C., & Schwarz, N. (2005). How warnings about false claims become recommendations. *Journal of Consumer Research*, 31(4), 713-724.

[7] Ecker, U. K., Lewandowsky, S., Swire, B., & Chang, D. (2011). Correcting false information in memory: Manipulating the strength of misinformation encoding and its retraction. *Psychonomic Bulletin & Review*, 18(3), 570–578.

[8] Landeszentrale für politische Bildung Baden-Württemberg. Dossier Verschwörungstheorien
Warum sind sie so erfolgreich und was kann man tun? Verfügbar unter https://www.lpb-bw.de/verschwoerungstheorien (abgerufen am 14.02.2020).

[9] Alt, C., & Schiffer, C. (2018). Angela Merkel ist Hitlers Tochter. Im Land der Verschwörungstheorien. München: Carl Hanser Verlag GmbH & Co. KG. S. 269.

[10] Hümmler, H. G. (2019). Verschwörungsmythen. Wie wir mit verdrehten Fakten für dumm verkauft werden. Stuttgart: S. Hirzel Verlag. S.135.

[11] Amadeu Antonio Stiftung (2019). Wissen, was wirklich gespielt wird. Widerlegungen für gängige Verschwörungstheorien. Verfügbar unter https://www.amadeu-antonio-stiftung.de/wp-content/uploads/2019/10/Verschw%C3%B6rungstheorien_widerlegen.pdf (abgerufen am 14.02.2020).

[12] SektenInfo NRW. Gemeinschaft kann gefährlich werden. Checkliste für kritische Anzeichen. http://sekten-info-nrw.de/images/download/checkliste-sinrw-faltblatt.pdf (abgerufen am 14.02.2020).

Fazit

[1] Alt, C., & Schiffer, C. (2018). Angela Merkel ist Hitlers Tochter. Im Land der Verschwörungstheorien. München: Carl Hanser Verlag. S. 221.

[2] Remke, M. (24.05.2018). »Schulmassaker war nur Theater« – Eltern verklagen Alex Jones. *Welt.* Verfügbar unter https://www.welt.de/vermischtes/article176655732/Verschwoerungstheoretiker-Schulmassaker-war-nur-Theater-Eltern-verklagen-Alex-Jones.html (abgerufen am 18.01.2020).

[3] *Welt* (25.10.2019). Bayern stuft OEZ-Attentat nun als rechtsradikal motiviert ein. *Welt.* Verfügbar unter https://www.welt.de/politik/deutschland/article202479342/Bayern-stuft-Muenchner-OEZ-Attentat-nun-als-rechtsradikal-motiviert-ein.html (abgerufen am 18.01.2020).

[4] Meier, C. (02.09.2016). Richard Gutjahr und der Hass der Trolle. *Welt.* Verfügbar unter https://www.welt.de/kultur/medien/article157934396/Richard-Gutjahr-und-der-Hass-der-Trolle.html (abgerufen am 18.01.2020).

[5] *Welt* (01.01.2020). Journalist Gutjahr verlässt den BR – und erhebt schwere Vorwürfe. *Welt.* Verfügbar unter https://www.welt.de/kultur/medien/article204701384/Richard-Gutjahr-verlaesst-den-BR-Ein-Journalist-klagt-an.html (abgerufen am 18.01.2020).

[6] Gutjahr, R. (11.01.2018). Das #NetzDG in der Praxis. Ein Erfahrungsbericht. Unter Beschuss. Verfügbar unter https://www.gutjahr.biz/2018/01/hatespeech/ (abgerufen am 18.01.2020).

[7] Gutjahr, R. (31.12.2019). In eigener Sache. Verfügbar unter https://www.gutjahr.biz/2019/12/in-eigener-sache-2/ (abgerufen am 18.01.2020).

[8] Sternburg, J. (17.07.2018). Abgestumpft und ohnmächtig. *Taz.* Verfügbar unter https://taz.de/Rechter-Diskurs-in-Mainstreammedien/!5522437/ (abgerufen am 14.02.2020).

[9] Sternburg, J. (17.07.2018). Abgestumpft und ohnmächtig. *Taz*. Verfügbar unter https://taz.de/Rechter-Diskurs-in-Mainstreammedien/!5522437/ (abgerufen am 14.02.2020).

[10] Biazza, J. (05.06.2018). Selbst wenn die AfD nicht in Talkshows sitzt, sind ihre Inhalte omnipräsent. *Süddeutsche Zeitung*. Verfügbar unter https://www.sueddeutsche.de/medien/talkshows-und-populismus-selbst-wenn-die-afd-nicht-in-talkshows-sitzt-sind-ihre-inhalte-omnipraesent-1.4002428 (abgerufen am 14.02.2020).

[11] Skudlarek, J. (2019). Wahrheit und Verschwörung: Wie wir erkennen, was echt und wirklich ist. Ditzingen: Reclam. S. 182.

[12] Medienpädagogischer Forschungsverbund Südwest (2017). JIM-Studie 2017. Verfügbar unter https://www.mpfs.de/fileadmin/files/Studien/JIM/2017/JIM_2017.pdf (abgerufen am 18.01.2020).

[13] Koch, M. (21.08.2018). Wahrheit oder Lüge? Warum Medienkompetenz für Schüler so wichtig ist. Merton. Verfügbar unter https://merton-magazin.de/wahrheit-oder-luege-warum-medienkompetenz-fuer-schueler-so-wichtig-ist (abgerufen am 18.01.2020).

[14] Frischlich, L. (02.05.2019). Kritische Medienkompetenz als Säule demokratischer Resilienz in Zeiten von »Fake News« und Online-Desinformation. Bundeszentrale für politische Bildung. Verfügbar unter https://www.bpb.de/gesellschaft/digitales/digitale-desinformation/290527/kritische-medienkompetenz (abgerufen am 18.01.2020).